세계 경제의 이해

Understanding the Global Economy

임재열

도서출판 청람

| 머리말 |

1960년대 이후 우리나라는 수출주도형 성장전략을 통해 짧은 시간에 괄목할 만한 경제적 성과를 이루었다. 그 결과 우리 경제는 대외의존도가 대단히 높아져 세계경제의 변화와 충격에 대단히 취약한 구조를 갖게 되었다. 더욱이 1990년대 이후 세계화가 급속히 진행됨에 따라 우리 경제의 세계경제로의 통합이 가속화되면서 세계경제의 흐름이 우리 경제의 흐름을 결정짓는 핵심적인 요인이 되었다.

이러한 우리 경제의 취약한 구조는 앞으로도 상당기간 크게 달라지지 않을 것으로 보이며, 이에 따라 우리 경제가 안정적이고 지속적으로 발전하기 위해서는 우리 모두가 세계경제의 흐름과 변화에 능동적이고 적극적으로 대처해 나가지 않으면 안 될 것으로 보인다. 이러한 관점에서 현재와 같이 격변하는 세계화시대에 국정을 담당하고 있는 정책담당자들이나 일반국민들은 말할 것도 없고, 특히 다음 세대의 주역이 될 우리 젊은이들이 세계경제를 올바로 이해하고, 미래 세계경제의 흐름과 변화에 대해 깊은 통찰력을 갖추는 것은 우리나라 미래의 번영을 이끌어 나가는 데 있어 대단히 중요하다.

우리나라 각 대학에서 세계경제에 관련한 교과목이 정식으로 도입된 시기는 대체적으로 세계화 물결이 확고히 정착된 2000년대 초반이 아닐까 생각된다.

이 책은 저자가 2005학년도 1학기부터 강원대학교에서 '세계경제의 이해'라는 과목을 담당하면서 그동안 강의해 왔던 내용들로 구성되어 있다.

세계경제에 관련해서는 수많은 주제와 이슈들이 있으나 본서에서는 한 학기에 다룰 수 있는 범위 내에서 저자 나름대로 가장 중요하다고 판단하고, 또한 세계경제를 이해하는 데 필요하다고 생각되는 기초적인 개념들을 다루었다. 그리고 일부 주제들은 비록 저자의 능력을 뛰어넘는 것이기는 하지만 세계경제가 직면한 현안문제들로서 그 중요성을 고려하여 본서에 포함시켰다.

본서는 총 12장으로 구성되어 있으며, 그 구체적인 내용은 다음과 같다.

우선 제1장과 제2장에서는 세계경제의 변화 추이와 1990년대 이후 활발히 전개되고 있는 세계화 물결의 의미와 그와 관련된 몇 가지 중요한 주제들을 살펴보았다.

제3장, 제4장, 제5장에서는 세계화 물결의 근간을 이루고 있는 상품교역, 자본이동과 관련된 주제들을 다루었다. 상품교역과 관련해서는 역사적으로 끊임없이 제기되고 있는 자유무역주의와 보호무역주의 간의 논쟁을, 자본이동과 관련해서는 국가 간 자본이동의 의미, 그리고 자본자유화와 세계 각국 금융시장의 통합으로 인해 그 발생 빈도가 높아지고 충격효과가 확대되고 있는 다양한 국제금융위기현상들에 대하여 살펴보았다.

제6장에서는 최근 세계화 물결에 커다란 역할을 담당하고 있는 다국적기업에 대하여 살펴보았다.

제7장과 제8장에서는 세계경제질서를 규정하는 제도적 기반이라 할 수 있는 몇몇 중요한 국제경제기구와 최근 세계무역질서에 심대한 영향을 미치고 있는 지역경제통합에 관련된 다양한 이슈들을 다루었다.

이어 제9장, 제10장에서는 국제통화제도와 관련하여 그 역사적 변천과정과 의미에 대하여, 그리고 통화통합과 관련해 유로화의 출범과정과 그 미래에 대하여 살펴보았다.

끝으로 제11장과 제12장에서는 최근 우리에게 커다란 도전이 되고 있는 환경문제, 자원 및 에너지문제를 다루었다. 그리고 각 장의 말미에는 각 장의 주제와 관련된 개념이나 최신의 시사적인 이슈들을 선별하여 소개하였다.

본서는 2003년 8월에 출간된 동국대 김관호 교수의 '세계화와 글로벌경제'로부터 커다란 영감을 받았으며, 그 외 많은 사람들의 생각과 지식, 정보 등에 의하여 만들어진 것이라 할 수 있다. 이러한 관점에서 본서의 참고문헌에 인용된 많은 저자들 외에도 일일이 출처를 밝히지 못한 수많은 분들께도 지면을 통해서나마 깊은 감사의 말씀을 드린다.

끝으로 본서를 출간하는 데 격려를 아끼지 않으신 도서출판 청람의 이수영 대표님과 본서의 완성도를 한껏 높여주신 편집부 여러분들께도 이 자리를 통해 감사를 드린다.

2020년 3월

임재열 씀

| 차례 |

Chapter 01 세계경제의 모습

Chapter 02 세계화에 대한 이해

Chapter 03 자유무역주의와 보호무역주의

Chapter 04 금융의 세계화와 국제자본이동

Chapter 05 국제금융위기와 외채위기

Chapter 06 다국적기업과 글로벌경영

Chapter 07 국제경제기구

Chapter 08 세계화와 지역경제통합

Chapter 09 국제통화제도

CHAPTER 01

세계경제의 모습

1. 세계경제의 개황
2. 세계경제구조의 변화 추이

CHAPTER 01

세계경제의 이해 *Understanding the Global Economy*

세계경제의 모습

본장에서는 세계경제에 대한 구체적인 이슈들을 살펴보기에 앞서 전 세계의 GDP, 인구, 교역, 금융거래 등 세계경제의 개략적인 모습을 살펴보고, 특히 최근 전개되고 있는 세계경제의 특징적인 변화 추이에 대하여 살펴보도록 한다.

1 세계경제의 개황

2018년 현재 세계인구는 76.3억 명, 세계 GDP규모는 85.3조 달러, 그리고 1인당 GDP는 11,178달러, 교역규모는 49억 달러, 세계의 무역의존도는 57.9%다.

(1) 국가개황

국가마다 상대방을 독립국가로 인정하는 범위가 다르기 때문에 현실적으로 전 세계의 나라 수를 정확히 파악하기 어렵다. 그리고 조사기관마다 그 기준이 다르다. 유엔 산하 국제표준화기구(ISO)에서는 1974년부터 세계 각국과 그 부속영토에 고유번호를 부여해 현재 240개국에 코드를 부여하고 있다. 한편 세계은행에서는 229개국으로 파악하고, 세계지도정보에서는 237개국으로 파악하고 있다. 참고로 유엔 회원국은 193개, FIFA 회원국은 211개다.

세계은행에서는 1인당 국민총소득(GNI : Gross National Income)을 기준으로 세계의 모든 국가들을 몇 가지 범주로 나누고 있다.

세계은행의 이러한 국가 분류방식은 분석 목적과 세계은행으로부터의 차입 자격조건을 정할 때 편의적[1]으로 적용되고 있으며, 일반적으로 시간의 흐름에 따라 각국의 경제규모가 변화하므로 그 기준이 매년 조금씩 조정되고 있다.

[표 1-1]에서와 같이 세계은행은 1인당 국민총소득기준으로 2017년 현재 1,025달러 이하의 국가들을 '저소득경제'(low income economy), 1,026~4,035달러의 국가들을 '하위중간소득경제'(lower middle income economy), 4,036~12,475달러의 국가들을 '상위중간소득경제'(upper middle income economy), 12,476달러 이상의 국가들을 '고소득경제'(high income economy)로 구분하고 있다.[2]

표 1-1 IBRD의 소득수준에 따른 국가의 분류

구분	소득 범위 (1인당 GNI, 달러)	국가 수	1인당 GNI (달러)	인구 (%)	GDP (%)	무역액 (%)	무역액/GDP (%)
고소득경제	12,476 이상	79	38,274	19.3	67.8	72.2	60.0
상위중간소득경제	4,036~12,475	53	7,901	32.5	24.3	20.5	55.1
하위중간소득경제	1,026~4,035	51	2,012	39.7	7.4	6.8	55.3
저소득경제	1,025 이하	31	629	8.6	0.5	0.5	67.0
세계 전체	–	214	10,787	100.0	100.0	100.0	59.4

자료: World Bank, World Development Indicators, 2017

[표 1-1]에 따르면 2017년 현재 1인당 GNI가 12,476달러 이상인 고소득경제에 해당하는 국가 수는 79개국, 이들의 평균GNI는 38,274달러이고, 인구는 세계 전체의 19.3%, GDP는 세계 전체의 67.8%, 무역액은 세계 전체의 72.2%를 차지하고 있다. 이에 비해 1인당 GNI가 1,025달러 이하인 저소득경제의 경우 국가 수는 31개국, 평균 1인당 GNI는 629달러, 인구, GDP, 무역액이 세계 전

1) 소득수준이 같은 영역에 속해 있다고 해서 그들 국가들이 유사한 발전단계에 있음을 의미하는 것은 아니다.

2) 국제기관마다 우리나라의 분류기준이 다른데, IBRD는 우리나라를 고소득경제로, IMF는 선진국으로, 국제결제은행(BIS)은 개도국으로 분류하고 있다.

체에서 차지하는 비중은 각각 8.6%, 0.5%, 0.5%에 달하고 있다.

한편 '*Economist*'지는 유엔의 분류기준에 따라 전 세계의 모든 국가들을 선진국, 개발도상국, 체제전환국, 신흥시장국, 저개발국으로 분류하고 있다. 선진국은 1인당 GDP가 높고, 무역 및 투자가 상당한 규모로 이루어지는 선진경제권에 속해 있는 나라를 말하며, 개발도상국은 공업화가 어느 정도 진행되고 2차 산업의 비중이 높은 국가를 말하며, 체제전환국은 사회주의 경제체제에서 시장경제체제로 전환한 중·동구권 국가들을 말한다. 그리고 신흥시장국은 선진국과 개발도상국 사이에 위치하면서 빠르게 성장하고 있는 국가를 말하며, 저개발국은 산업의 발달이 전혀 이루어지지 않고, 농업과 같은 1차 산업의 비중이 높고, 국민소득이 대단히 낮은 가난한 국가들을 말한다.

위의 분류 외에도 세계경제의 논의과정에서 거론되고 있는 다음과 같은 몇 가지 국가유형이 있다.

① 신흥국

개발도상국 중 경제성장률과 산업화가 빠르게 진행되고 있는 국가를 신흥시장이라 한다. 1981년 글로벌 투자전문가인 앙트완 반 아그마엘(Antoine van Agtmael)이 '신흥시장 성장펀드'라는 사모펀드를 출시하면서 '이머징마켓'(emerging market), 즉 신흥시장이라는 단어를 처음으로 사용하였으며, 1980년대 말 이후부터 이 용어가 전 세계적으로 널리 통용되기 시작하였다.

② 최빈국

1971년 11월 유엔에서 최빈국(least developed countries)을 처음 지정하였는데, 유엔경제사회이사회(ECOSOC)에서는 매 3년마다 '소득수준', 그리고 교육수준, 성인의 문자 해독률, 칼로리 섭취량 등과 같은 '인간개발지표', '경제구조의 취약성'(economic vulnerability) 등을 고려하여 빈곤 국가를 정하고 있다. 특히 소득수준의 경우 지난 3년간 평균 1인당 국민소득(GNI)이 대단히 낮은 국가가 선정되는데 2018년 기준, 1인당 국민소득이 1,025달러 미만[3]인 국가를 말한다. 2018년 현재 47개국이 있는데 아프리카에 33개국, 아시아에 9개국, 오세아니아에 4개국, 미주지역에 1개국이 있다. 이들 국가들의 인구 수는 2017년 현재, 세계 전체의 13.3%인 10.0억 명, GDP규모는 세계 전체의 1.34%, 교역규모는 세계 전체의 0.9%를 각각 차지하고 있다.

한편 유엔최빈국회의는 최빈국으로 분류된 나라들의 빈곤문제를 해소하기 위해 유엔이 주도하여 개최하는 회의이며, 10년에 1회 개최하며, 가장 최근에는 2011년 5월, 터키 이스탄불에서 열린 바 있다. 한편 이들 국가들을 돕기 위해 최빈국이 수출하는 상품에 대해 일방적으로 무관세를 적용하는 특혜관세제도가 시행되고 있다.

(2) GDP

[표 1-2]에서 보는 바와 같이 2017년 시장환율로 환산된 전 세계의 GDP규모는 80조 5,014억 달러다. 이 중 개도국이 31조 8,149억 달러로 전 세계의 39.5%, 체제전환국이 2조 1,776억 달러로 전 세계의 2.7%, 선진국이 46조 5,090억 달러로 전 세계의 57.8%의 비중을 각각 차지하고 있다. 1970년에는 그

표 1-2 세계 주요 지역의 연도별 GDP 추이 (단위 : 경상가격, 10억 달러, %)

구분	1970	1980	1990	2000	2010	2017
개도국	585.1 (17.2)	2,738.7 (22.3)	4,015.7 (17.5)	7,285.7 (21.7)	21,880.7 (33.1)	31,814.9 (39.5)
선진국	2,370.3 (69.6)	8,554.8 (69.5)	18,081.6 (78.7)	25,908.3 (77.2)	42,143.1 (63.7)	46,509.0 (57.8)
체제전환국	450.2 (13.2)	1,012.1 (8.2)	878.2 (3.8)	380.6 (1.1)	2,121.9 (3.2)	2,177.6 (2.7)
세계	3,405.6 (100)	12,305.6 (100)	22,975.5 (100)	33,574.6 (100)	66,145.6 (100)	80,501.4 (100)

자료 : UNCTAD

3) 1인당 소득이 1,230달러 이상인 국가는 최빈국에서 졸업하게 된다.

비중이 각각 17.2%, 13.2%, 69.6%이었고, 1980년에는 그 비중이 각각 22.3%, 8.2%, 69.5%, 1990년에는 그 비중이 각각 17.5%, 3.8%, 78.7%, 2000년에는 각각 그 비중이 21.7%, 1.1%, 77.2%를 차지하였다. 특히 2000년대 들어서는 중국, 인도를 위시하여 개도국들이 높은 경제성장률을 시현함으로써 세계경제에서의 선진국의 비중은 줄어들고, 개도국의 비중이 크게 늘어나고 있는 모습을 보이고 있는데, 2017년 기준 개도국의 비중은 39.5%로 1970년 17.2%에 비해 크게 늘어난 반면, 선진국의 비중은 57.8%로 1970년 69.6%에 비해 줄어들었다.

(3) 무역

[표 1-4]에 따르면 세계 전체의 상품무역규모는 2018년 기준, 39조 2,471억 달러인데, 이는 1970년의 상품무역규모 6,486억 달러에 비해 무려 60.5배에 달하고 있다. 이러한 상품교역의 급성장세는 제2차 세계대전 후 GATT체제하에서 세계적으로 자유로운 교역환경이 조성된 것에서 비롯된 것이라 하겠다. 특히 1980년 중반 이후 2008년 글로벌 금융위기가 발생하기 전까지의 20여 년의 기간 동안[4] GDP성장률에 비해 무역의 신장률이 2배에 달한 것으로 알려지고 있다.[5] 이렇듯 GDP성장률에 비해 무역이 급격하게 증가한 이유로 다음과 같은 몇 가지 요인들을 들 수 있다. 첫째, 1995년 WTO의 출범으로 세계적으로 안정적인 무역환경이 마련되었다. 둘째, 정보통신기술의 발전으로 정보통신비용이 획기적으로 크게 절감되었고, 수송비 역시 크게 낮아졌다. 셋째, 중남미 국가들이 수입대체형 경제발전전략에서 아시아 국가들과 같은 수출지향형 경제발전전략으로 전환하였다. 넷째, 선진국으로부터 개도국으로의 기술이전을

4) 2008년도 글로벌 금융위기 여파로 세계교역규모가 2008년 32조 6,176억 달러에서 2009년 25조 2,470억 달러로 크게 줄어들었다. 2010년부터 다시 회복세를 나타내다 2015년에 다시 크게 줄어들었고, 이후 다시 점진적인 회복세를 나타내고 있다.

5) 교역증가율을 경제성장률로 나누어 준 수치를 교역탄성치라 하는데, 세계경제가 호황기에는 그 값이 1을 상회할 것이고, 경기침체기에는 그 값은 1보다 작을 것이다.

통해 개도국의 공업화가 급속히 촉진되었다. 다섯째, 1990년대 초 사회주의체제 붕괴로 과거 사회주의를 채택하였던 국가들과 자본주의 진영 간의 교역인 동서교역이 크게 확대되었다. 여섯째, 그동안 세계상품시장에 다양한 상품들이 등장하고, 글로벌기업들을 중심으로 하는 해외투자로 인해 글로벌기업들의 '가치사슬'(value chain)[6]이 국경을 넘어 여러 국가로 분산·확대되었기 때문인 것으로 파악된다.

그러나 [표 1-3]에서 보는 바와 같이 2008년 글로벌 금융위기 이후 세계무역이 급속히 둔화되고 있는데,[7] 이는 세계경기가 장기적으로 침체되고, 자국우선주의를 표방한 미국을 위시해서 선진 각국들이 보호무역주의를 확대하고, 국가 간 기술격차가 좁혀짐에 따라 개도국들은 자체 내에서의 생산을 확대하고, 선진국들은 리쇼어링(reshoring)정책을 통해 해외공장을 자국으로 이전시키고 있는 데 기인하는 것으로 보인다.

표 1-3 글로벌 금융위기 이후의 연도별 세계무역 추이 (단위 : 백만 달러)

연도	수출	수입	합	연도	수출	수입	합
2008	16,149,298	16,468,271	32,617,569	2014	18,986,536	19,037,547	38,024,083
2009	12,556,197	12,690,791	25,246,988	2015	16,539,164	16,715,762	33,254,926
2010	15,302,683	15,421,496	30,724,179	2016	16,021,981	16,201,836	32,223,817
2011	18,339,805	18,439,658	36,779,463	2017	17,731,084	17,979,278	35,710,362
2012	18,513,187	18,656,086	37,169,273	2018	19,453,362	19,793,724	39,247,086
2013	18,950,642	18,965,729	37,916,371				

자료 : UNCTAD

한편 상품무역의 추이를 지역별로 살펴보면 2018년 현재 선진국은 21조 1,023억 달러, 개도국은 16조 9,791억 달러로서 세계무역의 각각 53.8%, 43.3%

6) 글로벌 가치사슬은 제품의 설계, 원재료 및 부품조달, 생산, 유통 및 판매 등 각 과정이 다른 국가와 지역에 걸쳐 형성된 분업체제를 말한다.

7) [표 1-3]에서 볼 수 있는 바와 같이 2009년, 2015년, 2016년에는 전년도에 비해 절대교역규모가 줄어들고 있다.

의 비중을 차지하고 있다. [표 1-4]에서 보면 1970년부터 2018년까지 48년간 개도국의 경우 무역이 139배가 늘어난 반면, 선진국의 경우 42배가 늘어나 동 기간 중 신흥국의 교역신장률이 선진국의 그것에 비해 대단히 높았음을 알 수 있다. 그 결과 개도국의 세계상품교역에서 차지하는 비중 역시 급속히 확대되어 1970년 18.8%에서 2018년 43.3%를 기록하였다.

표 1-4 개도국과 선진국의 연도별 무역규모 추이 (단위 : 10억 달러, %)

구분	1970	1980	1990	2000	2010	2018
개도국	122.1 (18.8)	1,106.2 (26.9)	1,642.7 (23.1)	3,978.0 (30.4)	12,460.1 (40.6)	16,979.1 (43.3)
선진국	497.3 (76.7)	2,838.2 (68.9)	5,203.7 (73.2)	8,887.9 (67.8)	17,201.5 (56.0)	21,102.3 (53.8)
세계	648.6 (100)	4,118.4 (100)	7,105.0 (100)	13,107.3 (100)	30,724.2 (100)	39,247.1 (100)

주 : 괄호 안의 숫자는 비중을 나타냄
자료 : UNCTAD

[표 1-5]는 세계 주요 지역의 교역의존도의 연도별 추이를 보여주고 있는데, 2017년의 세계교역의존도는 42.8%이고, 개도국과 선진국의 교역의존도는 각각 46.8%, 39.9%이다.

표 1-5 세계 주요 지역별 · 연도별 교역의존도 추이 (단위 : %)

구분	1970	1980	1990	2000	2010	2017
개도국	21.0	40.6	41.0	55.3	54.7	46.8
선진국	21.0	33.2	28.8	34.6	39.0	39.9
세계	19.1	33.5	31.0	39.4	44.5	42.8

자료 : UNCTAD

위의 표를 보면 2008년 글로벌 금융위기 이후 그 추이가 비교적 안정적이지는 않지만 1970년대 이후 전 세계, 개도국, 선진국 모두 교역의존도가 꾸준히 높아져 왔음을 알 수 있다. 특히 개도국의 무역증가율이 대단히 높아 그동안 선진국보다는 개도국의 교역의존도가 꾸준히 증대되어 왔음을 알 수 있다.

이렇듯 전 세계적으로 교역의존도가 꾸준히 높아져 왔다는 사실은 그동안 무역분야에서 세계화가 크게 진행되어 이제는 대부분의 국가경제에서 상품교역이 중요한 위치를 차지하게 되었음을 보여주고 있다 하겠다.

(4) 금융거래

가. 자본거래

주요 지역의 금융자산거래의 활성화 정도를 살펴보기 위해 주요 지역의 GDP에 대한 금융자산의 비율을 알아보도록 하자. [표 1-6]에서 볼 수 있는 바와 같이 주요 지역의 GDP에 대한 금융자산의 비율을 보면 세계 전체적으로 그 비율이 378.5%에 달하고 있다. 국가별로는 일본이 577.0%로 가장 높고, 다음으로 EU가 537.8%, 미국 448.2%의 순이다. 그리고 신흥개도국의 비율은 187.6%로 세계 평균 378.5%의 절반수준에 불과해 개도국에서는 금융산업의 발전이 지체되어 그만큼 금융거래가 선진국에 비해 활발히 거래되고 있지 못함을 보여주고 있다 하겠다.

금융자산을 크게 주식, 채권, 은행자산으로 나누어 볼 때 2013년 현재, 세계

표 1-6 주요 지역별 경제규모와 금융자산규모(2013년) (단위 : 조 달러)

구분	GDP(A)	금융자산규모				금융비중 (B/A %)
		주식	채권	은행자산	총계(B)	
세계	74.7	62.6	99.8	120.4	282.8	378.5
미국	16.8	22.3	36.9	15.9	75.2	448.2
EU	16.3	12.6	30.1	44.9	87.6	537.8
일본	4.9	4.6	12.2	11.4	28.3	577.0
신흥개도국	28.9	11.2	11.2	31.8	54.2	187.6

자료 : 김신행 · 김태기, p.592에서 재인용

금융자산규모는 282.8조 달러인데, 이 중 은행자산의 규모가 120.4조 달러로 가장 크고, 이어 채권의 규모가 99.8조 달러, 주식의 규모가 62.6조 달러로서 전체 금융자산에서 각각 42.6%, 35.3%, 22.1%의 비중을 차지하고 있다.

미국의 경우는 금융자산 중 채권의 비중이 가장 크고, EU의 경우 은행자산의 비중이 가장 크다. 미국은 주식의 비중이 EU나 일본에 비해 높은 편이고, EU와 일본은 은행자산의 비중이 높은 편이다. 그리고 신흥개도국의 경우 채권시장이나 주식시장과 같은 직접금융시장이 발달되어 있지 않아 은행자산의 비중이 58.7%를 차지하여 어느 다른 지역보다도 그 비중이 높다.

나. 외환거래

[표 1-7]에서 볼 수 있는 바와 같이 세계 전체의 하루 외환거래규모는 1998년 1조 5,270억 달러에서 2016년 5조 670억 달러로 대단히 빠른 속도로 증대되어 왔다. 세계국내총생산에 대한 외환거래비율도 1998년 12.2배에서 2013년 16.7배로 확대되었다.

표 1-7 연도별 외환거래규모

구분	1998	2001	2004	2007	2010	2013	2016
외환거래규모 (일, 10억 달러)	1,527	1,239	1,934	3,324	3,971	5,345	5,067
외환거래규모 (연, 10억 달러, A)	381,750	309,750	483,500	831,000	992,750	1,336,250	1,266,750
국내총생산 (10억 달러, B)	31,414	33,388	43,884	63,700	66,146	77,229	75,840
교역규모 (10억 달러, C)	6,858	7,682	11,365	17,235	18,848	23,453	20,681
A/B	12.2	9.3	11.0	13.0	15.0	17.3	16.7
A/C	55.7	40.3	42.5	48.2	52.7	57.0	61.3

주: 교역규모는 상품 및 서비스의 교역규모를 나타냄
연간 외환거래규모는 일 외환거래규모에 연간 외환시장의 개장일을 250일로 간주하여 이를 곱하여 얻은 값임
자료: UNCTAD, BIS

2016년 4월 현재 전 세계 1일 외환거래규모는 5조 670억 달러다. 일반적으로 각국의 외환시장이 1년에 평균 250일간 열린다고 할 때, 전 세계적으로 이루어지는 연간 외환거래규모는 일 거래규모에 250일을 곱한 약 1,266조 7,500억 달러에 달하는 것으로 추정된다. 이는 2016년 전 세계의 연간 상품 및 서비스 교역액인 21조 달러의 61배, 국내총생산 76조 달러의 약 17배에 달하는 거대한 규모이다. 특히 1998년 이후 외환거래규모가 실물거래에 비해 급격히 확대되는 모습을 보이고 있는데, 이는 전 세계적으로 금융시장 통합을 통해 금융거래가 실물거래에 비해 그만큼 급속히 확대되고 있음을 보여주고 있는 것이라 하겠다. 2016년 4월 현재 1,267조에 달하는 외환거래액 중 무역에 관련한 21조 달러를 공제한 약 1,246조 달러가 전 세계적으로 이루어지는 금융거래라 할 때, 실물거래에 비해 금융거래의 규모가 약 60배에 달함으로써 세계적으로 금융거래규모가 실물거래에 비해 얼마나 큰지를 쉽게 짐작할 수 있다.

다. 직접투자

[표 1-8]은 세계 주요 지역의 주요 연도별 직접투자의 추이를 보여주고 있다. [표 1-8]에서 보는 바와 같이 외국인직접투자의 경우 유출, 유입 양면 모두 선진국의 규모가 절대적으로 크다.

표 1-8 직접투자의 연도별 유출입 추이 (단위 : 억 달러)

구분	1970		1980		1990		2000		2010		2017	
	유입	유출	유입	유출	유입	유출	유입	유출	유입	유출	유입	유출
선진국	94.9	141.0	469.8	493.6	1,702.0	2,307.7	11,211.1	10,717.9	6,797.6	9,659.0	7,123.8	10,092.1
미국	12.6	75.9	169.2	192.3	484.2	309.8	3.140.1	1,426.3	1,980.5	2,777.8	2,753.8	3,426.7
일본	0.9	3.6	2.8	23.9	18.1	507.8	83.2	315.6	−12.5	562.6	104.3	1,604.5
개도국	37.7	0.4	74.0	27.3	346.5	131.1	2,315.8	887.2	6,284.8	3,572.7	6,706.6	3,807.8
중국	0	0	0.6	0	34.9	8.3	407.2	9.2	1,147.3	688.1	1,363.2	1,246.3
세계	132.6	141.4	544.0	520.9	2,049.1	2,438.8	13,586.1	11,636.7	13,719.2	13,736.6	14,298.1	14,299.7

주 : 위의 숫자는 연간 직접투자의 유출입규모(flow)를 나타내고 있음

중국은 홍콩이나 마카오를 제외한 본토만을 나타냄

자료 : UNCTAD

유입의 경우 2000년 이후 개도국 정부가 외국인직접투자를 유치하기 위한 외국인직접투자 유입에 대한 규제를 완화하는 조치에 힘입어 개도국으로의 유입규모가 점차 확대되면서 2017년에는 개도국에 6,706.6억 달러가 유입됨으로써 선진국의 7,123.8억 달러에 근접하고 있다.[8)]

유출의 경우 그동안 선진국이 이를 지속적으로 주도해 오고 있으나 2010년 이후부터는 개도국의 해외직접투자도 활발하게 이루어져 2017년에는 3,807.8억 달러를 기록, 세계해외직접투자 1조 4,299.7억 달러의 26.6%의 비중을 차지하고 있다. 이는 2000년 개도국의 해외직접투자 실적이 9.2억 달러에 불과한 것에 비추어 볼 때 동 기간 동안에 엄청난 성장세를 시현하였다. 특히 2001년부터는 중국의 해외직접투자가 급속히 늘어나 이러한 개도국의 극적인 변화를 주도하는 요인이 되고 있다 하겠다.

세계적으로 해외직접투자는 1980년대 중반 이후 무역보다 훨씬 빠른 속도로 증가하였다. 이와 같이 1980년대 이후 해외직접투자가 빠르게 증가한 이유는 선진국은 물론 개도국에서도 자본의 유출과 유입에 대한 규제를 완화하였고, 특히 개도국에서 해외직접투자 유치를 위한 정책을 적극적으로 실시하였기 때문인 것으로 보인다.

(5) 인구

[표 1-9]에서 보는 바와 같이 세계 각 지역의 주요 연도별 인구의 변화 추이를 살펴보자. 1970년 개도국의 인구는 2,638.3백만 명, 선진국 797.5백만 명으로 이들이 세계 전체 인구의 각각 71.3%, 21.6%의 비중을 차지하였다. [표 1-9]에서 알 수 있는 바와 같이 이후 개도국의 인구증가율이 선진국의 인구증가율보다 현저히 높아 2018년 현재 선진국의 인구는 10억 5,950만 명으로서 전세계인구의 13.9%의 비중을 차지하고 있는 반면, 개도국의 인구는 62억 6,530

---

8) [표 1-8]에는 보여주고 있지 않지만 2014년에는 예외적으로 개도국으로의 직접투자의 유입규모가 선진국으로의 직접투자의 유입규모보다 컸다.

표 1-9 연도별 세계인구 추이 (단위 : 백만 명, %)

구분	1970	1980	1990	2000	2010	2018
개도국	2,638.3 (71.3)	3,309.7 (74.2)	4,107.0 (77.0)	4,870.3 (79.3)	5,627.2 (80.9)	6,265.3 (82.1)
선진국	797.5 (21.6)	859.4 (19.3)	909.3 (17.1)	974.8 (15.9)	1,028.7 (14.8)	1,059.5 (13.9)
체제전환국	264.8 (7.2)	289.3 (6.5)	314.7 (5.9)	299.2 (4.9)	300.2 (4.3)	308.0 (4.0)
세계	3,700.6 (100)	4,458.4 (100)	5,330.9 (100)	6,145.0 (100)	6,958.2 (100)	7,632.8 (100)

자료 : UNCTAD

만 명으로 세계인구의 82.1%의 비중을 차지하여 세계인구에서 개도국이 차지하는 비중이 점차 확대되고 있다. 이러한 추이는 대부분의 선진국들이 저출산, 고령화의 인구문제를 가지고 있다는 사실을 감안할 때 앞으로도 지속될 것으로 보인다.

2 세계경제구조의 변화 추이

(1) 신흥개도국의 부상

[표 1-2], [표 1-4]에서 볼 수 있는 바와 같이 일부 개도국들은 GATT의 자유무역체제하에서 성공적으로 공업화를 추진하여 괄목할 만한 경제성장을 시현하였고, 이로 인해 세계경제에서 차지하는 개도국의 경제적 비중은 선진국에 비해 꾸준히 증대되어 왔다.

1970년대부터 소위 '아시아의 4마리 용'이라고 일컬어지는 한국, 대만, 싱가포르, 홍콩이 적극적인 대외개방정책을 통하여 고도성장을 시현하였고, 이들에 이어 아세안(ASEAN)의 일부 국가들도 대외개방정책을 적극적으로 추진하여 나름대로 경제적 성과를 거두었다. 특히 중국은 1978년 개혁 · 개방정책을 과감히 추진하여 40년 가까운 기간 동안 경이적인 고속성장을 기록함으로써 2010년에는 드디어 일본을 제치고 세계 제2의 경제대국으로 부상하게 되었다.

2000년대 들어서는 세계경기가 호황을 겪음에 따라 원자재가격이 급등하면서 원자재를 수출하는 브라질, 러시아 등 신흥개도국들의 경제적 위상이 크게 제고되었고, 인도는 2014년 모디 행정부가 들어선 이후 과감한 개혁 및 적극적인 대외개방정책을 통해 높은 경제성장률을 시현함으로써 세계경제에서 신흥개도국을 대표하는 BRICS[9]가 크게 존재감을 드러내게 되었다. 이에 반해 선진국들은 고도성장단계에 도달함에 따라 경제성장률이 낮아질 수밖에 없었고, 특히 2008년 미국에서 비롯된 글로벌 금융위기와 2010년 그리스를 비롯한 일부 EU 국가들의 재정위기로 인해 선진국들의 경기가 침체되어 그들의 경제적 위상은 크게 하락할 수밖에 없었다.[10] 이에 따라 세계경제의 권력의 중심이 선진국에서 개도국으로 점차적으로 이동하게 되었으며, 이러한 사실을 반영, 세계경제의 지배구조(governance)도 2008년 이후 과거의 선진국 중심의 G7체제에서 한국, 중국, 인도, 브라질, 러시아 등 개도국들이 포함된 G20체제로 재편되고 있는 실정이다.

앞서도 언급한 바와 같이 글로벌 금융위기 이전에 신흥국들의 고도성장은 주로 중국의 고도성장과 이로 인한 원자재 수요 급증에 따른 원자재가격의 가파른 상승에서 비롯되었다 할 수 있다. 그러나 최근 미 · 중 간의 무역분쟁으로 중국의 경제성장이 둔화되고, 세계경제침체로 인한 원자재가격의 급락으로 원자재수출에 의존하는 개도국[11]들의 수출이 부진하여 최근에는 개도국들의 성

9) 이는 브라질, 러시아, 인도, 중국, 남아프리카공화국을 나타내는 단어로 2001년 골드만삭스의 회장인 짐 오닐(Jim O'Neil)에 의해 처음 사용되었다. 처음에는 브라질, 러시아, 인도, 중국의 4개국을 의미했으나(BRICs) 2010년 이후부터는 남아공을 포함시켜 BRICS로 표기하고 있다. 2018년 현재 이들 국가들의 인구는 전 세계의 41.7%, 소득의 크기는 전 세계의 23.7%, 무역규모는 전 세계의 16.4%를 차지하고 있다.

10) 자국의 금융시장개방 및 금융거래 자유화에 신중하고, 저축률이 높은 신흥개도국들은 선진국들과는 달리 글로벌 금융위기로부터 비교적 충격을 적게 받았으며, 이로써 선진국들이 경제적 어려움을 겪는 기간에도 비교적 견조한 성장세를 유지할 수 있었다.

11) 이에 해당하는 대표적인 나라로 브라질, 러시아, 인도네시아, 멕시코 등을 들 수 있다.

장세가 다소 정체되고 있는 모습을 보이고 있다.[12] 특히 4차 산업혁명[13]으로 인한 로봇, 인공지능(AI), 5G, 3D프린터 등과 같은 새로운 기술의 출현으로 이들 기술을 접목한 산업의 생산성이 획기적으로 증대되고, 아울러 미국을 비롯한 선진 각국들이 해외진출 자국의 기업들을 다시 자국으로 U-턴하고자 하는 '리쇼어링'(reshoring)정책을 추진함에 따라 저렴한 인건비에 바탕을 둔 입지적 우위를 상실한 개도국에서 선진국으로의 산업의 재배치가 점차 이루어져 일부 개도국들의 경제가 위축될 수 있을 것으로 보인다.

그리고 기술발전의 전개방향이 기술선도국인 선진국과 기술수준이 낮은 개발도상국 간의 글로벌한 분업의 유인을 약화시키는 방향으로 전개되고 있어 글로벌 가치사슬[14]에서 신흥공업국의 역할이 점차 줄어들고 있는 실정이다.[15] 이러한 사실은 신흥개도국들이 지속적으로 세계경제를 주도할 수 있는 안정적인 구조가 아직 정착되지 못하였음을 의미하는 것이라 볼 수 있을 것이다. 그럼에도 불구하고 앞으로도 아세안(ASEAN)을 비롯한 신흥개도국들은 선진국들에 대해 상대적으로 높은 성장세를 지속함으로써 세계경제에서 이들 국가들이 차지하는 비중은 앞으로도 꾸준히 증대될 것으로 보인다.

이러한 사실들을 감안해 볼 때 그동안 미국을 비롯한 선진국이 세계경제질서를 주도해 왔지만 이제는 중국, 브라질, 인도 등과 같은 개도국들의 경제력이 크게 제고되고, 이에 따라 이들의 세계경제에 미치는 영향력도 커지고 있어 앞으로 이들 국가들과 선진국들 간의 경제적 · 정치적 갈등이 그만큼 고조될

12) 물론 최근 이들을 대신하여 동남아 국가들과 인도가 고도성장을 시현하면서 이들 국가들이 중국에 이어 세계의 공장과 시장으로 변모해 나가는 조짐을 보이고 있다.

13) 최근 글로벌 저성장, 고령화, 생산성 감소 등의 이유로 인공지능(AI), 빅데이터, 자율주행자동차, 공유경제, 로봇 등을 중심으로 4차 산업혁명의 흐름이 전개되고 있다. 현재 이러한 흐름은 미국, 중국, 독일, 일본 등에 의하여 주도되고 있으며, 앞으로 이를 바탕으로 이들 국가 간에 제조업부문의 절대 강자를 가리는 전면전이 전개됨으로써 세계시장에서의 상품 공급 판도가 크게 바뀔 것으로 보인다. 이 과정에서 개도국들이 소외될 가능성이 크다.

14) 글로벌 가치사슬(global value chain)은 2001년 중국이 WTO에 가입하면서부터 세계무역에서 현저하게 나타나게 된 무역패턴이라 할 수 있는데 이는 제품의 설계 · 부품조달 · 생산 · 유통 · 판매에 이르는 과정이 여러 나라에 걸쳐 형성된 국제적인 분업체계를 말한다.

15) 이로써 개도국들이 가지고 있는 저렴한 노동력이 그들 기업들의 경쟁력에 커다란 도움이 되지 못하는 상황이 될 것이다.

것으로 보인다.

(2) 지역주의의 확산

GATT체제가 출범한 이후 GATT 회원국들은 다자간 무역협상을 통해 관세를 비롯하여 각종 무역장벽의 완화 및 철폐를 통해 전 세계적으로 자유무역을 꾸준히 추진한 한편, 구서독, 프랑스, 이탈리아, 베네룩스 3국, 서유럽 일부 국가들은 1952년 유럽석탄철강공동체(ECSC)를 결성한 이후 이들 국가들을 중심으로 지역경제통합을 꾸준히 확대 · 발전시켜 왔다.

GATT체제 내의 다자간 자유무역협상은 그 협상이 진행될수록 점차 많은 국가들이 참여하게 되었고, 그에 따라 각국 간의 이해관계가 복잡하게 얽혀 그 진행이 지체되어 1986년에 출범한 제8차 다자간 무역협상인 우루과이라운드는 무려 7년여의 오랜 시간이 걸려 1994년에야 간신히 타결을 보게 되었다. 이 과정에서 그동안 다자주의를 지지하고 지역경제통합에 반대해 왔던 미국이 1980년대 후반부터 지역주의로 선회하여 1994년에 캐나다, 멕시코와 북미자유무역협정(NAFTA)을 결성하게 되었고, 이것이 지역주의의 흐름이 전 세계적으로 확산되는 계기가 되었다. 이런 가운데 서유럽지역 국가들은 그들 간의 경제통합을 더욱 발전시켜 급기야 1999년에는 독일과 프랑스를 위시한 EU의 서유럽 12개국 간의 통화통합을 이루어내는 한편, 중 · 동부 유럽 국가들을 유럽연합(EU)에 추가적으로 가입시킴으로써 유럽국가들 간의 경제통합은 내적으로 크게 심화되고, 외적으로는 그 영역이 크게 확대되었다.

주지하는 바와 같이 1995년 1월 WTO가 정식 출범한 이후 동 기구를 중심으로 다자간 자유무역체제를 더욱 공고히 하려는 노력을 전개한 바 있다. 그 노력의 일환으로 2002년 1월에 DDA협상을 개시하였으나 2020년 1월 현재에도 아직 협상이 타결되지 않은 채 교착상태에 빠져 있다. 이에 실망한 많은 국가들이 그들 간의 지역무역협정을 중심으로 지역경제통합을 추진하고 있는데, 이러한 관점에서 앞으로는 WTO를 중심으로 하는 다자주의보다는 일부 국가들을 중심으로 이루어지는 지역주의 흐름이 세계교역질서를 주도해 나갈 것으로 보인다. 이러한 가운데 비교적 최근에는 지역주의의 흐름이 거대화되는 모습을 보이고 있다.[16] 즉 그동안 지역경제통합이 개별 국가 차원에서 양자간에 진행되어 왔던 것과는 달리 최근에는 많은 국가들이 참여하는 '빅 FTA'가 추진되고 있다. 이의 대표적인 예로는 2018년 12월에 타결된 일본을 비롯한 환태평양연안의 11개국이 참여하는 '포괄적 · 점진적 환태평양경제동반자협정'(CPTPP : Comprehensive and Progressive Agreements for TPP), 그리고 아세안(ASEAN) 10개 국가들을 중심으로 한국, 중국, 인도, 일본, 뉴질랜드, 호주의 16개국에 의하여 현재 추진되고 있는 '역내포괄적경제동반자협정'(RCEP) 등을 들 수 있다.

(3) 각국의 과다한 부채문제

2008년 9월 미국에서 시발된 글로벌 금융위기로 인해 세계적으로 각국이 심각한 경기침체를 경험하게 되었으며, 이를 극복하기 위하여 미국을 비롯한 유로지역, 중국, 일본 등에서는 금리를 크게 낮추고(심지어 마이너스 금리정책을 사용하고), 양적 완화정책을 적극 추진하는 비전통적인 경기부양정책을 써왔다.

이러한 주요 국가들의 저금리정책과 적극적인 경기부양정책으로 인해 이들 국가들의 빚이 감당하기 어려울 정도로 크게 늘어나 이들 국가들이 잠재적인 채무위기에 직면하고 있다.

국제금융협회(IIF : Institute of International Finance)에 따르면 정부, 기업, 가계, 금융기관을 합친 전 세계의 채무액은 2019년 3분기 말 현재, 253조 달러에 달하는 것으로 알려지고 있다. 이는 2008년 말의 채무액과 비교하면 약 47%, 81조 달러가 증가한 것이며, GDP 대비로 본 채무규모는 2.9배에서 3.2배

16) 이러한 흐름은 그동안 세계화의 흐름을 타고 형성된 글로벌 가치사슬(global value chain)을 붕괴시키고, 지역가치사슬(regional value chain)이 이를 대신하게 될 것이다.

로 확대된 것이다.[17]

이러한 주요 국가들의 적극적인 경기부양책에도 불구하고 아직도 근본적으로 세계경기가 회복되지 않은 상태에서(미국을 제외하고) 그동안 저금리와 과도한 유동성 공급만으로 세계경제가 간신히 현상을 유지하고 있어 글로벌 금융위기 이전수준으로 정책금리 등 정책수단이 제자리에 복귀되지 않고 있는 실정이며,[18] 세계경제가 둔화되고 있는 상황에서 부채가 계속 누적되고 있는 불안정한 국면에 놓여 있다. 만약 이러한 상태에서 일부 선진국에서 그나마 그동안 막대한 유동성의 힘으로 끌어올린 주식가격이나 부동산가격 같은 자산가격마저 하락하게 되면 이들 국가들의 경기는 급락하게 될 것이고, 이들 국가들의 경제주체의 빚 상환능력이나 가처분소득은 더욱 떨어지게 될 것이다. 또한 이들 국가들의 금리가 이미 '0' 혹은 마이너스이고, 부채규모가 과다한 상태이므로 이들 국가들의 경우 통화정책뿐만 아니라 재정정책을 사용할 수 있는 여력이 없어 앞으로 발생가능한 경기침체에 대응하기 어려운 상태에 놓여 있다.

이러한 요인들이 세계경제의 복원력을 약화시켜 세계경기를 장기적인 침체국면에 빠지게 하고, 나아가서는 새로운 금융위기, 외환위기가 발생할 수 있는 가능성을 제고시키고 있다. 이러한 관점에서 앞으로 세계 어디선가 새로운 성장지역이 부상하여 세계경제를 이끌어 나가거나 각국에서 새로운 성장 동력을 제대로 마련하지 못하는 한 전 세계적으로 저성장이 고착될 가능성이 크다 하겠다.

---

17) 동 기간 중 신흥국 부채가 150% 증가했고, 선진국 부채는 20%가 증가했는데, 이러한 부채의 증가는 주로 미국과 중국에 의해 이루어졌다.

18) 미국의 경우 동 정책에 힘입어 경기회복이 이루어짐에 따라 인플레이션의 발생을 우려하여 2015년 12월 이후 9차례에 걸쳐 기준금리를 인상하고, 양적 완화정책을 축소하였으나 주가가 폭락하는 등 국내금융시장이 불안해지자 국내경기의 재침체를 우려한 미국의 연방준비제도(Fed)가 예방적 차원에서 2019년 7월, 8월, 10월 3차례에 걸쳐 기준금리를 다시 인하하였다. 이에 반해 유로지역이나 일본의 경우에는 적극적인 경기부양정책에도 불구하고 경기회복이 제대로 이루어지지 않아 지속적으로 양적 완화정책을 사용하고 있거나 마이너스 금리정책을 도입하고 있다. 이로써 이들 국가들 간에 통화정책에 '거대한 간극'(great divergence)이 발생하고 있다.

(4) 반세계화 및 보호무역주의의 확산

1990년대 이후 세계화가 본격적으로 확산됨에 따라 국가 간에 교역이 크게 확대됨으로써 세계경제는 높은 성장률을 시현하였다. 그러나 2008년 글로벌 금융위기 이후 각국의 적극적인 경기부양정책에도 불구하고 저성장 국면이 장기화되어 세계경기가 침체됨으로써 미국, 유럽과 같은 선진 각국에서 실업률은 증대되고, 국내소득분배의 불균형이 심화되고 있다. 이에 대해 선진 각국에서 무역규제조치를 강화하는 등 반세계화에 대한 흐름이 크게 강화되고, 정치적으로는 '대중영합주의'(populism)가 증대되는 모습을 보이고 있다.

2016년 6월 영국이 EU로부터의 탈퇴[19]를 결정하고, 2017년 1월에는 미국에서 그동안 세계화의 흐름 속에 소외된 백인 저소득층들의 정치적 지지를 기반으로 집권한 트럼프 행정부가 출범함에 따라 미국의 주도하에 자국우선주의(American First)와 보호무역주의가 추진됨에 따라 반세계화(anti-globalization) 혹은 '느린 세계화'(slowbalization)[20]의 흐름이 제기되고 있다.

이와 같은 트럼프의 고립주의적인 정책기조는 그동안의 미국경제력의 상대적 쇠퇴, '셰일혁명'으로 인한 중동산 석유에 대한 의존도 하락, 냉전체제 해체 등이 복합적으로 작용한 결과라 하겠으며, EU지역의 일부 국가들에서도 난민유입에 따른 국내 일자리 위협문제와 경기침체로 인해 민족주의적이고 대중영합적인 극우적인 정당이 출현하고 있다. 더욱이 최근에는 중국의 국력이 급격히 커짐에 따라 이를 견제하기 위한 미국과 중국 간에 무역전쟁이 발발하여

19) 우리는 이를 소위 영국의 Britain과 출구의 exit을 합성한 단어로 브렉시트(Brexit)라 부르고 있다.

20) 이러한 현상을 설명하는 단어로 슬로벌라이제이션이라는 신조어가 쓰이고 있다. 슬로벌라이제이션은 네덜란드 경제학자인 아지즈 바카스(Adjiedj Bakas)가 처음 명명한 것으로 slow와 globalization의 합성어로 2008년 글로벌 금융위기 이후 세계화 흐름이 쇠퇴하고 있는 현상을 일컫는다. 이는 1990년 이후의 세계화와는 달리 최근의 자본과 노동이동의 제약, 금융 및 기업규제 강화, 국제공조균열 등이 나타나는 현상을 말한다.
이는 무역으로는 세계경제가 더 이상 성장하기 어려워지고, 세계화로 인한 문제점은 그대로 가지고 있어 선진국 생산직 노동자들은 더욱 어려워지고, 만약 중국을 봉쇄하면 중국의 주변지역 지배를 촉진해 결국 이는 세계화보다 더 나쁜 부작용을 초래할 수 있다. 그리고 난민, 기후변화, 탈세, 사이버범죄 등 국제공조가 불가피한 문제가 방치될 수 있을 것이다.

이들 두 국가들 간에 새로운 냉전체제가 조성됨으로써 세계적으로 보호무역주의의 기조가 정착될 가능성이 더욱 높아지고 있는 실정이다.

이렇듯 세계적으로 보호주의가 만연되면 세계교역이 크게 위축되어 각국의 경제성장 속도는 느려지게 되고, 제조업의 비중은 크게 줄어들면서 기존의 산업구조의 개편이 불가피한 상황에 직면하게 될 것인데, 이러한 움직임은 중장기적으로 선진국은 물론 신흥경제권에도 악영향을 미치게 될 것으로 보인다.

이러한 정황들을 토대로 판단할 때 향후 무역체제는 다자간 협정 중심에서 지역 또는 개별 무역협정 중심으로, 국정의 중심은 세계이슈 중심에서 국내이슈 중심으로, 국제적 문제해결방식은 협정이 정한 규칙 중심에서 양자 간 협상 중심으로 이동할 것으로 보인다.

(5) 미국과 중국 간 무역분쟁

'세계경제불균형'(global imbalance)은 국가 간에 경상수지 및 대외자산 포지션 등의 격차가 확대되는 현상을 의미한다. 세계경제불균형은 자유화 · 개방화가 진전된 1980년대 중반에 미국이 막대한 대일 무역수지 적자로 인해 미국과 일본 간에 이 문제가 제기되어, 1985년 9월 미국을 비롯한 선진 5개국 간에 엔화의 달러화에 대한 대폭적인 절하를 골자로 하는 '플라자합의'(Plaza Accord)를 이끌어 낸 바 있다.

한편 2000년대에 들어서는 2001년 미국의 적극 지원하에 중국이 WTO에 가입하면서 이후 세계의 공장으로서의 역할을 수행한 중국의 무역은 급속도로 증대되었으며, 이 과정에서 중국의 대미 무역흑자가 크게 늘어나 오랜 기간 동안 미국의 대중 적자가 크게 누적되었다.[21] 특히 2008년 글로벌 금융위기 이후 중국의 경제적 위상이 크게 확대되고, 아울러 중국이 '일대일로', '중국제조

21) 이렇듯 중국을 비롯하여 여러 나라에 대해 미국이 경상수지 적자를 지속적으로 누적시킬 수 있었던 이유는 미국 달러화가 기축통화라는 사실에 기인한다. 대미 흑자국이 대미 흑자에 상응하여 미국 국채를 매입함으로써 다시 미국으로 자본이 흘러들어옴에 따라 미국은 막대한 경상수지 적자를 지속시킬 수 있었다.

2025' 같은 자국경제의 부흥정책을 의욕적으로 추진하는 한편, 미국은 트럼프 집권 이후 미국 우선주의정책을 추진하는 가운데 양국 간의 세계경제의 패권을 둘러싼 이해가 서로 충돌하게 되었다. 이에 따라 미국은 자국의 막대한 대중 무역적자를 빌미로 중국에 대해 상품시장의 개방을 요구하면서 2018년 7월부터 상대국으로부터의 340억 달러의 수입품목에 대하여 25%의 관세를 부과하면서 미중 간의 무역분쟁이 본격적으로 시작되었다.[22)]

이들 무역협상의 주요 내용은 '지식재산권보호', '기술이전강요 방지', '자국기업에 대한 보조금제한 및 철폐', '중국의 환율조작금지' 등이다.

미중 간의 무역분쟁은 표면적인 무역분쟁의 성격을 넘어 양국 간에 벌이는 기술패권전쟁의 성격이 강하다. 특히 미국은 중국의 야심찬 산업발전전략이라 할 수 있는 '중국제조 2025'[23)]를 공격의 표적으로 삼고 있다. 미국은 중국이 중국제조 2025를 통해 자국기업에 부당하게 보조금을 지급, 불공정한 경쟁환경을 조성하고 있다고 보고 있다.

미국은 중국이 세계 제2의 경제대국으로 성장하는 기간 동안 미국의 지식재산권을 부당하게 탈취한다든가 중국진출 자국기업에 대해 기술이전을 강요한다든가 중국기업에 대해 보조금을 지급하는 등의 불공정거래로 인해 미국이 거대한 무역수지 적자를 시현하고 있다고 인식하면서 중국의 자국시장의 적극적인 개방과 시장에서의 공정한 거래를 주장하고 있다.

무역전쟁에는 궁극적으로 승자가 없다. 앞으로 미 · 중 간에는 무역분쟁을 넘어 기술전쟁, 금융전쟁, 궁극적으로는 패권전쟁의 양상을 띠어 나갈 것으로 보인다. 따라서 이들 간의 패권전쟁이 결말을 보일 때까지 양국 간의 무역분쟁은 상당한 기간 동안 지속될 것으로 보인다. 이 과정에서 무역전쟁을 하는 미국과 중국은 물론 한국과 일본 같은 주변국들에게도 커다란 피해를 주고, 나아

22) 2020년 1월 15일 중국이 농산물수입 확대, 지식재산권보호 강화, 금융서비스시장 개방, 환율조작 중단 등을 이행하면 미국은 기존의 중국으로부터의 수입품에 대한 관세를 일부 인하한다는 것을 주 내용으로 하는 미중 간의 1차 무역협상이 타결되었다.

23) '중국제조 2025'는 생명과학, 우주항공, 이동통신 등 10개 하이테크 제조업분야에서 제조업부문의 최강자가 되겠다는 중국 정부의 핵심산업 육성프로젝트다.

가서는 세계경제에 상당히 부정적인 영향을 줄 것으로 보인다. 즉 양국 간의 무역전쟁으로 인해 세계적으로 불확실성, 불안정성이 크게 증가할 것이며, 이에 따라 글로벌 투자는 크게 위축될 것이고, 아울러 그동안 세계화의 흐름 속에서 구축되어 온 글로벌 가치사슬이 붕괴되어 세계적으로 공급 측면의 위축이 나타날 수도 있을 것이다.

(6) 장기 저성장의 고착

글로벌 금융위기 이후 미국, 유럽, 일본 등 선진국들과 중국은 초저금리와 양적완화로 한껏 부풀려진 자산시장에서의 버블로 10여 년을 버텨왔지만 미국에서 출구전략의 일환으로 2015년 이후 금리인상이 시작된 이후에는 주가가 폭락하는 등 금융시장의 불안이 야기되어 그동안의 선진 각국에서 추진해 온 자산가격 인상을 통한 경기부양책의 한계점이 노정되고 있다.[24)]

한편 저출산, 고령화로 인해 주요 국가들에서 생산가능인구가 줄어들고 있는 현상도 저성장이 세계적으로 고착되는 큰 원인이 되고 있다. 미국, 유럽, 일본 주요 선진 국가들의 경우 고령화사회로 들어섬에 따라 2020년이면 고소득 51개국의 생산가능인구가 정점에 달해 저성장에 돌입할 것으로 보인다. 심지어 아직은 개발도상국이라 할 수 있는 중국도 높은 집값과 양육비로 출산율이 낮아지고 고령화가 진행되고 있다.

이러한 주요 선진국들과 주요 신흥국들의 출산율 저하와 고령화현상은 그 사회 전체의 노인 부양 부담이 커지면서 청년들의 가처분소득이 줄어들어 이들이 결혼과 출산을 기피함으로써 더욱 깊은 불황에 빠질 수 있는 가능성이 제고되고 있으며, 이것이 세계 주요 국가들의 성장률을 '0'으로 끌어내림으로써 세계경제를 크게 위협할 수 있는 요인이 될 것으로 보인다.

전체 인구에서 생산가능인구가 차지하는 비중이 감소하면 소비가 줄어든다.

24) 앞서 언급한 바와 같이 미국의 연방준비제도(Fed)가 금리를 인상한 이후 금융시장에 충격이 발생하자 2019년 7월 이후 3차례에 걸쳐 금리인하를 추진하고 있다.

고령화에 따라 재정지출이 늘어나고 세수기반이 약화되면 정부부채가 급증한다. 따라서 생산가능인구가 줄어들면 경제성장률은 급격히 떨어질 것이다. 물론 개발도상국들 중에는 아직 생산가능인구가 늘어나는 나라들이 있다. 인도, 인도네시아, 베트남, 그리고 아프리카 대륙의 일부 국가들이다. 그러나 이들 나라에서 인구가 늘어난다고 해도 이들 국가들이 세계경제를 선도하기에는 아직 그 힘이 미약하다 할 것이다. 이러한 관점에서 이제는 전 세계적으로 저성장이 장기화되는 '뉴노멀'(New Normal)시대가 도래한 것이 아닌가 하는 관측이 조심스럽게 제기되고 있다.

워싱턴합의(Washington Consensus) 및 베이징합의(Beijing Consensus)

'워싱턴합의'란 미국의 정치경제학자인 존 윌리엄슨(John Williamson)이 1989년 자신의 저서에서 개도국에 대한 개혁처방을 워싱턴합의로 명명한 데서 기인하고 있다. 워싱턴합의란 1980년대 초 외채위기에 빠진 남미 국가들을 어떻게 처리할 것인지를 두고 미재무부, IMF, IBRD가 소재해 있는 워싱턴 D.C.에서 정책결정자들 사이에 이루어진 합의다. IMF는 1982년 남미 외채위기 시 구제금융을 제공해 준 대가로 수혜국의 구조조정에 관련하여 고강도의 재정긴축을 강요하였고, 아울러 공기업 민영화, 각종 규제완화, 자본 및 외환시장 개방 등을 요구하였다. 이러한 내용들을 토대로 1990년대 초 워싱턴 D.C.에 있는 IMF, 세계은행, 미국재무부 등의 논의를 거쳐 미국의 신자유주의정책과 미국식 시장경제체제를 바탕으로 미국 중심의 발전모델인 워싱턴합의가 정립되었다.

워싱턴합의의 주요 내용은 정부예산 삭감, 수출증대, 평가절하, 자본시장 자유화, 외환시장 개방, 관세인하, 국가기간산업 민영화, 외국자본에 의한 국내의 우량기업 합병·매수 허용, 정부규제 축소, 재산권보호 등이다.

한편 주목되는 것은 이러한 권고를 수용하지 않을 때는 집권 핵심세력의 부패비리를 폭로하여 지배정권을 무력화시킨 다음 이러한 정책에 우호적인 정당으로 하여금 집권케 한 후 구조조정을 하게 한다는 전략이며, 외환위기가 발생하면 이를 방치함으로써 구조조정프로그램을 관철하는 기회로 삼는다는 것이다. 이에 따라 일각에서는 이러한 조치가 개도국 각국의 특수한 사정을 고려하지 않고 일률적으로 시장개방, 민영화, 규제완화 등을 강요함으로써 세계경제시스템을 미국의 이익에 맞추려 하고 있다는 비판이 제기되고 있다. 따라서 최근에는 이에 대한 반발로 중국이 중심이 되어 그 대안으로 베이징합의가 제시되고 있다.

베이징합의는 중국식 사회주의 발전모델의 대외확산전략을 말한다. 정부주도의 점진적이고 단계적인 경제개혁, 조화롭고 균형 잡힌 발전전략, 개도국의 주권을 존중하고, 내정불간섭을 원칙으로 하는 원조정책을 그 내용으로 하고 있다.

이는 위에서 언급한 미국식 경제모델인 워싱턴합의에 대항하는 개념이라 할 수 있다. 즉 시장은 근본적으로 불완전하기 때문에 중국처럼 경제성장과정에서 정부가 신속하고 광범위하게 이에 개입해야 한다는 것을 골자로 하고 있다. 중국은 1978년 개혁·개방, 1980년대 후반에는 급격한 인플레이션으로 그리고 1990년대 후반에는 국유기업의 부실로 여러 경제적인 문제에 직면했었으나 그때마다 중국 정부는 신속하고 강력한 정책대응으로 위기를 극복한 바 있다. 이러한 사실은 정부주도의 경제개발전략이 중국의 고도성장을 가능하게 했다는 것을 의미한다 하겠다.

2008년 글로벌 금융위기로 미국경제가 위기에 직면하자 한때 아시아, 아프리카, 중남미 국가들에게 베이징합의가 워싱턴합의의 대안적 성장전략으로 주목을 받은 바 있다.

CHAPTER 02

세계화에 대한 이해

CHAPTER 02

세계경제의 이해 *Understanding the Global Economy*

세계화에 대한 이해

세계화(globalization)는 우리가 살고 있는 이 시대의 가장 핵심적인 흐름이라 할 수 있다. 세계화는 경제, 사회, 문화, 정치, 군사, 환경, 심지어 질병이라든가 범죄, 테러행위 등 대단히 다양한 분야에서 광범위하게 진행되고 있는 현상이라 할 수 있다. 그러나 본장에서는 오직 경제적 의미에 국한하여 세계화에 대한 논의를 전개해 나가도록 하자.

경제적 의미에서의 세계화란 국가들 간에 경제적 교류를 저해하는 각종 장벽들이 완화 혹은 철폐되어 경제적 교류가 내용적으로 심화되고(deepening), 지리적으로 확산되는(widening) 변화의 과정이 뚜렷이 목격되는 현상이라 할 수 있다.[1)] 이러한 세계화의 흐름은 현 상황에서 어느 국가도 거역하기 어려운 흐름이라 하겠으나 세계화가 항상 긍정적인 측면만 있는 것은 아니고, 부정적인 측면 또한 적지 않게 나타나고 있다.

본장에서는 세계화가 역사적으로 어떻게 전개되어 왔으며, 아울러 세계화로 인해 제기되고 있는 여러 가지 긍정적인 측면과 부정적인 측면에 대하여 살펴보도록 하자.

---

1) 김관호, p.14

1 세계화의 역사적 추이

1990년을 전후해서 사회주의체제의 몰락, 정보통신기술의 획기적인 발전, 무역 및 자본자유화, 다국적기업의 발흥 등으로 그 어느 시기보다도 세계교류가 크게 확대되고, 세계경제의 통합이 가속화되고 있다.

세계화 시기에는 수송기술이나 정보통신기술의 획기적인 발전에 따라 수송비나 통신비용이 크게 하락하여 일반대중들의 일상생활과 긴밀한 관련을 갖고 있는 상품들이 교역대상이 되고, 관세나 수입쿼터와 같은 인위적인 교역장벽이 크게 완화됨으로써 국가 간의 상품가격이 급속하게 수렴되는 현상이 집중적으로 이루어진다고 할 수 있다.

각국에서 동일한 상품의 가격이 수렴된다는 사실은 그만큼 국가 간에 상품교역이 자유롭게 이루어짐을 의미한다 하겠다. 이러한 차원에서 케빈 오룩과 제프리 윌리엄슨(Kevin O'Rourke and Jeffrey G. Williamson, 2002)은 상품가격의 국가 간 수렴의 정도가 세계화의 강력한 증거로 제시될 수 있다고 주장한다. 이들은 19세기 이전에는 국가 간 상품가격의 수렴현상이 목격되고 있지 않은 반면, 19세기 중반 이후에는 이러한 현상이 뚜렷이 나타난다는 사실을 실증적으로 보여주면서[2)] 우리가 살고 있는 지금의 시기뿐만 아니라 과거 19세기 중반 이후에도 세계화가 진행되었음을 밝히고 있다. 이하에서는 19세기 중후반 이후에 전개되었던 과거의 세계화 흐름(제1차 세계화 물결)과 우리가 지금 겪고 있는 세계화 흐름(제2차 세계화 물결)에 대해 각각 살펴보고 그들 간의 차이점과 유사점에 대해 알아보도록 하자.

(1) 제1차 세계화 물결

제1차 세계화 물결에 해당하는 시기는 1870년에서 제1차 세계대전이 발발하

2) 이에 대한 구체적인 내용에 대해서는 김관호, pp.36-39를 참조

기 직전인 1914년까지의 약 40여 년 동안의 기간으로 이 시기에는 서유럽 국가들과 미국에서 산업혁명이 완성되면서 세계적으로 산업자본주의가 자리를 잡게 되는 시기라 할 수 있다.

이 시기에는 증기기관 발명에 의한 수송 및 통신혁명이 이루어졌다. 1820~50년대에 철도망이 급속히 확대되었고,[3] 1840~70년대에는 내륙 및 해양운송에서 증기선의 사용이 크게 확대되어 수송비용이 획기적으로 절감되었고, 운행시간도 크게 단축되었다.[4] 그리고 1832년 모스(Samuel Morse)부호에 의해 미국과 유럽대륙이 전신에 의해 연계되기 시작하였고, 1850년에는 도버해협을 통과하는 영국과 프랑스 간에 최초의 해저전선 케이블이 설치되었으며, 1866년에는 유럽과 미국을 잇는 대서양 케이블이 설치되었고, 1876년에는 미국의 벨(Alexander G. Bell)에 의하여 전화기가 발명되어 20세기에 들어서면서 전 세계를 연결하는 전신망이 구축되었다.

무역정책적인 측면에서도 1846년, 영국에서 그동안 대륙으로부터의 옥수수 수입에 대해 관세를 부과하였던 '곡물법'(Corn Law)이 철폐되었고, 1860년에는 프랑스와 영국 간에 체결된 '콥든-슈발리에협정'(Cobden-Chevalier Treaty)에 의해 양국 간 무역에 부과되는 대부분의 관세가 철폐되어 유럽 국가들과 피식민지 개도국에서 부과되고 있는 무역장벽을 상당히 낮추는 쌍무적인 협정이 구축되었다.[5]

사상적으로는 자유주의를 바탕으로 사유재산의 확립과 경제활동에서의 자유를 보장하는 제도 등이 만들어졌고, 국가 간의 교역에 있어서도 자유무역을 주장하는 이론적 토대가 마련되었다.

한편 구대륙에서 미국, 호주, 아르헨티나와 같은 신대륙으로의 대규모의 인구이동[6]이 일어났고, 아울러 신대륙에 철도와 같은 인프라가 구축되었으며,

---

3) 1835년 증기기관차가 세계최초로 영국의 스탁턴과 달링턴을 운행하였다.

4) 1840년대에 영국 리버풀과 미국의 뉴욕 간 선박의 운행시간이 40여 일에서 14일로 대폭 단축되었다.

5) 그러나 미국은 19세기의 무역자유화의 흐름에서 이탈하여 1930년대까지 보호무역주의의 기조를 유지하였다.

광산개발을 위한 대규모의 자본이동이 구대륙에서 신대륙으로 이루어졌다.

이 시기에 대부분의 서유럽 국가들은 일부 서유럽 국가들에 국한된 것이기는 하지만, 금본위제도를 채택하였으며 동 제도하에서 각국의 국내물가가 안정됨으로써 이들 국가들 간의 무역과 투자가 크게 증대되는 등 자본주의의 '황금기'(the Golden Age)가 펼쳐졌다.

정치적인 측면에서는 이 시기는 산업혁명을 주도했던 최고의 선진공업국으로서 영국이 여타 국가들을 정치적, 군사적, 경제적으로 압도하여 세계경제질서를 주도했던 '팍스 브리타니카'(Pax Britanica)시대라 할 수 있다.[7]

(2) 후퇴기

1891년 유럽지역에서 발생한 공황으로 유럽 국가들은 보호무역주의로 회귀하였다. 1914년에는 유럽지역에서 제1차 세계대전이 발발하였으며, 이 시기부터 제2차 세계대전이 종료된 1945년까지 약 30년 동안 각국이 보호무역주의와 폐쇄적 고립주의정책 등을 채택함에 따라 세계화는 크게 후퇴할 수밖에 없었다. 특히 1929년 10월, 미국에서 대공황(Great Depression)이 발생하였고, 이에 1930년에 미국에서는 스무트-홀리법(Smoot-Hawley Act)을 제정하여 약 2,000여 개의 수입공산품에 대하여 평균 관세율이 60%에 달하는 강력한 보호무역주의를 채택하였고, 이것이 다시 유럽 국가들로부터 보복조치를 촉발하여 세계적으로 대공황의 경제적 충격을 더욱 악화시키게 되었다. 이로써 1929년에서 1933년 사이 미국의 수입은 30%, 수출은 40%로 크게 줄어들었다. 그리고 그동안 세계적으로 자유무역을 주도해 오던 영국도 1932년 캐나다 오타와에서 열린 '제국경제회의'(Imperial Conference)를 통하여 과거 영국의 식민지 국가들을 중심으로 하는 특혜관세제도를 도입함으로써 자유무역주의 원칙을 포기

6) 1880~1900년 기간 동안에 6,000만 명에 달하는 유럽인들이 미국을 비롯한 호주, 아르헨티나 등 신대륙으로 이주하였다. 이는 그 당시 송출국 인구의 2~5%에 해당하는 큰 규모였다.

7) 1800년대 후반 유럽대륙에서 보호주의가 대두되었음에도 불구하고 영국이 자유무역정책을 주도함으로써 이 시기에 세계적으로 자유롭게 교역이 이루어질 수 있었다.

하였다. 한편 미국은 이 기간 중 '몬로주의'(Monroe Doctrine)로 대표되는 고립주의적인 태도를 취함에 따라 세계교역은 더욱 위축되었고, 국가 간 자본이동은 급격히 줄어들었고, 구대륙에서 신대륙으로의 이민도 급격히 줄어들게 되었다. 더욱이 1939년에는 제2차 세계대전이 발발함으로써 세계적으로 무역과 투자는 극도로 위축될 수밖에 없었다.

(3) 회복기

회복기는 제2차 세계대전이 종료된 1945년부터 1980년대까지의 기간을 의미한다. 이 기간 동안에는 1945년에 출범한 브레튼우즈체제하에서 다자간 무역협상을 통하여 수입관세나 수입쿼터와 같은 국가 간 교역장벽이 꾸준히 낮아지고, 수송수단[8] 및 정보통신기술의 꾸준한 발전으로 인해 세계교역이 점차 확대되고, 세계적으로 높은 경제성장률을 기록하면서 제1차 세계화 물결 시기의 수준을 회복하였다.

이 시기에는 미국이 영국을 대신하여 세계의 패권국가(Pax Americana)로서의 지위를 확고히 하는 가운데 미국의 주도하에 세계적으로 자유무역이 추진되면서 과거의 민족주의, 고립주의, 보호무역주의는 퇴조되고, 다국적기업들의 활동이 활발히 전개되며, GATT, IMF, IBRD 등을 중심축으로 하는 브레튼우즈체제하에서 세계경제질서가 안정적으로 정착되어 나갔다. 아울러 이 시기에는 자본주의 진영의 맹주인 미국과 사회주의 진영의 맹주인 소련 간의 이념대립으로 인해 동·서 간의 냉전(cold war)이 전개되었다.

8) 이 시기에 등장한 주목할 만한 수송수단은 1956년, 미국의 말콤·맥린(Malcom Mclean)에 의해 도입된 '컨테이너'(container)이다. 이를 통해 해상운송비용은 획기적으로 크게 절감되었고, 항구노동생산성과 화물선의 적재용량이 크게 증가하여 세계교역량이 획기적으로 증대되는 계기가 되었다.

(4) 제2차 세계화 물결

제2차 세계화 물결은 1980년대 중반 이후부터 시작되어 현재까지 계속 진행되고 있는 세계화의 흐름을 말한다. 이 시기에는 세계적으로 커다란 정치적 변혁을 겪었는데, 1990년대 초 독일이 통일을 이루고, 소련(소비에트연방공화국)이 해체되고, 중 · 동부 유럽지역의 사회주의 국가들이 시장경제체제로 전환하는 등 동 · 서 간의 냉전이 종식되면서 각국이 정치적인 이념보다도 경제적인 이해를 우선시하여 각국의 경제활동영역이 전 세계적으로 크게 확대되었다.

1990년대 초 반도체기술이 눈부시게 발전하고, 인터넷이 상용화되는 등 정보 및 통신기술의 획기적인 발전으로 인해 세계적으로 '거리가 소멸되고'(death of distance), 1995년에는 우루과이라운드협상의 결과로 다자간의 자유무역을 주도하는 WTO체제가 출범하였다. 또한 1980년대, 1990년대에 걸쳐 세계적인 자본시장 개방을 통해 국가 간 금융거래규모가 폭발적으로 확대되면서 각국의 금융시장의 통합이 활발히 이루어졌다. 그리고 1980년대 중반 이후에는 다국적기업의 활동이 전 세계적으로 활발히 이루어지기 시작하면서 이들이 세계화를 견인하는 중추적 역할을 수행하였으며, 중국을 위시하여 신흥개도국들이 저렴하고 풍부한 노동력을 활용하여 공업화를 성공적으로 추진하면서 세계무대에 본격적으로 그 모습을 나타내기 시작하였다. 이 시기에 세계적으로 경제적 교류가 획기적으로 확대되는 흐름을 우리는 제2차 세계화 물결이라고 한다.

2 1차 세계화 물결과 2차 세계화 물결

현재 우리가 경험하고 있는 제2차 세계화 물결과 19세기 말에서 20세기 초에 있었던 제1차 세계화 물결은 외형적으로는 상당히 유사한 모습을 보이고 있지만 내용상으로는 상당한 차이가 있다. 이하에서는 이들 간에 어떠한 유사점과 차이점이 있는지에 대해 살펴보도록 하자.

(1) 상품거래의 측면

[표 2-1]에서 볼 수 있는 바와 같이 일부 국가를 제외하고는 대부분 1차 세계화의 시기에 비해 2차 세계화 시기의 교역도가 월등히 높다. 세계 전체적으로 볼 때 교역도는 1차 세계화 물결에 해당하는 시기인 1913년의 18.0%에 비해 2차 세계화에 해당하는 시기인 2017년에는 57.9%로 39.9%포인트나 높다.

관세율도 1차 세계화의 시기에 비해 2차 세계화의 시기에 크게 낮아져 2차 세계화의 시기에 국가 간 교역이 그만큼 자유롭게 이루어지고 있다. 교역 대상 품목도 1차 세계화의 시기에 비해 2차 세계화의 시기에 더욱 다양해져 2차 세계화의 시기에 교역의 내용이 보다 심화된 모습을 보인다 하겠다.

1차 세계화의 시기에 참여한 국가들은 일부 선진국에 국한되었던 데 반해,

표 2-1 | 상품 교역도의 연도별 변화 (단위 : %)

구분	1890	1913	1960	1990	1998	2018
호주	30.4	42.0	26.0	26.8	29.4	43.0
캐나다	25.6	34.0	29.0	44.0	70.0	65.9
덴마크	48.0	61.4	53.8	48.6	53.4	104.0
프랑스	28.4	31.0	19.8	34.2	41.8	63.4
독일	31.8	39.8	29.0	48.0	50.8	87.2
이탈리아	19.4	28.8	20.0	31.8	41.4	61.1
일본	10.2	25.0	17.6	16.8	19.0	34.6*
노르웨이	43.6	51.0	49.8	57.6	52.2	70.6
스웨덴	47.2	42.4	37.6	47.0	74.4	90.9
영국	54.6	59.6	30.6	41.2	43.2	61.3
미국	11.2	12.2	6.8	16.0	17.2	27.1*
세계	12.0	18.0	16.0	26.0	37.6	57.9*

주: 김관호, p.48에 게재되어 있는 표를 재인용하였고, 2018년 자료는 세계은행의 World Development Indicators, 2019를 인용함

* 는 2017년 자료임

2차 세계화 시기에 세계화에 참여하고 있는 국가들은 선진국뿐만 아니라 많은 개도국들도 포함되어 그 참여 범위가 크게 확대되었다.

이러한 사실들을 토대로 우리는 적어도 상품교역의 측면에서 2차 세계화의 시기가 1차 세계화의 시기에 비해 그 수준이 훨씬 높은 것으로 이해할 수 있다.

한편 교역의 패턴을 보면 [표 2-2]에서 보는 바와 같이 1차 세계화 시기에는 주요 선진국들의 공산품의 수출비중은 높고, 수입비중은 낮은 모습을 보이고 있는 데 반해, 2차 세계화 시기에 해당하는 1993년도에는 주요 선진국들의 수출, 수입 모두에 있어 공산품의 비중이 증대되고 있는 모습을 알 수 있다. 이를 통해 우리는 2차 세계화 시기에 주요 선진국들의 1차 상품의 교역비중은 크게 감소한 반면, 공산품의 교역비중, 그리고 서비스분야의 교역비중이 크게 확대되고 있음을 유추해 낼 수 있다.

표 2-2 | 교역상품에서 공산품의 비중 (단위 : %)

구분	1910년		1993년	
	수출	수입	수출	수입
영국	75.4	24.5	97	77.2
프랑스	59.2	25.3	78	74.6
독일	74.5	24.4	90	73.6
이탈리아	38.3	38.0	89	62.9
덴마크	9.1	28.1	66	na
스웨덴	33.6	56.0	85	na
미국	47.5	40.7	82	77.1
캐나다	19.9	62.5	66	81.9
일본	80.8	38.3	97	46.3

자료 : 김관호, p.50에 게재된 표를 재인용함

특히 2차 세계화 시기에는 1차 세계화 시기에 비해 산업 간 무역(inter-industry trade)보다 산업 내 무역(intra-industry trade)[9]의 비중이 크게 확대되고 있음을 그 특징적인 현상으로 지적할 수 있다.

(2) 자본거래의 측면

자본이동에 관련한 과거의 통계자료가 불충분한 상황에서 100년 이상의 장기간에 걸친 국가 간 자본이동의 추이를 분석하는 것은 대단히 어려운 일이라 하겠다. 따라서 이하에서는 정량적인 측면보다는 정성적인 측면에서 1차 세계화 시기와 2차 세계화 시기의 중요한 차이점들에 대하여 살펴보도록 하자.

첫째, 1차 세계화 시기에는 직접투자나 장기차입과 같은 장기자본거래의 비중이 높았으나 2차 세계화 시기에는 해외주식이나 채권을 대상으로 하는 포트폴리오 투자와 같은 단기적인 자본거래의 비중이 높다. 둘째, 1차 세계화 시기에는 철도건설이나 광산업과 같은 한정된 분야에 투자가 이루어졌으나 제2차 세계화 시기에는 투자의 대상이 업종의 제한 없이 모든 분야로 크게 확대되었다. 따라서 2차 세계화 시기에는 선진국은 물론 신흥개도국을 포함하여 세계 각국에서 발행되는 각종 주식과 채권들이 모두 투자의 대상이 되고 있으며, 직접투자의 경우에도 제조업과 서비스업을 망라한 모든 산업에서 투자가 이루어지고 있다. 셋째, 1980년대 초만 해도 개도국에 유입되는 자본의 대부분은 은행차입의 성격을 가지고 있었으나 1980년대 초 중남미 국가들이 외채위기를 겪은 이후 개도국들의 선진국 상업은행으로부터의 은행차입의 비중은 급격히 줄어들고, 채권이나 주식 등과 같은 직접금융시장을 통한 자금조달의 비중이 확대되었다. 이에 따라 직접투자가 가장 중요한 자본도입의 경로가 되고 있다. 넷째, 세계 각국의 자본거래 자유화로 각국의 금융시장이 통합되고, 금융산업에 있어 세계화가 급속히 진행됨으로써 각국 금융시장의 동조화현상이 뚜렷하게 나타나고 있다.

9) 산업 간 무역은 서로 다른 산업으로 분류되는 상품들 간의 교역을 말하며, 산업 내 무역은 동일한 산업으로 분류되는 상품들 간의 교역을 말한다. 예를 들면 우리나라가 중국에서 농산물을 수입하고, 중국에 반도체를 수출하는 경우는 산업 간 무역에 해당한다 할 수 있으며, 우리나라가 독일에 대중적인 자동차를 수출하고, 독일로부터는 고급차를 수입하는 경우는 산업 내 무역이라 할 수 있다.

(3) 외국인직접투자의 측면

제1차 세계화 시기에는 선진국이 후진국에 일방적으로 투자하는 경우가 대부분이었으나 제2차 세계화 시기에는 선진국 상호 간의 투자가 주류를 이루고 있다. 그러나 앞서 [표 1-8]에서 보는 바와 같이 최근 들어서는 중국을 비롯한 신흥개도국에서도 외국인직접투자의 유치가 활발히 이루어져 2017년 현재, 개도국의 외국인직접투자 유치액은 6,706.6억 달러로 선진국의 7,123.8억 달러에 근접하고 있다.[10] 해외직접투자의 경우에도 최근 들어 개도국의 투자가 활발히 이루어져 2017년 현재, 선진국의 해외직접투자규모 10,092.1억 달러에는 아직 크게 못 미치고 있으나 3,807.8억 달러에 달하고 있다.

한편 투자분야에 있어서도 1차 세계화 시기에는 제조업에 비해 1차 산업에 대한 투자의 비중이 높았으나 1990년 후반에 들어서는 제조업 및 서비스업의 비중이 확대되고 있는 반면, 1차 산업에 대한 투자비중은 크게 축소되고 있는 모습을 보이고 있다.

한편 2차 세계화 시기에는 각국에서 어떤 특정 산업에서 외국인의 직접투자를 받아들이고 아울러 동일한 분야에 해외직접투자를 수행하는 소위 '산업 내 투자'가 활발히 이루어지는 모습을 보이고 있다. 이에 따라 다국적기업에 의해 이루어지는 교역의 상당부분은 본사와 자회사 간 혹은 자회사 간에 이루어지는 이른바 '기업 내 무역'의 성격을 띠고 있다. 이러한 다국적기업의 기업 내 무역은 과거 1차 세계화 시기에는 발견되지 않는 2차 세계화 시기의 특징적인 현상 중 하나라 할 수 있다. 이는 다국적기업들이 기업 내부에서 국제분업을 수행하고, 이를 전사적인 차원에서 통합하는 전략, 즉 글로벌전략을 수행하고 있다는 것을 의미한다 하겠다.

10) 2014년도에는 직접투자에 대한 기록이 작성된 이후 사상 최초로 개도국의 외국인직접투자 유치액이 6,813.9억 달러를 기록함으로써 선진국의 외국인직접투자 유치액 4,987.8억 달러를 상회한 바 있다.

(4) 수송 및 통신비용의 측면

앞서 언급한 바와 같이 1차 세계화 시기와 2차 세계화 시기에는 공히 수송 및 통신기술의 발전을 통하여 국가 간의 교역 및 투자가 크게 확대되었다. 1차 세계화 시기에는 무엇보다도 증기기관의 발명을 통한 증기선 도입 및 철도 부설, 수에즈운하 및 파나마운하의 개통 등으로 수송시간 및 비용이 획기적으로 절감됨으로써 이들이 세계적으로 교역을 크게 확대시키고, 해외투자를 확대시킨 원동력이 되었다. 한편 2차 세계화 물결의 시기에는 컨테이너(container)의 도입을 통하여 수송비용이 크게 하락하기는 했지만 1차 세계화 시기만큼 수송비의 영향력이 크게 작용하지 않은 가운데 컴퓨터, 인터넷을 비롯한 정보통신기술의 눈부신 발전이 세계적으로 교역과 투자를 확대하여 세계화를 이끌어 나가는 데 강력한 동력이 되고 있다.

3 세계화와 절대빈곤

세계화와 관련해 여러 다양한 분야에서 이에 대한 찬반의견이 엇갈리고 있다. 세계화와 관련하여 그중에서도 가장 핵심적인 이슈라 할 수 있는 것은 빈곤 및 소득불평등에 관한 것이라 하겠다.

세계화를 주장하는 자들은 세계화가 경제성장을 증대시켜 불평등과 빈곤을 줄인다고 주장하는 반면, 세계화 반대론자들은 오히려 세계화가 불평등과 빈곤을 증대시킨다고 주장한다. 이렇듯 세계화를 찬성하는 자와 반대하는 자 간에는 세계화에 대한 의견이 서로 엇갈리고 있어 아직도 세계화에 대한 어떤 일의적인 결론을 내리지 못하고 있는 실정이다.

본절에서는 우선 세계화가 절대적 빈곤에 미치는 영향에 대하여 살펴보고, 다음 절에서는 세계화가 국가 간 소득불평등, 그리고 한 국가 내에서의 계층 간 소득불평등에 대해 어떠한 영향을 미치는지에 대해 살펴보도록 하자.

(1) 개요

절대빈곤(absolute poverty)을 측정하는 일의적인 기준은 없지만 개념적으로는 의식주 등 인간의 생존을 위한 최소한의 생활수준에 필요한 가장 기초적인 욕구가 충족되지 못하는 상태를 말한다.

인간 생존에 기본적으로 가장 필요한 것으로는 식량, 주거지, 깨끗한 물, 정보, 교육, 의료, 안전 같은 사회자본(social capital) 등을 들 수 있다. 이러한 '기본적 수요'(basic needs)가 충족되지 못하면 사람들은 영양실조, 정신병, 죽음, 유행성 전염병, 기아 등을 겪게 되고, 심지어 이로 인해 지역 간에 전쟁이 발생하기도 한다.

빈곤의 원인으로는 지리적 위치, 식민지 경험, 단순한 경제구조, 높은 인구증가율, 그릇된 정부정책 및 부정부패, 정치적 불안정성, 자연재해 등을 들 수 있다. 현재에도 빈곤문제가 여전히 해결되지 않고 있는 나라가 상당히 많은데, 세계에서 가장 빈곤한 나라들의 대부분은 아프리카의 사하라 이남지역에 위치하고 있다. 현재 절대빈곤층의 60%가 인도, 나이지리아, 중국, 방글라데시, 콩고공화국에 거주하고 있다.

(2) 빈곤 추이

절대빈곤의 기준은 세계은행이 1990년에 처음 제시하였는데, 이때에는 1985년의 물가를 기준으로 환산된 1달러 이하를 가지고 하루를 살아가는 사람들을 절대빈곤층으로 분류하였다. 2008년에는 2005년 물가로 환산된 구매력평가환율로 하루에 1.25달러 미만으로 생활하는 사람으로 그 기준이 변경되었고, 2015년에는 2011년 물가로 환산된 구매력평가환율 1.9달러 미만으로 하루를 생활하는 사람으로 그 기준이 변경되었다.

[표 2-3]에서 보는 바와 같이 빈곤율은 전 세계적으로 볼 때, 1990년 36.4%에서 2015년 11.5%로 24.9% 포인트 크게 하락하였으며, 절대빈곤자의 수 역시

표 2-3 지역별 빈곤율 추이

구분	1990년		1996년		2002년		2008년		2011년		2015년	
	%	백만 명	%	백만 명	%	백만 명	%	백만 명	%	백만 명	%	백만 명
동아시아, 태평양	57.0	939	38.3	682	27.3	518	13.7	272	7.9	161	4.1	86
유럽 및 중앙아시아	1.5	7	4.3	20	2.1	10	0.5	2	0.5	2	0.3	1
중남미 및 카리브 국가	12.2	53	10.5	51	10.2	54	5.4	31	4.6	28	4.3	27
중동 및 북아프리카	5.8	13	4.8	12	3.8	11	2.1	7	1.7	6	2.0	7
남아시아	54.1	620	48.6	630	44.1	638	34.1	540	24.5	399	18.1	311
사하라 이남	56.6	290	59.7	359	57.1	400	49.7	403	46.8	415	40.9	403
개도국	43.4	1,923	35.9	1,754	30.6	1,631	21.9	1,255	17.0	1,011	13.4	836
전 세계	36.4	1,923	30.4	1,754	26.1	1,631	18.6	1,255	14.5	1,011	11.5	836

주: 2005년 기준 구매력평가환율로 환산된 하루 1.25달러 미만으로 생활하는 사람들의 각 지역 내에서의 비중과 각 지역의 절대인구 수를 나타냄

자료: 세계은행, World Development Indicators, 2015

1990년 19억 2,300만 명에서 2015년 8억 3,600만 명으로 크게 하락하였다. 동 기간 중 전 세계의 인구가 53억 명에서 74억 명으로 크게 늘어났음을 감안할 때, 이는 세계적으로 절대빈곤문제가 크게 개선되고 있음을 보여주고 있다 하겠다. 그러나 세계 전체적으로 절대빈곤층은 크게 감소하였지만 이러한 현상이 아시아지역과 같은 일부 지역에만 한정되어 아직도 빈곤문제를 해결하지 못하고 있는 지역들이 여전히 많다. [표 2-3]에서 볼 수 있는 바와 같이 절대빈곤이 가장 많이 감소된 지역은 그동안 높은 경제성장률을 기록하였던 동아시아 · 태평양지역이다. 동 지역에서 절대빈곤층은 1990년 9억 3,900만 명에서 2015년 8,600만 명으로 약 8억 명 이상 크게 줄어든 것으로 보인다. 이에 따라 동 지역의 빈곤율 역시 1990년 57.0%에서 2015년 4.1%로 크게 하락하였다. 물론 이러한 결과는 무엇보다도 동 기간 동안에 인구규모가 큰 중국의 높은 경제

성장으로 중국에서의 절대빈곤층의 인구가 대폭 줄었기 때문인 것으로 파악된다. 남아시아지역의 경우에도 최근 인도의 고도성장으로 동 기간 동안 빈곤문제가 비교적 많이 해소되었지만, 2015년 현재 절대빈곤층의 인구가 약 3억 명에 달해 동 지역에는 아직도 많은 절대빈곤층이 존재하고 있다.

세계에서 빈곤문제가 가장 심각한 지역은 아프리카의 사하라 이남(Sub-Sahara)지역이다. 사하라 이남지역의 경우에는 그동안 빈곤율의 하락폭이 대단히 미미해 2015년 현재 4억 300만 명의 빈곤층이 존재하고 빈곤율도 40.9%에 달하고 있어 아직도 절대빈곤상태에서 크게 벗어나지 못하고 있는 모습을 보이고 있다.

(3) 세계화와 절대빈곤

세계화 찬성론자들은 무역의 자유화와 자본자유화가 무역, 투자 및 기술의 교류를 확대하고, 구조개혁을 촉진함으로써 개도국의 성장을 촉진시키고, 이를 통해 각국의 빈곤문제가 해결될 수 있다고 주장한다. 한마디로 이들은 세계화가 경제성장을 촉진하고, 경제성장이 빈곤을 감소시킨다고 주장한다. 이들은 세계화의 성공적인 사례로서 중국과 인도를, 부정적인 사례로는 북한, 미얀마, 케냐 등을 꼽고 있다. 이들은 아직도 많은 나라들이 빈곤문제를 겪고 있는 이유는 이들 나라들이 경제성장을 위한 최소한의 기본적인 여건[11]을 갖추고 있지 못하기 때문이라고 본다.[12] 즉 이들에 따르면 어떤 국가든 세계화에 참여할 기본적인 여건을 갖추고 있지 못한 상태에서는 외형적으로 아무리 개방을 확대한다 해도 개방의 긍정적인 효과를 기대하기 어렵다는 것이다. 따라서 빈곤을 극복하기 위한 가장 효과적인 방법은 빈곤국이 세계화에 참여할 수 있는 기본

11) 이들 국가들은 사회기반시설이 열악하고, 국민들은 교육을 제대로 받지 못하고, 사유재산의 보호는 미흡하고, 정부는 부패하고 무능력하는 등 세계화의 대열에 참여하기 위한 기본적인 여건을 갖추고 있지 못하다.

12) 세계화를 찬성하는 자들은 이들 국가들 내에서의 불평등 역시 세계화 자체에 기인한다고 보기보다는 오히려 교육, 조세, 사회적 문제를 다루는 정책 등에 기인하는 바가 크다고 본다.

적인 여건을 마련하면서 세계화의 흐름에 적극 참여하여야 한다는 것이다.

이에 반해 세계화 반대론자들은 세계화가 후진국의 빈곤문제를 더욱 악화시킨다고 주장한다. 즉 세계화를 통해 후진국들에서 노동자들에 대한 노동력 착취가 이루어짐으로써 열악한 근로조건이 조성되어 빈곤문제가 해결되기는커녕 오히려 심화되고, 경우에 따라서는 개방으로 인한 구조조정을 통해 빈곤문제가 더욱 악화될 수 있다고 주장한다. 특히 이들은 세계화를 추동하는 핵심이라 할 수 있는 국가 간 자본이동의 자유화, 즉 금융자유화가 후진국의 경제성장에 도움을 줄 것인가에 대해서는 회의적인 입장을 갖고 있다.

각국의 현실을 통해 볼 때 세계화 반대론자들이 주장하듯이 세계화가 전반적으로 빈곤을 악화시키고, 성장을 저해한다고 말하기 어렵다. 그리고 세계화 찬성론자들의 주장이 전적으로 타당하다고 말하기도 어렵다. 왜냐하면 세계화와 함께 경제성장과 이를 통한 빈곤의 감소 모두 중국, 인도 등 몇몇 아시아 국가들에서 두드러진 성과를 보여주고 있을 뿐 라틴아메리카, 아프리카지역에서는 지역에 따라 그 성과가 다르게 나타나는 등 그 어떤 긍정적인 성과가 일의적으로 발견되고 있지 않기 때문이다. 그리고 세계 전체적으로 볼 때 빈곤인구가 크게 줄어든 것은 분명하지만 세계화가 이에 얼마나 기여하였는지도 명확하지 않다. 왜냐하면 세계화의 대표적인 성공사례로 꼽히고 있는 동아시아 지역의 성공이 단순히 개방에 의해서만 이루어진 것이 아니라 이들 정부의 대외지향적인 정책을 효과적으로 만든 이들 국가들의 독특한 제도와 높은 투자율, 그리고 안정적 거시경제정책 덕분이라는 주장도 충분히 타당할 수 있기 때문이다.

(4) 새천년개발목표(MDGs)와 지속가능발전목표(SDGs)

'새천년개발목표'(MDGs : Milennium Development Goals)는 2000년 유엔새천년정상회의에서 채택되었다. MDGs는 2000년부터 2015년까지 세계의 빈곤과 기아를 반으로 줄이기 위해 '절대빈곤 및 기아퇴치', '보편적 초등교육 실현,

양성평등과 여성능력 고양, 영아사망률의 축소, 출산보건수준 증진, AIDS 등 전염병과의 전쟁, 생활환경보호 강화, 개발을 위한 지구적 파트너십 강화의 8개 목표를 제시하였다.

MDGs는 국제사회가 추구해야 할 공통의 목표를 던지고, 이들을 한 방향으로 나가게 했다는 점에서 의의가 크다 하겠으나 표면적 사회변화에 초점을 맞췄을 뿐 불평등 해소를 통한 근본적 빈곤 해결에 접근하지 못하고 취약계층을 충분히 수용하지 못했다는 비판을 받았다. 이러한 MDGs의 한계를 보완하고 개선하기 위해 제시된 것이 '지속가능발전목표'(SDGs : Sustainable Development Goals)이다.

지속가능발전목표는 2015년 9월 25일, 전 세계 193개국의 정상이 참석한 가운데 뉴욕의 유엔본부에서 개최된 제70차 유엔개발정상회의에서 채택되었다. 이 계획은 2016년에서 2030년까지 실시될 예정이며, "아무도 소외되지 않고 더불어 잘 사는 세상"을 내세우면서 2030년까지 전 세계의 빈곤과 기아문제를 완전히 해결하겠다는 것이다.

한편 지속가능발전목표는 총 17대 목표와 169개 세부목표, 230개의 이행지표로 구성되어 있다.

MDGs에서는 그 주제 범위를 빈곤, 사회개발, 양성평등, 환경문제 등에 한정했었는데, SDGs에서는 빈곤의 근본원인으로 불평등, 인권, 평화, 환경, 에너지 문제의 중요성을 강조하고, 그 해결방안으로 경제성장과 함께 사회·환경분야의 균형적 발전을 포괄하여 생산 및 소비개혁, 지속가능한 농업발전 등의 구체적인 목표를 제시하고 있다.

SDGs가 도입되면서 협력분야와 이행수단이 크게 확대되었고, 다양한 개발과제도 상호 연계되고 통합되었다. 특히 원조정책을 무역·투자·환경 등 다른 분야와 연계한 신개념 개발목표 달성이 핵심정책과제로 떠오르고 있다. [표 2-4]에서는 앞서 언급된 MDGs와 SDGs 간의 중요한 차이점들을 간략하게 보여주고 있다.

표 2-4 MDGs와 SDGs의 비교

구분	MDGs(2001~2015년)	SDGs(2016~2030년)
구성	8개 목표+21개 세부 목표	17개 목표+169개 세부 목표
대상	개도국	개도국이 중심이나 선진국도 대상
분야	빈곤, 의료, 교육 등 사회분야 중심	경제성장, 기후변화 등 경제, 사회, 환경 통합 고려
참여	정부 중심	정부, 시민사회, 민간기업 등 모든 이해관계자 참여

4 세계화와 국가 간 소득격차

(1) 국가 간 소득격차 추이

그동안의 국가들 간의 소득격차 추이에 관한 많은 연구결과들을 종합해 보면 국가의 크기를 고려하지 않고, 모든 국가들을 동일한 비중을 주고 소득격차를 계산할 경우 국가들 간의 소득격차는 장기적으로 계속 확대되는 추세를 보이고 있는 반면, 국가들의 크기를 고려하여 각국에 대해 상이한 가중치를 적용하여 소득격차를 계산할 경우에는 [그림 2-1]에서 보는 바와 같이 1960~70년대까지는 대체적으로 국가 간 소득격차가 확대되는 모습을 보이다가 이후에는 확대되는 추이가 크게 둔화되는 모습을 보이고 있으며, 최근에는 오히려 감소하는 추이를 보여주고 있는 것으로 알려지고 있다.[13)]

세계화를 옹호하는 이들은 그룹별 국가들의 성장률을 구할 때 그룹 내 국가들의 인구 크기에 관계없이 똑같은 가중치를 주고 성장률을 계산하지 않고, 각국의 인구의 크기를 감안하여 상이한 가중치를 주고 성장률을 계산할 때 1980년대 이후의 개도국의 성장률이 1960~1980년대의 성장률보다 결코 낮지 않다고 하면서 국가 간 소득격차가 줄어들고 있다고 주장하고 있다. 물론 동 기간

13) 김관호, pp.301-303

그림 2-1 | 국가 간 소득격차의 장기적 추세

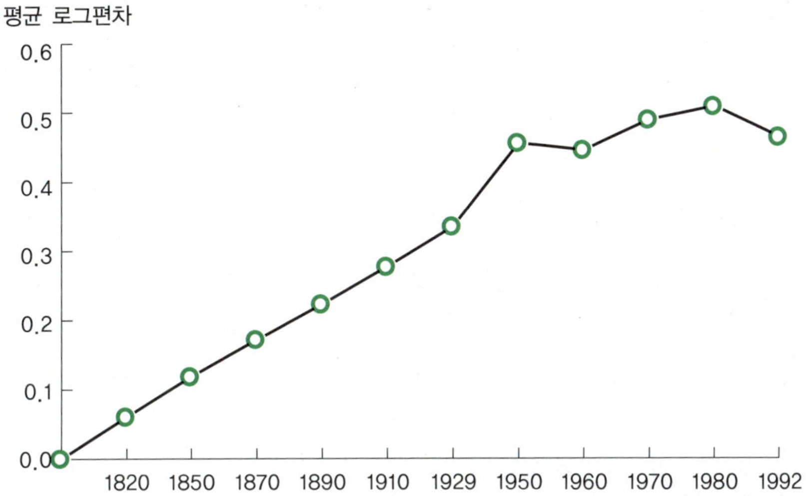

자료 : Bourguignon and Morrisson(2002); 김관호, p.303에서 재인용

동안 특별히 높은 경제성장률을 기록했던 인구 대국인 중국의 영향력이 크게 반영되었기 때문에 우리는 이러한 결과를 좀 더 신중하게 받아들여야 할 것으로 보인다. 즉 중국의 고도성장이 세계화와 개방의 대표적인 사례로 받아들일 수 있는 것인가? 아니면 1980년대 이후의 동아시아 국가들의 경제적 성공이 단순히 개방(세계화) 때문이 아니라 이들 정부의 경제발전지향적인 정책을 효과적으로 만든 그들만의 독특한 제도라든가 높은 투자율, 그리고 거시경제의 안정성 때문인 것은 아닌가?에 대한 명확한 결론이 제시되어야 할 것이다.

한편 국가들 간의 소득격차가 해소되기 위해서는 적어도 다음과 같은 두 가지 조건이 충족되어야 할 것이다. 첫째, 해당 국가가 세계화의 대열에 참여할 수 있는 어느 정도의 기초적인 여건들 — 제도 및 정책수준, 교육수준, 사회 인프라, 정부의 능력 — 을 우선적으로 갖추어야 할 것이다. 이러한 기초적인 여건들을 제대로 갖추고 있지 못한 국가들은 세계화를 제대로 활용하지 못하게 될 것이며, 이에 따라 저성장의 덫에서 벗어나기가 어려울 것이다. 둘째, 세계화의 흐름에 적극적으로 참여해야 한다는 것이다. 즉 세계화 흐름에 적극적으로 참여할 경우 국가 간 소득격차는 줄어들 것이나 세계화 흐름에 적극적으로 참여하지 않은 경우에는 국가 간 소득격차는 확대될 것이다.

[표 2-5]는 세계은행에서 70여 개국의 개발도상국을 대상으로 이들을 세계화 국가군(globalizers)과 비세계화 국가군(non-globalizers)으로 구분하여 1960년대, 1970년대, 1980년대, 1990년대의 이들 지역들의 성장률을 각각 추정한 결과를 보여주고 있다. 동 표에 따르면 세계화에 적극적으로 참여하고 있는 개발도상국들은 높은 성장률을 시현하면서 선진국들과의 소득격차를 줄여 나가고 있지만 그렇지 못한 국가들은 낮은 성장률을 시현하여 선진국들과의 소득격차가 오히려 확대되는 모습을 보이고 있다.

표 2-5 그룹별 1인당 소득증가율 추이 (단위 : %)

구분	세계화 국가군	비세계화 국가군	선진국
1960년대	1.4	2.4	4.7
1970년대	2.9	3.3	3.1
1980년대	3.5	0.8	2.3
1990년대	5.0	1.4	2.2

자료 : World Bank(2002)

(2) 후발국의 추격가설

후발국의 추격가설(catch-up hypothesis)은 경제발전단계가 낮은 후발국이 선진국으로부터 소득 지식과 기술을 흡수하여 높은 경제성장률을 시현함으로써 선진국과의 소득격차를 줄인다는 가설이다. 이 가설은 다음과 같은 몇 가지 조건을 전제로 한다. 첫째, 선진국보다 후발국의 성장속도가 빨라야 한다. 왜냐하면 후발국이 선진국의 지식과 기술을 흡수·활용함으로써 선진국이 겪었던 시행착오를 피할 수 있기 때문이다. 둘째, 선진국과의 격차가 큰 후발국일수록 추격속도가 빠르다. 선진국과의 격차가 클수록 빠른 성장속도를 보이는 이유는 후발국이 흡수할 수 있는 새로운 지식과 기술의 규모가 그만큼 많기 때문이다. 셋째, 후발국과 선진국과의 격차는 너무 커서는 안 된다. 왜냐하면 그 차이가 너무 크면 후발국이 선진국으로부터의 지식과 기술을 흡수할 능력이 없고, 이러한 국가는 추격궤도에 진입할 수 없기 때문이다.

이 가설은 세계화시대에 어느 정도의 조건을 갖춘 후발국들이 선진국보다 빠르게 성장함으로써 그들 간의 소득격차가 줄어든다는 사실에 비교적 잘 부합되는 모델이라 할 수 있으며, 많은 실증연구들이 이 가설의 타당성을 뒷받침해주고 있다.

5 세계화와 국내소득의 분배

세계화는 다양한 경로를 통하여 한 국가 내에서의 계층 간 소득분배에 영향을 미친다. 같은 국가 내에서 계층 간 소득의 격차가 커지면 구성원들 간의 갈등이 증대되고, 사회적 안정을 위협하고, 인적 발전이 지체되고, 자원이 비효율적으로 사용되어 해당국의 경제발전을 저해한다. 따라서 공정한 경쟁과 기회의 평등이야말로 각국이 높은 경제적 성과를 실현하고, 성장잠재력을 최대한 실현하는 데 도움을 준다.

2017년 12월 World Inequality Lab에서 발표한 '세계불평등보고서'(*World Inequality Report*)에 따르면 1980년 이후 세계 전체적으로 국가 내에서의 소득불평등이 증가하는 모습을 보이고 있다. 지역별로 살펴보면 유럽에서는 국내소득불평등이 비교적 완만하게 증가하는 모습을 보였고, 미국을 포함한 북미와 중국을 포함한 아시아지역에서는 소득불평등이 급격하게 증가하는 모습을 보였다. 이에 반해 여타 개도국들의 경우에는 국내소득불평등도가 악화되지는 않았지만 매우 높은 수준에 머물러 있는 모습을 보이고 있다.

이하에서는 세계화가 어떠한 경로를 통하여 국내소득의 격차를 발생시키는지에 대하여 직접적 · 간접적인 경로로 나누어 이론적인 차원에서 살펴보도록 하자.[14)]

(1) 직접적인 경로

가. 자유무역과 소득분배

헥셔-올린의 무역이론에 따르면 국가 간의 무역을 통해 국내소득의 재분배가 이루어지게 된다. 즉 각국이 자유무역을 하게 되면 그 나라가 수출하는 상품에 집약적으로 사용되는 생산요소의 가격은 오르는 반면, 희소한 생산요소의 가격은 하락함으로써 생산요소 간의 소득의 재분배가 이루어지게 된다. 자본이 풍부한 국가에서는 자본집약적인 재화를 수출함으로써 자본의 사용가격은 오르고, 임금은 떨어지고, 노동력이 풍부한 국가에서는 노동집약적인 재화를 수출함으로써 임금은 오르고 자본의 사용가격은 떨어진다.[15]

일반적으로 선진국이 자본이 풍부한 국가이고, 후진국이 노동력이 풍부한 국가라 할 때, 자유무역으로 인해 선진국에서는 자본가 소득이 늘어나고, 노동자들의 소득이 상대적으로 감소하여 자본가와 노동자들 간에 소득격차는 확대되고, 후진국에서는 자본가 소득이 줄어들고, 노동자들의 소득이 늘어나 자본가와 노동자들 간의 소득격차는 축소될 것이다.

한편 생산요소를 자본가, 노동자로 구분하지 않고 대신 숙련노동자와 미숙련노동자로 구분한다 할 때 무역이 이들 간의 소득분배에 미치는 효과에 대해서도 동일한 논리를 적용할 수 있다. 즉 자유무역의 결과 미숙련노동자가 풍부한 국가에서는 미숙련노동자의 임금이 오르고, 숙련노동자의 임금은 하락하고, 숙련노동자가 상대적으로 풍부한 국가에서는 숙련노동자의 임금은 오르고, 미숙련노동자의 임금은 하락할 것이다. 일반적으로 선진국에서는 숙련노동자가 풍부하고, 후진국에서는 미숙련노동자가 풍부하다 할 때 자유무역으로 인해 선진국에서는 숙련노동자의 임금이 오르고, 미숙련노동자의 임금은 감소하여 그들 간의 소득격차는 확대될 것이고, 후진국에서는 숙련노동자의 임금은 감소하고, 미숙련노동자의 임금은 올라 그들 간의 소득격차는 축소될 것이다.

---

14) 이 부분은 김관호의 pp.326-330을 참조하였다.

15) 이를 '스톨퍼-사무엘슨정리(Stolper-Samuelson Theorem)'라 한다.

나. 자본이동과 국내소득분배

국가 간의 자본이동에 의해서도 한 국가 내에서 소득의 재분배가 이루어진다. 국가 간 자본의 이동은 국가 간 자본수익률의 차이에 따라 이루어지는데, 자본이 유입되는 국가에서는 자본공급이 늘어나 자본의 수익률이 하락하고, 노동의 1인당 자본장비율이 높아짐에 따라 노동생산성이 상승하여 임금은 상승한다. 이에 반해 자본이 유출되는 국가에서는 자본수익률이 상승하고, 임금은 하락할 것이다.

일반적으로 선진국은 자본이 풍부하여 자본수익률이 낮아 해외로 자본이 유출되고, 후진국은 자본이 희소하여 자본의 수익률이 높아 외국으로부터 자본이 유입된다고 할 때, 선진국에서는 자본유출로 인해 자본수익률이 높아지고, 임금이 하락하고 후진국에서는 자본유입으로 인해 자본수익률이 내려가고 임금은 오를 것이다. 이에 따라 선진국에서는 자본가와 노동자 간의 소득격차가 확대되고, 후진국에서는 자본가와 노동자 간의 소득격차가 축소될 것이다.

다. 노동력의 이동과 국내소득분배

노동력의 국가 간 이동이 국내소득격차에 미치는 영향 역시 앞서 언급된 자본의 국가 간 이동과 같은 맥락에서 이해될 수 있다. 노동력의 유입이 이루어지는 국가의 경우에는 임금이 하락할 것이고, 노동력이 유출되는 국가의 경우에는 임금상승이 이루어진다. 따라서 노동력이 유입되는 국가에서는 임금하락으로 자본가와 노동자 간의 소득격차가 확대될 것이고, 노동력이 유출되는 국가에서는 임금이 상승함으로써 자본가와 노동자 간의 소득격차가 축소될 것이다.

물론 어떤 성격의 노동력이 이동하느냐에 따라 소득분배에 미치는 효과가 달라질 것이다. 미숙련노동자가 유입되는 국가에서는 미숙련노동자의 임금이 하락함으로써 숙련노동자와의 임금격차가 확대되어 그들 간의 소득격차가 확대될 것이고, 미숙련노동자가 유출되는 나라에서는 미숙련노동자의 임금상승으로 숙련노동자와의 소득격차가 축소될 것이다. 이에 반해 숙련노동자의 이동이 이루어지는 경우에는 유입국에서는 숙련노동자의 공급증가로 숙련노동자의 임금이 하락하여 숙련노동자와 미숙련노동자 간의 빈부격차가 축소되겠지만 숙련노동자의 유출국에서는 숙련노동자의 공급이 감소하여 숙련노동자의 임금이 올라 숙련노동자와 미숙련노동자 간의 빈부격차는 더욱 확대될 것이다.

라. 지식기반산업과 국내소득분배

'지식기반산업'(knowledge-based industry)이란 생산활동에 전통적인 생산요소인 노동력과 자본 외에 지식이라는 생산요소의 투입과 활용이 많이 이루어지는 산업이라 하겠다.[16)]

지식기반산업은 그 특성상 일반적으로 생산이 증대될수록 단위당 생산비용이 하락하는 '수확체증의 법칙'(increasing returns to scale)이 작용한다.[17)] 따라서 시장에서 최종적으로 살아남는 승자가 해당 시장에서 대부분의 몫을 차지하게 되며, 그로 인해 시장에서의 승자와 패자 간의 소득격차는 더욱 확대된다.[18)] 이는 지식기반산업의 비중이 확대되고 있는 최근 세계화시대에서 쉽게 찾아 볼 수 있는 현상이기도 하다. 지식기반산업의 비중이 개도국에서보다 선진국에서 크다고 볼 때, 지식기반산업은 선진국에서 국내계층 간 소득격차를 확대시키는 주요한 요인이라 할 수 있을 것이다.

---

16) 이러한 지식기반산업으로는 바이오, IT, 우주 · 항공산업, 통신서비스, 금융서비스, 정보서비스 등이 있다.

17) 일반적으로 지식기반사업의 경우 초기에는 제품개발비용이 많이 소요되나 추가 생산에는 별다른 비용이 들지 않는다. 따라서 생산량이 커질수록 평균비용은 크게 줄어들게 된다. 아울러 시장을 선점함으로써 그 제품을 사용하는 사람이 많아질수록 생산단가가 급격히 떨어지는 네트워크효과가 발생하게 된다.

18) 이러한 현상을 극명하게 나타내는 표현으로 해당 시장에서 승자가 모든 것을 차지한다는 '승자독식사회'(winner takes all society)라는 말이 있다.

(2) 경제성장을 통한 간접적 경로

세계화는 무역 및 자본자유화를 통해 경제성장을 촉진한다. 경험적으로 경제성장과 소득불평등 간의 관계에 대해서는 소위 '쿠즈네츠가설'(Kuznets Hypothesis)이라는 이론이 있다. 쿠즈네츠가설이란 '역 U자형'의 형태를 갖는 곡선으로서 각국의 경제성장 초기에는 경제가 성장함에 따라 국내소득분배가 악화되지만 경제성장 후기에는 오히려 국내의 소득분배가 개선된다는 것이다. 이러한 현상이 발생하는 이유는 다음과 같이 설명될 수 있다.

경제성장의 초기단계인 전통사회의 단계에서는 사회구성원 모두가 가난하다. 그러나 일반적으로 공업화를 통해 경제발전이 이루어지면서 농업부문은 정체되는 반면, 공업부문에서는 급속한 성장이 이루어짐에 따라 농업과 공업 간, 그리고 주로 공장이 소재해 있는 도시와 그렇지 못한 농촌 간의 경제적 격차가 확대되게 된다. 또한 이 시기에는 형평을 위한 분배보다는 성장을 위한 자본축적이 중요시되어 형평보다는 성장에 중점을 둔 경제정책이 시행됨으로써 국내에서의 소득분배는 악화된다.

그러나 한 나라 경제가 보다 높은 어느 소득수준에 이르게 되면 국내소득분배는 개선되는데, 이는 공업부문에서의 고용기회가 크게 확대되고, 교육수준의 향상으로 근로자들의 생산성도 전반적으로 높아지고, 소득의 향상으로 저소득층에 대한 사회복지지출이 확대되며, 농촌의 유휴인력이 도시로 이동함에 따라 농촌의 유휴인력의 문제가 상당부분 해소됨으로써 농촌인력의 생산성이 높아지면서 농촌의 소득수준 역시 상승하게 된다.[19)]

세계화가 경제성장을 촉진한다는 사실과 이러한 쿠즈네츠가설을 결합하면 경제성장의 초기단계에 진입하기 시작한 후진국은 세계화를 적극 추진하면서 경제성장이 촉진되고, 소득분배는 악화될 수 있다. 그러나 어느 정도의 경제발전단계에 이르러서는 오히려 경제성장에 따라 소득분배는 개선될 수 있을 것이다.

19) 많은 경험적인 연구들은 이 가설이 현실적으로 상당히 타당한 것으로 밝히고 있다.

»그림 2-2 | 쿠츠네츠의 가설

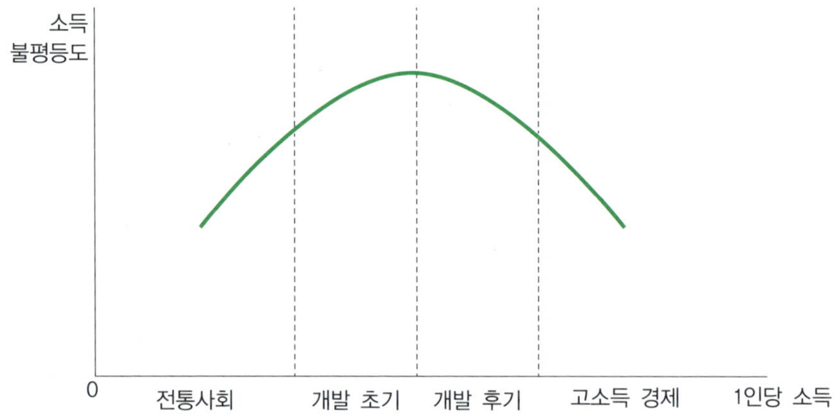

최근에는 쿠츠네츠가설을 뒤엎는 실증연구들이 많이 제시되고 있다. 즉 쿠츠네츠가 사례로 제시한 기간에 불평등이 감소한 것은 산업화의 진전 때문이 아니라 대공황과 제2차 세계대전에 따른 결과 때문이라고도 하며, 경제성장이 소득분배에 미치는 영향은 정부의 사회경제정책과 시대적 조건에 따라 얼마든지 달라질 수 있다는 것이다. 특히 최근 선진국에서 세계화의 결과로 불평등이 다시 악화되고 있는데, 이는 쿠츠네츠곡선이 한 번의 순환으로 끝나는 것이 아니라 불평등이 다시 상승하는 '파동형태'를 띤다는 것이다.

6 세계화와 세계소득의 분배

우리는 앞서 세계화가 소득분배에 미치는 영향과 관련하여 세계화가 절대빈곤, 국가 간 소득분배, 그리고 한 국가 내에서의 소득분배에 미치는 영향에 대하여 살펴보았다. 이하에서는 여기서 한 걸음 더 나아가 전 세계적인 차원에서 세계화가 전 세계시민의 소득분배에 미치는 영향에 대하여 살펴보도록 하자.

'브랑코 밀라노비치'(Branko Milanovic)에 의해 수행된 전 세계시민의 소득분배에 대한 실증적인 연구결과[20]에 따르면 전 세계적으로 세계화의 승자는 선진국의 최상위층과 전 세계 소득순위 중상위를 차지하는 글로벌 중 · 상층이고, 패배자는 절대빈곤층과 전 세계 소득순위 65~95%에 해당하는 선진국의 중하위층이라는 것이다.

이러한 사실은 [그림 2-3]을 통해 쉽게 확인할 수 있다. 그림의 가로축은 1988년부터 2008년까지 전 세계시민을 가장 낮은 소득수준으로부터 가장 높은 소득 순으로 나열했을 때의 전 세계인구의 누적비율을 나타내며, 세로축은 1988년부터 2008년 동안의 1인당 실질소득의 누적성장률을 나타낸다. [그림 2-3]에 의하면 하위 10%에 해당하는 절대빈곤그룹의 성장률과 선진국의 중 · 하위층의 성장률은 대단히 낮은 반면, 선진국의 부유층과 중국, 인도 등 개도국의 중 · 상층—혹은 글로벌 중 · 상층—의 성장률은 60~80%에 달하고 있다. 즉 자유무역이나 이민과 같은 세계화의 흐름 속에서 절대빈곤층은 소외되고, 선진국 중하위층—세계 전체적으로 보면 상위 25%에 속한다.—은 상대적으로 쇠퇴한 반면, 전 세계 시민의 65% 정도를 차지하는 개도국의 중상층이나 선진국의 부유층은 상대적으로 높은 성장률을 시현하였다.

그림 2-3 | 1988~2008년 전 세계 소득증가율 추이 (단위 : %)

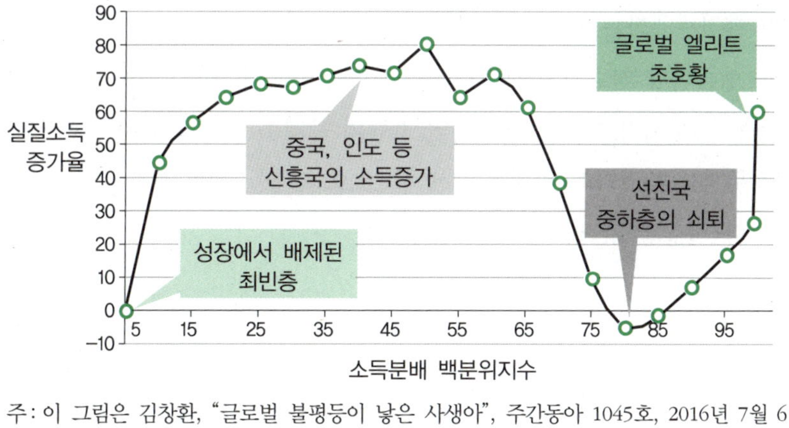

주 : 이 그림은 김창환, "글로벌 불평등이 낳은 사생아", 주간동아 1045호, 2016년 7월 6일에 게재된 브랑코 밀라노비치의 그림을 재인용한 것임

20) Branko Milanovic, *Global Inequality: A New Approach for the Age of Globalization*, April 11, 2016, Harvard University Press

이러한 사실을 통해 우리는 세계화로 인해 승자와 패자 간의 갈등의 골이 더욱 깊어지고 있음을 알 수 있다. 따라서 앞으로 세계화의 흐름이 보다 견조하게 유지되기 위해서는 절대빈곤층이 세계화에 편입이 될 수 있도록 그들 국가 내에서의 내전을 멈추게 한다든가 문란한 국가제도를 정비하여야 할 것이고, 아울러 선진국 내부에서의 불평등을 줄여 선진국의 중하위층그룹이 세계화의 과실을 같이 나눌 수 있는 대책이 마련되어야 할 것이다.

7 세계화와 환경

세계화를 통해 많은 국가들이 높은 경제성장을 시현하였지만 경제성장과정에서 재생 불가능한 천연자원(특히 화석연료)을 많이 사용하게 되었고, 이로 인해 환경에 심각한 피해를 미치게 되었다. 즉 경제성장과정에서 유독물질을 강이나 바다에 방출하고, 공장과 자동차는 대기오염을 유발하고, 삼림파괴로 기후와 기온에 영향을 미치게 된다. 이와 같은 차원에서 세계화 반대론자들은 자유무역이 환경을 악화시킨다고 주장한다.[21)]

한편 환경세계화는 지구온난화, 전염성 질병의 확산, 공기와 물의 오염, 삼림파괴, 생물다양성의 상실, 종의 멸종 위협과 같은 문제점들이 더 이상 개별 국가 차원의 문제가 아니고 세계적인 차원의 문제로 인식한다. 이러한 관점에서 환경문제를 해결하기 위해서는 세계적으로 국가들 간의 상호 협력이 그 어느 때보다 절실한 것으로 판단된다.

---

21) 세계화 반대론자들은 이러한 현상을 '밑바닥을 향한 경쟁'(race to bottom)이라고 표현하기도 한다.

지니계수(Gini's coefficient)

지니계수는 이탈리아의 통계학자인 지니(Corrado Gini)에 의해 제시된 지표로서 빈부격차와 계층 간 소득분포의 불평등 정도를 평가하는 데 이용된다.

그림에서 보는 바와 같이 가로축에는 왼쪽을 기점으로 하여 인구의 누적비율을 나타내고, 맨 왼쪽 점 O는 0%이고, 맨 오른쪽 점 A는 100%가 된다. 세로축에는 소득의 누적분포를 나타내며. 가장 아래쪽 A는 0%를 가장 위쪽 O′는 100%를 나타낸다. [그림 2-4]에서 각각의 인구의 누적비율에 상응하는 소득의 누적비율을 나타내는 OBO′와 같은 포물선이 그려지고 있는데, 우리는 이를 '로렌츠곡선'(Lorenz curve)이라고 한다. 45°선인 대각선 OO′은 소득이 모두 균등하게 배분되어 있는 경우를 나타내며, OAO′의 경우는 오직 1인이 모든 소득을 독식하고 있는 극단적인 경우에 해당한다 하겠다.

그림 2-4 | 로렌츠곡선과 지니계수

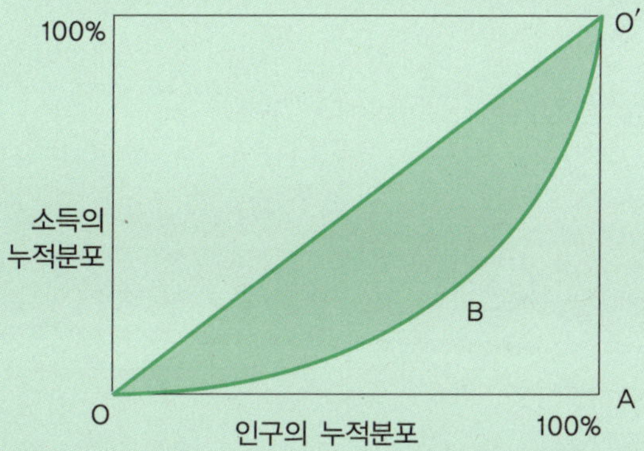

지니계수는 대각선과 포물선으로 구성되어 있는 짙은 색부분의 면적을 삼각형 OAO′의 면적으로 나누어 준 것으로서 소득이 완전히 균등하게 배분되어 있는 경우에는 짙은 색부분의 면적이 '0'이므로 지니계수의 값은 '0'이 되고, 오직 한 사람이 소득을 독식하는 경우에는 짙은 색부분의 면적과 삼각형의 면적이 같으므로 그 값은 '1'이 된다. 이를 통해 우리는 지니계수의 값이 '0'에 가까울수록 평등하고 '1'에 가까운 값을 가질수록 그만큼 불평등하다고 한다. 대체로 지니계수가 0.4 이상이면 빈부격차가 높은 것으로 본다.

2016년 1월에 발표된 미국 CIA의 자료에 의하면, 덴마크(0.248), 스웨덴(0.249), 네덜란드(0.251), 벨기에(0.259), 오스트리아(0.261), 노르웨이(0.268), 독일(0.279), 스위스(0.287) 등 북유럽과 유럽의 선진국들은 평등한 국가로 나타났고, 아프리카,

아시아의 대부분의 후진국과 남미의 국가들은 불평등한 국가로 나타났다. 미국은 선진국임에도 0.45, 중국은 사회주의 국가임에도 0.463으로 소득의 불평등 정도가 심한 국가들로 나타났다. 일본은 0.379로서 우리나라 0.302에 비해 높은 값을 나타냈다.

한편 우리는 지니계수를 통해 소득분배상태는 물론 부동산과 금융자산 등 자산의 분배상태도 살펴볼 수 있다.

CHAPTER 03

자유무역주의와 보호무역주의

1. 자유무역주의와 보호무역주의의 역사적 추이
2. 국제무역이론
3. 자유무역주의
4. 보호무역주의
5. 무역과 소득분배
6. 전략적 무역이론

자유무역주의와 보호무역주의

자유무역이 좋으냐 아니면 보호무역이 좋으냐에 대한 논란은 17세기 이후 서구에서 민족국가가 형성되면서 제기되었다. 이미 200여 년 전에 영국의 데이비드 리카르도(D. Ricardo)에 의해 자유무역을 옹호하는 이론이 제기되었고, 그 이후 지금에 이르기까지 국가 간의 교역이 지속적으로 증대되는 가운데 시대적인 상황의 변화에 따라 자유무역주의와 보호무역주의에 대한 찬반논의가 반복적으로 전개되어 왔다.[1)]

본장에서는 우선 자유무역주의와 보호무역주의에 관한 역사적인 전개과정을 살펴보고, 그리고 전통적인 자유무역이론과 보호무역이론들을 간단히 살펴보도록 한다. 그런 연후에 무역과 소득분배에 관한 논의들을 다루고, 끝으로 보호무역의 정당성을 보여주는 무역모형이라 할 수 있는 전략적 무역이론에 대해 알아보도록 하자.

1 자유무역주의와 보호무역주의의 역사적 추이

근대적인 무역정책은 중상주의(mercantilism)로부터 비롯되었다고 볼 수 있으며, 보호무역주의는 중상주의와 깊은 관련을 갖는다. 중상주의는 수출을 적극 장려하고, 수입은 적극 규제하자는 것이다. 중상주의가 지배했던 시기는 절

1) 정부가 국가 간의 교역에 간여하지 않고 자유롭게 방임하는 것을 자유무역이라 하고, 정부가 국가 간의 교역에 개입하는 것을 보호무역이라 한다. 보호무역의 대표적인 수단으로는 수입관세와 수입쿼터가 있다.

대왕권시대였다. 절대왕권시대에는 왕실의 부강함이 국가의 부강함으로 이해되어 왕실의 금고에 금화가 많이 쌓일수록 그 나라는 부강한 것으로 보았다. 이러한 관점에서 국내로의 금의 유입을 가져오는 수출은 좋은 것이므로 적극 장려되었고, 금의 대외유출을 초래하는 수입은 나쁜 것으로 보고 억제하는 정책을 취하였다.

한편 자유무역주의는 산업혁명을 기초로 한 시민계급의 등장과 자본주의의 발달이라는 역사적 배경에 따라 등장한 것으로 자유로운 무역을 적극 권장하고, 이를 통한 개인의 부의 축적을 중시하였다. 이에 애덤 스미스(A. Smith)와 데이비드 리카르도(D. Ricardo)와 같은 고전학파 경제학자들은 중상주의정책을 비판하면서 자유무역의 타당성을 이론적으로 제시하였고, 산업혁명을 통해 선진공업국이 된 영국은 이를 근거로 자유무역의 선도국이 되었다.

19세기에 들어 자유무역과 보호무역의 흐름에 큰 변화가 있었다. 그동안 무역을 제한하였던 중상주의는 영국이 1815년에 수입관세를 낮추고, 1846년에는 자국의 농업을 보호하기 위해 시행되었던 곡물법(Corn Law)을 철폐하여 외국으로부터의 식량수입에 대해 문호를 개방하고, 1849년에는 영국 및 영국 식민지의 상품수송은 영국선박 및 영국선원으로 수송해야 한다는 '항해조례'(Navigation Acts)를 철폐하는 등 자유무역주의로 기조가 전환되었다.[2] 이어 1860년에는 '콥든-슈발리에협정'(Cobden-Chevalier Treaty)을 통해 영국과 프랑스 간에 관세를 낮추게 되었고, 여러 유럽 국가들도 이를 따름으로써 유럽 전역에 걸쳐 관세는 낮아지게 되었다. 그러나 1870년대부터 세계경제에서 영국의 영향력이 점차 약화되고, 프랑스가 프러시아와의 전쟁에서 패배하고, 1873년 유럽 국가들의 경기가 침체되고, 급기야 1914년에는 제1차 세계대전이 발발함으로써 서구의 자유무역체제는 완전히 붕괴되었다.

1929년에는 미국에서 대공황이 발생하였고, 이에 1930년 6월 미국이 자국의 산업을 보호하기 위해 3,000개 이상의 수입품목에 대하여 평균 60%에 달하는

2) 이는 그 당시 영국이 해상 강대국인 네덜란드를 견제할 목적으로 사용된 정책으로 1853년에 완전히 폐기되기까지 200여 년간 유지되었다.

관세를 부과하는 미국 역사상 최대 악법이라 할 수 있는 '스무트-홀리법'(Smoot-Hawley Act)을 제정해 보호무역주의를 채택하였다. 이로 인해 큰 피해를 본 여타 선진국들은 이에 대한 보복조치로 보호무역정책을 채택하게 되었다. 영국은 1933년 식민지 국가들과의 무역 및 투자관계를 다른 국가들과 분리시키기 위하여 무역블록이라 할 수 있는 '제국특혜체제'(Imperial Preference System)[3]를 설립하였고, 프랑스 역시 그와 유사한 협정을 식민지 국가들과 맺었다. 이에 따라 전 세계적으로 보호무역주의로의 흐름이 강화되었고, 이로 인해 세계무역이 극도로 위축됨으로써 세계경제는 커다란 침체에 빠지게 되어 결국은 제2차 세계대전이 발발하는 계기가 되었다.

제2차 세계대전 이후 미국과 서유럽국가들은 보호무역의 폐해를 인식하고 이를 해결하기 위한 차원에서 전 세계적으로 자유무역주의를 표방하는 GATT 체제를 출범시켰다. 각국은 이를 중심으로 다자간 자유무역협정을 통해 꾸준히 자유무역을 추진하여 세계교역이 크게 확대되고, 이로 인해 높은 경제성장률을 시현하는 등 많은 성과를 거두었다. 그러나 이러한 결과에도 불구하고 많은 국가들이 표면적으로는 자유무역을 옹호하면서 현실세계에서는 중상주의 정책을 채택, 무역에서의 정부의 역할을 중시하고, 다른 나라와의 교역에 있어 자국의 무역수지흑자의 중요성을 강조하는 이중적인 모습들이 적지 않게 확인되고 있다.

2 국제무역이론

무역이론에서는 무역이 왜 발생하고, 또한 무역의 이득(gains from trade)이 왜 발생하고, 그것이 국가 간에 어떻게 배분되는가를 설명한다.

대표적인 무역이론은 비교우위이론이다. 비교우위이론은 무역이 기본적으

3) 이는 영국 내에서 생산된 상품을 최우선하고, 다음은 영연방국가에서 생산된 상품, 마지막으로는 외국상품의 차례라는 원칙에 기반을 둔 차별적인 보호무역정책이었다.

로 국가 간 제품들의 상대가격 차에 의하여 발생한다고 본다.

대표적인 비교우위이론으로 데이비드 리카르도의 비교생산비설과 헥셔-올린의 요소부존비율이론이 있다.

(1) 리카르도의 비교생산비설

리카르도의 비교생산비설(comparative cost theory)에 따르면 각 재화를 생산하는 과정에서 각국의 노동생산성의 상대적인 차이에 의하여 비교우위가 발생하고, 이로 인해 무역이 발생한다고 보고 있다.

[표 3-1]에서 제시되고 있는 숫자들은 영국과 포르투갈 두 나라에서 포도주와 옷감이라는 두 재화를 이들 국내에서 각각 1단위씩 생산할 때 소요되는 노동의 투입량을 보여주고 있다. 그리고 괄호 안의 숫자는 해당 제품의 생산량을 나타낸다.

표 3-1 자급자족상태에서 영국과 포르투갈의 노동투입량

구분	포도주	옷감
영국	120(1)	100(1)
포르투갈	80(1)	90(1)

영국에서는 포도주와 옷감을 각각 1단위 생산하는 데 120단위와 100단위의 노동력이 필요하고, 포르투갈에서는 포도주 1단위와 옷감 1단위를 생산하는 데 각각 80단위와 90단위의 노동력이 필요하다. 양국에서 생산되는 두 상품의 품질의 차이가 없다고 할 때, 포르투갈에 비해 영국에서 포도주나 옷감을 1단위 생산하는 데 모두 더 많은 노동력을 필요로 하고 있어 두 상품 모두 포르투갈에 비해 영국이 비싸게 생산하고 있다. 이에 비해 포르투갈은 영국보다 두 상품 모두 다 저렴하게 생산하고 있다. 리카르도는 이러한 상황에서도 영국과 포르투갈이 무역을 통하여 모두 이익을 볼 수 있음을 밝히고 있다. 이하에서는 구체적인 숫자의 예를 통하여 이를 확인해 보도록 하자.

[표 3-1]에서 보는 바와 같이 포르투갈은 영국에 비해 두 재화 모두 저렴하게 생산할 수 있지만 상대적으로 포도주를 더욱 저렴하게 생산할 수 있다. 왜냐하면 포도주의 경우 영국에 비해 0.67(80/120)의 비용이 드는 반면, 옷감의 경우는 영국에 비해 0.9(90/100)의 비용이 들기 때문이다. 이에 반해 영국의 경우 포르투갈에 비해 포도주는 1.5배(120/80)의 생산비용이 드는 반면, 옷감은 포르투갈에 비해 1.1배(=100/90)의 비용이 들어 영국은 포르투갈에 비해 두 재화 모두 비싸게 생산하지만 상대적으로 옷감을 덜 비싸게 생산할 수 있다. 이에 따라 영국은 옷감 생산에 비교우위를 갖게 되어 옷감을 수출하고 포도주는 수입한다. 이에 반해 포르투갈의 경우는 영국에 비해 두 재화 생산에 모두 절대우위상태에 있지만 절대우위의 정도가 큰 재화인 포도주에 비교우위를 갖게 될 것이며, 영국과 무역을 하면서 포도주만 생산하고, 옷감은 더 이상 생산하지 않는 완전특화를 하게 될 것이며, 이에 따라 포르투갈은 영국에 포도주를 수출하고, 영국으로부터 옷감을 수입한다.

한편 이와 같이 비교우위에 따라 양국이 무역을 한다 할 때 어떻게 양국이 모두 이익을 볼 수 있는지를 살펴보도록 하자.

만약 영국에 220단위에 노동력이 있고, 포르투갈에는 170단위의 노동력이 있다 하자. 그리고 무역이 발생하기 전 자급자족상태에서 영국에서는 포도주와 옷감에 각각 120단위와 100단위의 노동력을 투입하여 각각 1단위씩의 포도주와 옷감을 생산하고 동시에 소비한다고 하자. 그리고 포르투갈의 경우도 무역을 개시하기 전 170단위 노동 중 80단위와 90단위를 각각 포도주와 옷감 생산에 투입하여 각각 1단위씩을 생산하여 소비한다고 하자.

이제 양국이 비교우위에 따라 무역을 한다고 하자. 이를 위해 영국과 포르투갈은 그들이 가지고 있는 생산요소를 비교우위에 있는 재화생산에 전량 투입하여 완전특화를 할 것이다. 이 경우 [표 3-2]에서 보는 바와 같이 영국은 220단위의 노동을 비교우위를 가지고 있는 옷감 생산에 특화함으로써 옷감 2.2단위를 생산하고, 포도주는 전혀 생산하지 않는 반면, 포르투갈은 170단위의 노동력을 전량 포도주 생산에 특화하여 2.125단위의 포도주를 생산하고 옷감은

▌표 3-2 ▌완전특화를 할 때의 영국과 포르투갈의 생산량

구분	포도주	옷감
영국	0	2.2
포르투갈	2.125	0

전혀 생산하지 않는다.

[표 3-2]에서 보는 바와 같이 양국이 두 재화를 모두 소비하여야 함에도 불구하고 한 재화 생산에 완전특화를 할 수 있는 것은 양국이 자유롭게 교역을 할 수 있기 때문이다.

만약 포도주와 옷감이 1 : 1의 비율로 교역이 이루어져 영국은 옷감 1단위를 포르투갈에 수출하고, 그 대가로 포르투갈로부터 포도주를 1단위 수입하여 소비하고, 이에 대해 포르투갈은 포도주 1단위를 영국에 수출하고, 그 대가로 옷감 1단위를 영국으로부터 수입하여 소비한다고 할 때 [표 3-3]에서와 같이 영국은 옷감 1.2단위, 포도주 1단위를 각각 소비하고, 포르투갈은 포도주 1.125단위, 옷감 1단위를 각각 소비하게 된다.

▌표 3-3 ▌무역을 한 이후의 영국과 포르투갈의 각 재화의 소비량

구분	포도주	옷감
영국	1	1.2
포르투갈	1.125	1

[표 3-3]에서 볼 수 있는 바와 같이 포르투갈은 무역을 함으로써 옷감의 소비는 1단위로 무역 전에 비해 변화가 없으나 포도주를 0.125단위 더 많이 소비할 수 있게 되었으며, 영국의 포도주 소비는 1단위로 무역 전에 비해 변화가 없으나 옷감을 0.2단위 더 많이 소비할 수 있게 되었다. 이로서 양국 모두 무역을 함으로써 무역 전보다 높은 수준의 소비를 할 수 있게 됨으로써 이득을 볼 수 있게 되었다.

(2) 헥셔-올린의 요소부존비율이론

리카르도의 비교생산비설에서는 국가 간에 비교우위가 왜 발생하는지에 대한 근본적인 원인을 설명해 주지 못하고 있다. 이에 비해 헥셔-올린의 요소부존비율이론에서는 각국의 비교우위가 국가 간의 요소부존도의 차이에 의해 발생하는 것으로 보고 있다. 이때 요소부존도(factor endowment)란 각국의 절대적인 부존규모를 말하는 것이 아니고, 국가 간의 상대적인 부존비율을 의미한다.

일반적으로 생산요소를 크게 노동력과 자본으로 구분할 때, 상대적으로 다른 나라에 비해 노동력보다 자본을 많이 가지고 있는 나라를 '자본이 풍부한(capital abundant) 나라'라 하고, 이에 반해 다른 나라에 비해 상대적으로 자본보다 노동력을 많이 가지고 있는 나라를 '노동력이 풍부한(labor abundant) 나라'라 한다. 예를 들어 우리나라는 중국에 비해 노동력이나 자본의 부존규모 모두 절대적으로 그 규모가 작다. 그러나 우리나라가 중국에 비해 그 작은 정도가 상대적으로 작은 것은 노동력보다는 자본이다. 따라서 우리나라는 중국에 비해 상대적으로 노동력이 희소하고 자본은 풍부한 나라라 할 수 있다. 이에 반해 중국은 우리나라에 비해 노동과 자본의 부존규모가 모두 절대적으로 크지만 그 큰 정도가 자본보다는 노동력이어서 중국이 우리나라에 비해 자본은 희소하고, 노동력이 풍부한 나라로 이해된다.

한편 각 상품의 '요소집약도'(factor intensity)는 그 상품 생산에 투입되는 생산요소의 절대적인 투입규모가 아니라 그 생산과정에 투입되는 생산요소의 상대적인 투입비율을 의미한다. 예를 들어 생산요소가 오직 노동력과 자본만이 존재한다 할 때, 어떤 상품 생산에 있어 상대적으로 자본에 비해 노동력이 많이 사용되면 그 상품을 '노동집약적'(labor intensive) 상품이라 하고, 반대로 노동력에 비해 자본이 상대적으로 많이 사용되면 그 상품을 '자본집약적'(capital intensive) 상품이라 한다. 예를 들어 봉제, 완구, 운동화 같은 상품들은 다른 상품에 비해 상대적으로 자본보다 노동력의 투입을 많이 필요로 하는 노동집약적인 상품이며, 자동차, 철강, 반도체 같은 상품들은 노동력보다 상대적으로 자본의 투입을 많이 필요로 하는 자본집약적인 상품이라 할 수 있다.

헥셔-올린이론에 따르면 노동력이 풍부한 국가에서는 노동집약적인 상품을 상대적으로 저렴하게 생산하여 그 상품에 비교우위를 갖게 됨으로써 노동집약적인 상품을 수출하게 될 것이고, 상대적으로 자본이 풍부한 국가에서는 자본집약적인 상품을 저렴하게 생산함으로써 자본집약적인 상품에 비교우위를 갖고 되어 그 상품을 수출한다는 것이다.[4]

(3) 새로운 국제무역이론[5]

앞서 언급된 전통적인 비교우위이론에 따르면 국가 간에 기술수준이나 요소부존도의 차이가 클수록 무역이 활발하게 이루어진다고 본다. 그러나 현실적으로는 오히려 기술수준이나 요소부존도가 유사한 국가 간에 무역이 활발히 이루어지고 있는데, 이러한 측면은 전통적인 비교우위이론으로는 제대로 설명되지 않는다. 더욱이 다국적기업에 의하여 이루어지는 무역은 전통적인 비교우위이론으로는 제대로 설명되기 어렵다. 이하에서는 전통적인 비교우위이론으로는 제대로 설명되지 않는 무역현상을 설명하기 위한 몇 가지 대표적인 이론적 모형들을 살펴보도록 하자.

가. 산업 간 무역 및 산업 내 무역

헥셔-올린의 요소부존비율이론에서는 국가 간 비교우위가 국가들 간의 상이한 요소부존비율 — 요소부존도 — 에 의하여 발생한다고 보고 있어 요소집약도가 상이한 '산업 간의 무역'(inter-industry trade)을 설명하고 있다. 그러나 현실세계에서 보면 자동차산업에서와 같이 동일한 산업으로 분류되지만 서

4) 왜 그렇게 되는가에 대해서는 국제무역이론에서 자세히 다루어지고 있으므로 독자들은 국제무역이론을 통해 배우기 바란다.

5) 이에 대해 좀 더 깊은 관심이 있는 독자들은 국제무역이론 교과서를 참조하기 바란다.

로 차별적인 상품을 수출하면서 동시에 수입하는 현상을 쉽게 찾아볼 수 있다.[6] 우리는 이를 '산업 내 무역'(intra-industry trade)이라 한다. 이러한 현상이 발생하는 이유로는 첫째, 소비자들의 수요가 다양해 유사한 제품이지만 차별화된 상품들이 거래되고 있고, 둘째, 한 나라에서 차별화된 상품들을 모두 생산하지 않는 이유는 규모의 경제 때문이라는 것이다. 즉 많은 종류의 상품을 소규모로 생산할 경우 단위당 생산비가 높아져 가격경쟁력을 가질 수 없으나 그 나라에 가장 수요가 집중된 상품을 대규모로 생산함으로써 단위당 비용을 낮출 수 있고, 그로 인해 그 상품에 대하여 가격경쟁력을 갖게 된다는 것이다.

나. 규모의 경제

전통적 무역이론에서는 생산에 있어 '규모에 대한 수확이 불변임'(constant returns to scale)[7]을 가정하고 있다. 그러나 현실적으로 일부 산업에서는 생산규모가 커질수록 생산비가 낮아지는 '규모의 경제'(economies of scale)가 나타나고 있다.

규모의 경제가 존재하는 경우에는 요소부존도나 기술수준이 동일한 두 국가 간에도 교역이 가능하다. 즉 각국이 어떤 상품 생산에 일단 특화를 하여 그 상품 생산이 증대되면 규모의 경제가 작용함으로써 그 상품의 생산비용이 하락하여 각국은 각각 특화한 상품을 서로 교역하게 될 것이다. 이렇듯 규모의 경제 자체가 교역의 원인이 될 수 있다는 사실은 교역의 흐름을 설명하는 새로운 시각을 제시하여 준다. 그러나 이 이론은 규모의 경제에 기인한 교역의 발생원인은 설명해 주고 있지만 교역의 패턴, 즉 어떤 국가가 어떤 재화를 생산하여 수출할 것인가에 대해서는 명확히 밝히지 못하고 오직 '역사적 우연'(historical accident)[8]으로밖에 설명할 수 없다는 한계를 가진다.

---

6) 우리나라는 독일에 대중적인 자동차를 수출하면서 독일로부터는 고급차를 수입하고 있다.

7) 이는 요소투입에 비례하여 생산이 이루어지는 경우를 말하는데, 생산요소를 2배 투입하면 생산량이 2배가 되고, 3배 투입하면 생산량이 3배가 된다는 것이다.

8) 스위스가 시계산업에 경쟁적 우위를 갖게 된 것은 어떤 필연적 요인에 의해서라기보다는 역사적 우연에 의해서 정해진 대표적인 것이라 할 수 있을 것이다.

다. 불완전경쟁모형

전통적인 무역이론은 상품 및 생산요소시장에서의 완전경쟁시장을 가정하고 있다. 그러나 현실세계에서 상품시장의 구조는 불완전경쟁시장인 경우가 보다 일반적이다. 이에 상품시장에서의 불완전경쟁시장을 가정하고, 무역이론을 전개하는 것이 보다 현실적이라는 관점에서 독점적 경쟁시장모형을 이용하여 규모의 경제가 존재하는 상황에서의 상품의 무역을 설명하려는 불완전경쟁모형이 제시되고 있다.

3 자유무역주의

(1) 자유무역의 의의

자유무역의 효과를 분석할 때 우리는 일반적으로 경제적 소국을 전제로 한다. 경제적 소국의 경우 자유무역이 한 나라의 사회적 후생을 극대화하는 '최고의 정책'(the best policy)이며, 심지어 무역을 제한한다 해도 무역을 전혀 하지 않는 경우보다 낫다고 본다. 즉 자유무역은 보호무역보다 낫고, 보호무역은 무역을 전혀 하지 않는 자급자족상태(autarky)보다 낫다고 한다.

자유무역은 상품의 국가 간 이동에 대한 장벽을 제거함으로써 상대적으로 국내에서 저렴하게 생산하는 상품은 좀 더 비싼 가격으로 외국에 수출하고, 국내에서 비싸게 생산되는 상품은 국내에서 생산하지 않고, 외국으로부터 싸게 수입하여 사용함으로써 각국은 보다 높은 사회적 후생을 누릴 수 있게 된다. 그리고 국가 간의 분업을 통해 각국은 보다 효율적으로 만들 수 있는 특정 재화 생산에 특화함으로써 토지, 노동, 자본, 기업가능력과 같은 한정된 자원을 효율적으로 사용할 수 있다. 또한 판매를 국내시장에 국한하지 않고 해외로의 시장 확대를 통하여 '규모의 경제'를 시현하고, 국내외 기업 간의 경쟁을 제고함으로써 기술혁신을 촉진하여 경제적 효율을 증대시킨다.

한편 소비자들은 자유무역을 통해 보다 다양화된 제품을 소비할 수 있는 선택권을 가지게 됨으로써 그만큼 사회적 후생은 증대된다.

그러나 자유무역을 한다고 해서 모든 구성원들이 이득을 보는 것은 아니고, 손해를 보는 구성원들도 존재하게 된다. 그런데 자유무역을 통하여 손해를 보는 구성원들의 손해의 크기보다는 이득을 보는 구성원들의 이득의 크기가 더 커, 이득을 보는 구성원들의 이득을 가지고 손해를 본 구성원들의 손해를 보상해 주고도[9] 남는 부분이 있어 사회 전체적으로는 자유무역을 통하여 이득이 발생한다고 볼 수 있다.

생산요소의 측면에서 자유무역의 승자는 각국에 풍부하게 부존되어 있는 생산요소라 할 수 있으며, 산업의 측면에서는 그 나라에 풍부하게 부존되어 있는 생산요소를 집약적으로 사용하는 산업이 될 것이다.

자유무역의 결과 비교우위에 의해 국제분업을 하게 되면 상대적으로 그 나라에 풍부하게 부존되어 있는 생산요소를 보다 많이 사용하게 되어 그 생산요소에 대한 가격은 상승하여 해당 생산요소의 소득은 상승하는 반면, 상대적으로 희소하게 부존되어 있는 생산요소에 대한 수요는 줄어 그 생산요소의 가격은 하락함으로써 해당 생산요소의 소득은 하락한다. 이와 같은 생산요소가격의 변화는 비교우위를 상실한 산업에서도 동일하게 발견된다. 희소하게 부존되어 있는 생산요소를 집약적으로 사용하는 산업은 비교우위를 상실함으로써 생산이 축소되는데, 그 과정에서 희소한 생산요소에 대한 수요는 훨씬 많이 줄어들고, 풍부하게 부존되어 있는 생산요소에 대한 수요는 상대적으로 덜 줄어들어 희소한 생산요소의 상대가격은 하락하고, 풍부한 생산요소의 상대가격은 상승하게 될 것이다.

제2차 세계대전 이후 GATT체제하에서 자유무역에 적극적으로 참여한 국가들이 그렇지 않은 국가들에 비해 높은 성장률을 시현하고 있다는 많은 경험적 연구결과들을 통해 실증적인 차원에서도 자유무역의 이득이 큰 것으로 입증되고 있다.

9) 이를 '보상원리'(compensation principle)라 한다.

(2) 자유무역주의에 대한 비판

자유무역에 대해서는 다음과 같은 여러 가지 비판적인 의견들이 제시되고 있다.

우선 자유무역이론은 완전경쟁시장을 가정하고 있는데, 현실세계에서의 시장의 형태는 오히려 독점적 경쟁이라든가 독과점시장이 보다 일반적이다. 그리고 외부효과로 인한 시장실패(market failure)현상이 적지 않게 발생하고 있어 자유무역을 통한 자원의 효율적인 배분을 기대하기 어렵다.

둘째, 자유무역은 비교우위를 갖는 산업의 생산은 늘어나고, 비교열위에 있는 산업의 생산은 줄어드는 산업구조조정을 수반한다. 이러한 산업 간 구조조정은 상당한 시간이 소요되고 비용이 발생한다.[10] 전통적인 무역이론에서는 이러한 산업 간 구조조정이 아무런 마찰 없이 큰 비용을 치루지 않고 신속하게 이루어짐을 가정하고 있으나 현실적으로 산업 간 구조조정은 상당한 시간과 구성원들 간의 갈등과 고통이 수반된다.[11]

셋째, 자유무역이 임금을 착취하고 이를 통해 국내소득불평등을 조장한다고 한다. 선진국이 후진국으로부터 저임금을 바탕으로 하는 값싼 상품을 수입함으로써 선진국 근로자들의 임금이 낮아져 무역이 그들의 임금을 착취하는 결과를 가져온다는 것이다.[12]

넷째, 자유무역은 환경을 파괴한다고 한다. 후진국으로부터 상품을 수입할 때, 후진국 제품들은 환경친화적이지 않으므로 이 상품에 대한 무역이 증대되면서 세계적으로 환경을 파괴하는 결과를 가져올 수 있다는 것이다.

10) 이러한 구조조정은 자유교역으로 인한 이득을 얻기 위해 구성원들이 부담해야 하는 비용이라 하겠다.

11) 비교우위가 없는 산업에 고용되어 있는 노동력은 일시적으로 실업상태에 처하게 되며, 비교우위가 있는 산업으로 재취업하기 위해서는 재교육이 필요하다. 또한 비교우위를 상실한 산업이 소재해 있는 지역의 경제는 크게 위축되는 부작용이 발생하기도 한다.

12) 이러한 현상을 우리는 '밑바닥을 향한 경쟁'(race to bottom)이라 부르기도 한다.

(3) 자유무역지수

세계경제포럼(World Economic Forum)에서 '*Global Enabling Trade Report*'를 내면서 ETI(Enabling Trade Index)가 발표되고 있다. 이는 136개국을 대상으로 시장접근(market access), 국경관리(border administration), 운송 및 통신 인프라, 사업환경의 4요소를 고려하여 계산한 지수로 대상국가의 자유무역의 정도에 대해 점수화하여 각국의 순위를 매기는데 아래 표는 2016년 현재 상위 30개국의 순위를 보여주고 있다. [표 3-4]에서 보는 바와 같이 싱가포르가 가장 높고, 미국이 22위, 우리나라는 27위에 자리매김하고 있다.

표 3-4 | 주요국의 자유무역지수

순위	국가, 점수	순위	국가, 점수	순위	국가, 점수	순위	국가, 점수
1	싱가포르, 6.0	9	독일, 5.5	17	노르웨이, 5.3	25	체코, 5.1
2	네덜란드, 5.7	10	벨기에, 5.5	18	뉴질랜드, 5.3	26	호주, 5.1
3	홍콩, 5.7	11	스위스, 5.4	19	아이슬란드, 5.3	27	**대한민국, 5.0**
4	룩셈부르크, 5.6	12	덴마크, 5.4	20	아일랜드, 5.3	28	포르투갈, 5.0
5	스웨덴, 5.6	13	프랑스, 5.4	21	칠레, 5.3	29	리투아니아, 5.0
6	핀란드, 5.6	14	에스토니아, 5.3	22	미국, 5.2	30	이스라엘, 5.0
7	오스트리아, 5.5	15	스페인, 5.3	23	UAE, 5.2		
8	영국, 5.5	16	일본, 5.3	24	캐나다, 5.2		

자료 : 위키피디아

4 보호무역주의

(1) 의의

자본주의 시장경제가 정착하면서 영국과 같은 선진공업국을 중심으로 자유무역주의가 자리를 잡게 되었으나 19세기 초반 상대적으로 공업이 발달하지 못한 미국과 독일 같은 후진국에서는 보호무역주의가 먼저 자리를 잡게 되었다.

미국에서의 보호무역의 주창자는 미국 워싱턴 행정부의 초대 재무장관이었던 해밀턴(Alexander Hamilton)이었다.[13] 당시 미국은 후진 공업국으로서 영국 등 유럽 선진국으로부터 공업제품을 수입하고, 농산물을 수출하고 있었다. 해밀턴은 그 당시의 미국의 현실을 감안할 때 자유무역을 통해서는 미국의 공업을 육성하기 어렵다 보고, 정부의 적극적인 보호무역조치가 필요하다고 주장하였다. 한편 그 당시 후발공업국이었던 독일(당시 프러시아)에서도 리스트(Georg Friedrich List)가 해밀턴으로부터 영향을 받고 자국산업을 보호하기 위한 보호무역정책을 강력히 주장하였다. 그에 따르면 각국은 경제발전단계가 다르기 때문에 그에 상응하는 경제정책을 사용하여야 하며, 따라서 독일의 경제발전단계를 감안해 볼 때 보호무역을 채택하는 것이 바람직하다고 하였다. 그러나 그는 보호무역을 결코 영구적으로 실시할 것을 주장하는 것은 아니었고, 자국의 낙후된 산업이 대외경쟁력을 갖출 때까지 한시적으로 보호하고, 자국산업이 경쟁력을 갖추어 나감에 따라 궁극적으로는 자유무역을 실시하여야 한다고 하였다.

13) 해밀턴은 1790년에 발표한 '제조업보고서'(*Report on Manufactures*)에서 자국공업의 보호론을 주장하였다.

(2) 유치산업보호론

가. 개요

앞서 언급한 바와 같이 유치산업보호론(infant industry argument)은 미국의 해밀턴에 의하여 처음 제기되었고, 독일의 리스트에 의하여 체계화되었다.

이 이론은 당장에는 경쟁력을 갖고 있지는 않지만 미래의 잠재적인 경쟁력이 있는 산업을 선정하여 그 산업이 충분히 경쟁력을 갖출 때까지 수입관세를 부과하여 해당 산업을 한시적으로 보호하자는 것이다.[14)]

어느 산업에서 효율적인 생산이 이루어지기 위해서는 단련된 관리자, 숙련 노동자, 생산장비와 원재료의 안정적인 공급을 필요로 한다. 유치산업에서는 이러한 여건이 제대로 갖춰져 있지 않으므로 생산 초기의 단위당 평균생산비용은 높을 수밖에 없다. 그러나 유치산업이 비록 단기적으로는 비교열위상태에 있지만 시간의 흐름에 따라 장기적으로는 비교우위를 가질 수 있다. 그 이유는 해당국 정부가 자국의 유치산업에 대하여 수입관세를 부과함으로써 발전단계가 낮은 국내의 기업에 우선적으로 국내시장을 제공하여 규모의 경제를 실현케 하고, 아울러 생산과정의 반복을 통해 경영기술을 개선시키고, 근로자들의 숙련도를 높여 이를 통해 생산비용을 감소시키는 '학습효과'(learning by doing)를 실현할 수 있기 때문이다.

나. 유치산업의 선정기준

국내의 아무 산업이나 유치산업이 될 수는 없고, 어떤 일정한 조건을 갖춘 산업이라야 한다. 그 조건이란 무엇인가?

첫째, 국내산업을 보호함에 따라 국내소비자들은 상대적으로 비싸고 품질이 좋지 않은 국산품을 사용하게 됨으로써 그들의 후생은 감소한다. 그리고 보호받지 못하는 국내의 여타 다른 산업들은 차별대우를 받게 됨으로써 피해를 입

14) 과거 우리나라와 일본을 비롯한 많은 개발도상국가에서 이러한 논리에 근거하여 나름대로 산업화를 성공적으로 추진하였다 할 수 있을 것이다.

게 된다. 따라서 국내산업에 대한 보호가 정당화되기 위해서는 최소한 일정한 보호기간 동안 해당 산업이 비교우위산업으로 성장할 수 있어야 한다.

둘째, 보호를 통해 해당 산업이 비교우위산업으로 성장할 수 있어야 할 뿐만 아니라 더 나아가서 그 산업이 비교우위산업으로 성장한 후에 얻을 것으로 예상되는 미래수익의 현재가치 합이 그 산업을 보호하는 과정에서 치렀던 모든 비용을 보상하고도 남을 만큼 커야 한다.

셋째, 외부경제효과를 발생시키는 산업이어야 한다. 외부경제효과란 한 기업이나 산업의 생산활동이 다른 기업이나 다른 산업의 생산비를 하락시키거나 생산성을 향상시키는 긍정적인 효과를 나타내는 경우[15]를 말하는데, 이와 같은 혜택을 받은 다른 기업이나 산업은 외부경제를 발생시킨 해당 기업이나 산업에 대해 아무런 비용을 치루지 않고, 그 긍정적인 효과를 누리게 된다. 이러한 상황에서는 어떤 기업도 외부경제를 초래하는 연구개발투자나 기술개발을 선뜻 하려 하지 않을 것이므로 정부가 이에 대해 재정적 지원을 통해 정책적으로 보호·육성해 주는 것이 그 나라 경제 전체로 볼 때 바람직할 것이다.[16]

다. 유치산업보호론의 한계점

유치산업보호론은 이론적으로는 나름대로의 타당한 논리를 가지고 있지만 현실세계에서의 성과는 기대에 크게 미치지 못하고 있는 것으로 평가되고 있다. 그 이유로서 다음과 같은 몇 가지 요인들을 지적할 수 있다.

우선 수입품에 대한 관세부과는 생산과 소비 양면에서 모두 비효율을 초래하여 해당국의 국민후생을 감소시킨다.

15) 외부경제의 대표적인 예로 양봉업자와 과수업자의 관계를 많이 거론하는데 이들은 서로 간의 상대방으로부터 아무런 보상을 받지 않고 서로에게 이득을 준다.

16) 이러한 경우 보조금의 지급이나 조세부담과 같은 시장개입이 없이 순수한 시장 메커니즘에 의해서는 사회 전체적으로 바람직한 수준보다 낮은 수준의 생산이 이루어지게 되므로 해당 산업에 대하여 정부가 보조금을 지급함으로써 바람직한 생산수준을 유도한다. 같은 논리로 외부비경제가 존재하는 경우에는 해당 산업에 대한 정부의 시장개입이 없을 시 사회 전체적으로 바람직한 수준보다 높은 수준의 생산이 이루어지게 되므로 이 경우에는 세금을 부과하여 생산규모를 줄이도록 한다.

둘째, 유치산업에 대한 보호는 해당 산업이 경쟁력을 갖출 때까지 한시적으로 실시되는 것이기는 하지만 일단 정부로부터 보호를 받게 되면 해당 산업에 종사하는 이해당사자들은 기득권을 결코 놓으려 하지 않을 것이므로 보호가 반영구화되는 경향이 있다.

셋째, 어떤 산업을 유치산업으로 선정할 것인지도 결코 쉽지 않은 일이라 하겠다. 더욱이 민간부문보다 유치산업에 대하여 정확하고 충분한 정보를 갖고 있지 않은 정부가 유치산업을 정확히 선정해 내는 것은 결코 쉬운 일이 아닐 것이다.[17)]

넷째, 현실적으로 유치산업의 보호를 통해 얻어지는 미래의 이익이 어느 정도이며, 그 사회적 비용이 얼마인지를 정확히 측정하는 것도 쉽지 않다.

다섯째, 보호무역수단으로 가장 많이 사용되고 있는 수입관세가 최선의 정책수단이라고 보기도 어렵다. 오히려 보조금을 부과하는 것이 적어도 소비를 왜곡시키지는 않을 것이므로 수입관세보다 바람직할 수 있다.

여섯째, 민간의 금융시장이 효율적이라면 현재에 수익이 발생하지 않는 산업일지라도 미래에 수익이 확실히 발생하는 산업의 경우 굳이 정부가 그 산업에 보조금을 지불할 필요 없이 민간부문에서 해당 부문에 자금을 공급할 것이므로 정부의 재정부담을 증대시키는 보조금정책이 결코 바람직하다고 볼 수 없다.

그동안 많은 국가들이 유치산업보호론에 의거해 국내산업을 보호해 왔지만 현실세계에서 성공사례보다는 실패사례가 훨씬 많았던 것은 이러한 어려움들을 잘 보여주는 것이라 할 수 있을 것이다.

(3) 이해집단의 압력으로 인한 보호무역의 채택

산업의 발전단계가 높은 선진국에서조차 자유무역이 바람직함에도 불구하고 보호무역이 존재하는 이유는 '이해집단(interest group)의 압력' 때문이라 할

17) 유치산업에 대해 시장이 정부보다 정확하고 많은 정보를 가지고 있는 경우라면 굳이 정부가 보호를 해주기보다는 오히려 시장에 맡기는 것이 바람직할 것이다.

수 있다. 이해집단들은 그들의 이해를 관철시키기 위해 정치적으로 집회, 선거, 로비 등과 같은 다양한 방법을 이용하여 정책결정자에게 압력을 행사한다. 이 중 가장 강력한 압력수단은 선거에서 그들의 이해를 수용해 줄 수 있는 정당이나 후보를 지지하는 것이라 할 수 있다.

자유무역이 갖는 속성은 이익은 다수의 소비자들에게 소규모로 나누어지는 반면, 손해는 소수의 특정 집단에 집중된다는 것이다. 따라서 자유무역을 통해 이익을 얻는 수많은 소비자들은 '침묵하는 다수'(silent majority)가 되는 반면, 손해를 보는 소수의 이해당사자들은 '소란스러운 소수'(noisy minority)가 되는데, 이러한 정치적 측면이 선진국에서도 자유무역을 추진하기 어려운 요인이 되고 있다.

예를 들어 중국으로부터의 값싼 철강 수입으로 인해 비교우위를 상실한 미국의 철강산업에서 생산이 줄고 고용 감축이 발생할 때, 미국의 전체적인 입장에서는 자유무역을 채택하여 비교우위를 상실한 국내의 철강산업은 축소하고, 비교우위를 갖고 있는 다른 산업을 육성하는 것이 바람직하겠으나 미국의 철강산업에 종사하는 이해당사자들이 시위라든가 국회에서의 적극적인 로비활동을 통하여 중국산 철강 수입을 최대한 억제하려 하는 보호무역을 채택하게 될 것이다. 부연하여 설명하면 자유무역을 통해 이익을 보는 소비자들은 그 수가 너무 많아 결속하기도 쉽지 않고, 또한 개별 소비자들에게 귀속되는 이익의 크기도 크지 않아 자유로운 무역을 통해 그들의 이익을 적극적으로 지키려 하기보다는 대부분이 '무임승차'(free riding)하려 할 것이나 철강산업에 종사하는 이해당사자들은 개별적으로 그들이 지불하여야 하는 비용이 대단히 크고, 소비자들에 비해 이해당사자의 수가 상대적으로 많지 않기 때문에 국내의 철강 소비자들과는 달리 무임승차의 유인도 그만큼 적어 중국으로부터의 철강 수입을 막기 위하여 적극적으로 힘을 결집하여 그들의 의사를 관철하려 할 것이며, 이에 따라 보호무역정책이 채택될 것이다.[18)]

18) 우리나라에서도 이러한 사실에 관련된 예로 영화계에 도입된 '스크린쿼터'(screen quota)제도를 들 수 있다. 이 제도는 우리나라 영화산업을 보호하기 위해 국내상영관에서 국산영화

(4) 보호무역주의에 대한 비판

보호무역주의에 대해서는 다음과 같은 여러 가지 비판들이 제기되고 있다.

첫째, 보호무역은 값싸고 품질 좋은 외국상품의 수입을 억제하고, 소비의 다양성을 제한하여 국내소비자들의 후생수준을 감소시킨다.

둘째, 보호무역정책에 의하여 국가 내에 생산자원이 효율적으로 배분되지 못하고, 산업의 생산능률이 감소함으로써 국민경제 전체의 후생이 감소한다.

셋째, 보호무역정책은 국내외 산업 간의 자유경쟁을 억제함으로써 보호대상 산업으로 하여금 기술개발을 소홀케 하여 자국산업의 경쟁력을 오히려 약화시킨다.

넷째, 보호무역정책은 상대방 국가의 수출은 줄이고, 수입을 늘림으로써 상대방 국가의 소득을 줄이는 '근린궁핍화'(beggar thy neighbor policy)의 성격을 띠고 있기 때문에 상대국의 보복조치를 초래하여 세계교역을 감소시키고, 이로서 세계 전체적인 차원에서 후생을 감소시킨다.

(5) 신보호무역주의

제2차 세계대전이 끝날 즈음인 1944년에 설립된 GATT는 세계무역자유화의 주도적인 역할을 수행함으로써 1950년대와 1960년대에 걸쳐 세계무역은 비약적인 발전을 이루었다. 이는 선진국을 중심으로 이루어진 성과이기는 했으나 이 시기에 자유무역주의는 그 어느 때보다도 확고하게 정착되었다. 그러나 1970년대에 들어서자 세계무역환경이 크게 변화하였다. 소위 제1, 2차 오일쇼크를 겪으면서 세계경제는 높은 실업률과 인플레이션이 동시에 나타나는 스태그플레이션(stagflation)현상에 직면하게 되었고, 일본경제의 부상과 특히 '아시아의 호랑이'라 불리던 한국, 대만, 싱가포르, 홍콩 등 일단의 신흥공업국

의 연간 최소 상영일수를 의무적으로 정한 조치이다. 미국 측에서 이에 대한 부당성을 제기하여 우리나라 영화산업계로부터 강력한 반대가 있었음에도 불구하고 결국 2006년 7월 1일 국산영화의 연간 상영일수를 기존 146일에서 73일로 축소하였다.

들이 비약적으로 발전하면서 미국은 만성적인 무역수지적자를 시현하게 되었다. 이러한 세계무역환경의 변화로 인하여 세계경제에는 다시 보호무역주의적인 분위기가 조성되기 시작하였는데, 이 시기의 보호무역주의는 유치산업보호론으로 대표되는 과거의 보호무역주의와는 확연히 다른 성격을 갖고 있었다. 우리는 이를 '신보호무역주의'(new protectionism)라 부르는데, 이는 과거의 전통적인 보호무역주의와 다음과 같은 몇 가지 차이점들을 갖고 있다.

첫째, 전통적인 보호무역주의는 자국의 유치산업의 경쟁력을 제고시키기 위해 보호무역을 주장하는 데 반하여, 신보호무역주의는 경쟁력을 잃어가고 있는 자국의 사양산업의 보호를 주장하고 있다. 그러므로 전통적 보호무역주의가 잠재력 있는 자국의 유망한 산업을 육성하기 위한 보호무역정책이라면 신보호무역주의는 쇠락하고 있는 자국의 사양산업을 보호하기 위한 보호무역정책이라 할 수 있다.

둘째, 전통적 보호무역주의에서는 보호무역을 추진하는 국가들이 경제발전단계가 낮은 상태에서 공업화를 추진하는 개발도상국임에 반하여 신보호무역주의에서는 공업화가 완료된 선진국들이다. 선진국들은 자국에서의 고용증대와 자국의 만성적인 무역수지적자의 해소를 위해 보호무역을 실시하고 있다.[19] 비교우위이론에 따르면 비교우위를 상실한 사양산업이 위축되는 것은 너무나 자연스러운 일이다. 만약 자유무역으로 인해 비교우위산업이 확대되면서 사양산업으로부터 퇴출되는 고용이 흡수될 경우 고용마찰은 자연스럽게 해소될 수 있다. 그런데 1970년대 당시 선진국들은 전 세계의 경기침체로 인해 고용흡수가 어려웠기 때문에 보호무역으로 이를 해결하고자 하였다.

셋째, 보호무역수단을 보면 전통적인 보호무역주의에서는 관세가 가장 보편적으로 사용되는 데 반해, 신보호무역주의에서는 관세 이외의 수단, 즉 수입수량제한, 수출자율규제, 각종 인·허가, 기술표준 등과 같은 비관세장벽이 사용되고 있다. 왜냐하면 GATT체제 아래서 무역자유화를 추진하면서 그동안 관세

19) 과거 선진국이 자유무역주의를 주장하던 사실에 비추어 보면 이는 논리적으로 모순이라 아니할 수 없다.

수준이 이미 상당히 낮아져 추가로 관세를 인하할 여지가 없었기 때문이었다.

넷째, 전통적 보호무역주의는 상대방 수출국에 관계없이 무역을 규제하였는데 반해, 신보호무역주의에서는 수출국에 따라 차별적인 무역규제가 이루어진다. 이것은 무역수지적자의 원인이 소수의 특정 국가에 국한되어 있다고 보고 있기 때문이다. 따라서 신보호무역주의에서는 GATT와 같은 국제기구 내에서 다자간 무역협상을 통하여 무역수지불균형문제를 해결하기보다는 당사국 간 쌍무적인 무역협상을 통하여 해결하고자 하였다.

5 무역과 소득분배

국제분업의 형태뿐만 아니라 생산요소의 산업 간 이동성 정도 역시 무역의 소득분배효과에 영향을 미친다. 산업 간 생산요소의 이동이 자유로운 경우 계층별 — 노동자, 자본가 등 생산요소별 — 소득분배효과가 모든 산업에서 같은 방향으로 나타나지만 산업 간 생산요소 이동이 불가능한 경우에는 계층별 소득분배효과는 산업에 따라 다르게 나타난다. 후자의 경우 같은 산업에 투입되는 생산요소의 소득은 같은 방향으로 변화하게 되며, 이에 따라 각 산업 내에서의 계층별 소득은 같은 방향으로 변화하게 된다.

이하에서는 생산요소의 산업 간 이동성 정도에 따라 무역이 계층별 소득분배에 어떠한 영향을 미치는지 생산요소모형(factor model)과 부문 간 모형(sector model)으로 구분하여 알아보도록 하자.

(1) 생산요소모형

전통적인 헥셔-올린의 무역이론에서는 생산요소의 이동이 산업 간에 자유롭게 이루어지는 경우를 전제하고, 무역이 소득분배에 미치는 영향을 분석하고 있다. 이의 대표적인 모형이 스톨퍼-사무엘슨정리(Stolper-Samuelson Theorem)

이다. 동 모형에 따르면 수입관세로 인해 상대가격이 상승하는 산업의 생산이 증대하면 상대적으로 이 부문에 많이 사용되는 생산요소의 소득은 늘어나고, 덜 사용되는 생산요소의 소득은 줄어든다고 본다. 예를 들어 노동집약적인 상품에 대한 수입관세로 인해 노동집약적인 상품의 가격이 상승하게 되면 노동집약적인 산업의 생산은 증대되고, 이로 인해 상대적으로 노동에 대한 수요는 늘고, 자본에 대한 수요는 줄어 노동자들의 임금소득은 늘어나는 반면, 자본가의 소득은 줄어든다고 본다. 이때 자본집약적인 산업의 생산은 줄어들고, 이에 따라 동 산업에서 발생하는 유휴자본과 노동력은 노동집약적인 산업으로 이동한다.

(2) 부문 간 모형

부문 간 모형(sector model)에서는 전통적인 헥셔-올린모형에서와는 달리 생산요소의 산업 간 이동이 자유롭게 이루어지지 않는다고 본다. 생산요소에는 어떤 특정 산업에만 특성화되어 있는 생산요소도 있고, 또 단기적으로는 산업 간 이동이 불가능한 생산요소도 있다.

이렇듯 생산요소의 이동이 산업 간에 제한된 부문 간 모형의 경우 무역으로 인하여 발생하는 소득분배의 변화는 앞서 언급된 전통적인 생산요소모형과는 다르게 나타난다.

부문 간 모형에 따르면 생산요소의 이동이 서로 다른 산업 간에 자유롭게 이루어지지 않으므로 무역으로 인해 성장하는 산업에 고용되어 있는 노동과 자본에 대한 수요가 늘어 이 부문에 고용되어 있는 노동과 자본의 가격은 상승하여 이들의 소득은 모두 증가하는 반면, 쇠락하는 산업에 고용되어 있는 노동과 자본의 가격은 이들에 대한 수요가 함께 줄어듦에 따라 하락하여 이들의 소득은 모두 감소하게 된다. 따라서 무역으로 인한 소득분배의 갈등이 전통적인 생산요소모형에서와 같이 노동자와 자본가 간에 발생하지 않고, 성장하는 산업과 쇠락하는 산업 간에 발생하게 된다. 예를 들면 한 나라의 노동집약적인 섬유산업이 쇠퇴하면 전통적인 생산요소모형에서는 임금은 하락하고, 자본의 사용료는 상승할 것이나 부문 간 모형에서는 섬유산업에 고용되어 있는 자본의 사용료 및 임금 모두 하락한다.

한 나라의 수입대체산업은 비교열위에 있는 산업이고, 수출지향적인 산업은 비교우위에 있는 산업이다. 생산요소모형에서는 수입대체산업에 집약적으로 사용되는 생산요소의 소득은 감소하고, 수출산업에 집약적으로 사용되는 생산요소의 가격은 상승한다. 이에 반해 부문 간 모형에 따르면 수입대체산업에 종사하는 모든 생산요소의 소득은 감소하고, 수출지향적인 산업에 종사하는 모든 생산요소의 소득은 상승한다. 따라서 생산요소모형에 따르면 세계화를 자본과 노동의 대결로 바라보는 데 반해, 부문 간 모형에서는 수입대체산업에 종사하는 생산요소와 수출지향적 산업에 종사하는 생산요소 간의 대결로 바라본다.

이 두 모형 모두 무역으로 인한 소득분배결과에 의해 한 나라 정부의 무역정책에 대한 태도와 성향이 정해진다고 보는데, 정부의 무역정책에 의해 소득이 상승하는 그룹은 자유무역을 선호할 것이고, 소득이 하락하는 그룹은 자유무역보다는 보호무역을 선호하게 될 것이다.

6 전략적 무역이론

전략적 무역이론(strategic trade theory)은 어느 한 나라 정부가 자국의 특정 산업을 육성하기 위하여 재정적으로 지원해 줌으로써 해당 산업에서의 경쟁우위가 창출될 수 있음을 주장하고 있다. 전략적 무역이론을 주장하는 자들은 정부의 특정 산업에의 개입을 정당화하고, 비교우위보다는 '경쟁우위'(competitive advantage)의 개념을 내세운다.

전략적 무역이론을 주장하는 자들은 정부의 개입정책이 한 국가의 산업에서 국제경쟁력을 제고시킬 수 있음을 보여주는 많은 실증결과를 제시하고 있다.

특히 이들은 일본과 동아시아의 신흥국들이 정부지원을 통해 한정된 자원을 동원하여 경쟁우위를 창출한 경우를 전략적 무역이론의 타당성을 입증해 주는 전형적인 사례로 들고 있다.

전략적 무역이론을 이해하기 위해 항공기시장에서 EU의 에어버스(Airbus)사가 EU 정부로부터의 지원을 받아 성장함으로써 미국의 보잉(Boeing)사를 추월한 실제적인 사례를 살펴보도록 하자.[20]

[표 3-5]는 두 기업의 전략에 따라 각 기업에 돌아가는 가상적인 보수(pay-off)행렬표를 나타내고 있다. 왼쪽 열(column)은 보잉사의 의사결정을 나타내고, 위쪽의 행(row)은 에어버스사의 의사결정을 나타낸다.

각 괄호 안의 첫 번째 숫자는 보잉사의 이윤을 나타내고, 두 번째 숫자는 에어버스사의 이윤을 나타낸다. 보잉사만 신제품을 생산하고, 에어버스사는 생산을 하지 않으면 보잉사의 이윤은 100이고, 에어버스사의 이윤은 0이다. 반면 에어버스사만 생산하고, 보잉사는 생산하지 않으면 에어버스사의 이윤은 100이고, 보잉사의 이윤은 0이 된다. 물론 두 기업 모두 생산하면 제한된 시장을 대상으로 두 기업이 치열하게 경쟁하게 되므로 두 기업 모두 5만큼의 손실을 보게 되므로 어떤 기업이 이미 제품을 생산하고 있다면 다른 기업은 생산을 하지 않을 것이다. 즉 시장을 선점한 기업이 해당 시장에서 독점적 이익을 누리게 된다는 것이다.

▌표 3-5 ▌보조금이 부과되지 않은 경우의 보잉과 에어버스사의 보수행렬표

보잉 \ 에어버스	생산	생산 않음
생산	(−5, −5)	(100, 0)
생산 않음	(0, 100)	(0, 0)

이제 앞의 경우와 달리 EU 정부가 에어버스사에 10만큼의 보조금을 지불한다고 하자. 그러면 새로운 보수행렬표는 [표 3-6]과 같이 변할 것이다.

20) 미국의 보잉사와 유럽의 에어버스사는 세계의 항공기시장을 두고 치열하게 경쟁하고 있다.

표 3-6 에어버스사에 보조금이 부과되었을 경우의 양사의 보수행렬표

보잉 \ 에어버스	생산	생산 않음
생산	(−5, 5)	(100, 0)
생산 않음	(0, 110)	(0, 0)

에어버스사는 항공기 생산 시 10만큼의 보조금을 받으므로 이미 보잉사가 시장을 점유하고 있는 상태에서도 시장에 진입을 하게 되면 보잉사는 5만큼의 손실을 보지만 에어버스사는 정부보조금 10으로 인해 5만큼의 이윤을 얻게 된다. 이에 반해 보잉사는 생산을 하면 5만큼의 손해를 보고 생산을 중단하면 0이 되므로 결국 생산을 중단할 것이다. 이처럼 EU 정부가 10만큼의 보조금을 지불하게 되면 시장을 선점하고 있던 보잉사를 항공기시장에서 몰아낼 수 있을 것이다. 그 결과 유럽은 소득이 100만큼 늘어나는 반면, 미국은 소득이 100만큼 줄어들게 될 것이다. 한편 에어버스사는 계속 생산을 함으로써 110의 이윤을 얻게 되며, EU 전체로는 보조금 10을 빼고도 100만큼의 이윤을 얻게 된다. 이처럼 한 나라의 정부가 자국기업에 보조금을 주면 자국기업이 세계시장에서 전략적 우위를 확보할 수 있다는 점에서 우리는 이를 전략적 무역정책이라고 한다. 이렇듯 전략적 무역정책이란 과점시장에서 자국의 이익을 위해 자국기업을 지원하는 정책을 말한다.[21)]

전략적 무역이론은 고기술산업에서의 정부의 산업정책에 대한 이론적 정당성을 제공해 준다. 그리고 전략적 무역이론은 유치산업보호론 같이 정부의 재정적 지원을 통해 국내기업들이 글로벌시장에서 경쟁력을 갖추고 효율적이 될 수 있도록 규모의 경제와 학습효과를 시현하도록 도와준다고 주장한다. 또한 시장이 완전경쟁적이라고 하는 전통적인 유치산업보호이론과는 달리 전략적 무역이론은 많은 고기술산업이 과점시장의 성격을 갖고 있다고 주장한다. 따라서 전략적 무역이론에서는 고기술산업의 경우 경쟁우위의 발생이 국가 간

21) 이와 같이 정부의 산업정책이 유효하다는 주장으로 인해 각국에서 고기술산업 육성에 대한 관심이 증대되고 있다.

요소부존도의 차이와 별 관련이 없어 전통적인 비교우위이론이 적용되지 않는다고 주장하면서 규모의 경제, 학습효과, 그리고 과점적 시장의 요소들이 기업의 경쟁우위를 결정짓는 것으로 보고, 해당 산업에서의 정부개입에 대한 이론적인 정당성을 주장하고 있다.

한편 전략적 무역이론은 고기술산업의 입지는 요소부존도와 아무런 관계가 없음을 시사하고, 오히려 시장구조와 많은 관련을 갖는다고 주장한다.[22] 물론 경우에 따라서는 전략적 무역정책의 위험이 그 이득을 초과할 수 있음을 고려하여야 한다. 즉 개별 국가 차원에서 다른 국가들의 희생을 대가로 경쟁적 우위를 증대시키고자 노력을 하게 되면 다른 국가들은 이 나라에 대해 보복조치를 취하게 될 것이고, 그 결과로서 모두가 손해를 볼 수 있는 가능성을 가지고 있다.

수출주도형 성장전략 및 수입대체형 성장전략

개발도상국들이 그들의 경제발전을 위하여 선택할 수 있는 경제발전전략으로는 크게 수출주도형 성장전략(export-led-growth strategy)과 수입대체형 성장전략(import-substitution growth strategy)으로 나누어 볼 수 있다.

전자는 수출을 통하여 일국의 경제발전을 추진하고자 하는 경제발전전략으로서 자국의 시장규모가 작아 자국시장만을 대상으로 해서는 규모의 경제를 시현할 수 없어 적극적으로 해외시장을 개척하기 위하여 채택하는 경제발전전략이라 하겠다. 이는 주로 한국, 대만, 홍콩, 중국, 싱가포르 등 동아시아 국가들이 채택한 경제발전전략으로서 이들 국가들은 이러한 전략을 채택하여 성공적으로 높은 경제성장을 시현한 바 있다. 그러나 이들 국가들은 이러한 전략을 추진하는 과정에서 대외의존도가 과도하게 높아져 해외경기에 국내경기가 많은 영향을 받는 취약한 경제구조를 갖게 되었다.

반면 후자는 자국경제의 자립을 위해 외국상품에 대한 수입규제를 통해 국내산업을 보호·육성함으로써 수입품을 국산품으로 대체하여 경제성장을 추진하고자 하는 경제발전전략이다. 이는 1960~1970년대까지 남미와 동남아 일부 국가들이 추진한 경제발전전략이었다. 그러나 이러한 전략은 이들 국가들의 국내시장이 협소하여 규모의 경제를 시현할 수 없었고, 국내산업을 보호함에 따라 산업의 비효율성이 심화

22) 따라서 이는 비교우위의 고전파모형이 성립하지 않는 세계를 상정하고 있다.

되었고, 그리고 기술자립이 이루어지지 않은 상태에서 완성소비재부터 수입을 대체하는 과정에서 중간재와 자본재의 수입이 크게 늘어나면서 국제수지적자가 지속적으로 누적이 됨으로써 결국은 실패하고 말았다.[23] 실제 수입대체형 경제발전전략을 채택하였던 브라질, 아르헨티나, 멕시코 등 남미 국가들의 경제성장률은 수출주도형 경제발전전략을 채택하였던 동아시아 국가들보다 훨씬 낮았다. 이에 대한 반성으로 남미 국가들도 1980년대 후반부터 수입대체형 경제발전전략에서 수출주도형 경제발전전략으로 전환하였다. 이렇게 개방정책으로 전환한 브라질, 멕시코 등에서는 수출이 늘어나고, 그로 인해 경제적 성과가 크게 개선되기는 하였으나 아직도 남미 국가들의 개방화 정도는 동아시아 국가들보다 크게 낮은 실정이다.

23) 수입대체정책이 보호무역주의의 입장이라면 수출주도형 정책은 자유무역주의의 입장이라 할 수 있을 것이다.

CHAPTER 04

금융의 세계화와 국제자본이동

1. 금융의 세계화
2. 국제금융시장
3. 국제자본이동의 이해

금융의 세계화와 국제자본이동

금융의 세계화란 각국 금융시장 간의 상호의존적인 관계가 확대 · 심화되어 가는 현상을 의미한다. 금융의 세계화가 진전됨에 따라 각국의 금융시장은 즉각적으로 서로 영향을 주고받으면서 마치 통합된 하나의 시장처럼 움직인다. 이에 따라 각국 금융시장에서 결정되는 환율, 주가, 금리 등의 움직임이 서로 동조화(synchronization)되는 모습을 보이고 있다.

1 금융의 세계화

1980년대 이후 선진국을 중심으로 금융시장 개방 및 금융규제의 완화, 정보통신기술의 눈부신 발전, 금융혁신 등으로 선진국 간에는 물론 선진국과 개도국 간에 금융거래가 크게 증가하고, 각국 금융시장의 통합이 광범위하게 이루어지는 등 금융의 세계화가 크게 진전되었다.

1990년대에는 미국경제의 호황, 아시아 국가들의 외환위기, EU 국가들 간 통화통합, 2000년대에 들어서는 미국 IT 버블의 붕괴, 9.11테러, 저금리로 인한 세계적인 호황, 글로벌 금융위기, 남유럽 국가들의 재정위기 등 세계경제에서 여러 긍정적이고 부정적인 충격이 발생했음에도 불구하고 국제금융시장은 지속적으로 발전해 왔다.

금융세계화는 세계적으로 자본의 효율적인 배분과 지역 간 자금격차 해소를 통하여 각국의 경제성장을 촉진하고, 기술이전을 촉진하며, 금융다각화와 위험분산을 가능케 하는 긍정적인 측면이 있는 반면, 급격한 자본의 유출입으로 인해 국제금융시장에서 불안이 야기되거나 한 국가의 금융위기가 다른 나라의 금융위기로 쉽게 전파되는 부정적인 측면이 있다.

2 국제금융시장

(1) 국제금융시장의 구조

가. 국제금융시장의 의의

국제금융시장(international financial market)은 국경을 넘어서 금융자산의 거래가 이루어지는 시장을 말한다. 국제금융은 19세기 1차 산업혁명의 발상지로서 1차 세계화 시기의 패권국이었던 영국을 중심으로 이루어지기 시작했고, 본격적인 국제금융은 1950년대 말 1960년대 초 유로달러시장이 유럽지역에 형성되면서 시작되었다 볼 수 있다.

국제금융시장은 크게 두 가지 개념으로 나누어 볼 수 있다. 첫째는 구체적 장소를 나타내는 개념으로 주요 금융 중심지나 혹은 그 지역에 있는 증권거래소, 선물거래소, 옵션거래소 같은 구체적인 장소나 건물을 의미하며, 또 하나는 추상적인 개념으로서 정보통신망에 의해 국제적으로 자금의 수요와 공급이 연결되는 모든 거래의 메커니즘이나 가상적인 공간을 의미한다. 최근에는 각국에서 국가 간 금융거래의 제한을 완화 내지 철폐하고, 정보통신기술이 비약적으로 발전하면서 각국의 금융시장이 통합되고, 글로벌화되면서 국제금융시장은 후자와 같은 추상적인 시장으로서의 성격이 강화되고 있다.

나. 국제금융시장의 구분

국제금융시장은 [그림 4-1]에서와 같이 분류할 수 있다. 넓은 의미에서의 국제금융시장은 외환의 매매가 이루어지는 외환시장(foreign exchange market)과 신용이 거래되는 국제신용시장(international credit market)으로 나눌 수 있다.

그림 4-1 | 국제금융시장의 구조

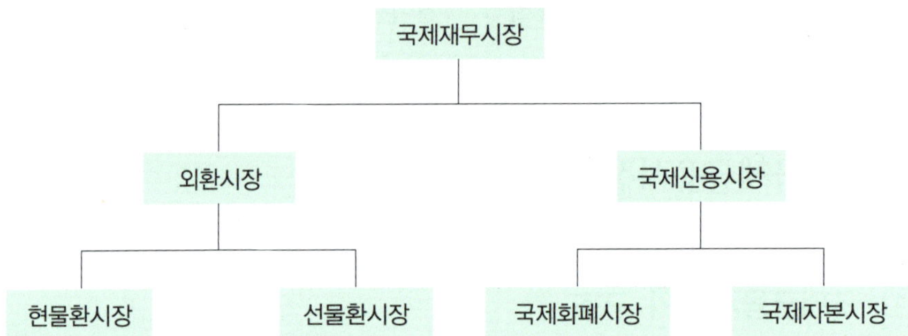

좁은 의미에서의 국제금융시장은 국제신용시장을 의미하며, 이는 국제통화시장(international money market)과 국제자본시장(international capital market), 파생금융상품시장(financial derivative market)으로 나누어진다.

국제통화시장은 만기가 1년 미만인 금융자산이 거래되는 금융시장으로 유로커런시시장과 각국의 단기금융시장으로 구성된다.

국제자본시장은 만기가 1년 이상인 금융자산이 거래되는 금융시장으로 국제대출시장, 국제채권시장, 국제주식시장으로 구성된다. 국제대출시장은 국제상업은행의 중재를 통해 예금과 대출이 이루어지는 시장이며, 국제채권시장은 채권이 발행되거나 기 발행된 채권이 국제투자은행을 통하여 거래되는 시장이며, 국제주식시장은 2개국 이상에 상장된 주식이 거래되는 시장이다.

파생금융상품시장은 주식, 채권, 외환 등의 기초자산으로부터 파생된 금융상품이 매매되는 시장을 말하며, 이에 해당하는 대표적인 시장으로는 선물시장, 옵션시장, 스왑시장 등이 있다.

(2) 국제금융시장의 현황

제1장 1절의 [표 1-6]을 보면 2013년 현재 전 세계의 금융자산규모는 282.8조 달러이며, 이는 전 세계 GDP의 378.5%에 해당한다.

지역별로 보면 EU지역이 87.6조 달러로 그 규모가 가장 크고, 이어 미국이 75.2조 달러, 신흥개도국도 최근 중국의 금융시장의 급신장세를 반영하여 54.2조 달러에 이르고 있다.

GDP에 대한 금융자산비율을 지역별로 보면, 미국이 448.2%, EU지역이 537.8%, 개도국이 187.6%로서 개도국보다 선진국의 비중이 훨씬 커, 선진국의 금융시장이 개도국의 금융시장에 비해 그만큼 진일보 발전하였음을 쉽게 유추할 수 있다. 그리고 금융자산의 유형별 실태를 살펴보면 전 세계적으로 주식이 62.6조 달러, 채권이 99.8조 달러, 은행자산이 120.4조 달러로서 은행자산의 규모가 가장 크고, 그 다음이 채권, 주식의 순이며, 전체 금융자산에서 이들이 차지하는 비중은 각각 22.1%, 35.3%, 42.7%이다.

한편 외환시장에서의 외환거래규모는 [표 1-7]에서 보는 바와 같이 2016년 4월 현재, 1일 거래규모가 5조 670억 달러로 세계국내총생산의 16.7배, 세계교역규모의 61.3배에 달하고 있는데, 이는 실물거래를 뒷받침하기 위한 외환거래보다는 금융거래를 뒷받침하기 위한 외환거래가 절대적으로 크다는 사실을 의미한다 하겠다.

(3) 국제금융시장의 구조변화

가. 자본이동의 증대와 금융시장의 통합

1980년대에 들어서 선진국들은 자국 금융시장의 효율성 제고를 통해 국제경쟁력을 강화시키기 위해 국제자본거래에 대한 대부분의 규제를 철폐하는 자본자유화조치를 시행하였다. 1990년대에 들어서는 신흥개도국들 역시 자본자유화를 추진하게 되었는데, 그 이유로서는 1980년대 초 일부 개도국들의 외채위기로 인해 그 당시 개도국들의 가장 중요한 외국자본의 유입경로였던 은행차입이 어렵게 되어 채권발행을 통한 해외자금조달이 불가피해졌고, 아울러 개도국들의 경제개발에 대한 욕구가 확대되면서 이를 충족시키기 위한 외국자본에 대한 수요가 크게 늘어났기 때문이다.

특히 1990년대 들어 정보통신기술의 눈부신 발달로 인해 국제금융거래비용이 대폭 절감되고, 복잡한 금융거래도 용이해졌을 뿐만 아니라 각종 위험을 효과적으로 관리할 수 있는 능력이 크게 제고됨으로써 국가 간 자본이동이 활발히 이루어질 수 있는 기반이 마련되었다. 이에 따라 세계 각국의 금융시장이 통합이 되어 각국 금융시장의 움직임이 서로 동조화되는 모습을 보이게 되었다.

나. 국제금융거래의 증권화

'금융의 증권화'(securitization)란 은행의 예금과 대출 위주의 전통적인 간접금융거래방식이 증권발행 및 투자 중심의 직접금융거래방식으로 전환되는 현상을 말한다.

증권화의 형태로는 첫째, 예금 대신 양도성 정기예금증서(CD), 장단기 차입 대신 기업어음과 회사채, 전환사채 등과 같은 채권형태나 주식관련 채권의 발행 등으로 전환되는 등 차입유형이 증권화되는 경우가 있고, 둘째, 부동산 대출이나 학자금 대출과 같은 장기적인 대출채권을 '함께 모아'(pooling) 이로부터 발생하는 현금흐름을 토대로 채권을 발행하여 이를 자본시장을 통하여 투자자에게 매도하는, 즉 자산을 유동화하는[1] 형태가 있다.

이와 같이 금융시장에서 증권화현상이 나타나는 이유 중의 하나는 자금수요자의 입장에서 볼 때 전통적인 금융기관으로부터의 차입이 더욱 어려워진 데 있다. 특히 1980년대 초 개도국들의 외채위기에 따라 신용상태가 좋지 않은 국가들은 선진국 상업은행으로부터 차입하는 것이 갈수록 어려워져 상업은행을 통한 간접금융의 형태보다는 유동성이 높은 직접금융시장에서 차입을 확대할 수밖에 없었다.

1980년대 중반 이후에는 각국의 금융시장이 통합됨에 따라 각국에서 외국인

1) 이를 자산유동화증권(ABS : Asset Backed Securities)이라고 하는데. 이는 부동산, 매출채권, 유가증권, 주택저당채권 등과 같이 유동성이 낮은 기초자산을 기초로 하여 시장에서 활발히 유통될 수 있도록 이들을 모아 새롭게 발행한 증권을 의미한다.

투자에 대한 조세경감, 유로채 발행 여건의 완화, 자본이동에 대한 규제완화가 이루어지면서 공신력이 높은 우량한 차입자들은 국제금융시장에서 상대적으로 비용이 저렴한 직접금융방식을 통하여 자금을 조달할 수 있게 되었다. 아울러 막대한 무역수지흑자를 기반으로 국제금융시장에 주요한 자금공급원으로 등장한 일본 및 동아시아 국가들이 은행예금보다는 수익성이나 유동성이 높은 증권투자를 선호한 것도 증권화현상을 촉진하는 중요한 요인이 되었다.

한편 이러한 증권화현상을 통해 국제금융시장에서 거래되는 금융상품의 종류가 다양해지게 되었는데, 이러한 측면에서 증권화현상은 국제금융시장의 참여자들에게 다양한 투자수단과 자금의 조달기회를 제공해 줌으로써 국제금융시장의 규모를 확대·발전시키는 데 큰 기여를 하였다 할 수 있다.

다. 금융거래기법의 고도화

1970년대 이후 주요 선진국들의 변동환율제도의 채택, 각국의 금리자유화, 외환 및 자본거래에 대한 규제철폐 등으로 인해 국가 간 자본이동이 크게 증대되고, 환율과 금리 등과 같은 기초금융변수들이 급격한 변동을 나타내자 이러한 가격변동에 따른 위험을 회피하고, 효율적으로 자산부채관리를 위한 대응방법을 모색하게 되었다. 또한 금융기관 간 업무영역의 자유화[2]와 국제금융시장의 통합으로 인해 국제금융기관 간의 경쟁이 치열해짐에 따라 세계적인 금융기관들은 끊임없이 새로운 금융서비스를 창출하고, 새로운 금융상품의 개발을 하지 않을 수 없게 되었다. 그 결과 1980년대 중반 이후 통화, 환율, 금리, 증권을 기초자산으로 하는 파생금융상품이 국제금융시장에 본격적으로 출현하게 되었고, 이에 만기, 유동성, 위험관리, 수익성 면에서 다양한 서비스를 제

2) 1933년에 제정된 서로 다른 금융업종 간에 상호 진출을 금지했던 '글래스-스티걸법'(Glass-Steagal Act)에 의해 은행업무와 증권업무의 영역이 명확히 구분이 되었으나 1999년에 제정된 금융현대화법, 소위 '그램-리치-블라일리법'(Gramm-Leach-Bliley Act)에 의하여 은행, 보험, 증권의 업종 구분이 없어지게 됨으로써 이것이 2008년 글로벌 금융위기 발생의 단초가 되었다. 이에 따라 미국에서는 2015년 '볼커룰'(Volcker Rule)의 도입으로 투자은행들이 자기자본이나 차입한 자금으로 주식이나 파생금융상품, 실물자산 등 위험자산에 투자하는 것을 엄격히 규제하게 되었다.

공하는 새로운 금융상품들이 속속 등장하게 되었다.

한편 금융기관들은 이러한 파생금융상품을 비롯한 위험관리기법의 발달로 시장위험을 어느 정도 통제할 수 있게 됨으로써 고수익을 겨냥한 공격적인 투자도 보다 활발히 추진할 수 있게 되었다. 물론 이러한 고도화된 금융기법을 가능케 한 배경에는 1990년대 이후 정보처리기술과 통신기술의 획기적인 발전에 있었음은 두말할 나위가 없다 하겠다.

라. 금융기관의 대형화와 종합화

1980년대 이후 각국에서 자본이동에 대한 규제를 완화함에 따라 국가 간 자본이동이 활발히 이루어지면서 각국의 금융산업은 대내외적으로 치열하게 경쟁을 하게 되었다. 그 결과 각국 금융기관들의 수익성은 크게 악화되었고, 각국의 금융기관들은 이를 극복하기 위하여 다음과 같은 두 가지 측면에서 대응을 하게 되었다. 첫째는 규모의 경제를 시현하기 위해 규모를 대형화하는 것이었고, 둘째는 전통적인 업무영역에서 벗어나 새로운 업무영역을 확대하는 것이었다. 이에 따라 같은 업종에서의 금융기관 간 합병뿐만 아니라 은행, 증권, 보험, 투자신탁 등 다른 업종의 금융기관 간 합병도 활발하게 이루지게 되었다.

1990년대 이후 금융기관 간 합병현상은 서구지역과 일본을 중심으로 활발히 이루어졌다. 이처럼 금융산업 재편을 위한 대형거래가 확산되고 있는 이유는 증권화의 확대로 상업은행업무의 한계가 노출되면서 금융기관들이 투자은행업무, 자산운용업무를 강화하고 있기 때문이다. 또한 미국의 금융개혁법 통과, 일본의 금융지주회사 도입 등에 따라 금융기관들의 겸업화가 가속화되면서 금융기관들이 인수·합병을 통해 새로운 업무영역을 확대하려는 것도 중요한 요인으로 작용하였다. 이와 더불어 금융거래의 디지털화와 인터넷뱅킹 등의 확산으로 금융기관 간 경쟁의 양상이 변화하고, 유로지역의 통화통합에 따른 거대한 금융시장의 형성 등도 이러한 추이를 확산시키는 요인으로 작용하였다.

마. 국제금융위기의 증대

1980년대 들어 자본거래의 자유화, 정보통신기술의 눈부신 발달로 인해 국가 간의 자본거래의 규모가 급격히 확대되고, 각국 금융시장의 통합이 심화되고, 금융기관들 간의 경쟁이 격화됨으로써 금융기법의 혁신과 파생금융상품과 같은 새로운 금융상품들의 도입이 촉진되면서 세계적으로 금융산업이 눈부시게 발전하게 되었다. 이렇듯 세계금융시장의 통합과 자본거래의 자유화로 인해 한 측면에서는 이것이 각국의 경제성장을 촉진하는 한편, 또 다른 측면에서는 각국 금융시장 간의 연계성이 높아져 금융구조가 취약한 국가가 쉽게 금융위기에 빠져들고, 이러한 금융위기가 곧 바로 주변국에 전염되는 모습을 보이고 있다. 1994년 멕시코 외환위기와 1997년 동아시아 국가들의 외환위기는 투기성 자본이 한 나라의 금융구조를 어떻게 마비시킬 수 있고, 동시에 주변국들에게도 어떻게 외환위기를 전염시킬 수 있는가를 명백하게 보여주었고, 2008년에는 미국에서 발생한 금융위기가 전 세계적으로 급속히 확산되는 모습을 보여주었다.

(4) 국제금융센터

국제금융센터(international financial center)는 국제금융기관들이 고도로 밀집하여 국제금융거래가 지속적으로 그리고 집중적으로 이루어지는 지역을 말한다. 국제금융센터는 일반적으로 정보처리기술이나 통신기술과 같은 금융 인프라가 잘 갖춰져 있고, 경제적 · 정치적으로 안정되어 있고, 제도적으로 각종 규제가 완화 내지 철폐되고, 아울러 국제금융관련 전문인력을 충분히 갖고 있는 지역에 형성된다.

국제금융센터에서는 국제금융기관들이 집중적으로 모여 서로 경쟁함으로써 고도의 금융기법과 지속적인 금융혁신을 통해 새로운 금융상품과 질 높은 금융서비스가 제공되고, 규모의 경제를 통하여 금융비용을 절감하고, 그리고 금융거래가 원활히 이루어질 수 있도록 끊임없는 노력이 전개되고 있다.

가. 런던금융센터

런던국제금융센터는 사방 1평방 마일의 면적을 갖고 있는 'The City'를 중심으로 생성·발전한 세계에서 가장 오래되고 가장 거대한 국제금융의 중심지다. 런던국제금융시장은 19세기 이래 세계무역의 중심지로서의 지위를 바탕으로 형성되기 시작했으며, 1950년대 이후에는 유로시장(Euro Market)[3)]의 생성과 함께 근대적 의미의 국제금융센터로서 발전하였다. 아울러 런던은 외환시장, 국제금융거래의 중심지로서뿐만 아니라 국제보험업에 있어서도 선도적 역할을 수행하고 있다.

런던국제금융센터의 발전요인으로는 다음과 같은 몇 가지를 지적할 수 있다. 우선 정책당국이 지급준비의무, 금리상한규제 등 통화당국의 규제를 회피하기 위한 유로시장의 조성에 적극적으로 노력하였다. 둘째, 1986년 10월에는 '증권거래제도 대개혁'(Big Bang) 등 혁신적인 금융시장규제 완화조치에 따라 런던의 자본시장구조를 획기적으로 변화시켜 여타 유럽 국가들의 금융거래를 런던으로 흡수하였고, 다수의 금융기관이 다양한 금융거래를 취급하면서 시장유동성이 풍부하고 거래비용은 저렴하다. 끝으로 영업시간대의 측면에서도 런던금융시장은 오전에는 도쿄와 오후에는 뉴욕의 영업시간대와 연결이 가능함으로써 전 세계 주요 금융시장과 당일에 거래할 수 있는 지리적 이점을 가지고 있다.

한편 런던국제금융센터는 국내금융업무의 비중이 상대적으로 높은 뉴욕금융시장 및 도쿄금융시장과는 달리 미달러 및 일본엔 등을 대상으로 하는 국제금융업무의 비중이 높다.

나. 뉴욕금융센터

미국의 금융시장은 세계에서 규모가 가장 크며, 이 중 뉴욕은 이러한 미국금융시장의 중심지로서의 역할을 수행하고 있다.

3) 이는 유럽지역, 특히 런던을 중심으로 형성된 역외 금융시장을 말한다. 예를 들면 미국 이외의 지역에서 미달러표시 금융자산의 거래가 이루어지는 시장을 말한다.

뉴욕금융시장은 런던금융시장에 비해 훨씬 늦게 출범하였으나 제2차 세계대전 이후 미국이 세계경제의 중심이 되고, 달러화가 기축통화로서 전 세계적으로 통용되면서 고도로 발달된 국내금융시장을 기반으로 세계적인 국제금융센터로 발전하게 되었다.

1980년대 이후 뉴욕금융시장은 국제적 자금조달시장으로서의 측면보다는 국제적인 자금운용시장으로서의 역할에 중점을 두고 있다.

뉴욕국제금융시장은 특히 채권시장이 발달하여 거래규모, 가격결정의 투명성 및 지급결제제도의 발달 정도 등에서 세계 그 어느 국제금융시장에 비해서도 우수하여 세계 채권발행의 중심지로서의 역할을 담당하고 있다. 또한 뉴욕에 소재해 있는 국제금융기관들은 국제금융환경의 급속한 변화에 대처하기 위한 새로운 금융상품이라든가 새로운 금융기법의 개발에 선도적인 역할을 수행하고 있다.

다. 도쿄금융센터

도쿄금융센터는 일본경제의 고도성장에 따른 대외개방의 필요성과 해외로부터의 국내금융시장 개방 압력 등에 대응하기 위하여 엔화의 국제화를 장기간에 걸쳐 단계적으로 추진함으로써 1980년대 이후에 국제금융센터로 자리 잡게 되었다.

일본은 1980년대 초반에는 막대한 경상수지흑자를 바탕으로 자본수출국의 지위를 확립하면서 외환거래의 원칙적 자유를 주요 내용으로 하는 '신외환관리법'을 시행함으로써 엔화의 국제화를 위한 여건 조성에 주력하였고, 이어 1980년대 후반에는 미 · 일 간의 국제수지불균형의 심화, 시장개방 압력의 증대 등에 대응하기 위하여 엔화의 국제화를 본격적으로 추진하였다. 이에 오늘날 도쿄국제금융시장은 외환, 엔화표시 채권 및 주식거래를 중심으로 세계 3위의 국제금융센터로 자리 잡고 있다. 그러나 1990년대 이후 일본의 실물경제가 장기침체에 빠짐에 따라 금융시장도 크게 위축되어 현재는 정체된 모습을 보이고 있다.

라. 싱가포르금융센터

싱가포르금융센터는 런던, 뉴욕, 도쿄와는 달리 자국의 국제적인 자금의 공급이나 수요의 여력이 없음에도 불구하고 싱가포르 정부가 자국인의 고용을 늘리기 위해 정책적으로 세금감면 등의 유인책을 통하여 역외 금융산업을 인위적으로 조성하면서 발전해 왔다.

싱가포르는 정치적 안정, 정보통신시설 등과 같은 사회간접자본시설의 발달, 풍부한 금융전문인력과 지리적으로 인접한 아시아 국가들의 급속한 경제성장 등을 바탕으로 아시아의 대표적인 역외 금융센터로 발전해 가고 있다.

마. 카리브해의 조세피난처

카리브해지역에 있는 국가들은 경제적으로 후진성을 면치 못하고 있고, 정보통신시설이 낙후되어 있어 국제금융센터로 성장할 수 있는 기초적인 기반을 제대로 갖추고 있지 못하다. 그러나 동 지역은 자본규제를 벗어나고자 하는 자금에 대해 세금회피(tax haven) 및 비밀금융거래를 보장해 줌으로써 미주지역의 역외 금융 중심지로서의 역할을 수행하고 있다. 케이만군도, 바하마, 버뮤다, 버진아일랜드, 파나마 등이 이에 해당한다 하겠다.

(5) 헤지펀드, 국부펀드 및 사모펀드

가. 헤지펀드

헤지펀드(hedge fund)는 100명 이내의[4] 투자자로부터 자금을 모집하여 주식, 채권 등 금융상품뿐 아니라 파생금융상품을 활용한 위험관리기법을 통해 원유, 철강 등 실물자산까지 포함하여 고수익 · 고위험자산에 투자하여 투자실

4) 헤지펀드는 미국 내에서는 미국증권거래소의 공시규제(현행 미국 증권거래위원회 규정에 의하면 100인 이상의 펀드는 미국증권거래위원회에 등록의무 등 규제를 받도록 되어 있음)를 피하기 위하여 주로 100인 미만의 회사형 투자신탁의 형태로 설립되고 있으며, 조세부담 및 규제를 회피하기 위해 역외 금융시장(버뮤다, 케이만군도 등)에 설립되기도 한다.

적에 따라 배당하는 자금을 말한다.[5)]

헤지펀드는 다른 투자에 비해 규제를 덜 받기 때문에 다양한 투자기법을 활용하고 있고, 고위험 · 고수익을 추구하는 성향을 갖고 있다.

헤지펀드들은 금융규제당국의 조세 및 규제를 피하기 위하여 투자자 수를 제한하는 방법 외에 바하마, 버뮤다, 케이만군도, 버진아일랜드 등과 같은 조세피난지역에 주로 거점을 두고 활동하고 있다.

헤지펀드는 원래 미국에서 도입되어 발달되었으나 유럽통화통합과 이에 따른 규제완화 등으로 유럽에서 M&A 붐이 일어남에 따라 유럽의 헤지펀드시장도 급격히 확대되었다. 특히 2000년대에 들어와 빠르게 성장하다가 2008년, 글로벌 금융위기로 인해 크게 위축되었으나 최근에 다시 점차적으로 회복이 되면서 2018년, 그 운용액이 3.235조 달러에 달하고 있는 것으로 추정되고 있다.

일반적으로 헤지펀드는 전 세계적으로 대상 국가와 통화를 번갈아가며 이들에 대해 투기적 공격을 수행한다. 헤지펀드에 의한 투기는 흔히 각국의 중앙은행을 상대로 하고 있으므로 대상통화가 고평가되어 있거나 또는 중앙은행의 대응능력이 외환보유액의 감소 등으로 약화된 경우 집중적으로 대량 매각을 함으로써 해당 통화의 절하 압력을 더욱 가중시키는 투기적 공격을 감행한다.

외환시장이 헤지펀드의 주요 투기대상이 되기 시작한 것은 1990년대 들어서부터라고 할 수 있다. 고정환율제도가 붕괴된 이후 각국의 환율제도가 다양하게 재편되어 환율의 변동폭이 확대됨에 따라 환투기가 빈번하게 발생하였고, 1980년대 이후 파생금융상품의 발달이 환투기자들의 투기적인 포지션을 확대하는 데 크게 기여하였다.

1998년 9월 LTCM(Long Term Capital Management)의 붕괴를 계기로 헤지펀드가 세계금융시스템의 불안을 초래할 수 있다는 사실이 확인되면서 세계 각

---

5) 헤지펀드는 1949년 월가의 투자자였던 존스(Alfred Winslow Jones)에 의해 처음 설립되었고, 헤지펀드란 용어는 1966년 포춘(*Fortune*)지 기사에 존스가 운용하는 펀드의 주식투자전략을 소개하는 과정에서 처음으로 사용되었다.

국이 헤지펀드에 대해 규제 움직임을 보이는 등 헤지펀드가 국제적인 이슈로 부각되었다.

표 4-1 세계 10대 헤지펀드 운영사, 2018년 (단위 : 억 달러)

회사명	국가	자산규모
Bridgewater Associates	웨스트포트, 미국	1,328
AQR Capital Management	그린위치, 미국	837
Man Group	런던, 영국	591
Renaissance Technologies	뉴욕주, 미국	570
Two Sigma Investments	뉴욕시, 미국	388
Millennium Management	뉴욕시, 미국	353
Elliott Management	뉴욕시, 미국	350
Marshall Wace	런던, 영국	348
Davidson Kempner Capital Management	뉴욕시, 미국	314
Baupost Group	보스턴, 미국	310

자료 : 위키피디아

나. 국부펀드

각국에서 외환보유고는 국채 등 수익성이 낮은 안전자산을 대상으로 보수적으로 운용됨으로써 일반적으로 그 수익성이 매우 낮다. 따라서 막대한 외환보유고를 보유하고 있는 국가들이 보다 이를 효율적으로 운용할 수 있는 방법을 모색하는 과정에서 국부펀드(SWF : Sovereign Wealth Fund)가 탄생하게 되었다.

국부펀드는 외환보유액과는 별도로 각국 정부가 잉여자금을 재원으로 조성하여 운용되는 투자기구이며, 이를 운용하고 있는 나라는 전 세계적으로 30여 개에 달하고 있다.[6)]

국부펀드는 재원을 어떻게 조달하느냐에 따라 크게 상품펀드와 비상품펀드로 나누어지는데, 우선 상품펀드는 원유 등 1차 상품 판매수입대금을 재원으

6) 중동 산유국에서 석유로 벌어들인 막대한 부를 보다 효율적으로 운용하기 위해 만든 것이 국부펀드의 효시이다.

로 하는 것[7]으로 중동 산유국이나 러시아, 노르웨이와 같은 산유국에서 대표적으로 운용되고 있으며, 이들이 세계국부펀드 중 약 71%를 차지하고 있다. 나머지 29%는 외환보유액이나 채권발행 등으로 조성되는 비상품펀드로 싱가포르, 한국, 중국에서 조성한 펀드들이 이에 해당한다.

전 세계적으로 국부펀드를 설립해 운용되고 있는 자금의 총규모는 2018년 말 현재 약 8조 1,090억 달러에 달하고 있는 것으로 알려져 있다. 특히 1997년 아시아 국가들이 외환위기를 겪은 이후 이들 국가들이 경상수지흑자를 통해 막대한 외환보유고를 축적하여 이의 일정부분을 국부펀드의 형태로 운용함으로써 최근 전 세계 국부펀드시장에서 아시아 국가들이 보유하고 있는 국부펀드의 비중이 높아지고 있다.

국부펀드의 규모가 확대됨에 따라 이들이 세계경제에 미치는 영향력은 크게 제고되고 있는데, 일부 국부펀드의 경우는 선진국의 에너지, 통신, 금융 등과 같은 선진국들의 기간산업[8]을 인수하려는 움직임까지 보이고 있다. 이에 따라 기술유출의 위기감이 고조되는 가운데 미국을 비롯한 선진국들은 IMF와 세계은행이 나서서 국부펀드 운용의 투명성[9]을 제고해 줄 것을 요구하며, 이에 관한 국제적 규범을 마련해 줄 것을 제안하고 있다. 그리고 독일과 프랑스도 외국인투자위원회 같은 기구를 통해 외국 국부펀드의 자국기업 투자에 대한 감시장치를 마련하고 있다. 선진국들의 이러한 움직임에 대해 국부펀드를 운용하고 있는 국가들은 국부펀드가 어디까지나 상업적 판단에 따라 투자하고 있는 만큼 이러한 선진국들의 보호주의적인 태도는 부당하다고 반발하고 있어 그들 간에 갈등이 심화되고 있는 실정이다.[10]

---

7) 상품수출로 벌어들인 수익은 대체로 정부수입이며, 이때 유입되는 외화는 국내통화로 환전되지 않는다.

8) 선진국은 국부펀드가 그들의 첨단기술 위주의 기업에 집중 투자해 내부기술 및 노하우에 은밀히 접근하고 있다고 본다.

9) 국부펀드를 운영하는 국가들은 국부펀드의 규모, 운영 내역 및 투자전략을 제대로 공개하지 않는 경향이 있어 그 운영이 투명하지 못하다.

10) 이에 2008년 10월 IWG(International Working Group of Sovereign Wealth Fund)는 '산티아고원칙'을 IMF에 제안, OECD 및 EU 재무장관들과의 회의에서 합의를 하였다. 산티아고

[표 4-2]는 주요국들의 국부펀드의 운영상황을 보여주고 있다. 중국이 1조 5,548억 달러로 가장 규모가 크고, 우리나라의 경우 한국투자공사(Korea Investment Company)가 1,223억 달러 규모의 자금을 운용하고 있다.

표 4-2 주요국 국부펀드규모의 순위, 2018년 (단위 : 억 달러)

국가	펀드명	자산규모	자금원천
중국	CIC, SAFE, NCSSF, CADE	15,548	비상품
UAE	Abu Dhabi Investment Authority 등	12, 987	원유
노르웨이	Government Pension Fund GIC	10,630	원유
싱가포르	GIC, Temasek Holdings	7,640	비상품
사우디아라비아	SAMA Foreign Holdings, PIF	6,970	원유
캐나다	AHSTF, CPPIB	5,489	원유 및 비상품
쿠웨이트	Kuwait Investment Authority	5,240	원유
홍콩	HKMA	4,566	비상품
카타르	Quatar Investment Authority Future Fund	3,200	원유
미국	Alaska Permanent Fund 등 LIA : Oil Reserve Fund	1,508	원유 및 비상품
호주	AFF, WAFF	1,345	비상품
카자흐스탄	SKJSC	1,276	원유
한국	KIC	1,223	비상품
러시아	RNWF, RRF	1,014	원유

자료 : 위키피디아

다. 사모펀드

사모펀드(PEF : Private Equity Fund)는 비공개적으로 소수의 고액 투자자로부터 장기로 자금을 조달해 부도위기에 처한 기업을 싼 가격에 사서 전문경영

원칙은 국부펀드와 관련하여 적절한 지배구조, 책임성, 투자부문에서 구성원 간의 자발적인 원칙 및 규범으로 합의된 최초의 원칙이다.

인을 내세워 기업의 가치를 높여 되팔아[11)]높은 수익을 실현하는 펀드이다.

사모펀드는 자금의 모집뿐만 아니라 자금의 운용도 사적인 방법으로 이루어진다. 즉 기업공개 이전의 주식에 투자하거나 공개된 주식이라도 공개시장을 통한 매입이 아닌 사적인 방식으로 주식을 매입한다. 따라서 사모펀드는 불특정 다수를 대상으로 하는 공모펀드와는 달리 투자자를 제한한다.

사모펀드는 헤지펀드처럼 감독기관의 규제를 피하기 위해 사모방식(private placement)으로 소수의 고액투자자들로부터 자금을 모으기 때문에 투명성이 낮으며, 수익의 극대화를 노리고 국제금융시장에 투자를 한다는 점에서 헤지펀드와 유사하다고 볼 수 있다. 그러나 헤지펀드가 일반적으로 기업경영에 개입하지 않고, 단기간에 매매차익을 얻는 것을 목적으로 하는 데 반해, 사모펀드는 대상기업의 경영권을 인수하거나 이에 영향을 미쳐 해당 기업의 가치를 높인 후 매각하여 이익을 취하는 것을 목적으로 한다는 데 근본적인 차이점이 있다. 이와 같이 헤지펀드와 사모펀드는 투자방식이 달라 헤지펀드의 투자기간은 보통 90일 이하인 데 반해, 사모펀드는 투자기간이 보통 3~7년이 걸린다. 이는 사모펀드의 특성상 상당기간 동안 자금이 묶이고, 손실 발생의 위험도 커 이를 높은 수익률로 보상해 주어야 하기 때문이다.

한편 자금조달은 제한된 파트너십을 조성하여 이루어지기도 하지만 차입을 통해 투자자금을 조달하여 매수를 하고 차입금에 대해서는 기업을 운영하는 과정에서 발생하는 수입으로 되갚아 나가는 방식을 취하기도 한다.[12)]

2000년대 이전까지만 해도 사모펀드는 국제금융시장의 주요 세력으로서 큰 역할을 하지 못했으나 이제는 국제금융시장에서 자금흐름의 중심으로 자리 잡아 가고 있다. 2000년대 초만 해도 전 세계 M&A의 5% 정도에 불과하던 사모펀드 투자가 이제는 20%를 넘어섰으며, 미국 전체 기업공개의 반 이상이 사모

11) 따라서 이 과정에서 피인수기업의 정리해고 등의 문제가 나타난다. 특히 이는 궁극적으로 기업의 인수합병을 통해 기업가치를 높이기 때문에 생산성의 증대를 기대하기에는 근본적으로 한계가 있다는 비판을 받고 있다.

12) 그러나 최근에는 헤지펀드와 사모펀드가 서로의 영역을 넘나들고 있어 양자 간의 구분이 모호해지고 있는 실정이다.

펀드의 투자로 이루어지고 있다.[13)]

[표 4-3]에서는 2017년 현재 세계 10대 사모펀드를 보여주고 있는데, 가장 규모가 큰 사모펀드는 블랙스톤그룹이고, 이어 KKR, 카알라일그룹이 순위 매김을 하고 있다.[14)] 특이할 만한 사실은 10대 사모펀드 중 9개가 미국의 사모펀드라는 점이다.

| 표 4-3 | 세계 10대 사모펀드, 2017년 (단위 : 억 달러)

회사명	자금조성규모	본사 소재지
Blackstone Group	583	뉴욕시
Kohlberg Kravis Roberts & Co.	416	뉴욕시
Carlyle Group	407	워싱턴 D.C.
TPG Capital	361	포트워스, 텍사스
Warburg Pincus	308	뉴욕시
Advent International	270	보스턴
Apollo Global Management	240	뉴욕시
EnCap Investments	212	휴스턴
Neuberger Berman	204	뉴욕시
CVC Capital Partners	199	룩셈부르크

자료 : 위키피디아

13) 김인준 · 이영섭, p.125

14) [표 4-3]에는 없지만 우리에게 잘 알려진 사모펀드로는 외환은행에 투자해서 많은 수익을 챙긴 론스타, SK의 경영권을 위협했던 소버린, KT&G의 경영권을 위협했던 칼아이칸 등이 있다.

3 국제자본이동의 이해

(1) 개요

국가 간 자본이동15)은 1990년대 이후 전 세계적으로 자본자유화가 확대되고, 정보통신수단의 획기적인 발전으로 인해 정보의 수집이나 금융거래의 체결이 용이해지면서 급속히 확대되었다. 이에 따라 오늘날 대외거래에 있어 금융거래의 규모가 경상거래의 규모에 비해 월등히 커, 국가 간 자본이동은 각국 경제 및 세계경제에 대단히 큰 영향을 미치고 있다.

국가 간 발생하는 금융거래는 실로 다양한 모습을 보이고 있다. 구체적인 예로는 외국인이 우리나라 기업의 주식이나 부동산을 취득하는 경우, 우리 기업들이 외국에서 자금을 조달하기 위해 영국 런던에서 달러표시 채권을 발행하는 경우, 우리 정부가 외환보유고를 확충하기 위해 IMF로부터 차입하는 경우, 우리나라 수입업자가 수입대금의 결제를 위해 외국 수출업자의 거래은행으로부터 무역신용을 얻는 경우, 국내은행이 외국은행으로부터 자금을 차입하는 경우, 국내거주자가 싱가포르에 소재한 은행에 예금을 하는 경우 등이 있다.

(2) 국제자본이동의 형태

국가 간에 이루어지는 자본이동은 그 대상이 되는 금융상품의 만기에 따라 단기자본이동과 장기자본이동으로 구분된다. 단기자본이동은 만기가 1년 미만인 예금 및 대출, 단기 양도성 정기예금증서(CD : Certificate of Deposits), 상업어음, 단기무역금융, 단기채권 등을 통해서 이루어지는 자본이동을 말한다. 이에 비해 장기자본이동은 주식, 장기채권, 공공 및 상업차관, 연불금융 등과 같

15) 여기서 말하는 자본은 기계, 설비 같은 자본재가 아니라 국가 간 대부와 차입과 같은 금융거래를 말한다.

은 만기가 1년 이상인 금융상품을 통하여 이루어지는 자본의 이동을 말한다.

한편 자본이동을 행태별 기준에 의하면 국제수지표상의 금융계정에서와 같이 직접투자(direct investment), 포트폴리오투자(portfolio investment), 파생금융상품, 준비자산의 증감, 기타투자로 분류될 수 있다.

가. 직접투자

직접투자란 투자자가 외국기업을 직접 경영할 목적으로 외국기업의 10% 이상의 지분(equity)을 취득하거나 해외에서 새로운 기업을 설립하는 것을 말한다. 이는 주식의 매매를 통하여 이루어지기도 하고, 외국의 공장, 자본재, 토지 등에 대한 실물투자를 통해 이루어지기도 한다.

직접투자는 새롭게 기업을 설립하는 방식으로[16] 이루어지기도 하고, 인수나 합병(Mergers & Acquisitions)에 의해 기존 기업의 기 발행된 주식을 매입하는 방식으로 이루어지기도 한다. 그리고 기존의 직접투자기업에 대한 재투자나 5년 이상의 장기대출도 직접투자에 포함된다.

나. 포트폴리오투자

포트폴리오투자(portfolio investment)는 기업의 경영에 직접 참여함이 없이 이자수익, 자본차익, 배당수익을 얻거나·위험분산 차원에서 외국의 주식,[17] 채권, 상업어음, 양도성 정기예금 등과 같은 해외금융자산을 취득하여 자금을 운용하거나 해외투자자에게 금융자산을 매각하여 해외에서 자금을 조달하는 것을 말한다. 이를 일명 증권투자라고도 하는데, 이는 금융자산의 수익률에 민감하게 반응하며, 단기적으로 운용되는 경우가 많아 수익률의 변동에 따라 급격하고 변덕스럽게 이동하는 특성을 가진다.

---

16) 이러한 형태의 직접투자를 greenfield investment라 부르기도 한다.

17) 특정 기업 주식의 10% 미만을 매입하는 경우가 이에 해당한다.

다. 파생금융상품

파생금융상품(financial derivatives)은 특정 금융상품 또는 실물자산 등의 기초자산을 바탕으로 이자율 위험, 환위험, 주식 및 상품의 가격위험, 신용위험 등의 각종 위험들을 회피하기 위하여 만들어진 금융상품이다. 1990년대 후반 이후 파생금융상품이 레버리지가 크다는 성격으로 인해 본래의 헤징수단으로서보다는 오히려 투기적인 용도로 그 거래가 급격히 늘어남으로써 국제금융시장에서의 불안을 초래하는 주요인이 되고 있다. 파생금융상품에는 수많은 형태가 존재할 수 있으나 실제 거래되고 있는 대표적인 것으로는 선물환(forward exchange), 선물(futures), 옵션(option), 스왑(swap) 등이 있다.

라. 준비자산의 증감

일국의 통화당국이 환율을 안정시키거나 자국의 국제수지불균형을 보전하기 위해 외환시장에 개입하는 과정에서 외환당국이 보유하고 있는 준비자산은 변하게 된다. 준비자산에는 일국의 통화당국이 보유하고 있는 외환보유액, 특별인출권(SDR), IMF 순포지션,[18] 화폐용 금(monetary gold)이 있다. 이 중 각국의 외환보유액은 미국 등 주요국이 발생한 국채와 국제은행예금 등으로 운용되고 있다.

직접투자, 포트폴리오투자, 파생금융상품거래, 은행예금이나 대출 등은 모두 민간부문에 의해 이루어지는 민간자본이동(private capital flow)임에 반해 준비자산의 증감은 공적기관에 의해 이루어지므로 공적자본이동(official capital flow)이다.

라. 기타투자

기타투자는 국제수지표상의 금융계정 중 직접투자, 포트폴리오투자, 파생금융상품, 준비자산 증감에 포함되지 않는 비거주자와 이루어지는 모든 금융거

18) 이는 IMF로부터 일정조건하에 차입할 수 있는 여타 신용대출과는 달리 일국이 필요시 아무런 조건 없이 자유롭게 IMF로부터 인출할 수 있는 자금을 말한다.

래를 포함한다. 이에는 일반정부, 상업은행 그리고 기업들의 장·단기차입과 대출, 무역관련 신용, 현금 및 예금 등의 금융거래가 포함된다. 이 중 국경을 넘어 이루어지는 은행대출(bank loan)은 기업에 대해 이루어지는 대고객 대출과 은행 간에 이루어지는 은행 간 대출로 나누어진다.

(3) 국제 자본이동의 동기

가. 수익률의 차이

국가 간 자본이동은 위험을 고려하지 않을 경우 일반적으로 가장 높은 수익률을 제공할 것으로 기대되는 투자기회를 따라 이동한다. 따라서 국가 간 자본이동은 일반적으로 수익률이 낮은 지역에서 수익률이 높은 지역으로 이동한다. 그러나 국내투자와는 달리 해외투자로 인해 발생하는 기대수익률에는 금융자산 자체의 수익률 외에도 투자기간 동안의 환율의 변화로 인해 발생하는 환차익이나 환차손이 포함된다. 일반적으로 자본이 풍부한 선진국으로부터 자본이 희소한 개도국으로 자본이 이동할 것으로 생각하지만 개도국의 경우 자본이 희소하기는 하지만 인적자본이 부족하고 기술수준이 낮아 자본의 한계생산성이 결코 선진국에 비해 높지 않으며, 투자의 위험도도 선진국보다 높다. 따라서 자본이 반드시 선진국으로부터 개도국으로 이동한다고 할 수 없다.

나. 위험분산

투자자들은 투자 시 주로 금융자산의 수익률을 고려하지만 동시에 투자에 따른 수익률 변동의 정도를 나타내는 위험도 고려한다. 투자자들은 일반적으로 이러한 투자위험을 회피하고자 하는 성향을 갖고 있으며, 이를 위해 다양한 자산에 분산투자를 한다.

투자 시 오직 수익률만을 고려한다면 자본이동의 방향은 수익률이 낮은 지역에서 수익률이 높은 지역으로 일방적(one way)으로 이동할 것이다. 그러나 현실세계에서는 종종 자본이 수익률 차이와는 무관하게 양방향(two way)으로 이동하는 모습을 볼 수 있다. 이와 같은 현상이 발생하는 이유는 오직 자국의 금융자산에만 투자하는 경우에 비하여 자국의 금융자산뿐만 아니라 외국의 금융자산에 병행 투자하는 경우 투자로부터 발생하는 위험을 추가로 감소시킬 수 있기 때문이다. 따라서 각국의 투자자들은 투자위험을 줄이기 위해 외국의 금융자산에 분산투자하게 되는데, 이 과정에서 자본이동이 상호 양방향으로 이루어지는 '교차거래'(cross hauling)가 발생하게 된다.

다. 자본의 이질성

자본이동이 양방향으로 이루어지는 경우는 서로 다른 산업에 특화되어 사용되고 있는 자본의 이질성(heterogeneity)에서 그 원인을 찾을 수 있다.

자본은 특정 산업의 생산기술, 판매기법 등에 밀접하게 결합되어 있어 어느 한 산업에서 쓰이고 있는 자본은 그 산업에 특화되어 있다고 할 수 있다. 서로 다른 산업마다 쓰이고 있는 자본의 수익률은 각각 다를 것이다. 따라서 다른 나라에 비하여 수익률이 높은 산업의 경우에는 해외로부터 자본유입이 이루어질 것이나 수익률이 낮은 산업에서는 해외로의 자본의 유출이 이루어지게 될 것이다. 한 국가 내에서도 서로 다른 산업에 속해 있는 자본은 동질적이지 않고, 서로 이질적이기 때문에 국가 간에 자본이동이 자유롭게 이루어진다 해서 한 국가 내의 각 자본에 대한 수익률이 모두 같아질 수는 없다.

라. 기타

국가 간 자본이동은 앞서 언급된 수익률의 차이나 위험분산 이외의 요인에 의해서도 이루어질 수 있다. 즉 해외직접투자는 높은 수익을 얻거나 위험을 분산하기 위한 목적 이외에도 투자대상국의 무역장벽을 극복하고, 현지기업의 생산기술이나 노하우를 습득하거나, 정보를 수집하고, 현지시장을 개척할 목적 등으로 투자가 이루어지기도 한다. 아울러 국가 간 자본이동은 투자대상국의 자본 및 외환거래에 관련된 제도와 규제 등에 의해서도 영향을 받는다.

(4) 자본이동성의 측정

제2차 세계대전 이후 선진국을 중심으로 국제자본이동에 대한 규제가 점진적으로 철폐 내지 완화되었고, 이로 인해 국가 간 자본이동이 증대되고 또한 각국 금융시장의 통합이 크게 진전되어 왔다고 판단된다. 이하에서는 국가 간 자본이동성의 정도를 정량적으로 측정할 수 있는 방법에 대하여 알아보도록 하자.

가. 자본이동규모를 통한 측정

국가 간의 자본이동은 투자와 차입 혹은 대출의 형태로 이루어지는데, 국가 간의 자본이동 정도를 측정할 수 있는 가장 직접적인 방법은 일정기간 동안 각국의 국내에 유입된 외국자본의 규모와 해외로 유출된 국내자본의 규모를 합한 자본이동의 총규모를 살펴보는 것이라 하겠다. 그러나 자본이동의 규모는 나라의 크기에 따라 그 규모가 커지는 경향이 있으므로 해당 국가의 크기를 고려하지 않고 단순히 절대적인 크기만을 가지고는 해당 국가의 자본이동성의 진정한 크기를 파악할 수 없다. 이러한 관점에서 한 나라의 절대적인 자본이동의 규모를 해당국의 경제규모를 나타내는 GDP로 나누어 상대적인 자본이동의 크기를 구하는 것이 해당 국가의 자본이동성의 정도를 측정하는 보다 합리적인 방법이라 할 수 있을 것이다.

그러나 많은 나라들의 장기간에 걸친 과거의 자본이동 추이를 나타내는 자료를 구하는 것은 현실적으로 매우 어려우므로 이에 대한 대안으로 제시되는 방법이 각국의 경상수지불균형규모를 사용하는 것이다.[19] 그러나 경상수지불균형규모는 자본의 순유출입규모와 관련되어 있지 자본의 총유출입규모를 나타내고 있지 않기 때문에 만약 이러한 자본의 순유출입규모를 가지고 한 나라의 자본이동성의 정도를 측정하게 되면 상당히 진실을 왜곡할 수밖에 없다. 즉

19) 이는 국제수지표의 항등성으로 인해 경상수지의 흑(적)자가 일국의 자본의 순유출(입)을 나타내는 금융수지의 적(흑)자값과 일치한다는 사실에 근거하고 있다.

극단적인 경우 어느 나라에서 국가 간 자본이동이 자유롭게 이루어져 자본의 총유출액과 총유입액의 규모가 모두 크다 할지라도 그 크기가 서로 일치하면 자본의 순유출입규모는 '0'이 되어 그 나라에서는 자본거래가 전혀 이루어지지 않는 것으로 인식될 수도 있다.

나. 금리평가조건을 통한 측정

세계적으로 완벽하게 통합된 상품시장에서 동일한 상품에 대하여 '일물일가의 법칙'(law of one price)이 성립하는 것처럼 완벽하게 통합된 국제금융시장에서도 동일한 금융자산에 대하여 일물일가의 법칙이 성립한다. 즉 동일한 금융상품이라면 국가 간 자본이동이 자유롭게 이루어진다 할 때 모든 국가에서 금융상품의 수익률은 같아진다. 우리는 이러한 경우를 '금리평가'(interest parity)상태라 한다. 금리평가상태는 국가 간에 자본이동이 완벽히 자유롭게 이루어지는 경우에 성립하므로 역으로 각국에서 금리평가조건이 얼마나 잘 충족되고 있는가를 살펴봄으로써 국가 간에 자본이동이 얼마나 자유롭게 이루어지고 있는지를 파악할 수 있다.

$$i-i^*=(f-s)/s$$

위의 식은 금리평가상태를 나타내는 식[20]이며, 이때, i는 국내금융자산의 국내통화표시 수익률, i^*는 외국금융자산의 외화표시 수익률, s는 현물환율, f는 선물환율을 각각 나타낸다. 그리고 $(f-s)/s$는 외국금융자산에 투자했을 때, 투자기간 동안에 발생하는 선물환 할증률(할인율)을 나타내며, 이는 선물환거래를 통해 투자만기 시점에서의 환율을 투자 시점에서 미리 정함으로써 투자기간 동안 확정적으로 얻게 되는 환차익(환차손)을 나타낸다.

국가 간에 자본이동이 자유롭게 이루어지는 경우 동일한 금융자산에 대한

20) 이 식의 도출과정은 그다지 복잡한 것은 아니지만 전공과정의 국제금융론에서 배우게 될 것이므로 본서에서는 생략한다.

수익률은 각국의 금융시장에서 같은 값을 갖게 된다. 국내금융자산에 투자했을 때 예상되는 수익률은 i, 동일한 조건의 외국금융자산에 투자했을 때 예상되는 수익률은 외국금융자산의 수익률 i^*에다 투자기간 동안 발생하는 환차익(환차손) $(f-s)/s$을 더해준 값 $i^*+(f-s)/s$이 된다. 왜냐하면 외국의 금융자산에 투자할 때는 외화로 투자하여야 하므로 외국금융자산에 투자했을 때의 국내화폐로 환산된 예상수익률을 구하기 위해서는 외국금융자산의 수익률에 투자기간 동안에 외국통화를 현물환율 s에 매입하고, 선물환율 f에 매도함으로써 발생하는 환차익 혹은 환차손을 더해 주어야 하기 때문이다. 따라서 국가간에 자본이동이 자유롭게 이루어지면 '커버된 이자차익거래'(covered interest arbitrage)의 결과로서 두 금융자산의 수익률은 같아져 $i=i^*+(f-s)/s$가 된다. 이 식을 변형한 것이 위의 식이다.

다른 관점에서는 금리평가조건이 성립하면 그만큼 국가 간에 자본이동이 자유롭게 이루어진다는 것이고, 그것이 성립하지 않는다면 그만큼 국가 간 자본이동에 제약이 있다는 것이다.

다. 저축과 투자의 상관관계

국내저축과 국내투자의 상관관계를 통해서도 국가 간 자본이동성의 정도를 측정할 수 있다. 국가 간에 자본이동이 완전히 이루어지는 경우에는 국내투자를 위해서 해외저축의 사용이 자유로울 뿐만 아니라 해외투자를 위해서도 국내저축의 사용이 자유로우므로 국내저축이 반드시 국내투자만을 위해 사용되어야 할 필요는 없다. 따라서 국내투자와 국내저축 간의 상관계수는 '0'의 값을 갖는다. 이에 반해 국가 간 자본이동이 전혀 이루어지지 않는 경우 국내투자는 오직 국내저축에 의해서만 이루어져야 하므로 국내저축과 국내투자 간의 상관계수는 '1'의 값을 갖는다. 이러한 사실을 통해 볼 때 국내투자와 국내저축 간의 상관관계가 작을수록 국가 간에 자본이동이 자유롭게 이루어진다고 유추할 수 있을 것이고, 그 값이 클수록 국가 간 자본이동은 자유롭게 이루어지지 않는다고 유추할 수 있다.

(5) 자본이동의 경제적 효과

국제자본이동은 자본의 효율적 배분과 지역 간 자금격차 해소를 통해 자본유입국가의 경제성장을 촉진시키고, 후생을 증대시키는 등 긍정적인 역할을 수행하나 단기적 투기성 자금으로 인한 자본유출입의 변동성증대는 자본유입국의 금융시장에 충격을 주고, 경제안정을 저해하는 요인이 되기도 한다. 이하에서는 국제자본이동에 따른 이득과 그것이 발생시킬 수 있는 문제점들에 대하여 알아보도록 하자.

가. 국가 간 자본이동의 혜택

한 나라에서 자본이동으로 인해 발생하는 경제적인 측면에서의 이득은 다음과 같다.

첫째, 국제자본이동은 국내의 개별 투자자들에게 해외로의 투자기회를 확대해 줌으로써 보다 높은 수익률을 얻을 수 있게 하거나 위험을 분산시킬 수 있는 기회를 제공해 주며, 개별적인 차입자들에게는 국내에서보다 저렴한 비용으로 해외에서 자금을 조달할 수 있는 기회를 제공해 준다.

둘째, 국가 간의 자본이동은 소득변동에도 불구하고 소비를 평활하게(consumption smoothing) 유지하여 주는 역할을 할 수 있다. 불경기 시에는 해외로부터의 차입을 통하여 소득감소로 인한 소비감소를 보전하고, 호경기 시에는 저축을 함으로써 국내에서의 과도한 소비를 조절함으로써 국내경기변동에도 불구하고 국내소비를 비교적 안정적으로 유지하여 줌으로써 국내경기를 안정적으로 유지할 수 있다.

셋째, 일반적으로 국가들마다 경기변동의 주기(business cycle)가 같지 않으므로 국제자본이동은 경기변동에 따른 한 나라의 소득변동 자체의 위험을 분산시켜 소득수준을 안정적으로 유지할 수 있게 해준다. 투자자들은 국내에서의 분산투자를 통하여 위험을 감소시키나 국내에서의 투자만으로 제거할 수 없는 위험이 존재하는데 이는 해외로의 투자를 통하여 추가적으로 위험을 감

소시킬 수 있다.[21)]

넷째, 투자는 한 나라의 1인당 소득수준을 결정하는 가장 중요한 요인이다. 국가 간 자본이동이 이루어지 않는다면 자본축적은 오로지 국내저축에 의해 이루어질 수밖에 없으므로 경제성장은 국내저축에 의하여 제한받는다. 그러나 국제자본이동을 통해 국내저축이 부족하여 투자의 제한을 받고 있는 나라의 경우 저축이 많은 나라들로부터 자금을 공여받음으로써 자본축적과 경제발전을 촉진시킬 수 있다.

다섯째, 자유로운 자본이동으로 인하여 비경쟁적으로 운영되던 국내금융시장에 경쟁이 촉진됨으로써 새로운 금융혁신을 유발하고, 국내금융산업의 발전을 촉진시킴으로써 국민경제의 효율성을 제고시킨다.

나. 국제자본이동의 문제점

① 자본유입의 문제

한 나라에서 자본이동으로 인해 야기되는 문제점으로는 단기 내에 대규모의 자본이 국내로 유입되어 발생하는 부작용을 들 수 있다.[22)]

첫째, 자본유입으로 인해 실질환율이 하락한다. 실질환율이 하락하면 그 나라의 교역재가격이 상승하여 국제경쟁력이 약화됨으로써 경상수지적자가 발생하게 되어 외채가 늘어나고, 경제성장이 저하되는 등 국민경제에 부정적인 영향을 미칠 수 있다.[23)]

둘째, 자본유입으로 자본유입국 은행의 대출여력이 증대되어 해당 국가에 신용공급이 증대된다. 이러한 신용공급의 증대는 다시 해당 국가에서 소비 붐

21) 예를 들어 국제유가가 상승할 경우 산유국들은 경기가 좋아지는 반면, 원유수입국들은 경기침체를 겪게 될 것이다. 이런 경우 원유수입국의 투자자들은 산유국 주식에 투자를 함으로써 유가상승에 따른 소득감소를 보전할 수 있을 것이다.

22) 자본의 급격한 유입으로 발생할 수 있는 부작용을 우리는 '자본유입의 문제'라고 부른다.

23) 이에 해당하는 전형적인 예가 '네덜란드병'(Dutch Disease)이다. 이는 1960년대 초 북해에서 천연가스가 발견되어 네덜란드의 외화수입이 크게 늘어나면서 그 당시 네덜란드 화폐인 길더의 가치가 절상됨으로써 제조업부문의 국제경쟁력이 크게 악화되어 경제위기가 발생한 현상을 말한다.

(boom)을 발생시키고, 인플레이션을 초래하여 일국의 경상수지를 악화시킨다.

셋째, 자본유입이 늘어나 신용이 팽창하면 주가와 부동산가격이 과도하게 상승하여 자산시장에서 거품이 발생하게 되는데, 이러한 자산시장에서의 거품현상은 해당 국가에서의 금융위기를 야기하는 원인이 되기도 한다.

넷째, 앞서 언급한 바와 같은 지속적인 경상수지적자, 이로 인한 외채의 누적, 자산시장에서의 거품은 영구히 지속될 수 없다. 자본유입에 따라 교역조건이 악화되거나 혹은 국제금리의 상승으로 외국인 투자자들의 심리가 반전되면, 해당 국가로의 자본유입이 급히 멈추거나(sudden stop) 오히려 급작스러운 자본유출이 이루어져(sudden reversal) 경우에 따라서는 해당 국가는 외환위기나 외채위기를 겪을 수도 있다.

② 단기자본이동과 국제금융시장의 불안

자유로운 자본이동은 그동안 각국 경제 및 세계경제에 많은 혜택을 주었으나 자본이동이 가져오는 폐해도 여러 가지 형태로 나타나고 있다. 최근에는 헤지펀드 등과 같은 투기성 자본이 국가 간 자본거래를 주도하면서 단기적으로 차익을 취하고, 급속히 다른 지역으로 이동하는 일이 반복적으로 일어나고 있기 때문에 외부적 충격에 취약한 나라의 경우 금융위기 발생가능성이 더욱 높아지고 있으며, 이에 따라 투기적 단기자본에 대하여 통제를 해야 한다는 의견이 제기되고 있다.

단기자본거래 참여자들은 일반적으로 다른 투자자들의 투자패턴을 추종하는 '패거리행태'(herding behavior)를 보이고 있다. 이러한 패거리행태는 투자자들이 가지고 있는 정보가 불완전한 경우에 발생하게 되는데, 이는 국제금융시장에서의 불안정성을 더욱 확대시키는 부작용을 초래한다. 특히 패거리행태는 금융기관들이 비효율적이고, 외채가 많은 개발도상국에 더 큰 피해를 주게 된다. 더욱이 1994년 멕시코 외환위기와 1997년 동아시아 국가들의 외환·금융위기에서 볼 수 있는 바와 같이 투기적 단기자본의 이동이 대규모로 급격히 이루어짐에 따라 국제금융위기가 한 지역에만 국한되지 않고, 다른 지역으로 파급되는 '전염효과'(contagion effect)가 나타나고 있다.

투기적 단기자본이동에 대한 대표적인 규제방안 중 하나가 '토빈세'(Tobin Tax)다. 토빈세란 외환거래에 대해 부과되는 약간의 세금을 말하는데, 이는 장기적인 투자자금에는 큰 부담이 되지 않지만 단기적인 수익을 목적으로 빈번하게 거래가 이루어지는 '핫머니'(hot money)에는 부담이 클 수도 있다. 그러나 토빈세는 한 나라만 단독으로 실시해서는 효과가 없다. 왜냐하면 단기적인 투기업자들은 토빈세를 부과하는 나라를 피하고 토빈세를 부과하지 않는 다른 나라에서 금융거래를 할 수 있기 때문이다. 이와 같이 단기적으로 토빈세의 도입이 실행되기 어렵기 때문에 이에 대한 보완책으로 헤지펀드의 투자내역 공개, 국제적인 감독기구의 설치, IMF와 세계은행의 감독기능 강화 등과 같은 여러 방안들이 그 대안으로 제시되고 있다. 그러나 현재와 같이 단기적으로 투기성 자금이 자유롭게 이동할 수 있는 상황에서는 국제금융시장 불안의 가능성은 상존하고 있다 하겠다.

국제금융시장에서의 신용등급과 조세피난처

국제금융시장에서의 신용등급

국제금융시장에서 발생하는 금융거래나 채권발행에 있어 거래상대방이나 채권발행자의 신용도는 투자자들이 투자여부를 결정하는 데 매우 중요한 요인이다. 그러나 투자자들이 자신이 직접투자할 국가나 채권발행자의 신용도를 파악하는 것은 대단히 어렵다. 이에 투자자들을 대신하여 국제신용평가기관이 투자대상 국가나 기관에 대한 신용도를 평가하여 공표함으로써 투자자들이 이를 근거로 투자를 하게 하여 국제금융거래에 있어서의 불확실성을 제거하고, 국제금융거래의 활성화를 꾀하고 있다.

국제금융시장에서 자금을 조달할 때 조달비용을 결정하는 중요한 요인 중의 하나가 차입자의 신용등급이다.[24] 국제금융시장에서 대출을 받고자 할 때 적용되는 금리는 기준금리에 차입자의 신용도에 따라 상이한 가산금리(spread)가 더해진다. 또한 국제금융시장에서 채권을 발행할 때도 반드시 요구되는 조건 중의 하나가 차입자의 신용등급이고, 차입자의 신용등급에 따라 채권발행비용이 달라진다. 일반적으로 신

24) 차입자의 신용도가 높을수록 가산금리가 낮아 대출이자율은 그만큼 낮아진다.

용평가는 보통 채무자의 파산가능성, 채무의 특성 등에 대한 분석에 기초해 이루어진다.

현재 세계적으로 많은 신용평가기관들이 있는데, 그중 가장 권위 있고, 공신력 있는 신용평가기관은 S&P(Standard & Poor's Corporation), Moody's(Moody's Investors Service), Fitch IBCA이다.

이들 국제신용평가기관들은 각국 정부, 지방 정부, 기업 및 금융기관, 국제기관 등과 같은 신용평가 의뢰기관들로부터 수수료를 받고 대차대조표 등 평가기관이 수집한 각종 자료들을 분석하여 신용등급과 분석결과를 발표하고 있다.

한편 1997년 아시아 외환위기를 겪으면서 이들 국제신용평가기관들이 사전에 충분히 경고를 하지 못하였고, 사후적으로도 신용등급을 너무 급격히 떨어뜨렸다는 비판이 제기되면서 이들 신용평가사에 대해 다음과 같은 문제점들이 제기되고 있다.

첫째, 평가대상자가 신용평가 수수료를 부담하는 현 평가체제하에서 평가대상자는 자신에게 가장 좋은 신용평가를 제공할 가능성이 높은 신용평가사에 평가를 맡길 가능성이 커 구조적으로 신용평가사의 객관적인 평가결과를 기대하기 어렵다.

둘째, 앞서 언급된 세 개의 대표적인 국제신용평가기관에 집중된 평가시장의 과점구조 역시 이들의 신뢰도를 저하시키는 요인이 되고 있다.

셋째, 신용평가사에 대한 느슨한 규제가 신용평가사의 과점화를 부추기고, 그들의 잘못된 평가를 지속적으로 방치하는 요인이 되고 있다.

조세피난처

'조세피난처'(tax haven)란 기업이나 개인이 소득의 전부 또는 일부에 대해 세금을 부과하지 않거나 낮은 세율을 적용하는 국가나 지역을 말한다. 그래서 세금을 절감하려는 글로벌기업들이나 개인들이 조세피난처로 몰린다. 물론 세계의 기업들이 단순히 세금이 없거나 낮은 것만으로 조세피난처에 몰려드는 것은 아니다. 또 다른 요인으로 지적될 수 있는 것이 영업의 비밀주의다. 조세피난처에서는 고객의 금융정보를 외부에 알려주지 않으므로 부자들이나 다국적기업들이 자국의 세무당국의 감시망을 피해 조세피난처에서 자금을 운영함으로써 세금을 절감할 수 있기 때문이다.[25)]

OECD는 조세피난처를 소득세나 법인세를 부과하지 않거나 15% 이하인 국가와 지역으로 규정하고 있다. 이 밖에 조세제도의 투명성, 세금정보 공유, 기업의 실질적인 사업수행여부도 고려한다. 이런 기준에 따라 OECD가 조세피난처로 규정한 곳은 36개국이다.

---

25) 보스턴컨설팅그룹(BCG)에 따르면 조세피난처 등 역외 금융센터에 모인 자금은 2014년 현재 전 세계 약 11조 달러에 달하는 것으로 알려지고 있다.

조세피난처는 구체적으로 '조세천국'(tax paradise), '조세은신처'(tax shelter), '조세휴양지'(tax resort)로 분류하기도 한다. 조세천국은 바하마, 버뮤다, 버진아일랜드와 같이 세금을 아예 부과하지 않는 곳이다. 조세은신처는 외국에서 들여온 소득에 과세하지 않는 지역으로서 홍콩과 파나마 등이 이에 해당한다. 룩셈부르크, 아일랜드 등은 특정 기업이나 사업에 세제상 혜택을 주는 조세휴양지다.

절세, 탈세, 탈루, 불법자금 세탁을 원하는 기업과 개인 등은 법률회사(law firm)의 도움을 받아 조세피난처에서는 사업활동을 하지 않고, 서류상 이름만 존재하는 유령회사(shell company 또는 paper company)를 설립하여 이용한다.

다국적기업들은 최근 전통적인 조세피난처를 겨냥한 규제가 강화되자 조세휴양지에 본사를 옮겨 법인세를 절감하는 방식을 택하고 있다. 법인세가 낮은 벨기에, 룩셈부르크, 네덜란드, 아일랜드 등이 대표적이다.

조세피난처는 1980년대 각국이 무역과 외환거래의 규제를 완화하면서 번성하기 시작했다. 2008년 글로벌 금융위기로 각국이 재정난을 겪음에 따라 조세피난처는 공공의 적이 되고 있다. 각국 정부가 경제위기 극복을 위해 재정지출을 늘리면서 국가부채가 크게 늘어나자 세수를 늘리기 위한 세원을 확보하기 위해 총력을 기울이고 있기 때문이다.

앞으로도 세계적으로 글로벌기업의 조세피난에 대한 규제는 더욱 강화될 전망이다. 2009년에 G20이 기업의 조세피난에 대한 감시를 강화하기로 합의하였고, 그 결과 글로벌기업이 한 나라에서 얻은 이익을 다른 나라로 이전할 때 세금을 물리는 방안(구글세) 등이 제시되었으나 아직 제도적으로 정착되고 있지 않다.

CHAPTER 05

국제금융위기와 외채위기

CHAPTER 05

국제금융위기와 외채위기

제4장에서 살펴본 바와 같이 금융의 세계화는 자본의 국가 간 효율적 배분을 통하여 많은 국가들의 경제발전에 도움을 주고, 세계적으로 지역 간 자금수급의 불균형을 원활히 조정해 주는 긍정적인 역할을 수행하지만, 간혹 불안정한 투기적 단기자본은 금융위기의 원인이 되기도 한다.

국제금융위기는 크게 외환위기, 은행위기, 외채위기로 나누어 볼 수 있다. 외환위기는 일국이 보유하고 있는 외환보유고가 크게 감소하거나 그 나라의 통화가치가 크게 하락하는 경우를 의미하며, 은행위기는 예금인출사태(bank run)가 한꺼번에 발생하여 은행이 예금이나 채권 등과 같은 부채를 제대로 상환하기 어려워지는 사태를 말한다. 외채위기는 채무국이 외채를 제때에 상환하지 못하여 지불을 유예(moratorium)하거나 국가부도(default)가 발생하는 사태를 말한다.

국제금융위기는 경우에 따라서 외환위기, 은행위기, 외채위기의 요소들이 복합적으로 나타날 수 있고, 하나의 위기의 형태에서 다른 위기의 형태로 발전할 수도 있다. 그리고 한 나라의 은행위기나 외환위기는 그 나라 경제에 불안정성을 야기할 뿐만 아니라 다른 나라로 확산되면서 국제금융시스템을 불안정하게 만들기도 한다.

1 외환위기 및 은행위기

(1) 외환위기

일반적으로 외환위기는 만성적인 경상수지적자, 대규모의 자본유출로 인해 외환당국이 보유하고 있는 외환이 부족하여 환율이 급격히 오르거나 외환거래가 중지되거나 제한이 되는 사태를 말한다.[1)]

외환위기의 가장 일반적인 정의는 해당국 통화가치의 절하가 예상될 때, 국내외 투자자들의 투기적 공세 — 외환차익을 실현하기 위하여 외환을 경쟁적으로 투기 매입하거나 해당국 통화를 투기 매도하는 — 로 인해 해당국의 통화가치가 급속히 하락하는 현상[2)]이라 할 수 있다. 이러한 외환위기 시에는 보통 해당국으로부터 해외로의 급격한 자본의 유출이 발생하게 되며, 해당국의 외환보유고는 자국의 통화가치를 방어하기 위해 외환시장개입을 함에 따라 급격히 감소하게 된다. 이 과정에서 외환에 대한 투기적인 공격이 일어나면서 대외지급능력의 문제가 제기되고, 더 나아가 소비 · 투자의 위축과 실업의 증가 등 해당국 실물경제에 심각한 타격을 줄 때 우리는 이를 외환위기라 부른다.

(2) 은행위기

은행위기란 은행 등 금융기관이 보유하고 있는 자산의 가격이 하락하거나 부실화되면서 은행의 부채가 자산보다 많아져 은행이 대규모로 도산하거나 대규모의 도산까지는 가지 않더라도 은행에 대한 신인도 저하로 인해 예금이 급격히 줄어들고, 예금자와 차입자를 연결하는 은행의 금융중개기능이 마비되는 상황을 말한다.

---

1) 외환위기 시 환율이 급등하므로 이를 환율위기라고도 하고, 외환이 부족하다는 점에서 통화위기(currency crisis)라고도 한다.

2) 환율이 어느 정도 상승하는 것을 외환위기로 볼 것인가에 대한 명확한 기준은 없다.

은행위기가 발생하면 가계는 은행에 대한 일부 채권을 회수하지 못하게 되어 저축한 자금의 일부를 상실하게 되며, 새로운 대출이 정지되면서 대출상환이 어려워진 일부 기업들은 파산하고, 또 다른 일부 기업들은 은행으로부터의 차입이 어려워져 투자를 줄이게 된다. 이로 인해 신용경색이 심화되고 시장금리가 급등하며 나아가 기업의 연쇄도산, 주가폭락, 실업증가 등 경제 전반의 어려움을 가져온다. 은행위기의 발생원인은 부동산 거품, 기업이나 가계의 과잉부채, 금융기관의 위험관리실패, 은행산업에의 과도한 집중, 정책실패 등 다양하다. 결과적으로 국내소비와 투자가 위축되어 국내경기가 침체에 빠지게 된다.

(3) 외환위기와 은행위기 간의 관계

은행위기는 외환위기와 함께 발생하는 경우가 자주 있으며, 이와 같이 외환위기와 은행위기가 동시에 나타나는 경우를 '쌍둥이위기'(twin crisis)라 한다.

일반적으로 은행위기는 외환위기에 선행하여 발생하는 경향이 있으며, 외환위기는 다시 은행위기를 악화시킨다. 그리고 은행위기와 외환위기가 동시에 발생할 경우 그 피해는 더욱 심각한 것으로 알려지고 있다.

은행위기가 외환위기에 선행하다는 사실이 은행위기가 외환위기 발생의 직접적인 원인이 된다는 것을 의미하는 것은 아니다. 은행위기는 외환위기를 촉발시키는 부분적인 역할을 할 뿐이다.

은행위기가 외환위기의 발생에 미치는 경로는 다음과 같다. 첫째, 어느 나라에서 은행위기가 발생할 경우 중앙은행이 해당 은행에 대하여 구제금융을 공여함에 따라 통화공급이 과도하게 이루어져 그 나라의 통화가치가 급격히 하락함으로써 외환위기가 발생할 수 있다. 둘째, 은행위기가 발생하여 은행의 신용도가 떨어지고, 수익성이 악화되면 외국인 투자자들의 자본이 유출되고, 아울러 해당 은행은 국제금융시장에서 자금을 조달하기가 어려워진다. 이에 따라 외환시장에서 이 나라의 통화가치는 크게 하락하여 외환위기의 발생가능성은 높아진다.

한편 외환위기가 은행위기를 초래할 수도 있다. 외환위기의 결과 해당국 경제에서는 신용경색(credit crunch)이 발생하여 기업의 부도가 증대되고, 은행의 대출자산이 부실화되어 은행위기가 발생할 수 있다. 더욱이 환율이 급격히 상승함에 따라 국내통화로 표시한 대외부채가 급격히 늘어남으로써 은행의 경영상태는 더욱 악화되어 금융부문에서 지급불능상태가 발생함으로써 외환위기가 은행위기로 전화될 수 있다.

(4) 외환위기의 원인

가. 기초경제여건의 악화

외환위기의 발생은 일반적으로 일국의 기초경제여건이 악화됨으로써 발생한다.

한 나라에서 재정적자, 경상수지적자 및 환율이 서로 일관성 없이 불균형상태가 지속되면 외환위기가 발생할 수 있다. 예를 들어 어느 개발도상국의 재정적자가 과도하여 통화증발을 통해 이를 보전하게 되면 국내물가가 상승한다. 만약 이 나라가 고정환율제도를 채택하고 있다면 국내물가 상승으로 인해 이 나라의 가격경쟁력은 약화되어 수출은 줄어들고, 수입은 늘어남으로써 경상수지는 악화된다. 이에 따라 해외투자자들은 이 나라 외환당국이 과연 환율수준을 일정하게 유지할 수 있는 능력과 의지가 있는가에 대해 의구심을 품게 되고, 이로 인해 이 나라로부터 투자자금을 신속히 회수하면서 이 나라의 외환보유고는 급격히 고갈되고, 통화가치는 급격히 하락함으로써 고정환율제도는 붕괴된다.

요약하면 경상수지 악화, 재정적자, 과도한 통화발행, 저성장, 부족한 외환보유고, 잘못된 정부정책 등 해당국의 기초적인 경제여건이 부실하여 한 나라에서 외환위기가 발생할 수 있다는 것이다.

나. 자기실현적 예상

경우에 따라서는 외화유동성이 부족하지 않은 상태에서도 외환위기를 겪기도 한다. 환율방어를 위해 외환을 매각함으로써 환투기와 외환위기가 발생한다고 보는 대신에 예상되는 정부 경제정책의 변화가 환투기를 가져오면서 외환위기가 발생한다고 본다. 즉 미래 환율의 변화에 대한 시장참여자들의 예상에 따라 외환위기가 발생할 수도 있고, 발생하지 않을 수도 있다는 것인데, 시장참여자들이 ― 특히 환투기자들 ― 앞으로 환율이 오를 것이라 예상하면 해당 통화를 집중적으로 매도함에 따라 실제로 그 나라 통화가치가 급격히 하락함으로써 외환위기가 발생할 수 있다는 것이다.

그렇다면 어떤 경우에는 외환위기가 발생하고, 어떤 경우에는 외환위기가 발생하지 않는가? 환율운용에 관여하는 외환당국이 외환거래자들에게 지금의 환율수준을 지켜낼 수 있는 능력과 의지가 있을 것이라는 믿음을 외환거래자들에게 확고히 줄 경우 그들은 함부로 그 나라 통화를 대상으로 투기적 공격을 하지 않을 것이다. 그러나 그렇지 못한 경우[3] 외환거래자들은 해당 통화에 대한 환투기를 감행할 것이며, 이에 따라 그 나라의 외환보유고는 급격히 줄어들고, 해당 통화의 가치가 절하되면서 결국 외환위기가 발생하게 된다. 즉 외환거래자들이 외환위기가 발생할 것이라고 예상하면 외환위기가 실제 발생하고, 그렇지 않을 것이라고 예상하면 외환위기는 실제 발생하지 않는다는 것이다. 이와 같이 미래에 대한 예상이 실제로 나타내게 만드는 현상을 우리는 '자기실현적 예상'(self-fulfilling expectation)이라고 부른다.

다. 금융공황

은행은 싼 금리로 예금을 받아 높은 금리로 대출을 해줌으로써 예금금리와 대출금리 차이만큼의 수익을 얻는다. 은행의 입장에서 볼 때 예금은 결국은 예

---

3) 환율을 안정시킬 수 있는 기초적인 경제여건과 의지를 갖고 있는 국가일지라도 환투기 공격에 의해 환율을 일정수준 유지하는 비용이 커질 경우 결국 그 나라는 고정환율제도를 포기하게 될 것이다.

금주에게 돌려주어야 할 부채다. 따라서 은행은 언제 있을지 모를 예금주들의 현금인출에 대비해 준비금을 보유하고 있어야 한다. 그러나 일반적으로 예금주들이 은행으로부터 일시에 예금인출을 요구하지는 않으므로 은행들은 수익을 높이기 위해 예금의 일부만을 준비금으로 보유하고, 나머지는 차입자들에게 대출해 준다. 따라서 정상적인 경우에는 은행들이 일부 예금주들의 현금인출 요구에 대응하여 아무런 문제없이 돌려줄 수 있다. 그러나 어떠한 요인에 의해 예금주들이 심리적인 공황상태에 빠져 한꺼번에 예금인출을 요구하게 되면 준비금이 부족해진 은행은 예금주들에게 예금을 돌려주지 못함으로써 지급불능의 위기에 빠지게 된다. 이와 같이 금융공황(financial panic)으로 인해 은행위기가 발생하는 과정을 우리는 외환위기의 발생과정에도 그대로 적용할 수 있다.

어떤 나라의 기업이나 금융기관들이 외국의 금융기관으로부터 외화자금을 차입하였다 하자. 이러한 외화차입금은 상환만기가 분산되어 있을 것이고, 또한 정상적인 상황이라면 '차환'(roll-over)을 통해 그 상환만기가 순조롭게 연장될 것이고, 경우에 따라서는 추가적인 차입도 가능할 것이다. 그런데 채권자들인 외국의 금융기관들을 불안하게 만드는 일련의 사건들이 발생하게 되면 외국의 금융기관들은 국내금융기관들에게 더 이상 대출을 해주려 하지 않을 것이고, 만기가 도래한 자금은 즉시 회수하려 할 것이다. 이에 따라 일시에 자금상환이 몰리면서 이 나라의 외환보유고는 급격히 줄어들게 될 것이다. 더욱이 외환부족으로 국내기업이나 국내금융기관들도 대외적으로 상환불능상태에 처할 것에 대비하여 외환을 서로 먼저 확보하려는 과정에서 외환보유고는 더욱 빠른 시간 내에 급속히 줄어들게 될 것이며, 이로 인해 외환위기가 발생하게 될 것이다.

라. 도덕적 해이

외환위기를 초래하는 '도덕적 해이'(moral hazard)현상은 어느 특정한 경제주체에서만 발견되는 것이 아니고, 여러 경제주체들에게서 광범위하게 발견되는 복합적인 현상이다.

정부의 암묵적인 지급보증을 기대하고 기업들은 수익성 없는 부문에 과도하게 투자하고, 국내금융기관들은 이러한 기업들의 사업이 부실화되더라도 '대마불사'(too big to fail) 차원에서 결국은 정부가 해결해 줄 것이라는 믿음하에 이러한 투자들에 대해 심사를 제대로 하지 않고 대출해 준다. 이 모두 국내기업들과 국내금융기관들의 도덕적 해이로 인해 발생하는 현상이라 하겠다. 외국금융기관들 역시 국내기업이나 국내금융기관들에게 대출을 해준 것은 궁극적으로 해당국 정부가 대출자금의 상환을 보증해 줄 것이라는 믿음하에 심사를 제대로 하지 않고 이루어졌다. 그러나 이러한 믿음은 해당국 정부의 암묵적 지급보증이 유효하다고 생각할 수 있을 때까지만 가능한데, 이러한 믿음이 깨질 때 외국금융기관들의 추가 대출은 이루어지지 않을 뿐만 아니라 나아가 자금회수가 급격히 이루어짐으로써 외환위기가 발생하게 된다는 것이다.

앞서 언급된 금융공황으로 인해 외환위기가 발생하는 경우와 도덕적 해이로 인해 외환위기가 발생하는 경우 간에는 중요한 차이점이 있다. 전자의 경우는 채무자가 차입금을 상환할 능력에 문제가 있어서 외환위기가 발생하는 것이 아니고, 채권자의 심리적 공황에 의해 유발된 일시적인 유동성 부족으로 인해 발생한 것인 데 반해, 후자의 경우는 외환위기가 단순히 유동성이 부족해서 발생하는 것이 아니고, 채무자의 상환능력이 기본적으로 부족하여 지급이 불가능(insolvency)한 가운데 발생하는 것이다.

(5) 외환위기 시에 나타나는 특이한 현상

가. 패거리행동

패거리행동(herding behavior)이란 개인적으로 정보가 부족할 때 보다 많은 정보를 가지고 있다고 판단되는 자기가 속한 집단의 행동을 모방하는 행위를 말한다.

다른 투자자들이 높은 수익을 쫓아 투자대상국에 계속 투자를 하면 그들도 따라서 계속 투자를 하다가 다른 투자자들이 동 지역으로부터 자금을 회수하기 시작하면 이를 동 지역에 대한 좋지 않은 징후로 간주하고, 이들을 따라 투자자금을 회수하게 된다. 이 과정에서 외환시장은 때때로 과도하게 변화하는 비정상적인 움직임을 보이는 경우가 생긴다. 이와 같이 자산시장에서 나타나는 패거리행동은 다음과 같은 두 가지 원인에 의하여 발생한다고 볼 수 있다. 첫째, 투자자들 간의 정보비대칭으로 인해 패거리행동이 발생한다고 본다. 즉 정보가 부족한 투자자들이 풍부한 정보를 가지고 있는 투자자들을 모방하면서 이러한 패거리행동이 발생한다는 것이다. 둘째, 내부적 투자자 · 대리인문제에 의해 패거리행동이 발생한다고 본다. 투자자 · 대리인들이 다른 투자자 · 대리인들과의 비교를 통해 보수가 결정되는 한 비록 개인적으로는 시장과 다른 정보를 가지고 있다 하더라도 다른 투자자 · 대리인들과 같이 행동할 유인이 강해[4] 패거리행동이 나타날 수 있다는 것이다.

나. 위기의 전염

한 국가에서 발생한 외환위기가 다른 국가로 전파되어 그 지역에서 외환위기가 발생하는 현상을 외환위기의 '전염효과'(contagion effect)라 한다. 1997년 7월 태국에서 시발된 외환위기, 2008년 미국에서 발생한 글로벌 금융위기 모두 한 지역에서 발생한 외환위기가 인근지역 혹은 전 세계로 확대된 전형적인 전염효과의 대표적인 사례라 할 수 있다.

외환위기의 전염효과가 발생하는 경로는 다음의 두 가지를 생각해 볼 수 있다. 첫째, 외환위기의 시초 발생국과 피 전염국들은 무역과 직접투자와 같은 실물경제적인 측면에서 서로 밀접하게 연결되어 있다는 점이다. 외환위기가 발생한 국가의 화폐가치가 크게 떨어져 이 나라의 수출경쟁력은 크게 개선되지만 상대방 국가의 경우 경상수지가 악화되고, 그로 인해 결국은 상대방 국가

4) 다른 투자자들을 따라한 이들의 투자결정이 혹시 잘못되었을지라도 다른 투자자들도 역시 실패를 보았으므로 이들이 평균 정도의 실적을 낸 것으로 이해되어 그들의 평판에는 큰 흠이 되지 않겠지만 만약 투자자들이 나름대로의 독자적인 판단에 의해 투자하여 실패를 보게 되면 그들의 평판에는 치명적인 흠이 될 것이다.

의 화폐가치도 절하될 것으로 예상됨에 따라 상대방 국가 통화에 대한 투기적 매도 공격이 이루어지게 되고, 결국은 상대방 국가에서도 그 나라의 통화가치가 급격히 하락하는 외환위기가 발생하게 된다는 것이다.

둘째, 투자자들이 일부 국가들을 동일한 집단으로 인식하여 이들 국가들을 똑같이 취급할 경우 이들 국가들 간에 외환위기가 전염되는 효과가 나타날 수 있다는 것이다. 즉 어떤 한 이유로 어느 한 나라의 대외신인도가 급격히 하락하여 환투기자들이 이 나라 통화에 대하여 투기적 매도 공격을 하고, 그리고 이 나라로부터 자본유출이 급격히 이루어짐으로써 외환위기를 겪게 되는데, 환투기자들은 이 나라와 비슷한 국가로 취급되고 있는 또 다른 국가의 통화에 대해서도 투기적 매도 공격을 가함으로써 이 나라에서도 외환위기가 발생하게 되는 현상이 발생한다는 것이다.

2 국제금융위기의 실제사례

본 절에서는 1997년에 동아시아 국가들이 겪었던 외환위기, 2008년 미국에서 시발되어 전 세계로 파급된 글로벌 금융위기, 2010년 유럽의 일부 국가들이 겪고 있는 재정위기에 대하여 살펴보도록 하자.

(1) 동아시아 외환위기

동아시아 외환위기는 1997년 7월 2일 태국의 바트화가 폭락하면서 시작되었다. 이는 이웃나라인 인도네시아, 말레이시아, 필리핀으로 전파되었고, 그해 10월에는 우리나라에까지 파급되었다.

동아시아 외환위기의 근본적인 이유는 역설적이지만 그동안의 아시아 국가들의 눈부신 경제적 성과에 기인한다 할 수 있다. 그동안 동아시아 국가들은 높은 저축률, 강한 노동규율, 높은 교육수준, 높은 자본투자, 건전한 거시경제정책, 수출주도형 성장전략 등으로 인해 높은 성장률과 양호한 부의 분배를 이끌어 왔다.

1990년대 들어서 이들 국가들은 취약한 금융제도를 가지고 있음에도 불구하고, 금융규제나 국내은행제도를 제대로 정비하지 않고, 국내자본시장을 개방하고, 금융시스템을 자유화함으로써 선진국들보다 높은 이자를 제공하는 이들 지역으로 외국으로부터 민간자본이 많이 유입되었다. 이에 따라 이들 국가들은 큰 폭의 경상수지적자를 시현하였음에도 불구하고 거대한 자본유입으로 인하여 자국의 통화가치가 과대평가되었다. 그리고 은행, 정부, 기업 간의 유착관계로 인하여 이들 국가들에 유입된 자금은 효율적으로 배분되거나 적절히 사용되지 않았다. 또한 금융당국에 의해 금융기관들은 제대로 통제되지 않았고 감독도 제대로 이루어지지 않았다.

한편 이들 국가들의 정부정책 역시 이들의 위기에 한 몫을 하였다. 아시아 국가들은 그들 통화의 가치를 달러화에 연동시켰는데, 1995년 이후 달러의 가치가 오름에 따라 달러화에 연동된 아시아 국가들의 통화도 고평가되었으며, 이에 따라 이들 국가들의 기업들과 금융기관들은 이러한 환율의 움직임이 지속될 것으로 기대하고, 과도하게 해외로부터 차입을 하였다. 더욱이 1994년 중국위안화가 40% 평가절하되고, 일본엔화의 가치도 평가절하됨에 따라 아시아 국가들의 통화가 위안화와 엔화에 대해 고평가됨으로써 동아시아 국가들이 경쟁력을 상실하게 되어 커다란 경상수지적자[5]가 발생하였고, 이로써 그동안 잠재해 있던 이들 국가들의 경제적 취약성이 드러남에 따라 외환위기가 발생하게 되었다.

동아시아 외환위기의 시발은 고평가된 태국의 바트화에 대한 투기적 매도로부터 발생[6]하였고, 이것이 아시아 국가들 간의 무역의 연계를 통해 그리고 각국의 금융시장들 간의 연계[7]를 통하여 인근 아시아 국가들로 급속히 전염

5) 1997년 들어 일본이 경기침체에 빠져 이들 지역에 대한 일본의 수입수요가 크게 줄어든 것도 이들 국가들의 경상수지적자 발생에 한 몫을 하였다.

6) 태국바트화의 평가절하로 다른 나라들의 수출경쟁력이 하락하면서 이들 국가들도 불가피하게 자국통화를 평가절하할 수밖에 없었다.

되었다.

우리나라의 경우도 1997년 동남아시아에 외환위기가 발생하자 국내외적으로 원화를 매도하고, 달러를 매입하는 환투기가 발생하고, 외국 금융기관들이 우리나라 금융기관들에게 공여한 단기대출에 대한 상환연장(roll over)을 해주지 않음에 따라 결국은 1997년 12월 IMF로부터 구제금융을 받게 되었다.

(2) 글로벌 금융위기

글로벌 금융위기는 2007년 중반 미국에서 시작되어 2008년 하반기에 전 세계로 확산된 금융위기이며, 미국의 주택담보부대출(mortgage)시장에서 주택가격 하락으로 인해 발생한 서브프라임 모기지(sub-prime mortgage)[8]의 부실화가 직접적인 원인으로 작용하였다.

2001년 미국의 IT 버블 붕괴로 인해 미국 국내경기가 침체됨에 따라 미국의 연방준비제도이사회(FRB : Federal Reserve Board)는 자국의 경기를 활성화시키기 위하여 상당기간 동안 저금리 기조를 유지하였고, 주요 선진국들이 이에 동조함에 따라 전 세계적으로 국제금융시장에 유동성이 과도하게 공급되었다. 저금리로 인해 자금이 풍부해진 미국의 모기지회사들은 부동산시장 호황 속에서 서로 경쟁적으로 부동산관련 대출을 늘려 나갔다. 지속적인 부동산가격 상승으로 인해 사람들은 주택에 대한 투자가 높은 수익률을 실현시켜 줄 것이라고 기대하였고, 또한 은행들도 지속적인 주택가격의 상승으로 부실위험이 없을 것이라고 믿고, 신용이 낮은 사람들에게도 대출을 확대하였다.

이처럼 신용도가 대단히 낮은 사람들에게까지 대출이 확대되었을 뿐만 아니라 이들에 대한 대출채권을 기초로 미국의 투자은행들은 주택담보대출채권(MBS : Mortage-Backed Securities)을 비롯한 다양한 파생금융상품을 엄청나게

7) 태국에서 자본회수의 어려움을 겪은 투자자들이 인도네시아, 말레이시아 같은 다른 나라에서도 대출한 자본을 회수하면서 동 위기가 이들 국가들로 전염되었다.

8) 서브프라임 모기지대출은 신용이 가장 낮은 사람들을 상대로 집값의 거의 100%수준으로 대출을 해주는 대신 높은 금리를 적용하는 대출프로그램이다.

발행하여 이를 세계의 상업은행, 투자은행, 보험회사 등에 판매하였고, 그 판매대금을 다시 주택담보대출자금으로 활용해 주택에 대한 수요가 더욱 크게 늘어나게 되었다. 이에 따라 주택시장에서는 크게 가격 거품이 일어나게 되었다.

한편 미국경제가 회복세에 들어섬에 따라 미국의 연방준비이사회는 정책금리를 인상하게 되었고, 이로 인해 2006년 하반기 이후 미국의 주택경기가 점차 둔화되고, 모기지관련 대출금리가 상승하면서 주택에 대한 수요가 줄어들면서 주택시장에서의 거품이 꺼지게 되었다. 이에 따라 서브프라임 모기지대출을 받은 사람들이 차입금을 상환하지 못하게 되었고, 이로 인해 서브프라임 모기지의 연체율이 크게 증가하면서 결국 2007년 4월에는 미국 2위의 서브프라임 모기지회사인 '뉴센츄리파이낸셜'사가 부도처리되었다. 그리고 주택담보대출채권을 비롯한 각종 주택관련 파생금융상품의 가치가 급락하고 부실화됨으로써 이들에 대규모로 투자하였던 선진국 금융기관들이 커다란 손실을 보게 되었다. 이로 인해 금융기관들의 도산이 연쇄적으로 발생하면서 국제금융시장에서의 불안정성이 크게 고조되었고, 금융기관들이 기업이나 소비자들에게 공여했던 대출을 회수하고, 중지함에 따라 불경기가 발생하였고, 투자심리가 크게 위축됨에 따라 주식시장에서 주가도 폭락하였다. 더욱이 2008년 9월 미국 4대 투자은행의 하나인 '리만브라더스'사가 파산보호를 신청하면서 미국의 금융위기는 최고조에 달하게 되었다. 이러한 미국금융시장의 불안이 미국의 부동산관련 각종 파생금융상품에 투자한 서구 유럽 국가들을 비롯한 전 세계로 확산됨으로써 미국의 주택담보부시장에서 시발된 금융위기가 글로벌 금융위기로 확산되었다.

(3) 유로존의 재정위기

글로벌 금융위기는 EU 국가들에게도 커다란 영향을 미쳐 그로 인해 EU 국가들의 경기가 침체되고, 부동산시장 역시 침체되어 많은 금융기관들의 대출이 부실화되었고, 신용경색으로 실물경제도 상당히 침체되었다.

이는 EU 각국의 재정수지를 크게 악화시켰는데, 왜냐하면 금융위기를 극복하기 위한 부실은행에 대한 자금지원 및 경기부양책으로 인해 EU 국가들의 재정지출은 크게 확대된 반면, 경기침체로 인해 세수는 크게 감소하였기 때문이다. 이에 시장에서는 EU 국가들의 재정적자를 우려하게 되었으며, 특히 그리스, 포르투갈, 스페인, 이탈리아, 아일랜드[9]의 재정적자와 과도한 정부부채에 주목하게 되었다. 이 와중에 2009년 12월에 들어선 그리스의 새 정부가 그동안 그리스의 재정적자와 정부부채가 과소계상되었다고 밝히면서 이러한 사실이 도화선이 되어 시장에서의 신뢰가 하락하면서 그리스는 재정위기에 빠지게 되었고, 이에 그리스는 2010년, EU 정부 및 IMF로부터 구제금융을 받게 되었다. 그리스에서 시작된 유로존의 재정위기는 이어 재정상태가 취약한 포르투갈 및 아일랜드로 파급되었고, 결국 아일랜드는 2010년 11월, 포르투갈은 2011년 4월, IMF와 EU 정부로부터 각각 구제금융을 받게 되었다.

그러나 이러한 구제금융에도 불구하고 그리스의 재정적자는 줄어들기는커녕 오히려 더욱 확대되면서 그리스의 채무불이행의 위기감은 더욱 확대되었다. 국제신용평가기관에서 재정이 취약한 이탈리아와 스페인에 대해서도 국가신용등급을 낮춤에 따라 이들 국가들의 국채금리도 폭등해 이들 국가들이 자금조달의 어려움을 겪게 됨으로써 결국 스페인도 2012년 6월 구제금융을 신청하게 되었다.

한편 이탈리아와 스페인의 경제가 붕괴되면 유로존 전체가 붕괴될 수 있다는 우려가 확산되고, 아울러 이들 국가들에 대한 투자규모가 컸던 프랑스, 독일 등 유로존 핵심국 은행들의 손실이 크게 증대되면서 EU 주변국에서 시작된 유로존 위기는 유로존 전체로 확산되었다. 이후 유럽경제는 재정수지 악화를 극복하기 위한 재정긴축 및 금융시장 불안으로 인한 신용경색 등으로 EU 국가들의 소비 및 투자심리가 급격히 냉각되면서 본격적인 침체 국면에 빠져들게

9) 이들 국가들의 영문 명칭의 앞자리를 조합해서 이들 국가들을 일명 'PIIGS' 국가라 부르기도 한다.

되었다.

유럽구제금융의 근본적인 문제는 구제금융기금의 주요 원천이 외부에 있는 것이 아니라 다음과 같이 내부에 있다는 것이다.

자기보험의 형태로 독일, 프랑스, 네덜란드 등 재정여력이 있는 국가들로부터 재원이 갹출되었기 때문에 유럽 전체로 보면 이들 국가들이 재정위기국의 부채를 고스란히 떠안고 있는 것이다. 즉 한 국가의 부채탕감은 결국은 다른 유럽국가의 부채증가를 의미한다. 또한 단일통화인 유로화로 묶여 있어 독자적으로 자국통화를 사용하던 통화통합 이전에서와 같이 자국통화의 평가절하를 통한 조정을 기대할 수 없다. 이로 인해 재정위기국가들은 불가피하게 임금삭감이라든가 긴축정책을 받아들일 수밖에 없어 재정위기국들이 겪는 고통은 대단히 클 수밖에 없었다. 그리고 또 하나의 문제는 유로지역 국가들 간에는 통화통합만 이루어졌지 재정통합이 이루어지지 않아 EU에는 유럽중앙은행(ECB)만 존재할 뿐 회원국들의 재정을 통합적으로 집행할 중앙정부가 없어 역내국들의 재정문제를 효과적으로 해결할 수 없다는 점이다.

3 외채위기

(1) 개요

외채란 외국은행으로부터 융자, 정부차입, 민간차입 등 한 나라의 거주자가 비거주자에 대해 지고 있는 부채를 말한다. 일반적으로 외채는 무역수지적자가 발생하거나, 가계나 기업들이 그들이 버는 것보다 더 많이 지출할 때, 그리고 정부가 조세수입보다 더 많은 지출을 할 때 발생하게 된다. 외채위기(debt crisis)는 문자 그대로 채무국이 외채를 약속한 기한 내에 채권자에게 제대로 갚지 못함으로써 국가가 파산위기에 처해지는 상황을 말한다.

개별 기업이나 금융기관이 외국에서 빌려온 자금을 제대로 갚지 못한다면 이는 사적인 문제라 하겠으나 정부가 외국의 민간상업은행, 외국의 정부, IMF, IBRD와 같은 국제금융기구로부터 빌려온 자금, 혹은 정부의 보증하에 국내민간기업이나 금융기관이 빌려온 외화자금을 제대로 갚지 못하는 상황을 우리는 '외채위기'라 한다. 외채위기는 채무국의 대외신용을 추락시켜 금융위기를 더욱 악화시키며, 이들에게 대출해 준 채권금융기관들은 회수불가능 여신의 증대로 연쇄적인 파산 또는 부도위기를 맞을 수 있다.

외채위기가 '지불유예'(moratorium)[10] 이상의 단계로까지 악화되면 그 나라의 상품 수출입거래는 오직 현금으로만 이루어지게 될 것이고, 외환이 부족한 상태에서 해당국의 필수적인 수입품의 공급이 중단되는 비상사태가 나타날 수 있다. 또한 외채위기가 수습된 뒤에도 해당국의 신용도가 회복될 때까지 상당기간 동안 국제금융시장에서 자금을 차입할 수 없는 상황이 발생하게 된다.

(2) 개도국들의 외채문제

국내저축이 부족한 개도국들은 경제발전을 위해 부득이하게 해외에서 자본을 차입하게 된다. 개도국이 이렇게 조달한 자금을 효율적으로 활용하여 경제발전을 이루고, 채무를 상환할 수 있을 만큼의 충분한 수익을 올릴 수 있다면 이들 나라들이 외채를 상환하지 못하는 문제는 결코 발생하지 않을 것이다. 그러나 모든 개도국들에서 외채가 이렇게 효율적으로만 사용되는 것은 아니다. 오히려 외채가 비효율적으로 사용되는 경우 외채의 상환이 제대로 이루어지지 않아 차입금은 계속 쌓이게 됨으로써 개도국들은 결국 외채상환문제에 직면하게 된다.

개도국들의 과도한 외채상환부담은 이들의 부채가 상당부분 채무상환에 사용됨으로써 국내투자를 억제하여 경제발전을 저해하게 되어 결국은 이들이 외

10) 이는 한 국가에서 전쟁, 경제공황, 천재지변 등과 같은 긴급사태로 외국에서 빌려온 차관에 대해 일시적으로 상환을 연기하는 것을 말한다. 이에 비해 '채무불이행'(default)은 국가의 자금이 없어 채무를 상환하지 못하는 경우를 말한다.

채를 상환할 수 있는 자금을 확보하기 어렵게 만든다. 더욱이 개도국들의 채무 불이행에 대한 위기감으로 인해 채무상환이 제대로 이루어지지 않으면 이들이 외부로부터 자금을 차입하기가 더욱 어려워지고, 설령 외부에서 차입을 한다 하더라도 차입조건이 더욱 악화됨으로써 원금보다 오히려 부담해야 하는 이자 비용이 더욱 커져[11] 외채부담이 더욱 늘어남으로써 결국 이들은 부채가 부채를 부르는 '부채의 덫'(debt trap)에 빠지게 된다.

이렇듯 개도국들의 외채부담이 과도해지면 채권자들은 채권회수를 못할 것을 우려한 나머지 갑자기 이들 국가들에 대한 대출을 중지하여 이들 국가에서 금융경색이 일어나게 되고, 나아가 채권자들이 원금을 회수하는 과정에서 채무자가 상환을 하지 못하게 되면서 외채위기가 발생하게 된다. 또한 개도국들의 과도한 채무는 개도국들 정부가 경제개혁을 착수하려는 의욕을 크게 떨어뜨린다. 따라서 과도한 빚을 지고 있는 개도국들은 빈곤의 함정에 빠져 들어 결코 채무상환을 못할 뿐만 아니라 새로운 외국자본을 끌어들이지도 못하고 성장을 재개할 수 있는 고통스러운 개혁을 수행하고자 하는 유인 또한 상실하게 된다. 이로 인해 외채가 많은 제3세계 경제는 결국은 만성적인 외채위기상태에 빠지게 된다.

이러한 개도국들의 외채상환문제는 세계경제질서를 불안정하게 만드는 요인이 되었다. 왜냐하면 채권국은행들의 막대한 부실채권의 발생으로 인해 선진국들도 어려움을 겪게 되었고, 개도국들의 외채위기에 따른 환율불안정에 대한 우려로 인해 세계교역과 투자는 크게 위축될 수밖에 없었고, 또한 이러한 부정적인 영향이 서로 밀접하게 연계되어 있는 세계경제 전체로 파급되었기 때문이다.

11) 채권자는 위험 프리미엄과 연체이자율까지 부과하여 오히려 원금보다 이자율이 더 커지게 된다.

(3) 외채위기의 원인

그동안 개도국들의 막대한 채무는 그들의 내적인 혹은 외적인 요인들에 의하여 누적되어 왔다. 내적으로는 권위주의적 정권의 체제 유지를 위한 과도한 지출을 메우기 위해 해외로부터 자금을 도입하는 과정에서 누적되었고, 일부 국가들의 경우에는 그나마 한정된 자금이 몇몇 독재자들의 축재나 과도한 지출로 인해 생산적인 용도로 사용되지 못하고, 낭비되거나 비효율적인 국유기업에 배분되는 등 효율적으로 활용되지 못하여 외채를 상환할 수 있는 능력을 가질 만큼의 충분한 수익을 내지 못하였고, 결국 이것이 이들 국가들의 경제성장을 저해하는 요인이 되었다.

한편 외적인 측면에서도 1970년대 1, 2차 오일쇼크로 인한 세계적인 경기침체, 1980년대 미국의 고금리정책 등으로 개도국들의 외채상환부담이 가중되어 만성적인 경상수지적자가 발생하였고, 이로 인해 외채가 크게 누적됨으로써 개도국들은 심각한 외채상환문제에 직면하게 되었다.

외채위기의 해결방식은 경우에 따라 다르겠지만 대체로 다음과 같은 세 가지 방식으로 이루어진다. 첫째, '채무재조정'(debt rescheduling)이다. 채무재조정이란 채무의 만기를 연장하여 매기별 채무상환부담액을 줄여주거나 이자 또는 원리금의 상환을 연기시켜 주는 것을 말한다. 둘째, '채무탕감'이다. 이는 채무원금의 일부를 면제하여 상환액을 대폭 줄여 주거나 또는 이자율을 대폭 인하해 주어 채무상환을 크게 줄여 주는 것을 말한다. 셋째, 채무국의 외채상환능력을 제고시키기 위한 경제개혁에 관련된 제반조치들을 집행하는 것을 말한다.

(4) 외채상환지표

한 나라의 대외채무의 심각성의 정도를 평가하는 데 있어서는 해당 국가가 그 채무를 갚을 능력과 의지가 있는가를 알 수 있어야 한다. 왜냐하면 외채위기는 채무국들이 채무에 대해 이자와 원금을 갚을 정도의 충분한 외환을 가지고 있지 못할 때 발생하기 때문이다.

한 나라의 외채의 상환능력을 평가하는 대표적인 지표로서는 원리금상환부담률(debt service ratio)이 있다. 이는 대외거래에서 벌어들인 경상외환수입(상품수출액+서비스수출액) 중에서 외채원리금 상환부담액이 차지하는 비율을 말한다. 이 값이 작으면 작을수록 채무변제의 어려움에 직면하게 될 가능성은 그만큼 적다는 것이다. 또한 어떤 국가의 외채의 상환이 가능한지는 외채의 절대적인 규모가 아니라 소득에 대한 외채의 상대적 크기에 의해 결정되므로 부채/GDP를 외채상환지표로 사용하기도 한다.

직관적으로 판단하건대 부채의 규모가 클수록, 이자율이 높을수록, 성장률이 낮을수록,[12] 그리고 무역수지적자가 발생할수록 그 나라의 채무불이행의 발생가능성은 그만큼 높다고 할 수 있다. 그러나 이는 국가에 따라 그리고 경제상황에 따라 다르다. 즉 어떤 국가는 이 비율이 낮은 경우에도 외환위기가 발생하고, 어떤 국가는 이 비율이 높은 경우에도 발생하지 않을 수 있다. 일반적으로는 선진국보다 개도국에서 이 비율은 낮아야 할 것이다.

개도국은 선진국과 달리 외채상환능력이 부족한 것이 일반적인데, 그 이유는 개도국의 경우 경제시스템, 금융시장 등 제도적 측면이나 정치적 지배구조가 선진국에 비해 상대적으로 취약하고 부정부패가 심하기 때문이다.

외채위기는 그 강도와 그것을 해결하기 위해 필요한 조치가 상이할 수 있다. 외채문제가 일시적인 경우는 그 문제는 유동성문제라 하겠으며, 이러한 경우 그 나라는 지급을 연장하거나 채권자가 받아들일 수 있는 조건으로 나중에 지불하거나 만기가 되었을 때 새롭게 융자를 얻어 그것을 갚을 수도 있다. 그러나 외채문제가 지속가능하지 않을 때는 해당국은 지급불능에 직면하게 되는데, 이러한 경우에는 채권자가 채무자에게 원금 혹은 이자를 경감해 줄 때만이 궁극적으로 이러한 문제를 해결할 수 있다.

12) 외채가 증가하더라도 해당국의 경제성장률이 높으면 채무상환이 가능하고, 이에 따라 채무불이행은 발생하지 않는다.

일반적으로 개도국의 외채위기는 유동성문제로부터 시작하여 결국은 지급불능의 문제로 변하게 된다.

(5) 중남미 국가들의 외채위기

1980년대 초의 중남미 국가들의 외채위기는 첫째, 그 당시 인플레이션을 억제하기 위한 미국의 금리인상으로 채무국들의 이자부담이 크게 증대되었다. 둘째, 1, 2차 오일쇼크로 세계경기가 침체됨에 따라 중남미 국가들의 수출이 크게 감소하고, 원유가격의 인상으로 원유수입결제대금이 증대되면서 이들 국가들의 외채가 급격히 늘어나게 되었고, 이로 인해 이들 국가들은 외국으로부터의 추가적인 차입 없이는 부채상환이 불가능하게 되었다.[13]

1982년 8월 멕시코 정부가 외채상환의 중단을 발표하면서 멕시코의 채무불이행사태는 국제적으로 큰 파장을 일으켰으며, 이 위기는 무서운 속도로 중남미 국가들에게 번져 상당수의 중남미 국가들이 채무불이행사태를 경험하게 되었다.

1982년의 멕시코 외채위기는 그 당시 국제금융체제의 큰 도전이었다. 그때까지도 대부분의 국가들이 은행으로부터 소규모로 차입을 해왔기에 멕시코에서와 같은 외채위기는 드물었다. 그러나 그 당시 멕시코의 외채규모는 850억 달러를 상회하였고, 이는 미국의 대규모 상업은행으로부터 차입한 것이었다. 따라서 멕시코 외채위기로 인해 미국의 상업은행들은 파산위기에 몰리게 되었고, 이로써 선진국 금융기관 전체가 부실화될 수 있는 위험에 처하게 되었으며, 이에 따라 선진국들은 이러한 저개발국가의 채무위기를 국제금융체제를 위협할 수 있는 요인으로 인식하였다. 즉 채무국의 부도는 국제은행제도에 대한 신뢰의 붕괴, 은행들의 신용경색 및 파산, 국제금융시장의 붕괴, 최악의 경

13) 1970년대 1, 2차 오일쇼크로 인해 원유가격이 급등함으로써 석유수출국들의 수출수입이 급격히 늘어나게 되었고, 이들 국가들은 이 자금을 선진국의 상업은행에 예치하였고, 이들 은행들은 이 자금을 다시 중남미 국가들에게 대출해 주었으며, 이로써 중남미 국가들의 채무는 급속히 늘어나게 되었다.

우에는 세계적인 불경기 혹은 공황을 발생시킬 수 있다고 보았다.

이와 같이 개도국의 외채위기는 주요 선진국의 금융기관들에 대한 심각한 위협을 초래하였으며, 만약 선진국 은행들이 대출을 중단할 시 이들 국가들의 채무불이행을 야기해 선진국 금융기관 전체가 부실화될 수도 있었다. 이에 선진국 은행들은 할 수 없이 중남미 국가들에 대한 채무상환을 연기해 주고, 새로운 차관을 공여해 주었다. 그러나 궁극적으로 이들 국가들의 채무상환능력은 제고되지 않았으며, 이에 선진국 금융기관들의 자발적인 협조에만 의존하기보다는 국제적인 협조가 필요하다는 인식이 확산되었다. 이에 따라 1985년 그 당시 미국의 재무부 장관이었던 베이커의 주도하에 '베이커플랜'(Baker Plan)이 제시되었다.

이 계획은 채무탕감 없이 은행에 의한 새로운 대출공여, 국제적인 공적차관의 제공을 통하여 금융기관에 의한 구제금융의 효율성을 제고하는 데 초점을 맞추었다. 이에 따르면 국제금융기구가 새로운 자금지원과 함께 개도국의 성장을 촉진하는 방향으로 개도국의 개혁을 촉구해야 하며, 민간채권금융기관도 외채위기국들에 대하여 채무를 재조정해 주고(rescheduling) 신규로 자금을 지원하도록 하였다. 그러나 베이커플랜은 개도국 외채문제를 구조적인 문제로 인식하지 않고, 단순한 유동성부족의 문제로 인식함으로써 근본적으로 이들의 외채문제를 제대로 해결하지 못하였다. 이에 따라 1989년 3월 그 당시 미국의 재무부 장관이었던 브래디가 새로운 외채해결방안을 제시하였다. 이는 베이커플랜과 기본적으로 같은 정책기조에 외채탕감(debt reduction)의 요소를 더한 것으로 민간채권은행 외에도 IMF, 세계은행이 채무국들에게 IMF 구조조정프로그램을 성실히 이행하는 조건으로 외채경감을 위한 공적차관을 제공하는 것이었다.

'브래디플랜'(Brady Plan)하에서 채무국은 기존의 상업은행채무를 보다 낮은 액면가격의 채권 — 이를 일명 '브래디채권'라고 한다 — 으로 전환하여 채무의 부담을 줄일 수 있었고, 채권은행도 상환이 불확실한 그들의 채권이 비록 액면금액은 줄어들었지만 상환이 보장된 채권으로 교환되었다. 이로써 중남미 국가들의 외채가 30년만기 장기채로 전환되어 상환됨으로써 중남미 국가들은 디폴트의 위기로부터 벗어날 수 있었다.

그러나 이들 국가들이 오랜 기간 높은 수준의 채무를 상환하느라 이들 국가들의 경제는 쉽게 회복되지 않았다. 개도국들의 기존의 경제구조가 기업가정신을 질식시키고, 수출잠재력을 제한하고 이로써 경제성장을 억제함에 따라 이를 극복하기 위해서 새롭게 제시된 처방이 구조조정이었다. 이러한 구조조정은 정부의 역할을 줄이고, 시장의 역할을 제고시킴으로써 채무국의 경제구조를 새롭게 바꾸고자 하였다. 이 과정에서 추진된 개혁은 네 개의 부문에서의 시장자유화였다. 즉 무역자유화, 외국인직접투자의 자유화, 국영기업의 민영화, 경쟁을 촉진하기 위한 규제의 철폐가 그것이었다.

(6) 외채과다 빈곤국을 위한 외채경감계획

외채과다 빈곤국(HIPC : Heavily Indebted Poor Countries Initiative) 외채경감계획은 1996년 IBRD와 IMF가 빈곤 국가들의 채무부담을 줄여주기 위해 선진 7개국이 합의하여 만든 제도로서 외채가 과다한 최빈국들에게 외채의 경감과 면제(debt relief & cancellation)을 공식적으로 인정해 주는 주요 국제계획이다.

HIPC 외채경감계획협상을 할 수 있는 최소한의 자격조건은 첫째, 그 나라의 부채수준이 지속가능하지 않아야 한다.[14] 둘째, 세계은행이나 IMF로부터 무이자로 장기간 자금을 공여받을 수 있을 정도로 충분히 가난하여야 한다. 셋째, 세계은행이나 IMF에서 지원하는 원조프로그램을 충실히 이행함으로써 그 효과를 보았던 사실을 입증할 수 있어야 한다.

일단 HIPC 외채경감계획안의 일부로 받아들여지면 이들 국가들은 채무의 일부를 감면받는다. 또한 HIPC 외채경감계획을 마치면 해당 국가들은 감당할

14) 어느 정도의 채무수준이 그 나라에 지속가능하지 않은지에 대한 기준이 되는 수치로는 그 나라의 채무수준이 수출 대비 150% 이상 혹은 정부수입 대비 250% 이상인 경우다.

수 있는 수준으로 채무를 감면받는다.

그러나 HIPC 외채경감계획은 그 기간이 너무 오래 걸리고, 채무의 면제수준이 미미하고, 채무가 부분적으로만 면제된다는 한계점을 갖고 있다. 이러한 관점에서 HIPC 외채경감계획은 외채과다 빈곤국들의 채무부담을 관리하는 데 있어 중요한 조치이기는 하지만 결코 효과적이지 못한 것으로 평가되고 있다. 이로써 비판론자들은 동 계획이 외채과다 빈곤국들의 채무부담을 충분히 해결해 줄 수 있다고 보고 있지 않으며, 따라서 이를 해결하기 위해서는 궁극적으로 그들의 채무를 100% 탕감해 주어야 한다고 주장하고 있다.[15)]

파리클럽(Paris Club)

외채위기 해결을 위한 국제적인 접촉 창구로는 '파리클럽'과 '런던클럽'의 두 가지가 있는데, 파리클럽은 1956년 아르헨티나 채무위기 당시 아르헨티나가 해외채무조정을 다자간 협정으로 변경해 달라고 요청한 것을 수용하면서 출범한 국제협의체로서 공공채무의 재조정을 협의하는 창구다. 그 당시 회의가 프랑스 파리에서 열렸다고 해서 파리클럽이라고 명명하였다. 파리클럽은 미국, 일본, 영국, 독일, 프랑스, 스위스 등 전 세계 20개 선진국들의 비공식 국제기구로[16)] 외채상환이 어려운 상태에 놓여 있는 채무국과 채권국이 한 자리에 모여 채무기한 연장 및 여타 다른 제도적 장치를 통하여 채무불이행 방지를 추구하고 있다.

파리클럽은 국제기구는 아니지만 국가가 공여하거나 지급보증한 중장기채권을 조정하고, 채무국 경제상황 등 정보를 회원국 간에 상호 교환하는 '국제채권단'이라 할 수 있다. 외환위기 및 금융위기가 발생할 때마다 해당 국가를 부도처리할 것인지, 살

15) 이렇듯 HIPC 외채경감계획이 채권국, 채무국 모두의 기대에 미치지 못하여 1999년 다수의 선진국이 참가하여 '퀼른 채무이니셔티브'(CDI : Cologne Debt Initiative)를 채택하였는데, 이는 보다 신속하고 확대된, 그리고 심도 있는 채무경감조치의 도입을 목적으로 하고 있다. CDI는 HIPC 국가의 수를 확대하고, 이 국가들을 위한 채무재조정과 채무경감의 가속화를 목표로 하였다. CDI와 더불어 채무경감을 위한 밀레니엄트러스트펀드가 설립되었는데, 민간부문의 개인과 기관들이 채무경감 노력을 지원하기 위해 이 펀드에 기부를 할 수 있도록 하였다. CDI는 채무경감조치에서 성과를 보이긴 했지만 수많은 개발도상국들은 채무상환문제로 여전히 큰 어려움을 겪고 있다.

16) IMF, World Bank, UNCTAD, OECD는 옵서버로 참가하고 있다.

려 줄 것인지의 여부가 파리클럽회의를 통해 판가름 난다.[17] 의장은 프랑스의 재무부 차관이 맡고 있다.

파리클럽은 출범 이후 지난 60년간 신규 가입국은 러시아(1997), 이스라엘(2014)의 단 두 나라에 불과하였으나 최근 한국, 중국 같은 아시아 신흥국들이 주요 채권국으로 부상하면서 이들 국가에 대해 가입을 권유하고 있으며, 우리나라는 2016년 7월 1일, 21번째 회원국으로 파리클럽에 가입하였다.

한편 1976년에 출발한 '런던클럽'은 민간이 제공한 채무의 재조정을 협의하기 위한 모임이다.

17) 채무국 정부가 IMF와 세계은행이 제시하는 안정화 그리고 구조조정프로그램을 수용하고자 하는 의지에 달려있다.

CHAPTER 06

다국적기업과 글로벌경영

1. 다국적기업의 의의
2. 다국적기업의 글로벌 경영
3. 다국적기업의 경제적 효과
4. 다국적기업과 외국인직접투자

다국적기업과 글로벌경영

다국적기업은 많은 나라에서 재화 혹은 서비스를 생산하거나 판매하는 기업이다. 이들의 규모는 대단히 크고, 경영활동이 세계적으로 이루어지고 있으며, 모기업에 의해 그 활동이 통제된다는 특성을 갖고 있다.

1980년대 이후 다국적기업이 세계경제에서 차지하는 역할과 비중이 크게 증대되고 있다. 특히 최근 제2차 세계화 시기에 활발하게 전개되고 있는 다국적기업들의 활동은 과거 제1차 세계화 시기에는 찾아보기 어려운 특징적인 현상이라 할 수 있다.

1 다국적기업의 의의

(1) 다국적기업의 개요

유엔에 따르면 2008년 현재 전 세계 다국적기업의 수는 82,000개 이상, 810,000개의 자회사를 소유하고 있으며, 7,700만 명을 고용하고 있다. 다국적기업의 생산, 무역, 투자에 있어서의 역할이 크게 증대되어 세계생산의 1/4, 세계무역의 1/3을 차지하고 있다.

다국적기업은 각 해외자회사의 연구개발, 생산, 마케팅 등의 활동에 있어 개별 국가의 이질성을 고려하여 현지 실정에 맞는 기업 운영을 한다. 그리고 본사는 독자적으로 운영되고 있는 해외자회사들을 범세계적 차원에서 조정하고 통합하는 역할을 수행한다.

다국적기업을 업종별로 보면 제조업부문이 가장 많으며, 석유산업 및 금융업이 그 다음이고, 그 외에 광업이나 농업 등에 종사하고 있는 다국적기업들도 적지 않다. 제조업 중에서도 특히 자동차, 의약품, 전자제품, 가공식품 등의 업종에서 다국적기업들은 규모의 경제, 탁월한 기술력, 뛰어난 마케팅능력 등을 배경으로 상대적으로 강력한 위치를 점하고 있다.

그동안 다국적기업들의 활동은 주로 선진국들 간에 이루어지는 것이 일반적이었으나 최근 이들의 활동영역이 개발도상국으로도 확대해 가고 있으며, 특히 중국을 비롯한 일부 신흥국가들의 경우 고도성장을 배경으로 이들 나라들의 국적을 갖고 있는 다국적기업들의 세계무대로의 진출이 활발히 이루어지고 있다.

(2) 다국적기업의 정의

다국적기업은 자국 외에 적어도 다른 한 국가에서 재화 혹은 서비스를 생산하거나 통제하는 법인조직이다.

다국적기업은 제2차 세계대전 이후 급격히 늘어나고 있지만 아직까지도 용어가 통일이 되지 않아 '세계기업', '국제기업', '다국적기업', 초국적기업(TNC : Transnational Corporation)[1] 등으로 다양하게 사용되고 있다.

다국적기업에 대한 정의도 다국적기업을 보는 학자들의 관점에 따라 다양하게 제시되고 있는데, 이들에 따르면 일반적으로 다국적기업은 구조적 기준, 경영성과, 행태적 특성 등에 의해 정의되고 있다.

우선 구조적 기준에 따르면 특정 기업이 해외활동을 전개하고 있는 국가의 수, 주주 또는 최고경영층의 국적 및 세계경영활동을 반영한 조직구조를 중심으로 다국적기업의 정의를 내린다.

1) 유엔은 초국적기업이라는 용어를 사용하고 있는데, 이는 말 그대로 국적이 없는 거대한 기업을 말한다. 이에 비해 다국적기업의 경우에는 본사가 위치하고 있는 나라의 국적을 가지는 것으로 이해된다.

경영성과척도의 기준에 따르면 해외에서의 매출액이나 이익이 얼마나 되며, 이것이 기업 전체에서 차지하는 비중이 어느 정도인가 하는 영업성과 측면에서의 국제화 정도를 중심으로 다국적기업의 정의를 내린다.

그리고 행태적 특성에 의한 기준에 따르면 최고경영층의 경영철학 및 사고방식, 의사결정 등이 범 세계지향적인가의 여부를 기준으로 다국적기업을 정의한다.

앞서 언급된 어떠한 기준을 선택하여 다국적기업을 정의한다 하더라도 다국적기업이 가지고 있는 다양하고 복잡한 특성 때문에 다국적기업의 실체를 한마디로 정의하기는 어렵다. 그러나 다국적기업에 대한 다양한 정의를 종합적으로 고려해 볼 때, 다국적기업은 "해외 여러 나라에 자회사를 두고 재화와 서비스를 생산하고 판매하는 활동을 영위하며, 이들 활동이 본사가 정한 전체적인 기업목표에 의하여 일률적으로 통제되고 관리되는 거대한 기업"이라 할 수 있을 것이다.

(3) 다국적기업의 특성

가. 방대한 규모와 높은 기술력 보유

다국적기업의 가장 큰 특징은 그들의 기업규모가 거대하다는 것이다. 세계에서 가장 큰 매출규모를 자랑하는 미국의 월마트(Wal-Mart)의 한 해 매출액은 2019년 7월 현재 5,140억 달러로 이는 웬만한 국가의 GDP규모보다 크다.

다국적기업들은 일반적으로 규모의 경제를 실현하고, 거대한 규모의 연구개발(R&D) 투자를 수행하고, 세계시장에서의 치열한 경쟁에서 살아남기 위해 M&A를 적극적으로 시도함으로써 그 규모가 거대해지고 있다. 또한 다국적기업은 높은 기술력을 가지고 있다. 기술력이 한 기업의 경쟁력을 좌우하는 시대에 있어서 높은 기술력은 투자대상국기업에 대한 다국적기업의 중요한 경쟁우위의 원천이 된다. 이러한 기술력에 바탕을 둔 경쟁우위는 다국적기업이 투자대상국에 진출할 때 치러야 하는 '외국비용'(cost of foreignness)[2)]의 불리함을 극복해 주는 핵심적인 역할을 한다.

나. 글로벌 가치사슬 수행

세계 여러 나라에 걸쳐 해외생산거점을 구축하고 있는 다국적기업은 국민경제지향적인 가치사슬을 지닌 현지기업과는 달리 글로벌한 가치사슬(global value chain)을 가진다. 이들은 범세계적 차원에서 가장 값싸게 제품을 만들 수 있는 곳에서 생산을 하고, 가장 값싸게 차입할 수 있는 곳에서 자금을 조달하며, 세금을 가장 적게 낼 수 있는 곳으로 소득을 이전시키며, 가장 큰 수익을 얻을 수 있는 곳으로 자금을 이동시킨다.

다. 피라미드형 조직구조

범세계적인 경영활동을 하는 다국적기업은 경영의 중앙통제성을 효율적으로 확보하고 유지하기 위한 조직과 시스템을 만들고, 이를 위한 전략들을 수행하기 위하여 계층화된 조직을 형성한다.

전 세계를 상대로 경영활동을 하는 다국적기업은 세계 여러 지역을 대상으로 세 단계의 계층적인 피라미드형 조직구조를 갖는다. 다국적기업의 제일 상층부에는 본사의 전략본부가 위치하고, 중간에는 지역본부가, 가장 밑에는 단순 생산거점이 자리 잡는다. 이에 따라 국경을 초월한 상품, 자본, 기술, 정보, 인력의 이동과 경영의사의 결정 · 전달 · 집행이 이러한 다국적기업 내부의 피라미드조직 내에서 이루어진다.

라. 초국적성

다국적기업이 국내기업과 구별되는 중요한 차이는 국경을 넘어서는 경영활동을 한다는 점이고, 국제적으로 기업활동을 하는 비다국적기업과 구별되는

2) 이는 외국에서 기업을 운영할 때 투자기업이 직면하게 되는 언어, 제도, 법률, 문화 등의 차이와 같은 기업환경의 차이, 투자대상국시장에 대한 정보와 지식의 부족, 본사와 시간적 · 공간적으로 격리되는 데서 비롯되는 비효율성 등을 말한다.

차이 역시 그들의 국제화 및 글로벌화단계가 높다는 점이다. 이렇듯 다국적기업의 활동이 보다 글로벌화됨으로써 이들 기업들의 국적을 구별하기가 더욱 어려워지고 있다.

초국적성이란 다국적기업의 국적과 그들이 만들어 내는 상품의 국적을 구별하기가 힘들어진다는 것을 의미한다. 이러한 특성 때문에 다국적기업은 일정 시점에 가장 낮은 비용으로 경영활동을 수행할 수 있는 곳에 최적의 생산기지를 만들려고 하지만 시간이 흐르면서 현지국의 임금인상, 기타 여건의 변화 등으로 해당 지역이 더 이상 최적의 생산기지가 되지 못할 경우 미련 없이 보다 여건이 보다 좋은 다른 지역으로 생산기지를 이동한다.

마. 귀속의 이중성

다국적기업의 자회사는 투자대상국 영토 내에서 경영활동을 하므로 영토적으로는 투자대상국에 귀속되지만 경영통제를 하는 모기업에 대해서는 소유적인 측면에서 귀속되어 모기업의 기업목표와 경영전략에 종속된다. 따라서 다국적기업의 자회사는 현지국의 경영여건의 제약을 받으면서 동시에 모기업의 통제를 받아야 하므로 이들 양자의 제약의 틀 내에서 가능한 최대한의 합의점을 찾아내어 자신들의 이해가 극대화될 수 있도록 노력한다.

2 다국적기업의 글로벌경영

(1) 글로벌전략

'글로벌전략'이란 세계적 차원에서의 이윤극대화라는 다국적기업의 목표 하에 모기업과 세계에 흩어져 있는 현지기업들 간에 유기적으로 네트워크를 구축하여, 그들 간의 분업을 수행하고, 이를 조정하고, 통합하는 전략이라 할 수 있다.

다국적기업의 분업전략이란 '부가가치사슬'(value-added chain)의 각 단계에서 전 세계를 대상으로 최적의 입지를 추구하는 전략을 말한다. 그리고 조정 및 통합전략이란 자회사들 간의 이러한 분업활동을 모기업 차원에서 조정하고 통합하는 것이다. 다시 말하면 자회사들은 각각 독립적으로 사업활동을 수행하지만 이는 궁극적으로 모기업의 기획과 통제라는 큰 틀 안에서 이루어진다.

글로벌전략의 결과 다국적기업은 무엇보다도 경영활동의 다양한 측면에서 효율성을 제고시킬 수 있다. 즉 세계 각지에서 가장 효율적으로 생산요소를 활용함으로써 생산비용을 절감할 수 있고, 각 생산단계를 한 곳에서 집중적으로 수행함으로써 규모의 경제를 실현할 수 있으며, 대량구매를 통하여 원재료를 저렴하게 구매할 수 있으며, 그리고 세계시장을 대상으로 소수의 제품을 대규모로 생산함으로써 제품의 품질향상을 이루어 낼 수 있다. 또한 그들 제품에 대하여 세계적으로 인지도를 높임으로써 그들의 무형의 브랜드가치를 증대시키는 효과를 기대할 수 있다.

다국적기업의 글로벌전략이 확대 · 심화되어 온 데에는 몇 가지 이유가 있는데, 무엇보다도 가장 주요한 요인으로 정보통신기술의 발전을 들 수 있다. 이를 통해 멀리 떨어져 있는 모기업, 자회사들 간의 분업 · 조정 및 통합이 원활하게 이루어졌음은 너무도 자명한 일이다. 또 하나의 중요한 요인으로 들 수 있는 것이 세계적으로 소비자들의 수요가 수렴되는 현상이다. 이는 각국 소비자들의 수요 패턴이 세계적으로 유사해지는 현상을 의미하는데, 만일 소비자들의 수요 패턴이 국가들마다 차이가 크다면 소수의 글로벌제품을 만드는 다국적기업의 글로벌전략은 성공하기 어려울 것이다.[3] 마지막으로 국가 간 교역장벽이 완화되어 전 세계적으로 경쟁이 격화되고 있는 것도 다국적기업의 글로벌전략이 확대되고 있는 배경으로 지적될 수 있을 것이다.

3) 이러한 소비자 수요의 수렴현상이 나타나는 이유는 또한 정보통신기술의 발전, 해외여행의 확대 등으로 국가 간에 상품에 대한 정보의 교류가 확대되고, 아울러 국가들 간에 소득수준의 차이가 줄어들고 있기 때문이다.

(2) 현지화전략

현지화전략(localization)은 다국적기업의 또 하나의 중요한 경영전략이다. 현지화란 해외투자기업이 현지사회, 현지시장 및 현지기업과의 조화를 통해 현지국과 공존·공생의 관계로 발전해 나가는 것이라 할 수 있다. 보다 구체적으로는 해외자회사가 생산, 판매, 고용, 원자재 및 부품조달, 마케팅, 금융, 연구개발 등 주요 활동을 현지에서 수행함으로써 현지국의 기업으로 정착하는 것이라 할 수 있다.

다국적기업의 현지화전략은 현지국과의 관계에서 발생할 수 있는 마찰을 피하고, 현지국과 원활한 관계를 유지하기 위해서뿐만 아니라 다국적기업의 효율성을 제고한다는 측면에서도 필수적이다.

연구개발활동은 모기업에서 집중적으로 수행하는 것이 일반적이지만, 현지국의 요구에 보다 신속하고 적절하게 대응하기 위해서는 현지국에서도 부분적으로 연구개발활동을 수행하는 것이 효율적일 수도 있다. 그리고 자회사의 고위직을 모두 모기업에서 파견하는 것도 바람직한 전략은 아니며, 오히려 현지시장에 정통한 현지인재를 적극적으로 활용하는 것이 보다 효율적일 수 있다.

최근 세계화(globalization)와 현지화(localization)가 결합된 용어라 할 수 있는 '글로컬라이제이션'(glocalization)이라는 용어가 많이 사용되고 있는데, 이는 다국적기업들이 경영활동을 성공적으로 수행하기 위해서는 글로벌전략(globalization)과 현지화전략(localization)을 적절하게 결합해야 한다는 것을 의미하는 것이라 하겠다.

(3) 전략적 제휴

다국적기업의 또 하나의 중요한 경영전략은 전략적 제휴(strategic alliance)라 할 수 있다. "전략적 제휴란 두 개 이상의 기업이 법적으로나 경제적으로 독립을 유지하면서 자신들의 경쟁우위를 바탕으로 일정기간 동안 전략적인 차원에서 상호 협력관계를 형성하여 제3의 다른 기업에 대하여 경쟁우위를 확보하려는 경영전략"이라 할 수 있다. 즉 이는 기업들이 서로 합병을 하는 식으로 경영의 독립성을 상실하는 것이 아니고, 각기 독립적인 상태에서 각 기업이 가지고 있는 장점을 서로 결합하여 경쟁력을 함께 키워나가는 전략이라 할 수 있다.

오늘날 대부분의 선진국 경쟁기업들 간의 협력의 형태로서 이러한 전략적 제휴가 선호되고 있다. 왜냐하면 이는 기업들이 불확실한 환경하에서 위험부담이 큰 의사결정을 최종적으로 내리기 전에 여러 대안들의 타당성을 파악할 수 있는 시간적 여유를 갖게 해주며, 자원을 동원하고 선택하는 측면에서 유연성을 가질 수 있게 해줌으로써 해당 기업들이 빠른 기업환경 변화에 신속하고, 효과적으로 대응할 수 있게 해주기 때문이다.

전략적 제휴는 기술개발, 조달, 생산, 마케팅, 디자인, 엔지니어링, 유통 등의 다양하고 광범위한 분야에서 이루어지고 있는데, 무엇보다도 주요한 전략적 제휴의 형태는 기술개발의 측면에서 서로 협력하는 기술제휴라 할 수 있다. 예컨대 기술을 함께 개발한다든지, 각자가 가지고 있는 기술을 서로 교환한다든지 하는 것이다. 특히 기술제휴는 최근 첨단기술산업에서 활발히 이루어지고 있는데, 그 이유는 신제품에 필요한 기술의 경우 기술이 대형화되고 복잡해져 대규모의 투자가 필요하지만, 신제품의 경쟁적 출현으로 제품의 수명주기는 단축됨으로써 기술개발의 성공에 대한 불확실성과 위험이 증대되기 때문이다. 이러한 상황에서 글로벌기업들은 서로 경쟁하면서도 또 다른 한편으로는 서로 협력하는 관계를 만들어 가고 있는 것이다.

물론 다른 기업과의 제휴를 통해 경쟁우위를 확보하려는 전략적 제휴가 성공하기 위해서는 무엇보다도 참여하는 기업들 모두가 이러한 협력관계를 통해 모두가 이익을 얻을 수 있어야 할 것이다.

3 다국적기업의 경제적 효과

다국적기업은 해외직접투자를 통해 여러 국가에 생산 및 판매회사를 설립하여 사업활동을 한다. 이러한 다국적기업의 활동은 자국 및 투자대상국에 대하여 여러 가지 측면에서 긍정적인 효과와 부정적인 효과를 발생시킨다.

(1) 현지 투자대상국 경제에 미치는 효과

가. 긍정적 효과

① 경제성장효과

경제성장은 물적 · 인적자본의 투입을 늘림으로써 이루어지는데, 이러한 물적 · 인적자본의 축적을 위해서는 국내저축이 필요하다. 다국적기업은 풍부한 자금력을 이용하여 국내저축이 부족한 국가에 자본을 제공해 줌으로써 현지국의 경제성장에 기여한다. 아울러 다국적기업은 자본 외에도 기술, 경영관리능력 등과 같은 생산요소를 현지국에 제공함으로써 현지국의 경제성장을 촉진시킨다.

② 고용증대효과

다국적기업의 투자는 현지국의 고용을 증대시키는 효과를 갖는다. 이러한 고용창출효과에는 직접적인 고용창출효과와 간접적인 고용창출효과로 나누어 볼 수 있다. 직접적 고용창출효과는 현지자회사의 설립을 통해 현지인력을 고용함으로써 발생한다. 간접적 고용창출효과는 간접적인 경로를 통하여 고용이 창출되는 효과를 말하는데, 이는 전방연관효과와 후방연관효과로 나누어진다. 전방연관효과는 외국인 투자기업에 부품, 중간재, 원자재 등을 납품하는 현지기업에서 고용이 창출되는 효과를 말하며, 후방연관효과는 외국인 투자기업이 생산한 제품을 유통 · 판매하는 데 관련된 현지기업에서 고용이 창출되는 효과를 말한다.

한편 다국적기업과 경쟁관계나 대체관계에 있는 현지 토종기업의 경우에는 이와는 반대로 고용이 감소될 수도 있으며, 다국적기업과의 경쟁을 위해 현지 토종기업들이 공장자동화나 생산합리화 등을 추진할 경우에는 오히려 고용이 감소할 수도 있다.

③ 기술이전효과

다국적기업은 일반적으로 우수한 기술력, 생산 측면에서의 노하우(know-how)나 우수한 경영기술을 가지고 있다. 따라서 이들이 현지국에 진출할 때 상당한 기술이전효과를 기대할 수 있다.

다국적기업에 의해 현지기업에 전수되는 기술이전은 두 단계를 통해 이루어지는데, 첫 번째 단계의 기술이전은 모기업에서 현지자회사로의 기술이전, 즉 기업 내 기술이전이고, 두 번째 단계의 기술이전은 현지자회사에 이전된 기술이 현지국의 경제 및 산업에 흡수되는 과정으로 이를 '기술확산'(diffusion of technology)이라고 한다. 현지국 입장에서 볼 때 다국적기업에 의한 기술이전에서 무엇보다 중요한 것은 이러한 기술확산이라 할 것이다.

④ 안정적인 외자도입

다국적기업은 외국인직접투자의 형태로 현지국에 진출한다. 외국인직접투자는 자금을 차입하는 것이 아니므로 외국에서 원리금의 상환부담 없이 자본을 안정적으로 조달할 수 있는 방법이다. 더욱이 자본차익거래나 수익률의 변동에 따라 수시로 유출입이 이루어지는 포트폴리오투자와는 달리 외국인직접투자는 경기변동에 영향을 받지 않고, 장기적인 관점에서 현지 투자대상국에 투자되어 변동성이 적다는 점에서 외국의 자본을 안정적으로 도입할 수 있는 효과적인 방법이라 할 수 있다.

⑤ 경쟁촉진효과

다국적기업의 진출로 현지기업들은 국내시장에서 보다 치열한 경쟁에 직면하게 되므로 그들의 경쟁력을 제고시키기 위하여 많은 노력을 하게 될 것이다. 특히 현지시장이 소수의 현지기업에 의해 지배되고 있는 독과점상태에 있는 경우에는 이러한 외국인직접투자의 유입이 현지시장에서의 경쟁을 촉진하는 데 커다란 효과를 발휘할 수 있다. 그러나 다국적기업의 현지자회사가 효율적인 생산과 경영을 함으로써 현지국의 토종기업이 퇴출당하거나 혹은 현지자회사에 의하여 M&A를 당한다면 현지시장에서의 경쟁은 오히려 억제되고, 해당 산업에서의 독과점화현상이 강화될 수도 있다.

⑥ 조세수입효과

다국적기업은 현지국 정부에 관세, 법인세, 그리고 투자수익에 대한 세금을 납부함으로써 현지국 조세수입의 증대에 기여한다.

⑦ 국제수지개선효과

다국적기업으로부터 자본을 도입함으로써 현지국의 자본수지가 개선되고, 다국적기업의 글로벌한 판매망을 이용하여 현지국의 수출이 늘어남으로써 경상수지가 개선된다. 그리고 다국적기업의 현지생산을 통하여 현지국의 수입을 대체할 때 현지국의 국제수지가 개선될 수 있다.

나. 부정적 효과

① 현지국 경제의 종속

다국적기업의 해외직접투자활동이 현지국의 산업구조를 왜곡시키고, 현지국의 유치산업을 축출함으로써 현지국의 토종기업들이 자생적으로 성장할 수 있는 기반을 붕괴시킬 수도 있다. 나아가 다국적기업이 현지 투자대상기업에 납품하던 투입물을 생산하는 기존의 기업들로부터 투입물을 구매하지 않고, 글로벌 네트워크를 이용하여 다른 나라의 자회사로부터 구매하는 경우 현지국

경제가 다국적기업에 종속될 수도 있다. 이와 같은 다국적기업에 대한 경제적 종속은 선진국보다는 개발도상국에게 더욱 심각한 위협이 되곤 한다. 왜냐하면 경제력이 취약한 개발도상국의 경우 다국적기업이 특정 산업을 과도하게 지배하게 되면 자연히 경제적으로 다국적기업에 종속될 가능성이 높아지기 때문이다. 이에 따라 경우에 따라서는 다국적기업이 현지국에서 공장을 철수할 시 대규모 실업이 발생하고, 심각한 경기침체가 이루어질 수 있다.

② 현지국 주권의 침해

많은 현지국 정부들은 다국적기업들에 의해 자국의 경제적 독립성이 일정 부분 상실될 수 있는 위험에 대해 우려한다. 따라서 다국적기업이 소재해 있는 현지국 정부들은 다국적기업의 제반 활동에 대해 때로는 간섭하거나 통제하려 하므로 다국적기업과 현지국 정부 간에는 근본적으로 갈등이 발생할 소지가 많다. 이에 대해 다국적기업은 때때로 본국 정부에 요청해 현지국 정부에 압력을 가하여 현지국의 정치주권을 침해하기도 하고, 일부 다국적기업들은 영업활동이나 납세, 그리고 '로열티'의 본국 송금 등에 있어서 현지국 정부의 독립적인 주권에 정면으로 도전하는 탈법적인 행동을 하기도 한다.

③ 국제수지악화

다국적기업이 투자한 현지자회사가 부품이나 원자재를 해외로부터 수입·조달하거나 투자수익을 해외로 송금하거나 로열티(royalty)를 지급하고, 본사나 다른 나라의 자회사로의 자본유출이 이루어지는 경우 현지국의 국제수지는 오히려 악화될 수도 있다.

④ 현지국 실정에 적합하지 않은 기술의 개발

다국적기업이 갖고 있는 독점적 우위의 궁극적인 원천은 기술적 우위다. 다국적기업이 가지고 있는 핵심적인 기술을 현지국에 이전할 경우 다국적기업의 특유의 기술적 우위가 사라져 현지기업에 대한 다국적기업의 경쟁력이 상실될 수도 있으므로 다국적기업이 투자대상국에 핵심기술을 전수할 가능성은 그만큼 적어진다. 따라서 다국적기업은 현지국에 대한 기술이전을 제한하거나 그들에 의한 연구개발이 모회사가 속한 국가를 중심으로 이루어져 현지국 실정에 적합한 연구개발은 등한시하고, 중앙집중적인 방식으로 개발된 기술만을 이전함으로써 궁극적으로 현지국의 연구개발능력을 저하시킬 수 있다.

⑤ 이전가격(transfer price)의 조작

다국적기업은 기업 내부거래에서의 거래가격을 인위적으로 조작, 정상가격보다 높거나 낮게 정하여 현지국의 관세수입이나 조세수입을 포탈하기도 한다. 즉 다국적기업의 다른 나라의 자회사로부터의 원자재는 정상가격보다 비싸게 사들이고, 현지국에 소재하는 자회사에 수출할 때는 정상가격보다 싸게 수출하여 의도적으로 현지자회사의 이윤을 낮추어 조세를 절감함으로써 현지국에 피해를 줄 수 있다. 아울러 다국적기업은 기업 간의 내부가격조정을 통하여 특허사용료, 상표권, 기술계약 등에 따른 로열티를 높게 책정하여 현지국의 세금을 회피하면서 실질적인 투자수익을 인위적으로 조작하기도 한다.

⑥ 투자대상국 경제정책의 효율성을 저해

다국적기업들은 모기업을 중심으로 세계적인 금융, 유통, 정보 등의 연결망이 형성되어 현지국의 경제정책이 다국적기업에게 불리하게 작용할 경우 이를 쉽게 피할 수 있는 능력을 가지고 있어 현지국의 경제정책효과를 무력화시킬 수 있다. 예를 들어 현지국이 물가안정을 위해 긴축적인 금융정책을 쓸 경우 다국적기업은 그들이 갖고 있는 세계적인 금융 연결망을 이용하여 타 지역으로부터 자금조달을 할 수 있고, 이렇게 해서 유입된 자본이 현지국의 긴축적인 금융정책의 효과를 무력화시킬 수 있다.

⑦ 기타

위에서 언급된 부정적인 효과 외에도 현지국에 환경유발산업을 수출하여 환경오염을 발생시킨다든가 현지국 노동자들에게 과도하게 노동시간을 강요한다든가 낮은 임금을 지불함으로써 임금을 착취한다든가 혹은 독점력을 행사하여 소비자들에게 높은 가격을 부과한다는 문제점들도 간혹 제기되기도 한다.

(2) 투자국 경제에 미치는 효과

가. 긍정적 효과

① 국제수지 개선

다국적기업에 의한 직접투자가 국제수지에 미치는 효과에 있어서는 투자국과 투자대상국이 서로 상반된 입장에 있다. 투자국의 입장에서는 초기의 자본유출로 인해 국제수지가 악화될 것이나 투자국의 해외자회사에 대한 자본재 및 부품의 수출, 투자대상국의 국민소득의 증가에 따른 투자국수출의 증대, 해외자회사로부터 받는 투자수익이나 배당금, 로열티수입 등으로 투자국의 국제수지가 개선된다. 아울러 해외에 새로운 제품의 공급망이 형성되고, 새롭게 해외시장을 개척함으로써 투자국의 수출이 증가할 수 있다. 그러나 현지생산으로 인해 이것이 투자대상국에 대한 투자국의 수출을 대체하거나 오히려 투자대상국에서 생산된 제품이 투자국으로 역수출되는 경우 투자국의 국제수지는 오히려 악화될 수도 있다.

② 재정수입의 증대

다국적기업이 해외에서 벌어들인 소득에 대하여 과세를 함으로써 투자국 정부의 재정수입이 늘어난다. 물론 다국적기업의 해외소득에 대한 과세는 투자대상국 정부와의 이중과세방지협정으로 중복적으로 과세가 될 수 없으므로 투자대상국에서 부과된 조세부분만큼은 투자국 정부의 수입이 될 수 없을 것이다.

③ 해외자원의 안정적 확보

투자기업이 필요로 하는 천연자원과 원자재가 풍부한 국가에 진출하는 경우 이를 직접개발하여 조달함으로써 자원 및 원자재의 안정적인 공급기반을 마련할 수 있고, 한편 노동력이 풍부한 지역에 진출하는 경우에는 인건비를 절감하여 생산비용을 절감할 수 있다.

④ 국내산업구조의 원활한 조정

해외직접투자를 통하여 투자국 국내에서 경쟁력을 상실한 산업을 이러한 산업에서 경쟁력을 갖는 국가에 이전하여 보다 효율적으로 활용함으로써 국내의 기업과 산업의 구조조정에 따라 발생하는 실업이나 유휴설비 등의 문제를 완화시킬 수 있다.

⑤ 높은 투자수익

해외직접투자에 의하여 투자국이 현지국에서 얻는 투자수익은 투자국에서 얻는 투자수익보다 크다. 투자대상국은 대체로 자본이 부족한 국가이므로 자본/노동의 비율이 낮으며, 자본수익률이 높다. 따라서 다국적기업은 자본수익률이 높은 나라에 직접투자를 함으로써 자국에서 생산하여 얻는 투자수익보다 높은 투자수익을 얻음으로써 그만큼 투자국의 사회적 후생이 증대된다.

나. 부정적 효과

① 고용감소

다국적기업이 해외에서 사업활동을 전개함으로써 투자국에서의 생산활동이 상대적으로 위축될 수 있다. 이로 인해 투자국의 생산인력에 대한 고용이 악화될 수 있다. 아울러 자본의 해외유출은 국내자본의 부존규모를 감소시켜 노동의 한계생산성을 하락시킴으로써 실질임금을 감소시킬 수 있다. 이러한 이유로 인해 투자국의 노동자들은 자국의 다국적기업들의 해외직접투자를 반대하기도 한다.

② 조세감소

다국적기업이 모국의 높은 세금을 피하기 위하여 해외투자를 할 경우 세원이 줄어들어 모국 정부의 재정수입이 감소할 수 있다. 그러나 다국적기업은 내부적으로 '이전가격조정'(transfer pricing)을 통하여 특허사용료, 상표권, 기술계약 등에 따른 로열티를 높게 책정하여 실질적인 투자수익을 올릴 수 있을 뿐만 아니라 아울러 이윤을 조정할 수 있는 능력을 가지고 있기 때문에 투자국 정부의 재정수입이 반드시 줄어든다고 보기는 어려울 것이다.

③ 기술유출

다국적기업은 해외에 투자하면서 자사가 보유하고 있는 기술을 현지기업에 이전함으로써 현지시장에서 현지기업에 대한 기술적 우위를 상실할 수도 있다.

④ 국내자본의 감소

해외직접투자를 통해 국내자본이 해외로 유출됨으로써 국내에서 사용될 수 있는 가용자본은 그만큼 줄어들게 될 것이다.

4 다국적기업과 외국인직접투자

(1) 개요

일반적으로 기업들은 해외직접투자를 통하여 다국적기업이 된다고 말할 수 있을 것이다. 직접투자는 투자대상국에 새롭게 기업을 만드는 형태로 이루어지기도 하지만, 이미 투자대상국에 존재하는 기업을 인수하거나 합병하는 방식으로도 이루어진다. 우리는 전자를 신규투자형 직접투자(greenfield investment)라 하고, 후자를 인수·합병형 직접투자(M&A : Merge and Acquisition, brownfield investment)라 한다.

신규투자형 직접투자는 투자기업이 투자규모에 맞게 설비규모를 정할 수 있고, 현지인력을 필요한 만큼 유연하게 선택할 수 있는 장점이 있지만 투자를 결정한 후 생산활동이 개시될 때까지 상당한 시간이 소요된다는 단점이 있다. 이에 대해 인수·합병형 투자는 투자기업이 기존의 기업을 인수·합병하여 외부경영자원을 일시에 획득하여 해외에 진출할 수 있으므로 빠른 시간 내에 성장을 하고자 할 때 선택하는 해외투자방식이다.

한편 해외자회사에 대한 소유권 형태는 크게 단독투자와 합작투자로 구분되는데, 단독투자는 의결권을 갖는 해외자회사의 주식을 한 개의 기업이 단독으로 소유하는 형태로 해외에 진출하는 경우를 말하며, 합작투자는 두 개 이상의 기업이 공동으로 소유권을 가지고 해외에서 사업하는 경우를 말한다. 단독투자방식은 모회사가 제품이나 기술에 대해 강력히 통제를 할 수 있고, 자회사의 경영방침을 독자적으로 운영할 수 있으며, 기술이나 노하우의 외부로의 누출을 방지할 수 있다는 장점을 가지고 있는 반면, 합작투자는 합작에 참여하는 기업들이 기업의 소유권과 경영을 분담하고, 자본 및 기술 등 파트너기업이 소유하고 있는 강점을 공동으로 이용하면서 경영위험을 분담할 수 있는 강점을 가지고 있는 해외투자방식이라 할 수 있다.

직접투자는 자회사의 지분을 반드시 100% 소유하는 형태로 투자하는 것을 의미하지 않는다. 자회사의 지분을 부분적으로 소유하더라도 그 자회사의 경영에 실질적으로 영향력을 행사할 수 있다면 직접투자로 분류된다. 따라서 직접투자의 정의에서 중요한 것은 어느 정도의 지분을 가지고 있을 때, 기업경영에 실질적인 영향력을 행사할 수 있느냐 하는 것이다. 이에 대해서는 일의적으로 정해진 기준은 없지만 일반적으로 많이 사용되고 있는 것이 '10%'기준이다. 즉 투자대상기업 지분의 10% 이상을 소유하면 직접투자로, 그 미만인 경우는 기업경영에 직접 참여하기보다는 단순히 자본차익이나 배당수익을 취득할 목적으로 이루어지는 것으로 간주하여 포트폴리오투자(portfolio investment)로 분류한다.

또한 직접투자는 투자방향에 따라 해외직접투자(ODI : Overseas Direct Investment)와 외국인직접투자(FDI : Foreign Direct Investment)로 구분하고 있다. 해외직접투자는 내국인이나 국내기업이 외국에 직접투자를 하는 경우이고, 외국인직접투자는 외국인이나 외국기업이 국내에 투자하는 경우를 나타낸다.

(2) 외국인직접투자의 유형

가. 생산거점형 투자

생산거점형 투자는 생산요소의 가격이 낮은 국가에 투자하여 생산비용을 절감하기 위해 이루어지는 투자다. 일반적으로 노동력이 부족하고 인건비가 비싼 선진국의 기업들이 생산비용을 절감하기 위하여 노동력이 풍부하고 인건비가 저렴한 개도국에 투자하는 경우가 이에 해당한다.

이러한 유형의 투자는 주로 노동집약적 산업인 섬유, 의류, 봉제, 신발산업 등에서 이루어지며, 중소규모의 투자가 주를 이룬다. 이는 현지국에서 제품을 만들어 현지시장에 판매할 목적으로 이루어지기보다는 현지의 저렴한 노동력을 이용하여 저렴하게 생산하여 동 제품을 제3국에 수출하거나 자국에 수입할 목적으로 이루어진다.

나. 시장지향형 투자

시장지향형 해외직접투자는 현지시장을 개척하거나 유지 · 확대하기 위하여 이루어지는 투자를 말한다. 이러한 유형의 해외직접투자는 수출을 통하여 해외시장을 공략하는 것이 비용이 더 많이 소요되는 경우에 이루어진다. 이러한 유형의 투자는 투자대상국의 시장규모가 크거나 그 성장잠재력이 큰 경우에 발생하게 된다. 따라서 소득수준이 높아 시장규모가 큰 선진국 상호 간에 기계, 화학, 자동차 등의 산업에서 대기업을 중심으로 이루어지는 투자가 이에 해당한다.

다. 무역장벽 회피형 투자

무역장벽 회피형 투자는 해외수출시장의 무역장벽을 회피하기 위한 목적으로 이루어지는 투자를 말한다. 투자대상국에서 무역장벽을 통해 수입을 규제할 경우, 수출국의 입장에서는 시장을 상실할 위험에 처하게 되는데, 이러한 위험을 극복하기 위하여 수출대상국에 해외직접투자를 하여 현지에서 직접 생산을 하여 판매를 하게 된다. 이러한 유형의 투자는 현지국 정부가 제품을 현지에서 생산할 수밖에 없을 정도로 수입품에 대해 높은 수준의 관세 및 비관세 장벽을 부과하여 수입을 규제하는 경우에 발생한다.

라. 기술습득형 투자

기술습득형 투자는 주로 개발도상국의 기업들이 선진기술이나 경영의 노하우를 습득하기 위하여 선진국에 진출하는 경우가 이에 해당한다.

기업들 간의 기술경쟁이 치열해지고 있는 상황에서 기업들이 기술상의 경쟁적 우위를 획득하지 못하면 성장은 물론 생존마저 불가능하기 때문에 선진기술이나 경영노하우를 습득하기 위하여 선진국에 투자하기도 한다. 예를 들어 우리나라 IT기업들이 고급 기술인력이 많은 미국의 실리콘밸리에 생산시설이나 연구센터를 운용하는 경우가 이에 해당한다 할 수 있는데, 이는 현지의 우수한 인력을 활용하여 선진기술을 전수받고자 하기 위함이다.

마. 천연자원지향형 투자

천연자원지향형 투자는 광산물, 석유 등과 같은 천연자원을 값싸고 안정적으로 확보하기 위하여 해외에 투자하는 경우를 말한다. 이러한 투자는 광물에 대한 채굴, 가공, 판매 등을 수직적으로 통합함으로써 시장을 통해 발생하는 거래비용을 절약할 수 있다.

천연자원에 대한 해외직접투자는 대규모의 자본과 오랜 시간이 소요되므로 신규 투자가 사실상 어려워 이 분야에 대한 투자는 자본력이 큰 몇몇 거대기업들에 의하여 운영되는 과점적 형태를 띠고 있다.

(3) 직접투자의 발생원인

외국인직접투자의 발생을 설명하는 여러 이론들이 있지만 그중에서 가장 대표적인 이론이라 할 수 있는 것이 존 더닝(John Dunning)의 '절충이론'(eclectic theory)이다. 이 이론에 따르면 외국인직접투자는 기업특유의 우위요소, 내부화우위요소, 입지특유의 우위요소가 모두 충족되는 경우에 발생한다고 본다.

가. 기업특유의 우위(Owner-specific Advantage)

투자기업이 자국의 사업환경과 전혀 다른 나라에 진출하여 기업을 경영하고자 하는 경우 투자기업은 현지기업보다 여러 가지 불리한 점에 직면하게 된다. 이러한 불리함으로는 언어, 문화, 제도, 법률과 같은 기업환경의 차이, 현지국의 민족주의적 차별대우, 본사와 시간적 · 공간적으로 격리되는 데서 발생하는 경영의 비효율성 등을 들 수 있다. 우리는 이를 '외국비용'(cost of foreignness)이라고 한다. 따라서 어떤 기업이 해외에 투자를 수행하기 위해서는 해외에서 사업을 할 때 겪게 되는 이러한 외국비용을 극복하고도 남을 만큼의 그 기업만이 갖고 있는 특유의 우위요소가 있어야 한다. 이때 투자기업이 갖고 있는 특유의 우위요소란 기술상의 우위, 마케팅능력, 탁월한 경영능력, 상표권 등을 의미한다.

이러한 기업특유의 우위요소들이 외국의 현지에서 잘 활용되기 위해서는 그것이 아무런 추가비용을 초래하지 않고, 기업내부에서 국경을 넘어 쉽게 이동할 수 있어야만 한다. 여기에 더하여 현지에 있는 기업들이 투자기업의 특유의 우위요소를 획득하는 데 오랜 시간과 비용이 소요되어 현지기업과 투자기업 간에 그 우위상의 격차가 상당기간 유지될 수 있어야 한다.

나. 내부화요인(Internalization Advantage)

투자기업이 특유의 우위요소를 가지고 있다는 자체가 해외에 직접투자를 한다는 것을 보장해 주는 것은 아니다. 기업특유의 우위요소는 해외직접투자라는 방식이 아니더라도 수출이나 라이선싱(licensing)과 같은 시장거래를 이용한 '외부화'를 통해서도 이득을 실현할 수 있다. 따라서 해외직접투자가 발생하려면 기업특유의 우위요소를 외부화하지 않고, 내부화하려는 동기가 존재하여야 한다. 즉 투자기업이 가지고 있는 특유의 우위요소를 기업 내부에서 직접 활용하여 얻을 수 있는 이득의 크기가 이러한 우위요소를 외국기업에 임대해 주거나 판매하는 등의 외부화의 방법을 이용하여 얻을 수 있는 이득보다 커야 해외직접투자를 하고자 할 것이다. 이러한 측면에서 어떤 기업이 특유의 우위요소를 가지고 있다는 자체는 해외직접투자가 이루어지기 위한 충분조건은 아니고, 필요조건의 하나에 불과하다.

다. 생산입지상의 우위(Location-specific Advantage)

어떤 기업이 위에서 언급한 기업특유의 우위, 내부화요인의 두 조건을 모두 충족시킨다 하더라도 해당 기업이 해외에 투자하리라는 보장은 없다. 외국보다 국내의 투자환경이 좋다면 굳이 해외에 투자하려 하지 않을 것이다. 따라서 이러한 우위요소들을 이용하여 해외에서 생산함으로써 얻을 수 있는 이득의 크기가 이 제품을 국내에서 생산하여 수출함으로써 얻을 수 있는 이득보다 큰 경우에만 기업들은 수출을 하는 대신 해외직접투자를 하게 될 것이다.

이러한 입지특유의 우위요소로서는 현지의 거대한 시장규모, 현지시장의 높은 성장잠재력, 값싸고 광대한 천연자원, 현지의 값싸고 우수한 노동력, 외국인투자를 유치하기 위해 현지국에서 제공하는 조세를 비롯한 각종 특혜, 정치적 안정성 등을 들 수 있다.

따라서 해외직접투자는 앞에서 언급한 기업특유의 우위요소(O-Advantage), 내부화요인(I-Advantage), 생산입지상의 우위(L-Advantage)를 모두 충족시키는 경우에 발생한다고 할 수 있다. 이러한 관점에서 우리는 더닝의 절충이론을 'OLI 패러다임'이라고 부르기도 한다.

Fortune Global 500대 기업

[표 6-1]은 2019년 7월 현재 '포춘'(*Fortune*)이라는 경제전문지에서 매출액의 크기를 기준으로 매년 발표하는 일명 'Global 500'으로 알려진 전 세계 상위 500대 기업 중 10대 기업들과 이들 기업들이 소속되어 있는 상위 10위 국가들의 리스트다. 아래 표에서 쉽게 확인할 수 있는 바와 같이 무엇보다도 중국기업들의 약진이 괄목할 만하고, 업종별로는 석유와 에너지부문이 상위를 차지하고 있다.

표 6-1 세계 10대 글로벌기업 현황

순위	회사명	소재국가	업종	매출액(10억 달러)
1	월마트	미국	소매	514
2	시노펙	중국	석유	415
3	로열더치셸	네덜란드	석유	397
4	중국국영석유	중국	석유	393
5	스테이트그리드	중국	에너지	387
6	사우디아람코	사우디아라비아	에너지	356
7	BP	영국	석유	304
8	엑슨모빌	미국	석유	290
9	폭스바겐	독일	자동차	278
10	토요타	일본	자동차	273

한편 500대 기업 중 국가별로는 중국이 129개, 미국이 121개, 일본이 52개, 프랑스 31개, 독일 29개, 영국 17개, 대한민국 16개, 스위스 14개, 캐나다 13개, 네덜란드 12개의 기업들을 각각 가지고 있다.

이외에도 또 다른 경제전문지인 '포브스'(*Forbes*)에서 각 회사의 매출, 이윤, 자산규모, 시장가치를 고려하여 매년 순위를 매기는 'Forbes Global 2000'이 있다.

CHAPTER 07

국제경제기구

1. 국제통화기금(IMF)
2. 세계은행(World Bank)
3. 경제협력개발기구(OECD)
4. 세계무역기구(WTO)
5. 유엔무역개발회의(UNCTAD)
6. 기타 주요 국제경제기구

국제경제기구

세계경제가 지속적으로 성장하고 원활하게 운영되기 위해서는 반드시 국가 간 협력과 정책협조가 필요하다. 국제경제기구는 이와 같이 국가 간의 경제협력과 정책협조를 도모하기 위해 만들어진 국제적인 경제기구다. 특히 최근 세계화가 확대되는 가운데 국가 간의 경제교류가 증대되면서 국가 간의 이해를 조율하고, 세계경제질서를 이끌어 나갈 국제경제기구의 중요성이 그 어느 때보다도 크게 부각되고 있다.

이하에서는 수많은 국제경제기구들 중 세계경제에 커다란 영향력을 미치고 있는 몇 가지 대표적인 경제기구들에 대하여 살펴보도록 한다. 세계무역질서와 관련해서는 WTO, 국제통화질서와 관련해서는 IMF, IBRD, 선진국 중심의 경제기구인 OECD, 개도국 중심의 경제기구인 UNCTAD, 이외에도 특히 우리나라와 직접적인 연관을 가지고 있는 경제기구라 할 수 있는 APEC와 G20에 대해 각각 알아보도록 하자.

1 국제통화기금(IMF)

(1) 개요

IMF(International Monetary Fund)는 1944년 7월 서구 선진국들을 중심으로 하는 45개국 대표가 모여 미국 뉴햄프셔주의 브레튼우즈에서 제2차 세계대전 후 세계경제질서를 주도할 국제경제기구의 설립에 관련한 협상을 벌이는 회의에서 창설이 결정되어 1945년 12월 29개 회원국으로 출범하였다. 이후 회원국이 꾸준히 늘어나 2019년 10월 말 현재 회원국은 189개에 달하고 있다.

한편 우리나라는 경제개발에 필요한 자금을 조달하기 위해 세계은행 가입자격을 얻고자[1)] 1955년 8월 26일 58번째로 IMF에 가입하였다.[2)]

IMF가 탄생한 역사적 배경에는 제1차 세계대전과 제2차 세계대전까지의 전간기의 혼란스러웠던 세계통화질서를 바로 잡아야 세계경제가 다시 번영할 수 있다는 각국의 반성이 깔려 있었다. 1914년에 발발한 제1차 세계대전은 금본위제도를 붕괴시켰고, 특히 1929년, 미국에서 비롯된 대공황으로 세계 각국은 심각한 경기침체를 겪게 되었다. 이로 인해 각국은 자국의 경기를 부양하기 위해 자국통화의 가치를 경쟁적으로 평가절하(competitive devaluation)시켰으며, 수입을 줄이기 위해 관세 및 비관세장벽을 강화하고, 수출을 증대시키기 위해 보조금을 지급하였다. 또한 대외지급에 필요한 기축통화와 자국통화 간의 교환성을 제한하여 외환거래를 통제하였고, 아울러 단기자본의 이동을 통제하였다. 이러한 일련의 조치들은 모두 타국의 희생 위에서 자국의 경제적 어려움을 해결하고자 하는 '근린궁핍화'(beggar thy neighbor policy)의 성격을 가지고 있었다. 더욱이 제2차 세계대전은 이러한 세계적 경제문제를 더욱 어렵게 만들었다. 이에 따라 전후 세계경제질서를 회복하기 위해서는 국제적인 협력을 이끌어 나갈 수 있는 국제통화제도와 그것을 규율할 수 있는 국제경제기구가 필요하다는 사실에 대해 각국 간에 공감대가 형성됨에 따라 IMF가 만들어지게 되었다.

IMF의 기금은 회원국들의 출자금[3)]과 회원국 중앙은행으로부터의 차입금[4)]

1) IBRD 가입자격은 IMF 가맹국에게만 주어진다.

2) IMF 가입 당시 우리나라에 배정된 쿼터는 12.5백만 SDR로 그 당시 IMF의 총쿼터에서 차지하는 비중이 0.14%에 불과하였으나 그 후 우리나라는 쿼터 증액과정에 지속적으로 참여하여 2019년 9월 현재 우리나라의 쿼터는 8,582.7백만 SDR로 총쿼터에서 차지하는 비중은 1.81%이다.

3) IMF의 총쿼터규모는 2019년 9월 현재 475,472.9백만 SDR이고, 회원국 중 가장 많은 쿼터를 배정받은 미국의 경우 쿼터규모는 82,994.2 SDR로 전체 쿼터의 17.46%를 차지하고 있다.

4) IMF는 최후수단으로 자체 신용으로 채권을 발행하여 국제금융시장에서 자금을 조달한다.

으로 조성된다. 이때 각국의 출자금은 각국에 배정된 쿼터(quota)에 의하여 정해지는데, IMF는 각 회원국의 경제력을 감안하여 그 규모를 정한다. 회원국들은 배정된 쿼터의 25%는 특별인출권(SDR) 또는 자유사용가능통화[5)]로, 나머지 75%는 자국통화로 납입한다. 이때 납입된 쿼터는 IMF 회원국의 국제수지 불균형 조정을 위해 공여되는 신용재원으로 사용될 뿐 아니라 가맹국의 투표권을 산출하고,[6)] 가맹국의 IMF 신용이용한도 및 SDR 배분규모를 결정하는 기준이 된다.

한편 IMF 회원국은 경상거래의 대외지급제한 등의 정도에 따라 IMF 8조국과 14조국 중 선택하여 IMF에 통보한다. 8조국은 경상거래의 대외지급제한 및 차별적 통화조치를 시행하지 않고, 외국인이 보유하고 있는 자국통화의 교환성을 보장해야 하는 반면, 14조국은 이러한 조항을 이행할 수 없는 회원국으로 경상거래의 대외지급제한 등을 잠정적으로 할 수 있다.[7)]

(2) 주요 조직

가. 총회(Board of Governors)

총회는 IMF의 최고의사결정기구이다. 총회는 각 회원국에서 지명된 1명의 위원(governor)과 1명의 대리위원(alternate governor)으로 구성되는데, 위원은 통상적으로 해당국의 재무장관 혹은 중앙은행 총재가 지명된다.

연차총회는 매년 한 차례씩 9월 또는 10월에 세계은행그룹과 공동으로 개최된다.[8)] 총회에 참석하는 위원들은 모두 비상근이기 때문에 대부분의 일상적 집행업무는 상무이사회에 위임하고 있다. 그러나 쿼터 증액, SDR 분배, 신규

5) 가맹국통화 중 첫째, 국제거래에서 광범위하게 사용되고, 둘째, 주요 외환시장에서 활발하게 거래되고 있다고 IMF가 판단한 통화로서 현재는 미달러, 유로, 일본엔 및 영국파운드가 자유사용가능통화로 지정되어 있다.

6) 각국에 기본적으로 250표를 배정하고, 10만 SDR당 1표씩 추가 배정하였다.

7) 우리나라는 IMF에 가입할 때 14조국이었다가 1988년 11월 8조국으로 바뀌었다.

8) 이러한 연차총회는 제9차 회의(1954년)부터 미국 이외의 회원국에서 연 1회 개최하는 것을 관례로 하고 있다.

회원국 가입, 회원국 강제 탈퇴, 협정문 개정 등과 같은 주요 사항의 승인에 관한 업무는 직접 관장한다.

나. 각료위원회(Ministerial Committee)

IMF 총회는 두 각료위원회로부터 자문을 받는다. 이 두 각료위원회는 국제통화금융위원회(IMFC : International Monetary Financial Committee)와 개발위원회(DC : Development Committee)다. IMFC는 회원국 189개국 전체를 대표하는 24개국 위원으로 구성된다. 여기서는 세계경제에 영향을 미치는 공통의 관심사항에 대해 논의하고, 총회를 자문한다. 개발위원회는 신흥국과 개발도상국의 경제개발과 관련된 사항에 대해 IMF와 세계은행에 자문한다.

다. 상임이사회(Executive Board)

상임이사회는 총회로부터 위임받은 사항이나 IMF의 운영과 관련된 일상적인 집행업무를 담당한다. 현재 24명의 상임이사(executive director)로 구성되어 있는데, 미국이나 중국과 같이 경제규모가 큰 국가는 1명의 상임이사를 선정하지만 나머지 국가들은 지역별 그룹으로 묶어서 1명의 상임이사를 선정한다. 24명의 상임이사들은 189개 회원국 전체를 대표하며, 이들은 점검된 회원국 경제동향이나 세계경제와 연관된 정책에 관한 사항들을 토의하고, 필요한 경우 의사결정을 한다. 의사결정은 통상적으로 합의에 의해 이루어지지만 때로는 투표를 통해 이루어지기도 한다.

(3) 주요 활동내용[9]

가. 규제 및 감독

오늘날과 같은 세계화시대에는 한 나라가 시행하는 정책이 다른 나라들에게

9) 현재 IMF의 주요 업무는 위기예방을 위한 규제 및 감독, 회원국에 대한 금융지원, 세계은행과 함께 하는 저소득국가에 대한 지원활동이다.

도 영향을 미치므로 국가 간의 정책협조나 경제협력이 중요하다. IMF는 189개 회원국들 간의 이러한 정책협조나 경제협력이 원활하게 이루어질 수 있도록 감독하는(surveillance) 기능을 수행하고 있다. 이러한 IMF 회원국들에 대한 감독(surveillance)기능은 IMF의 전통적인 업무 중 하나이다.

IMF는 세계통화질서를 교란시키는 원인을 사전에 방지한다는 차원에서 각국의 환율정책과 외환제도에 관한 규제, 감독기능을 수행하고 있다. 각국이 환율제도를 자의적으로 운용함으로써 세계통화질서의 균형을 저해할 수 있는 가능성 때문에 IMF는 가맹국들의 환율정책과 환율에 미치는 경제정책의 운용에 대해 여러 가지 의무를 부과하고, 부과된 의무의 준수여부를 감독하고 있다. IMF는 이러한 감독기능을 수행함으로써 국제통화제도가 상품, 서비스 및 자본의 국제적인 거래를 촉진시키고, 건전한 경제성장을 유지할 수 있도록 한다.

나. 기금 대여

IMF의 주요 설립 목적 중의 하나가 회원국으로부터 기금을 조성하여 국제수지상의 심각한 어려움을 겪고 있는 국가들에게 일시적으로 외화유동성을 대여(lending)해 주는 것이다.[10] IMF로부터 외화자금을 대여받은 회원국은 이를 통해 부족한 외환보유고를 충당함으로써 자국의 통화가치를 안정시키고, 수입대금의 결제를 원활히 하는 데 사용한다.

IMF가 설립된 이후 20여 년 동안 정규신용제도에 의한 대여금의 50% 이상을 선진공업국들이 활용하였으나 1970년대 후반부터는 이들 국가들은 필요한 자금을 IMF보다 차입조건이 상대적으로 덜 까다로운 국제금융시장에서 조달하고 있다.

IMF 대출은 양허 및 비양허협정하에 이루어지며, 이러한 대출협정은 IMF 이사회에서 승인된다. 그리고 사전에 적절한 경제정책프로그램에 관하여 IMF와 합의하고, 회원국이 특정한 조건을 준수하고, 그것을 지속적으로 인증받기 위

10) IMF는 세계은행이나 여타 개발기구(development agencies)들과는 달리 특정의 개발 프로젝트를 위해 사용되는 자금을 대여해 주지 않는다.

하여 정기적으로 심사를 받아야 한다.

IMF의 융자한도는 쿼터의 배수로 정해져 있으며, 융자기간도 정해져 있지만 국제수지 사정이 호전되면 만기 전이라도 융자금을 상환할 수 있다. 한편 회원국들이 IMF로부터 차입을 할 때 SDR이나 여타 필요한 가맹국 통화를 당해 차입국의 자국통화로 매입하는 형식을 취하고 있으며, 상환 시에도 인출 당시의 통화와 관계없이 IMF가 보유하고 있는 차입국 통화를 SDR 또는 여타 교환성 통화로 환매하는 형식을 취하고 있다.

한편 IMF는 정규신용제도뿐만 아니라 국제수지적자로 어려움을 겪고 있는 회원국들에게 특정한 상황에 따라 필요한 자금을 대출해 주는 다양한 수단(instruments)들을 개발해 왔는데, 이를 '퍼실리티(facility)'라 부른다. 이들 퍼실리티는 시장금리를 적용하는 비양허성(non-concessional) 대출과 그보다 낮은 금리를 적용하는 양허성(concessional) 대출로 구분된다. 비양허성 대출에는 인출규모에 따라 과징금(surcharge)이 부과되는 것도 있다.

① 비양허성 대출(Non-Concessional Lending)

비양허성 대출에는 IMF의 가장 핵심적인 스탠드바이협정(SBA : Stand-By Arrangement)[11]과 2008년 글로벌 금융위기 이후 도입된 위기예방융자제도인 탄력적 크레디트라인(FCL : Flexible Credit Line)[12]과 예비적 · 유동성 지원라

11) 이는 국제수지적자에 대응하거나 예방하기 위한 자금이며, 예방적인 목적으로 제공될 수도 있다. 회원국은 단기적인 국제수지문제 발생 시 쿼터의 300%까지 신용을 인출할 수 있는데, 이를 '크레디트 트란셰'(credit tranche)라 한다. 쿼터의 25%까지는 하위 크레디트 트란셰라고 하며, 향후 국제수지개선을 위해 노력하겠다는 약속만으로도 인출이 가능하다. IMF로부터 쿼터의 25%를 초과하는 자금을 인출하기 위해서는 IMF와 스탠드바이협정을 맺고, 동 협정에서 정한 정책준수사항 및 관련 프로그램을 이행하여야 한다. 이러한 협정하에 이루어지는 신용인출을 '스탠드바이협정'이라고 한다. 스탠드바이협정은 단기적으로 국제수지 악화로 인해 곤란을 겪고 있는 가맹국들이 자국에 배정된 쿼터의 일정비율에 해당하는 금액을 일정기간 동안 일정한 조건하에 추가협의 절차 없이 인출할 수 있다.

12) 탄력적 크레디트라인은 경제적 기초가 튼튼하고, 우수한 경제적 성과를 보여주었으나 자신의 잘못이 아닌 세계적인 위기 혹은 역내 위기로 곤경에 처한 회원국에 자금을 공여되는 제도로 2009년 3월 24일에 새로 도입되었다. 탄력적 크레디트라인은 일시적으로 외환이 부족할 때 일정한 기준에 부합하기만 하면 위기가 본격화하기 전에 미리 IMF에서 조건 없이 돈

인(PLL : Precautionary and Liquidity Line),[13] 확대신용(EFF : Extended Fund Facility),[14] 그리고 긴급한 국제수지문제에 직면한 회원국에 공여되는 긴급융자수단(RFI : Rapid Financing Instrument)[15]이 있다.

한 나라가 IMF에서 차입할 수 있는 최대규모는 융자의 형태에 따라 다르나 IMF 쿼터의 배수로 이루어진다. 동 한도는 예외적인 경우에 초과할 수 있다. 스탠드바이협정, 탄력적 크레디트라인, 확대신용의 경우에는 규모의 상한선이 정해져 있지 않다.

② 양허성 대출제도(Concessional Lending)

이는 저소득 개도국의 구조조정을 돕기 위해 장기저리의 자금을 지원하는 것으로서 현재에는 저소득국의 빈곤을 감축시키고, 성장을 추진하는 데 지원되고 있다. 이에는 확대신용퍼실리티(ECF : Extended Credit Facility),[16] 스탠드바이 신용퍼실리티(SCF : Standby Credit Facility),[17] 긴급신용퍼실리티(RCF :

을 빌릴 수 있는 제도다.

13) 이는 위기예방융자제도로서 기존의 지원제도가 엄격한 지원기준요건을 요구하여 위기 시 실제로 유동성을 지원받을 수 있는 국가가 제한적일 수 있어 위기발생 이전 또는 위기발생 초기에 신속한 자금지원을 통해 위기의 발생과 악화를 방지하는 것을 목표로 2010년 8월에 도입되었다. 이는 탄력적 대출제도의 적격한 요건을 갖추고 있지는 못하지만 건전한 정책과 경제체력을 갖추고 있는 국가들의 필요를 충족시키기 위하여 만들어졌다. 2011년 11월 예방적 크레디트라인이 현재의 예방적 · 유동성 지원라인(PLL : Precautionary and Liquidity Line)으로 개편되었다.

14) 이는 구조적인 문제로 인해 중기적으로 심각한 국제수지불균형을 겪고 있는 국가 혹은 저성장과 근본적인 경제개혁이 요구되는 국가를 지원하는 데 사용된다. 최근 경제적 위기에서 심각한 국제수지의 구조적인 문제를 제기하고 있는 몇몇 회원국들이 이 제도를 사용하는 사례가 크게 증대하고 있다. 확대신용은 스탠드바이협정에 비해 중기적인 구조개혁을 수행하는 데 지원되므로 일반적으로 협정기간이 길다.

15) 긴급융자수단은 긴급한 국제수지문제에 직면한 모든 회원국들에게 한정된 조건을 전제로 긴급하게 제공되는 금융지원이다. 긴급융자수단하에서의 자금이용한도는 매년 쿼터의 50%로 제한되고, 누적금액으로는 100%로 제한된다.

16) 이는 만성적인 국제수지문제를 가지고 있는 저소득국에 제공되는 IMF의 핵심적인 중기적 지원수단으로서 IMF의 금융지원을 보다 신축성 있게 그리고 저소득국의 다양한 요구에 맞추어 보다 규모가 크고, 양허적인 조건을 갖는 자금을 공여한다. 이때 적용되는 금리는 '0'이다.

17) 이는 비록 일시적이고 단기적으로 금융지원을 필요로 하고는 있지만 지속가능한 거시경제 상태에 도달한 저소득국에 지원된다.

Rapid Credit Facility),[18] ESF–HAC(Exogenous Shocks Facility–High Access Component)[19]이 있다.

다. 자금지원조건[20]

IMF는 회원국에 자금을 공여하는 대가로 수혜국에게 부수적으로 일련의 정책적 조치 혹은 자금지원조건(conditionality)들을 요구한다. 이는 IMF에서 자금을 대출받으려는 국가는 IMF에서 제시하는 일련의 조건들을 받아들여 실행해야 한다는 의미다. 만약 이러한 조건이 충족되지 않으면 IMF에 의한 자금지원은 보류된다.[21]

IMF의 긴급자금 지원조건은 피지원국이 조속한 시간 내에 국제수지균형을 회복하는 것을 원칙으로 한다. 그리고 어떤 회원국들에게는 보다 쉬운 조건을 제시하고, 어떤 회원국들에게는 어려운 조건을 제시하는 식으로 국가 간에 차별을 하지 않는다. 기본적으로 회원국들 간에는 동등한 대우를 원칙으로 하되, 각 회원국의 특수한 사항을 고려하여 신축성을 부여한다.

IMF의 자금지원조건은 크게 '총수요억제정책', '자유화정책', '구조조정프로그램'의 세 개 부문으로 구성된다.

이중 총수요억제정책이 자금지원조건의 가장 핵심이라 할 수 있다. 민간부문의 수요는 직접적으로 규제하기 어려우므로 보다 쉽게 줄일 수 있는 부문이 정부지출이다. 따라서 우선순위가 낮은 공공사업의 추진을 축소하거나 혹은 취소하고, 정부관련 예산을 줄인다. 총수요억제정책의 보다 중요한 수단은 금융긴축이다. 특히 고금리정책은 IMF 긴급자금지원조건의 핵심적인 내용이다. 고금리를 통해 국내소비와 투자를 줄여 수혜국의 총수요를 줄이고, 국내자본

18) 이는 비록 일시적이고 단기적으로 금융지원을 필요로 하고는 있지만 지속가능한 거시경제 상태에 도달한 저소득국에 지원된다.

19) 이 제도는 2008년에 도입이 되었으며, 갑작스러운 외부적인 충격에 의하여 비롯된 국제수지 문제에 직면한 국가에 제공된다. 이는 2010년 1월부터 실시된 스탠드바이 신용퍼실리티에 의해 대체되었다.

20) 이 부분은 김 관호를 참고하였다.

21) 이러한 융자조건의 개념은 1959년 집행이사회에서 채택되었고, 협정에 포함되었다.

의 대외유출을 줄이거나 해외자본의 국내로의 유입을 촉진하여 해당국의 유동성문제를 해결하고자 한다.

자유화정책에 있어 가장 핵심적인 내용은 외국자본의 자유로운 유출입을 저해하는 각종 규제들을 완화하는 것이다. 한 나라의 외환위기 극복을 위해서는 외국자본의 유입이 절대적으로 필요한데, 이를 막는 규제가 존재하면 단순히 높은 금리만으로 외국자본을 국내로 유치할 수 없다. 아울러 이러한 규제완화는 외환위기를 수습하고 난 후에도 외국자본의 안정적인 유입이 외환위기의 재발을 방지할 수 있다.

한편 무역에 대한 규제가 많은 국가의 경우에는 무역자유화도 자금지원조건에 포함된다. 왜냐하면 수입에 대한 각종 규제는 경상수지의 개선을 가져오는 것이 아니라 오히려 일국의 경제구조를 왜곡하여 경제성장을 저해할 수 있기 때문이다.

앞서 언급한 총수요억제정책이 외환위기를 극복하기 위한 단기적인 처방이라면 구조조정(structural adjustment)프로그램은 향후 외환위기가 재발되지 않도록 그 나라의 경제체질을 개선하는 조치라 하겠다.

구조조정프로그램의 가장 중요한 조치는 금융부문의 개혁이다. 금융기관의 무분별한 대출 등 부실한 운영은 외환위기를 야기하는 중요한 요인이다. 따라서 IMF는 수혜국에 대해 부실금융기관을 폐쇄하고, 합병하는 등의 과감한 조치를 취할 것을 요구하게 된다. 또한 금융기관의 건전성을 제고시키기 위해 자기자본비율의 강화, 내부 및 외부감사기능의 강화, 수혜국 정부의 금융기관 감독기능의 강화 등을 요구하게 된다.

특히 체제전환국과 같이 공기업의 비효율적인 경영이 문제가 되는 경우에는 공기업에 대한 민영화, 해외매각 등의 구조조정을 강조한다. 그리고 경직적인 노동시장은 기업과 금융기관의 경쟁력을 약화시키는 요인이 될 뿐만 아니라, 경쟁력 강화를 위한 구조조정을 어렵게 만드는 요인이 되므로 IMF는 수혜국에 대해 노동시장의 유연성을 제고하는 방향으로 노동부문에서 구조조정을 해줄 것을 요구하기도 한다.[22]

라. 기술적 지원

IMF가 회원국들에게 경제정책과 금융업무를 효율적으로 운용할 수 있도록 도움을 주는 활동이 '기술적 지원'(technical assistance)이다. 기술적 지원으로 회원국들은 인적자원과 제도적 자원의 활용능력을 강화하고, 나아가 적절한 거시경제정책, 금융정책, 구조조정정책을 수행할 수 있게 된다.

거시경제정책, 조세정책, 지출조정, 통화정책, 환율제도, 금융부문의 안정성, 거시경제 및 금융통계부문에서 제공되는 기술적 지원은 IMF 회원국이 IMF로부터 받을 수 있는 특전 중의 하나인데, 요청한 나라에 무료로 제공되는 것이 일반적이다. 현재 기술적 지원의 약 90%가 저소득국 또는 중하위권 소득국에 제공되고 있다.

(4) 융자제도의 변화

IMF 출범 당시의 IMF의 핵심적인 역할은 제2차 세계대전 이후 고정환율제도를 유지하기 위해 심각한 국제수지적자를 겪고 있는 회원국들에게 단기자금을 공여하는 것이었다. IMF는 이러한 자금지원을 통하여 수혜국이 외환보유고를 회복하고, 자국통화의 가치를 안정시키고, 수입대금을 원활하게 결제하도록 하는 등 해당국의 견고한 경제성장을 위한 기초적인 여건을 회복시키는 데 도움을 주고자 하였다. 그러나 1971년 8월 미국에서 닉슨 독트린 발표 이후 고정환율제가 붕괴됨으로써 IMF의 안정적인 환율유지를 위한 단기신용공여에 대한 필요성이 크게 줄어들면서 IMF는 새로운 역할을 모색하게 되었다. 즉 IMF는 자유로운 자본이동과 유연한 환율체계, 금융시장의 자유화를 촉진하는 데 주력하기 시작하였으며 시간이 지나면서 IMF는 점점 더 개별 국가들의 거시경제정책을 결정하는 쪽으로 무게 중심을 옮겨 갔고, 외환이 심각하게 부족한 국가들에게 자금을 지원해 주는 최종대부자의 역할을 추진해 갔다.

22) 이러한 조건들은 많은 국가들에 필요하지만 '입에 쓴 약'과 같이 실행하기 어려운 것들이다. 이에 많은 국가들이 가급적 IMF의 구제금융을 받으려 하지 않는다.

이에 따라 1970년대에는 1, 2차 오일쇼크로 심각한 국제수지적자문제에 처한 개도국들에게, 1980년대에는 채무위기에 처한 중남미 국가들에게, 1990년대 초에는 시장경제체제로 전환하는 과정에서 심각한 국제수지불균형문제를 겪었던 체제전환 국가들에게 자금지원이 각각 이루어졌다. 그리고 1994년에 외환위기를 겪은 멕시코와 1997년에 외환위기를 겪은 동아시아 국가들에게 긴급구제금융을 지원하고, 국제수지문제의 근원적인 해결을 위한 구조조정자금을 지원해 주었다. 특히 2008년 글로벌 금융위기와 2010년 남유럽 국가들의 재정위기에 직면해서는 IMF는 해당 국가들을 구제하기 위한 자금지원을 해주고, 또 다른 한 면에서는 세계적으로 금융안정망을 구축하는 등 그 기능을 확대해 나가면서 세계금융시장에서의 위기관리자 역할을 수행하고 있다.

(5) 특별인출권

1960년대 들어 세계적으로 교역이 증대됨에 따라 국제유동성에 대한 수요가 크게 확대되었으나 미달러화는 과도하게 공급되어 그 신뢰도가 크게 저하된 반면, 당시 핵심 준비자산이었던 금의 공급은 크게 부족하여 전 세계적으로 국제유동성의 공급이 부족하였다. 이에 따라 IMF는 1969년 세계적으로 부족한 국제유동성을 보충하기 위해 새로운 준비자산인 특별인출권(SDR : Special Drawing Rights)을 창출하였다.[23)]

SDR은 각 회원국이 자금이 필요할 때 IMF에 출자한 금액에 비례하여 IMF로부터 자금을 인출할 수 있는 일반적인 권리와는 달리 가맹국들이 IMF에 별도로 출자를 하지 않고, 국제유동성의 부족을 보전하기 위해 회원국의 합의에 의해 재량적으로 창출된 준비자산으로 각국에 주어진 쿼터에 따라 각국에 배당되어 그 금액만큼 IMF로부터 추가로 인출할 수 있는 권리를 부여한 것이다.

23) 그러나 브레튼우즈체제가 붕괴됨에 따라 주요국들이 변동환율제도를 채택하였고, 국제자본시장의 발달로 해외차입도 용이해지면서 SDR에 대한 수요는 감소하였다.

이렇게 각 회원국들에게 배분된 SDR은 국제수지적자로 인해 외환이 부족한 회원국들이 IMF에서 조건 없이 자유롭게 인출하여 사용할 수 있다. SDR은 금과 태환되지 않고, 민간국제거래에는 사용되지 않으며, 오로지 IMF 회원국 중앙은행들 간의 결제에만 사용된다.

SDR은 앞서 언급한 바와 같이 국제준비자산으로서의 기능뿐만 아니라 IMF나 여타 국제경제기구에서 거래 시 회계단위(unit of account)로서의 역할도 수행하고 있다. SDR은 그동안 총 4차례에 걸쳐 배분되었다. 1970~72년에 93억 SDR이 처음 배분된 이후 1979~81년에 121억 SDR규모의 2차 배분이 있었고, 2009년 8월 28일에는 글로벌 금융위기를 완화시키기 위하여 1,621억 SDR이 배분되었고, 이어 2009년 9월 9일에 215억 SDR규모의 특별배분이 이루어져 그동안 총 2,040억 SDR이 배분되었다.

SDR의 가치는 1970년 1월 1일 도입 당시 미달러화의 금평가와 동일한 1SDR=U$1=금 0.888671그램[24]으로 설정되었다. 1972년 12월 스미소니언(Smithonian) 회의에서 달러가 금에 대해 1온스당 35달러에서 38달러로 8.57% 평가절하된 반면, SDR의 금의 가치는 그대로 유지되어 1SDR=$1.08571이 되었고, 1973년 2월에는 달러화가 다시 42.22달러로 10% 평가절하됨으로써 1SDR=$1.20635가 되었다. 그러나 미달러화가 약세를 지속함에 따라 SDR의 가치를 금에 고정시키는 것이 불합리하게 됨으로써 IMF는 1974년 7월부터는 SDR의 가치를 금과의 연계에서 벗어나 16개국 통화가치로 가중·평균하여 구하는 '표준통화바스켓'(standard basket)방식으로 전환하였다. 그러나 초기의 이 방식은 바스켓의 구성통화가 많아 계산이 복잡하고, 또한 몇몇 통화는 가치의 변동폭이 작을 뿐만 아니라 가중치가 낮아서 전체 SDR 가치결정에 미치는 영향이 작아 1981년 1월 구성통화를 5개국 통화로 축소하였고, 2001년 1월 1일에는 달러, 유로, 파운드, 엔의 4개 통화로 축소하였다. 그러나 2015년 11월 3일 위안화가 SDR에 편입됨으로써 구성통화가 다시 5개 통화로 확대되었고, 2016년 10월부터는

24) 그 당시 금의 가치가 1온스(31.1035g)당 35달러였는데, 이 수치는 1달러의 가치를 금의 중량으로 나타낸 것이다.

위안화가 SDR에 정식으로 편입되었다.[25)]

2 세계은행(World Bank)

(1) 개요

국제부흥개발은행(IBRD : International Bank for Reconstruction and Development)은 제2차 세계대전 후 서유럽경제의 부흥과 전 세계 빈곤퇴치 및 개도국의 경제개발을 지원할 목적으로 IMF의 자매기관으로 1946년에 설립되었다.

IMF가 국제수지적자를 보전하기 위한 단기자금을 공급하는 데 반해, IBRD는 제2차 세계대전으로 황폐해진 서유럽경제를 부흥시키고, 개도국들이 경제개발을 추진하는 데 필요한 자금을 장기 · 저리로 융자해 주는 기능을 수행하고 있다.[26)]

1960년 9월에는 개도국들 중에서도 특히 형편이 어려운 최빈개도국을 지원할 목적으로 국제개발협회(IDA : International Development Association)가 설립되었다. 우리는 이들 두 기구를 합하여 세계은행(World Bank)이라고 부른다. 세계은행의 본부는 미국 워싱턴 D.C.에 있으며, 2019년 10월 현재 189개의 회원국으로 구성되어 있다.

세계은행은 IMF와 같이 회원국들의 출자에 의해 설립되었기 때문에 주식회

25) SDR의 구성통화와 그들의 가중치는 5년마다 변경되는데, 2011년 1월 1일에는 각 통화의 가중치가 미국달러 41.9%, 유로 37.4%, 일본엔 9.4%, 영국스털링파운드 11.3%이었고, 통화단위 수는 미달러 0.6600, 유로 0.4230, 일본엔 12.1000, 스털링파운드 0.1110이었다. 2016년 10월 1일부터는 위안화가 포함되어 SDR은 5개 통화로 구성되었는데, 2019년 9월 현재 5개 통화의 통화단위 수와 가중치는 각각 미달러 0.58252, 41.73%, 유로 0.38671, 30.93%, 위안화 1.0174, 10.92%, 일본엔 11.900, 8.33%, 영국스털링파운드 0.085946, 8.09%이다.

26) 세계은행은 원래 제2차 세계대전 이후 폐허가 된 유럽 국가들의 부흥을 재정적으로 돕기 위해 설립되었으나 유럽지역이 전쟁피해로부터 회복되자 세계은행의 업무는 저개발 국가들의 경제개발과 빈곤퇴치로 확대되었다.

사와 같은 형태로 운영되고 있으며, 각 회원국은 자신이 출자한 만큼의 지분을 갖고 있다. 세계은행은 일반적으로 우리가 알고 있는 은행이 아니며, 유엔의 전문기구로서 정부 간 국제기구이다.

(2) IBRD의 주요 조직

가. 총회(Board of Governors)

총회는 IBRD의 최고의사결정기관으로 각 회원국이 임명하는 위원(governor)과 대리위원(alternate governor) 각 1명씩으로 구성되며, 보통 각국의 재무장관이나 중앙은행장이 임명되며, 5년 임기에 연임이 가능하다.

총회는 IBRD의 모든 권한을 행사할 수 있으나 일반적인 안건에 대해서는 대부분 그 권한을 상무이사회에 위임하고 있으며, 1년에 한 번씩 IMF와 세계은행그룹의 연차총회에서 모임을 갖는다.

나. 상임이사회(Board of Directors)

상임이사회는 25명의 집행이사(executive directors)로 구성된다. 가장 큰 지분을 가진 5개의 국가들이 집행이사를 각각 임명하고, 나머지는 다른 회원국들에 의하여 선출된다. 상임이사회는 IBRD의 일반업무를 관장하고, 총회로부터 위임받은 모든 권한을 행사하며, 총회에서 제시한 정책방향에 따라 실질적인 정책결정을 하고 있다. 상무이사회의 의장은 총재가 맡는다.

다. 총재

총재는 상임이사회에서 선출되며, 임기는 5년으로 연임이 가능하며, 상임이사회의 결의로 해임될 수도 있다. 총재는 은행의 최고책임자로서 상임이사회의 일반적 지침에 따라 은행업무를 지휘 · 감독한다.

(3) 세계은행그룹(World Bank Group)

국제부흥개발은행(IBRD)과 그 자매기구인 국제개발협회(IDA), 국제금융공사(IFC : International Financial Corporation), 국제투자보증기구(MIGA : Multilateral Investment Guarantee Agency), 국제투자분쟁해결본부(ICSID : International Center for Settlement of Investment Disputes)를 통틀어 세계은행그룹(WBG : World Bank Group)이라 한다.

앞서 언급한 바와 같이 국제개발협회는 저개발국에 양허성 장기저리자금의 융자를 담당하고, 국제금융공사는 1956년에 민간투자를 통한 개발도상국의 경제개발을 촉진할 목적으로 설립된 기구로서 신용도가 낮은 개도국의 민간부문에 대한 투자 및 융자를 담당한다. 국제투자보증기구는 1988년에 투자자에게 비상업적 위험을 보증함으로써 개발도상국에 대한 투자를 촉진하기 위해 설립되었고, 국제투자분쟁해결기구는 외국투자자와 투자 수원국 간에 발생하는 분쟁을 조정하고, 중재하는 역할을 담당하기 위하여 1966년에 설립되었다.

현재, 세계은행이 운용하는 연간 자금규모는 약 500~600억 달러에 달하고 있고, 그중 중남미지역에 가장 많이 사용되고 있다. 그리고 융자의 실패가능성이 적은 에너지나 자원개발분야에 융자가 집중되고 있다.

그림 7-1 | 세계은행그룹의 구성

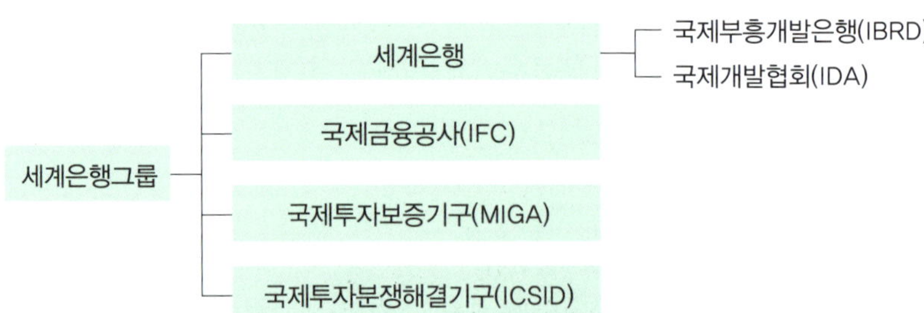

세계은행그룹의 각 기구는 각각의 협정에 의해 설립된 별도의 법인체이나 가맹국, 조직, 기능면에서 서로 밀접한 관계를 맺고 있다. 특히 IBRD, 국제개

발협회 및 국제금융공사는 총회 위원, 상무이사, 총재 등이 동일하고, 이들 기구의 목표도 모두 개발자금지원을 통한 개발도상국 국민들의 생활수준의 향상에 두고 있다. 또한 IBRD가 국제개발협회 및 국제금융공사의 재원을 보조해 주는 등 이들 세 기구는 서로 보완적으로 운영되고 있다.27) 그러나 국제투자보증기구와 국제투자분쟁해결기구는 민간직접투자에 대한 보증과 투자분쟁해결이라는 업무상 특성으로 인해 조직 및 업무체계가 앞서 언급된 세 기구와는 다소 차이가 있다.

(4) 주요 업무

개도국, 특히 소득이 매우 낮은 개도국은 경제개발을 위한 자금을 국제금융시장에서 차입하기가 쉽지 않으며, 설령 차입을 할 수 있다 하더라도 신용도가 낮아 대출자에게 높은 금리를 지불할 수밖에 없다. 이러한 자금조달의 어려움을 안고 있는 개도국들에게 유리한 조건으로 자금을 대여해 개도국들의 경제개발을 촉진하고자 하는 것이 세계은행의 주요 기능이라 하겠다.

IBRD는 대출자금에 필요한 재원을 회원국들의 IBRD에의 납입자본금 외에 주로 국제금융시장에서 채권을 발행하는 방식으로 조달하고 있다. IBRD가 발행하는 채권은 국제금융시장에서 최고의 신용등급(AAA)으로 평가되어 IBRD는 국제금융시장에서 매우 저렴한 금리로 자금을 조달할 수 있다. IBRD는 이렇게 조달한 자금을 영리를 목적으로 사용하지 않고, 개도국에 유리한 조건으로 대여해 준다. 그리고 IBRD는 정부나 공공단체에만 자금을 대여해 주고, 항상 차입국 정부가 상환을 보증해 줄 것을 요구한다.

IBRD로부터 자금을 융자받을 수 있는 국가들은 1인당 소득 1,000달러에서 10,000달러 사이에 있는 국가들28)이나 실제로 IBRD의 자금을 사용하고 있는

27) 이들 세 기구는 개발도상국을 대상으로 하는 개발자금지원기관이라는 공통점을 갖고 있다.

28) GNI가 일정수준에 이르고, 국제금융시장에서 적정한 조건으로 재원조달이 가능하게 된 IBRD 수혜국은 5년 이내에 단계적으로 융자를 감축하여 IBRD의 융자수혜대상에서 졸업(graduation)하게 된다.

국가들은 대체로 재정적으로 신뢰할 만한 중소득국(middle income countries)들과 신용이 있는 저개발 국가들이다. IBRD는 이들 국가들에게 시장금리수준으로 대규모의 장기대출을 해준다. 물론 이들 국가들도 자체적으로 민간부문의 금융시장에서 차입을 할 수도 있지만 IBRD로부터 차입을 하는 것이 대규모로, 장기적으로 그리고 안정된 조건으로 자금을 사용할 수 있다는 점에서 훨씬 유리하다.

한편 국제개발협회(IDA)는 IBRD의 지원이 미치지 못하는 최빈개도국들을 대상으로 사업을 수행하고 있다. 즉 IDA의 자금지원 대상국들은 1인당 소득 1,000달러 이하의 나라들로서, 이들 국가들은 IBRD의 대출금리조차도 부담이 큰 나라들이다. 국제개발협회는 이러한 나라들에게 무이자로 만기가 30~50년이나 되는 자금을 대출해 주거나 원조를 공여한다. 국제개발협회의 재원은 약 40여 개의 선진 회원국들이 매 4년마다 제공하는 기부금과 세계은행의 수익금에 의해 조성된 자금에 의해 조달된다.[29)]

세계은행의 대출은 주로 구체적인 프로젝트를 대상으로 이루어진다. 예를 들어 댐, 발전소, 관개시설, 고속도로, 교량, 항만 등 인프라 시설이나 교육, 환경, 에너지, 위생, 영양, 식수 등에 관련한 특정 프로젝트에 중점적으로 대출이 이루어지고 있다. 이때 프로젝트의 선정은 기본적으로 차입국의 정부 또는 기업 등 차입자가 정하지만 많은 경우에 세계은행이 차입자에게 직접 제안하기도 한다. 일단 이러한 프로젝트가 선정되면 세계은행에 의해 동 프로젝트의 타당성에 대한 구체적인 조사와 평가가 이루어지게 되고, 만약 프로젝트의 타당성이 인정되면 차입국과 대출규모, 대출조건 등에 대하여 협의를 하고, 대출약정서를 작성하게 된다.

프로젝트의 수행은 전적으로 차입자의 책임하에 이루어지며, 세계은행은 이에 대한 감독을 한다. 그리고 프로젝트가 완성되면 프로젝트의 성과를 평가한다.

한편 최근 IBRD는 이러한 프로젝트 융자방식에서 심각한 국제수지의 어려

29) 차입국의 국제수지에 미치는 영향을 고려하여 상환을 차입국 통화로도 할 수 있다.

움을 겪고 있는 개도국의 구조조정을 지원하고, 수혜국의 자금운용에 신축성을 부여하기 위한 융자로 사업의 범위를 점차 확대해 나가고 있다. 이 과정에서 이러한 업무들이 IMF의 장기구조조정과 채무 재융자활동들과 중복되고 있다는 문제점들이 제기되고 있다.

(5) 세계은행 대출정책의 변화

세계은행의 설립 이후 세계경제 여건의 변화와 시대적 상황의 변화에 따라 세계은행의 대출정책의 우선순위나 역점사업은 크게 변화해 왔다. IBRD 설립 초기에는 제2차 세계대전으로 인해 발생한 전쟁의 피해를 복구하기 위한 자금지원에 주력해 왔으나 재원부족과 미국이 서유럽 국가들의 재건을 위한 마샬플랜을 독자적으로 실시하면서 IBRD 업무의 중심이 저소득 개도국의 경제 및 사회개발을 위한 장기자금의 융자로 바뀌었다.[30]

1960년대까지 세계은행의 대출은 개도국의 인프라 건설이라는 프로젝트융자 중심으로 자금을 지원하여 왔다. 이때 자금지원은 저소득국이 아니라 도약단계에 진입한 어느 정도 수준 이상의 개도국을 대상으로 이루어졌다. 이는 세계은행의 대출재원이 한정된 상황에서 안정적 재원조달을 위해서는 무엇보다도 발행채권의 신용등급의 유지가 중요했기 때문에 약간의 지원만으로도 성장궤도에 진입할 수 있는 국가들에 우선적으로 지원한다는 세계은행의 입장에 따른 것이었다. 이에 따라 산업화를 위한 도로, 항만 등 인프라부문에 지원이 집중적으로 이루어진 반면, 교육, 주택, 상·하수도 등 사회개발분야에 대한 지원은 미흡하였다.

1970년대 들어서는 세계은행의 역점사업으로 등장한 것이 기본적 사회서비스의 제공이었다. 그 당시 개도국의 절대적 빈곤의 문제가 크게 부각되면서 이의 해결을 위해 농업 및 농촌개발, 교육, 보건 및 영양 등 인간의 '기본적 수요'(basic needs)를 충족시키기 위한 대출을 확대하였다.

30) 한국은행 국제협력실, p.162

1980년대 들어서는 심각한 국제수지적자와 외채문제를 안고 있는 개도국에의 지원이 세계은행의 주요관심 사항으로 대두되었다. 이에 따라 개도국의 거시경제안정화와 국내구조조정을 지원하기 위한 '구조조정대출'(structural adjustment loans)이 1980년 4월에 도입되었고, 특히 1990년대 중반부터는 외채부담으로 허덕이는 사하라 이남(Sub-Sahara)의 아프리카지역 국가들의 외채경감정책을 추진하였다.

1990년대 이후에는 세계은행의 특별한 관심분야로서 환경과 빈곤문제가 부각되었다. 이에 세계은행은 개도국의 '환경을 훼손하지 않는 범위' 내에서의 경제개발에 힘써 개도국의 환경문제 해결을 위한 투자사업 및 기술지원에 대한 대출을 크게 확대하였다.

2000년대 이후 세계적으로 소득불균형이 심화되는 가운데 저개발국의 빈곤문제가 다시금 부각되어 세계은행그룹은 빈곤퇴치를 주요 정책목표로 삼게 되었다. 이에 세계은행은 '빈곤 없는 세상의 실현'을 기치로 내걸고 2030년까지 하루 구매력평가환율로 환산된 1.9달러 이하로 생활하는 절대빈곤층이 전 세계인구의 3.0%를 넘지 않는 것을 정책목표로 정하고, 절대빈곤과의 전쟁을 선언하여 보다 적극적인 빈곤퇴치전략에 나서고 있다. 특히 세계은행그룹은 2001년부터 2015년까지 IMF, OECD, 유엔 등 여타 국제기구와 함께 새천년개발계획(MDGs)을 수립하고, 이를 근거로 빈곤퇴치와 더불어 보건, 교육, 환경 등 사회개발분야에 대한 지원에 주력하였으며, 2016년부터는 2030년까지 전 세계의 빈곤과 기아를 완전히 퇴치하겠다는 목표하에 지속가능한 발전목표(SDGs)를 추진하고 있다.

(6) 세계은행과 외채감축

주지하고 있는 바와 같이 IBRD는 1980년대 들어 개도국의 외채문제가 심각한 세계경제문제로 대두되면서 세계은행은 이 문제를 논의하는 대표적인 기구로서 심각한 외채부담을 안고 있는 최빈개도국들의 외채문제 해결을 주도하고 있다.

이들 국가들의 외채부담을 줄이려는 노력은 과거부터 꾸준히 있어 왔으나 이들 국가들의 외채문제는 그다지 완화되지 못하였다. 이에 세계은행은 1990년대 말부터 IMF와 공동으로 'HIPC 이니셔티브'라는 명칭하에 '보다 깊이 있고, 광범위하고, 신속한' 외채감축프로그램을 추진하고 있다. 이 프로그램하에서 이른바 '파리클럽'에 속해 있는 주요 채권국들, 세계은행 등 주요 채권자들은 이전과는 다른 외채과다 빈곤국에 대한 대규모의 외채탕감을 시도하고 있다. 이때 혜택을 받는 국가들은 빈곤퇴치와 경제개혁을 지속적으로 추진할 것을 조건으로 채무탕감을 부여받고 있다.[31] 즉 이들 국가들이 그동안 채무상환에 사용해 왔던 재원을 그들 나라들의 빈곤퇴치를 위해 대신 사용할 수 있도록 하자는 것이 이 프로그램의 근본적인 취지라 하겠다.

3 경제협력개발기구(OECD)

(1) 개요

제2차 세계대전 이후 미국은 서유럽 국가들의 전쟁 피해 복구를 통한 자유민주주의와 시장경제체제를 수호할 목적으로 '마샬플랜'(Marshall Plan)을 수립하여 서유럽 국가들에게 대규모의 원조자금을 지원하였다. 이에 서유럽 16개국들은 1948년 4월 그들 간에 원조자금을 합리적으로 배분 · 활용하기 위한 국제기구로 '유럽경제협력기구'(OEEC : Organization for European Economic Cooperation)를 결성하였다. OEEC 출범 이후 서유럽경제가 전쟁의 피해로부터 꾸준히 회복되고, EEC, EFTA 등 서유럽지역 내의 경제공동체들이 잇달아

31) 이렇게 외채를 탕감받을 수 있는 자격조건을 충족시키기 위해서는 해당국은 IMF 등이 제시한 구조조정개혁방안의 이행실적을 제시하여야 하는데, 이 범주에 해당하는 국가는 일부 소수에 불과했다.

발족됨에 따라 이들 국가그룹을 포괄하는 경제협력기구로서 OEEC를 확대 · 개편할 필요성이 제기되었다. 이에 1961년 9월 18개 서유럽 국가들과 미국 및 캐나다 등 20개국을 회원으로 하는 서구 선진국 중심의 경제협력체로서 '경제협력개발기구'(OECD : Organization for Economic Cooperation and Development)가 발족되었다. 이어 일본(1964), 핀란드(1969), 호주(1971), 뉴질랜드(1973)가 추가로 가입하였으며, 1990년대 이후에는 멕시코(1994), 체코(1995), 헝가리(1995), 폴란드(1996), 한국(1996), 슬로바키아(2000), 라트비아(2016), 리투아니아(2018) 등이 가입하여 2019년 11월 현재 회원국이 36개에 이르고 있으며,[32] 본부는 프랑스 파리에 있다. 기금은 회원국들의 기여금에 의해 조성되고 있다.

표 7-1 | OECD 회원국 현황

국가	가입연도	국가	가입연도	국가	가입연도	국가	가입연도
오스트리아	1961	룩셈부르크	1961	미국	1961	헝가리	1996
벨기에	1961	네덜란드	1961	이탈리아	1962	폴란드	1996
캐나다	1961	노르웨이	1961	일본	1964	슬로바키아	2000
덴마크	1961	포르투갈	1961	핀란드	1969	칠레	2010
프랑스	1961	스페인	1961	호주	1971	에스토니아	2010
독일	1961	스웨덴	1961	뉴질랜드	1973	이스라엘	2010
그리스	1961	스위스	1961	멕시코	1994	슬로베니아	2010
아이슬란드	1961	터키	1961	체코	1995	라트비아	2016
아일랜드	1961	영국	1961	한국	1996	리투아니아	2018

2017년 현재 OECD 회원국 전체 인구는 세계인구의 17.2%에 불과하나 GDP는 49조 9,530억 달러로서 전 세계 GDP의 62.1%, 총수출액은 10조 3,989억 달러, 총수입은 11조 768억 달러로서 전 세계교역액의 60.1%를 차지하며, 1인당

32) 여기에 EU가 별도 포함된다.

GDP는 평균 3만 8,371달러에 달해 명실 공히 세계경제를 주도하는 선진국 중심의 경제협력체라 하겠다.

OECD는 이러한 지위를 바탕으로 그동안 자본주의 시장경제체제를 창달하고, 자유민주주의를 유지하고, 발전시키기 위한 규약 및 규범 등을 마련하고 시행하는 데 선도적인 역할을 담당해 오고 있다.

OECD는 유엔이나 WTO처럼 모든 국가에 가입자격이 주어지는 것이 아니고, '개방된 시장경제', '다원적 민주주의', '인권존중'이라는 3대 가치를 공유하는(like-mindness) 국가들 중에서 기존 회원국의 추천을 통해 가입할 수 있다.

(2) 조직

OECD는 이사회(council)를 비롯하여 집행위원회, 특별집행위원회 및 각종 전문위원회 그리고 이들 활동을 지원하는 사무국 등으로 구성되어 있다.

가. 각료이사회(Ministerial Council Meeting)

이는 최고의사결정기구로서 연 1회 개최되며, 외교, 통상 및 경제장관 중심의 회원국 각료들이 이에 참석한다.

나. 상주대표이사회(Council at Permanent Representatives Level)

이는 OECD에 상주하는 각 회원국 대사들이 참석하는 정례이사회로 월 1회 이상 개최한다. 여기서는 주요 정책문제 토의, 기구 설립, 예산 승인 등 기구활동 전반에 걸쳐 최종적인 의사결정을 내린다.

다. 집행위원회

이는 이사회활동을 보좌하기 위해 설치된 보조기구로서 이사회 결정사항의 집행기관이며, 이사회 결정사항의 집행과 이사회 위임사항에 대한 결정을 위하여 월 1~2회 개최하며, 이사회에서 선출되는 14개국으로 구성되어 있다.

라. 특별집행위원회

이 역시 이사회활동을 보좌하기 위한 기구로서 주로 무역자유화와 통화제도 개혁방안 등의 문제를 다루며, 연 2회 모인다. 26개로 나누어진 전문위원회는 OECD 회원국 대표들의 실질적인 논의기구로 산하에 실무 작업반과 전문가그룹이 있다.

OECD는 26개 분야별 전문위원회 및 산하기구를 통하여 거시경제정책, 산업구조조정, 자유무역확대, 서비스거래 및 자본이동자유화, 외국인직접투자, 개발원조, 에너지 및 첨단기술개발, 농·어업부문 및 소비자보호 등 다양한 분야에서의 경제발전 및 경제협력증진방안을 활발하게 논의하고 있다.

(3) 성격

OECD는 자유시장경제, 다원적 민주주의, 인권존중을 이념으로 하여 회원국 상호 간의 정책조정 및 협력을 통해 회원국의 경제·사회발전을 모색하고, 나아가 개발도상국에 대한 경제지원을 강화함으로써 세계경제의 발전, 개도국의 건전한 경제성장,[33] 다자주의와 무차별주의에 입각한 세계무역의 확대에 노력하고 있다.

OECD는 협상을 위한 국제기구가 아니며,[34] 회원국 간의 상호 관심분야에 대한 정책협의 및 검토와 조정을 통하여 경제협력을 증진시키는 다자간 협의체 성격의 정부 간 경제기구다.

OECD는 WTO, EU, NAFTA 등과는 달리 강제성보다는 회원국 간 합의에 기초하여 운영되고 있고, 합의된 행동규칙은 회원국 간의 상호 압력을 통하여 이행토록 하는 것이 원칙이다.[35] 따라서 OECD의 의사결정은 다수결이 아닌 회

33) 경제발전에 관한 회원국의 지식과 경험을 개도국에 전수하는 것이 OECD의 중요한 기능 중 하나다.

34) OECD에는 기본적으로 협상이라는 것이 없다.

35) OECD의 가장 기본적인 활동은 정책토의다. 토의과정에서 각 회원국의 정책에 대한 상호 평가 및 건설적인 비판을 통해 보다 바람직한 방향으로 정책수립을 유도하게 된다. 이 과정

원국 전체의 '합의'(consensus)를 통해 만장일치로 이루어지고 있으며, WTO의 분쟁해결절차 등과 같은 결정사항의 불이행에 대한 강제적인 제재수단을 가지고 있지 않다. 특정 회원국이 반대하는 사항에 대해서는 어떤 결정이나 권고를 채택할 수 없다. 따라서 개별 회원국은 자국의 특수한 사정에 따라 특정 결정사항에 대해 그 적용을 면제받을 수 있다. OECD가 추구하는 가치 중에 가장 중요하다고 할 수 있는 것은 자유시장경제의 창달이라 하겠으며, 이에 동 기구에서는 정부의 규제나 간섭을 줄이는 데 많은 노력을 하고 있다. 여타 국제기구가 무역, 통화, 환경, 개발 분야 중 특정 분야만을 다루는 데 비해, OECD는 경제정책은 물론 에너지, 고용, 교육, 소비자보호 등 모든 경제·사회문제를 통합적으로 다루고 있다. 이에 OECD는 1960년대에 비관세장벽 철폐 및 반덤핑관세 인정, 1970년대에는 일반특혜관세, 서비스 금융자유화 등의 개념을 제기하는 등 자본주의 시장경제체제를 위한 국제규약의 제정을 선도해 왔다.

한편 세계무역질서를 주도하는 WTO의 출범으로 두 기구 사이의 역할 조정 문제가 새롭게 제기되고 있으며, 개발도상국과의 협력관계를 제고한다든가 최근 확산되는 지역주의가 배타적인 경제블록의 양상을 띠지 않도록 견제해야 하는 과제도 갖고 있다.

(4) 규범

OECD는 회원국들이 공동으로 준수하는 것이 필요한 의제의 경우 회원국들에게 적용할 목적으로 이에 대한 규범을 만든다. 이는 회원국의 의무내용을 구체적으로 규정하는 것으로 이사회의 의결을 거쳐 결정된다.

OECD 규범에는 효력의 강도와 적용 범위에 따라 '결정'(decision), '권고'(recommendation), '선언'(declaration), '협정'(arrangements), '약정(understandings) 및 지침' 등으로 나누어진다. 결정은 강제력이 있는 규범으로 회원국이

에서 '동료 간의 압력'(peer pressure)이라는 메커니즘이 작동하게 된다. 이러한 비판은 해당 회원국으로 하여금 정책을 개선하도록 하는 압력으로 작용하게 된다.

이를 반드시 이행해야 할 의무가 있고, 권고는 모든 회원국에 적용되지만 회원국들이 적절하다고 판단할 경우에 회원국에게 이행의 고려대상으로 제공되는 비구속적 규범이다. 선언은 일부 회원국과 비회원국의 고위 지도자들이 준수를 약속한 규범이며, 협정은 강제력이 있기는 하지만 일부 회원국만 구속하는 규범을 말한다.36)

OECD 규범은 '신사도'(gentlemanship)를 중시하는 자율적 준수원칙을 채택하고 있으므로 강제적 이행수단은 존재하지 않는다. OECD의 가장 대표적인 3대 규범으로는 '자본이동 자유화규약', '경상무역외거래 자유화규약', '국제투자 및 다국적기업에 관한 선언'이 있다.

(5) OECD의 대표적 규범

가. 양대 자유화규약

OECD는 보다 자유롭게 국가 간에 서비스 및 자본거래가 보장되는 환경을 조성하기 위하여 1961년 12월 OECD이사회의 결정사항으로 양대 자유화규약인 '경상무역외거래 자유화규약'(Code of Liberalization of Current Invisible Operation)과 '자본이동 자유화규약'(Code of Liberalization of Capital Movement)을 채택하였다.

경상무역외거래 자유화규약은 국가 간의 무역거래 및 서비스거래에 따른 대외지급 및 자금이전의 자유화뿐만 아니라 서비스의 국경 간 거래의 자유화를 포함하고 있다.

자본이동 자유화규약은 OECD의 성격을 가장 잘 나타내 주는 규범으로 직접투자, 부동산거래, 단기금융시장거래, 자본시장거래, 담보 및 신용, 외환거래, 파생금융상품거래 등 국가 간에 이루어지는 모든 형태의 자본이동에 관한 자유화를 내용으로 하고 있는 규범이다.

36) 2015년 4월 말 현재 효력을 갖고 있는 OECD의 총규범 수는 259개로 이는 결정 30개, 권고 186개, 선언 27개, 기타약정 및 지침이 16개 등으로 구성되어 있다.

OECD는 양대 자유화규약을 적용하는 데 있어서는 '점진적 자유화', '내국민대우', '무차별대우'의 세 가지 주요 원칙을 적용하고 있다.

점진적 자유화원칙이란 규제의 철폐를 전면적으로 하는 것이 아니라 각 회원국이 자국의 경제발전 정도 및 자유화 수용능력 그리고 현재 직면하고 있는 경제상황 등을 고려하여 점진적인 자유화를 추진하는 것이다. 따라서 각 회원국들은 각각의 자유화항목에 대해 자국의 경제상황에 따라 자유화 유보조치 혹은 적용면제조치 등을 취할 수 있다.

내국민대우원칙은 외국인의 국내시장 진입이나 일단 설립된 외국인 지배기업에 대한 처우 및 규제를 내국인이나 내국인 지배기업의 경우와 동등하게 부여하는 것을 의미한다.

무차별대우원칙은 한 회원국의 자유화조치는 여타 회원국의 자유화 허용 정도와는 무관하게 모든 회원국들에게 무차별적으로 적용되어야 함을 의미한다.

나. 국제투자 및 다국적기업관련 규정

OECD의 국제투자 및 다국적기업관련 규정에는 다국적기업과 관련된 전반적인 규범 및 외국기업에 대한 내국민대우관련 사항, 국제투자 및 인센티브 그리고 외국인 재산보호 등에 관한 여러 규정들이 포함되어 있다.

우선 '국제투자 및 다국적기업에 관한 선언'에는 외국인투자기업의 중요성 및 국가 간 협력증대의 필요성을 강조한다. 이에는 다국적기업에 대한 일반 지침, 내국민대우, 투자규제 및 인센티브, 회원국들 간의 협의절차, 정기적인 규정의 재검토에 관한 내용이 포함되어 있다.

'다국적기업 지침에 관한 이사회 결정'에는 국가별 연락 창구의 설치와 국제투자 및 다국적기업위원회의 전반적인 역할, 그리고 다국적기업에 적용되는 각국 법령의 조화문제를 해결하기 위한 구체적 방안이 포함되어 있다.

'국제투자의 유인 및 규제에 관한 이사회 결정'에서는 투자흐름을 왜곡시키는 회원국의 투자규제 및 인센티브를 최소화시키기 위한 구체적 방안 등이 제시되고 있다.

(6) 뇌물방지협정

뇌물수수가 무역과 투자를 포함한 모든 국제상거래에 만연해 있어 이것이 심각한 도덕적 · 정치적 우려를 야기하며, 올바른 국가경영과 경제개발을 저해할 뿐만 아니라 공정한 경쟁을 저해하고 있다. 따라서 모든 국가들은 국제상거래상의 뇌물수수를 척결하기 위하여 국제상거래과정에서 외국공직자에 대한 뇌물공여를 억제하고, 방지하고, 척결하기 위한 조치를 취하여야 한다는 것이다. 그러나 사실 이 문제가 논의되게 된 중요한 배경은 미국은 해외부패관행법에 의해 미국기업의 외국공무원에 대한 뇌물공여를 불법화하고 있는 데 반해, 여타 국가들은 이러한 법률을 가지고 있지 않아 미국기업들이 국제입찰 등의 상거래에서 불리한 처지에 놓여 있다는 주장이 제기됨에 따라 미국 행정부가 이 문제를 적극 제기한 데 따른 것이라 할 수 있다.

이 협정의 핵심적 내용은 각국의 외국공무원에 대한 뇌물공여를 범죄행위로 규정하고, 이러한 범죄행위를 형사처벌해야 한다는 것이다. 국내정부관리에 대한 뇌물공여행위를 뇌물죄로 형사처벌하고 있는 것과 마찬가지로 외국공무원에 대한 뇌물공여행위도 같은 차원에서 처벌해야 한다는 것이다. 이 협정은 국제상거래에 있어 어떤 이득을 취하기 위해 외국의 공무원들에게 부당한 보수나 여타 이권을 제공하거나 제의 · 약속하는 모든 행위를 처벌대상으로 삼고 있다. 뇌물을 제공한 자연인뿐만 아니라 이에 대해 책임이 있는 법인에 대해서도 처벌하며, 해외에서 이루어지는 뇌물공여행위의 경우에는 이의 효과적인 수사 및 기소를 위해 국가 간 포괄적인 사법공조 및 범죄자 인도를 규정하고 있다.

(7) 개발원조위원회(DAC)

DAC(Development Assistance Committee)는 OECD에 속해 있는 공적개발원조(ODA : Official Development Assistance)를 제공하는 국가들의 대표적인 협의

체로서 미국, 일본, 영국, 한국 등 24개 회원국으로 구성되어 있으며, 전 세계 ODA의 90% 이상이 이 기구에서 수행되고, ODA와 관련된 중요한 정책이나 규범도 대부분 여기에서 만들어지고 있다.[37)]

공적개발원조란 선진국이 개도국이나 저개발국의 복지향상과 경제개발을 돕기 위해 공여국으로부터 수혜국으로 전달되는 다양한 형태의 물자, 기술, 증여, 양허성 차관 등을 말한다.

DAC 회원국 전체의 ODA/GNI 평균은 0.31%로, 유엔 권고비율인 0.7%의 절반에도 미치지 못하고 있다. 주요 국가별로 그 공여비율을 살펴보면 스웨덴 1.12%, 노르웨이 1.06%, 덴마크 0.88%, 영국 0.52%, 프랑스 0.46%, 독일 0.35%, 호주 0.29%, 미국 0.2%, 일본 0.18%, 한국 0.10%로 북유럽국가들의 비율이 압도적으로 높다.

한편 공적개발원조보다 포괄적인 개념으로 '국제개발협력'이라는 개념이 있는데, 이는 공적개발원조를 비롯하여 기타공적자금, 수출신용, 민간투자와 같이 다양한 협력방식을 통하여 국제사회가 공동으로 개발도상국의 경제·사회 발전을 촉진하는 활동을 말한다. 국제개발협력의 역사는 제2차 세계대전 직후 지구촌의 안녕과 번영을 위해 전쟁피해국 및 신생독립국의 재건을 지원해야 한다는 인식이 확산되면서부터 본격화되었다.

국제개발협력에 사용되는 개발재원은 '공적개발원조', '기타공적자금', '민간자금의 흐름', '민간증여'로 구분되며, 지원형태의 측면에서는 무상원조와 유상원조로 구분된다. 무상원조인 증여는 상환조건 없이 제공되는 현금, 물자 및 서비스를 말하며, 채무변제, NGO지원, 원조사업 시행 시 수반되는 특정 비용 등도 증여에 속한다. 유상원조인 차관은 수혜국이 지원받은 현금이나 물자에 대해 채무를 지게 되는 것을 의미한다. 양허성 차관은 이자율, 상환기간, 거치기간 면에서 일반융자와 비교하여 차입국에 유리한 조건의 차관이며, 특히 증여율이 25%를 상회할 경우 ODA로 계상된다.

37) 우리나라는 2010년 24번째 회원국으로 가입하였고, 이로써 우리나라는 원조를 받는 나라에서 주는 나라로 변신한 세계 최초의 나라가 되었다.

이와 같이 선진국이 ODA에 적극적으로 나서고 있는 이유로는 첫째, 피지원국이 대부분 자원부국이어서 선진국의 자원 확보 차원에서 필요하고, 둘째, 빈곤으로 인한 테러나 전쟁의 위협을 줄일 수 있어 세계평화에 기여할 수 있고, 셋째, 국제사회에서 선진국의 영향력을 키우고 아울러 국격을 높일 수 있기 때문이다.

4 세계무역기구(WTO)

(1) 개요

최근 세계적으로 상품교역뿐만 아니라 서비스교역, 자본거래도 활발히 이루어지고 있다. 그리고 다국적기업을 중심으로 세계화가 빠르게 진행되고 있는 반면, 주요 경제권을 중심으로 하는 지역경제통합이 크게 확산되고 있다. 이러한 세계교역질서의 변화과정에서 만약 세계적으로 자유롭고 공정한 국제통상의 규범이 제대로 확립되어 있지 않으면 국가 간에 경제적 마찰과 분쟁이 급증할 것이고, 이것들이 원활히 해결되지 못하면 국가 간의 교역이 위축될 가능성이 크다. 이러한 관점에서 현재 가장 포괄적으로 국제통상질서와 규범을 관장하고 있는 기구가 WTO(World Trade Origanization)다. 2019년 11월 현재 회원국은 164개이며 본부는 스위스 제네바에 있다.

1995년 1월에 출범한 WTO는 제2차 세계대전 후의 세계무역질서를 이끌어 나가기 위하여 1947년에 출범한 GATT를 발전적인 차원에서 계승한 국제경제기구로서 다자간 무역체제의 확립을 통해 전 세계적으로 자유무역을 확대하고, 국가 간 공정한 무역질서를 조성하는 역할을 담당하고 있다. WTO가 주도하고 있는 다양한 규범들은 최근에 전개되고 있는 세계경제 및 통상환경의 변화를 반영하여 그것이 포괄하는 범위가 한층 확대되고, 무역분쟁의 해결능력도 크게 강화되었으며, 앞으로도 새롭게 등장하는 이슈들을 반영하여 변화해 나갈 것으로 보인다. 그러나 최근 전 세계적으로 양자 또는 지역통상협정이 증대되고, 미국 행정부의 WTO에 대한 부정적인 태도로 인해 국제통상에서의 WTO의 위상이 점차 약화되고 있는 모습을 보이고 있다.

(2) WTO의 조직

WTO는 크게 각료회의와 일반이사회로 구성되어 있다.

가. 각료회의

이는 WTO의 최고의사결정기구로서 상설적인 기구는 아니나 최소한 매 2년마다 모든 회원국의 통상담당 각료들이 협의를 통해 주요 사안들을 결정한다. 각료회의 산하에 상설적으로 운영되고 있는 일반이사회가 각료회의의 결정을 집행한다.

나. 일반이사회

일반이사회는 상품교역이사회, 서비스교역이사회, 무역관련 지식재산권이사회로 구성되어 있으며,[38] 각 이사회는 해당 분야와 관련하여 이미 제정된 다자간 통상규범을 관리하고, 각국의 자유화 약속의 준수를 감독하며, 각료회의가 개최되지 않는 동안 각료회의의 기능을 대신하며, 연중 수시로 개최된다.

WTO는 이러한 이사회 및 산하 위원회를 통해 새롭게 등장하는 통상 이슈에 대해 다자간 규범을 제정하기 위한 협상을 주도해 나간다. 그리고 WTO는 새롭게 등장하고 있는 통상 이슈들이 무역자유화에 합치되는 방향으로 다자간 무역규범을 정립하는 데 주도적인 역할을 수행하고 있다.

다. 사무국

사무국은 각료회의 산하 각 기구의 활동을 지원하며 의사결정권은 없다.

---

38) 이 밖에 각종 위원회, 작업반 등이 활동하고 있다.

(3) GATT의 발전과 WTO의 출범

제1차, 제2차 두 차례의 세계대전을 거치면서 각국이 보호주의를 채택하면서 세계경제는 크게 위축되었다. 제2차 세계대전이 끝나갈 무렵 전간기 동안의 각국의 보호주의의 확산이 모든 국가에 바람직하지 못하다는 공감대가 형성됨에 따라 미국, 영국을 중심으로 제2차 세계대전 이후의 새로운 세계무역질서를 담당할 국제기구를 모색하게 되었다. 그 결과로서 1944년 7월 브레튼우즈체제가 출범하게 되었고, 1947년 10월 스위스 제네바에서 개최되었던 다자간 관세인하협정이 종료되자 참가국들은 '관세 및 무역에 관한 일반협정'(GATT : General Agreement on Tariffs and Trade)을 발효시키게 되었다.

GATT는 처음부터 잠정협정으로 출발하였기에 국제기구로 간주되지 않아[39] 정식 출범을 하지 못하고, 협정문의 형태로 그 역할을 대행하게 되었다. 이후 정식 국제기구로 변신하려는 노력을 거듭하였으며, 1995년 1월 WTO로 확대·개편되면서 비로소 정식 국제기구로 변신하게 되었다.

제2차 세계대전 후 새로운 세계무역질서를 모색하는 과정에서 논의된 의제는 크게 세 가지였다. 첫 번째 의제는 국제무역기구(ITO : International Trade Organization) 설립에 관한 것이었고, 두 번째 의제는 관세인하협정에 관한 것이었다. 이는 제2차 세계대전 이전에 각국의 보호무역으로 인하여 지나치게 높아진 관세수준을 신속히 낮출 필요가 있었으며, 이에 1947년 4월부터 제네바에서 23개국이 참가한 가운데 관세인하협상이 이루어졌으며, 그 결과 1948년 1월에 협정이 발효되었다. 그리고 세 번째 의제는 관세와 관련된 각종 규정들을 만드는 것이었다. GATT는 두 번째, 세 번째 의제의 논의결과를 결합

39) 원래는 정식기구로 ITO를 설립하는 것이었으나 미국 상원에서 이를 거부, 이에 따라 ITO를 설립하는 협정과 같은 정도의 상원의 지지를 요구하지 않는 차선의 조직으로서 GATT가 채택되었다. 이러한 의미에서 GATT는 협정에 불과할 뿐 정식 국제기구는 아니었다. 따라서 GATT규정은 법적 구속력이 미약했을 뿐만 아니라 만장일치라는 의사결정방식으로 운용되었기 때문에 국가 간의 무역분쟁을 해결하는 힘이 원초적으로 약할 수밖에 없었다. 이러한 한계로 GATT는 어느 가맹국이 부당한 행위를 하더라도 선언적 결의나 권고조치를 하는 데 그치는 등 실질적인 제재수단을 가질 수 없었다.

하여 제네바협상에 참가한 23개국을 최초의 가입국으로 하여 출범하게 된 협정이다.

앞서 언급한 바와 같이 GATT는 국제경제기구라기보다는 일반적인 협정문에 불과하였다. 그러나 GATT가 비록 출발은 협정문의 형태로 시작되었지만 이후 관련 업무가 확대되면서 사무국을 비롯하여 총회, 이사회, 각종 위원회 등을 그 산하에 설치함으로써 사실상의 국제무역기구로서 IMF와 함께 세계경제질서를 주도하여 오면서[40] 지속적인 관세인하, 비관세장벽의 완화, 무역규범의 확립을 통해 세계무역을 확대하는 데 크게 기여하였다. 그러나 1980년대에 들어서 개발도상국들이 크게 성장하고, 다국적기업의 활동이 활발해지면서 전통적인 상품무역뿐만 아니라 세계무역에서 차지하는 비중이 급격히 증대되고 있는 서비스나 지식재산권, 농산물, 섬유 등의 개방에 관한 논의가 활발하게 제기되었다. 아울러 제2차 석유파동으로 인한 세계적인 경기침체, 미국의 만성적인 거대한 경상수지적자, 비관세장벽의 확산 및 남용,[41] 지역주의의 고조 등 신보호무역주의 경향이 세계 전역으로 확산되어 세계교역질서가 문란해졌다. 이로 인해 GATT를 중심으로 하는 기존의 다자간 교역체제로는 이러한 보호무역주의나 차별적인 지역주의를 효과적으로 규율하지 못하고, 새로운 국제무역의 구도 변화를 충분히 반영하지 못하여 신뢰성이 저하되고, 동시에 새로운 통상문제를 다루는 데 있어 GATT의 한계점이 노정되었다.

이러한 배경하에 만성적인 무역수지적자에 허덕이던 미국은 무역장벽을 완화하고, 새로운 분야의 국제규범을 정립할 새로운 다자간 무역협상을 추진할 것을 제기, 1980년대 초부터 새로운 다자간 무역협상의 필요성이 논의되기 시작하였다. 이후 지속적인 협의를 거쳐 1986년 9월, 우루과이의 '푼타 델 에스테'에서 개최된 GATT 각료회의에서 GATT체제를 보완하고, 발전시키기 위해 새로운 다자간 무역협상을 개시하게 되었다. 결국 7년여의 오랜 협상과정을

40) 우리나라는 1967년에 GATT에 가입하였다.

41) 다자간 규범의 적용을 교묘하게 회피하는 각종 조치를 우리는 일명 '회색지대조치'(Grey Area Measures)라 부른다.

거쳐 1994년 4월 2일 모로코 마라케시에서 개최된 각료회의에서 우루과이라운드가 타결되어 1995년 1월 1일 WTO체제가 공식적으로 출범하게 되었고, 이에 따라 세계적으로 교역자유화에 대한 모든 논의와 협상을 수행하기 위한 상설기구가 마련되었다.[42)]

(4) 다자간 교역체제의 원칙

WTO에 의해 운영되는 교역체제를 우리는 다자간 교역체제라 부른다. WTO는 공산품에 관한 관세협정, 농산물협정, 서비스협정 등 많은 협정들을 가지고 있는데, 이들 모든 협정의 근저에는 다음과 같은 몇 가지 기본적인 원칙이 있다.

가. 차별 없는 교역

여기서 말하는 차별은 두 가지 측면에서의 차별을 의미한다. 첫 번째가 교역상대국 간의 차별이고, 두 번째가 자국제품과 외국제품 간의 차별이다. 첫 번째 의미와 같은 차별을 해서는 안 된다는 원칙을 '최혜국대우'(MFN : Most Favored Nation Treatment)원칙이라 한다. 이는 어느 특정 회원국에 주어지는 최상의 혜택이 아무런 조건 없이 다른 모든 회원국들에게도 똑같이 부여되어야 한다는 것이다. 이는 GATT협정문 제1조에 명시되어 있으며, GATT의 가장 핵심적인 교역원칙이라 할 수 있다. 두 번째 의미와 같은 차별을 해서는 안 된다는 원칙은 '내국민대우'(NT : National Treatment)원칙이라 한다. 내국민대우원칙이란 자국산 상품과 유사한 외국상품이 일단 국내시장에 수입이 되면, 이를 자국산 상품과 동등하게 취급해야 한다는 것이다.[43)] 여기서 유의하여 할 점은 국내시장에 반입되기 전 자국의 세관에서 외국상품에 대하여 관세를 부과하는 것은 내국민대우원칙을 위반하는 것은 아니다. 내국민대우원칙은

42) GATT는 우루과이라운드에서 GATT1994로 개정되었으며, 1995년부터 업무를 시작한 세계무역기구하에서도 상품교역에 관한 규범으로 계속 존속하고 있다.

43) 이 원칙은 모든 상품에 대해 적용되지만 서비스의 경우에는 회원국 간의 협상결과에 따라 특정 분야에 대해서만 적용된다.

GATT협정문 제3조에 명시되어 있다.

한편 최혜국대우의 경우 적용의 예외가 있는데, 후술할 지역무역협정의 경우와 일반특혜관세의 경우다. 지역무역협정의 경우 GATT 제24조에 의거, 비회원국에 부과되는 보호수준이 지역무역협정을 맺기 전의 보호수준보다 높지 않을 경우에 한하여 허용된다.

나. 안정성과 예측가능성

WTO의 또 하나의 교역원칙은 가맹국은 예측가능하고, 안정적인 시장접근을 보장해야 한다는 것이다.

상대국들에게 '양허'를 통해 무역장벽을 더 이상 높이지 않겠다고 약속하는 것은 상대국 기업들이 미래의 사업기회에 대해 보다 정확한 전망을 가능하게 해주므로 이는 교역장벽을 낮추는 것만큼이나 중요하다 할 수 있다. 관세협상에서 양허세율은 어느 수준 이상으로는 높이지 않겠다고 약속한 세율로서 타 회원국에게 약속한 최고세율을 의미하며,[44] 서비스협정에서 양허란 일정수준 이상의 규제를 하지 않겠다고 상대방에게 약속을 하는 것이다.

GATT 제2조에 명시되어 있는 '수량제한의 금지' 역시 안정성과 예측가능성이라는 원칙에 근거한 것이다. 이는 수입을 규제하는 방식으로서 수입물량을 직접 규제하는 수입쿼터를 사용해서는 안 된다는 것이다. 왜냐하면 수입관세와 같은 가격기능에 의한 수입제한이 수량규제보다 훨씬 예측가능하고 안정적이기 때문이다.[45]

한편 WTO는 회원국으로 하여금 관세 및 시장개방일정에 대하여 양허일정을 밝히도록 하고, 무역정책검토제도 및 각종 통보의무 부여 등을 통해 각국의

44) 만약 양허를 하지 않는다면 이는 해당 품목에 대해 마음대로 관세율을 높일 수 있다는 것을 의미한다.

45) 이에 부합하기 위한 노력의 일환으로 우루과이라운드협상에서는 농산물분야의 수많은 비관세장벽을 거의 모두 관세화하였으며, 관세부과가 불가능한 서비스 및 투자관련분야에서도 모든 규제조치의 최고수준을 WTO에 약속하도록 하고, 그 이상의 규제조치는 하지 못하도록 규정하였다.

관행 및 절차의 투명성을 제고시키고 있다. 이 또한 안정적이고, 예측가능한 교역환경을 마련하기 위한 것이라 할 수 있다.

다. 공정한 경쟁의 촉진

WTO는 공정한 경쟁을 촉진하고, 무역분쟁을 해결하기 위한 중재 역할을 수행한다. WTO는 자유무역을 추구하지만 관세를 인정하고, 제한적인 경우 관세 외의 다른 형태의 보호도 허용한다는 의미에서 개방적이며, 공정한 경쟁을 촉진하는 기구라 하겠다. WTO의 무차별주의 또한 공정한 경쟁을 확립하기 위해 만들어진 것이다.

정부가 수출기업에 보조금을 주는 것은 공정한 경쟁의 정신을 위반하는 것이다. 따라서 WTO의 보조금협정에서는 공정한 경쟁을 저해하는 보조금의 공여를 금지하고 있다. 수출기업의 덤핑행위 역시 공정한 경쟁을 위반하는 것이다. 따라서 해당 수입국가가 덤핑수출을 한 기업에 대해 제재를 가하는 것에 대해 WTO는 전혀 관여하지 않는다. 이외에도 WTO협정에는 공정경쟁을 촉진하기 위한 다양한 규정들이 있는데, 농산물협정, 지식재산권협정, 서비스협정, 정부조달협정 등이 그 대표적인 예이다.

라. 경제개발 및 경제개혁의 장려

WTO는 경제개발과 국내경제개혁을 장려한다. WTO의 전 회원국 중 개도국 및 시장경제체제로 전환한 국가들이 3/4 이상을 차지하고 있다. 이들 국가들도 대부분 무역자유화를 추진하고 있으나 WTO는 이들 국가들의 경제적 여건을 고려하여 개도국들이 WTO협정의 의무를 이행할 수 있을 때까지 원활한 적응을 위하여 그들이 이행하여야 할 자유화의 속도에 유연성을 부여하고 있다. 특히 개도국들 중에서도 소득수준이 대단히 낮은 최빈개도국에 대해서는 더욱 큰 자유화 속도의 유연성을 부여하고 있다. 또한 WTO는 선진국들이 최빈국으로부터의 상품수입에 대해 관세를 면제하거나 수입쿼터로 제한하지 않도록 하고 있는데, 이는 WTO의 개도국, 특히 저개발 국가들의 경제개발이나 국내경제개혁을 지원하기 위한 조치라 할 수 있다.

(5) GATT체제하의 다자간 무역협상 추이

국가 간의 무역분쟁은 분쟁 당사국 간에 무역협상을 통하여 해결될 수 있는데, 이들 간에 이루어지는 무역협상을 '양자 간 무역협상'(bilateral trade arrangement)이라 한다. 그러나 양자 간 무역협상은 사안에 따라 개별적으로 이루어지고, 당사자들 간의 이해가 상충되어 그 해결이 쉽지 않다. 아울러 많은 상대국들과 일일이 개별적인 협상을 하여야 하는 번거로움도 따른다. 이에 따라 동시에 많은 국가들이 같이 참여하는 무역협상을 필요로 하게 되었는데, 이를 우리는 '다자간 무역협상'(multilateral trade arrangement)이라고 한다.

[표 7-2]에서 보는 바와 같이 그동안 GATT체제하에서 다자간 무역협상은 1차 제네바라운드를 시작으로 8차 우루과이라운드에 이르기까지 총 8차례에 걸쳐 이루어졌다.

[표 7-2]에서 보는 바와 같이 그동안의 다자간 무역협상은 횟수를 더할수록 협상기간이 길어지고, 양허[46]품목 수도 확대되었다. 이는 그만큼 다자간 협상

표 7-2 GATT체제하의 다자간 무역협상

횟수	명칭	기간	참가국 수	양허품목 수	관세인하율(평균)
1	제네바	1947	23	46,000	–
2	안시	1949	13	5,000	–
3	토키	1950~51	38	8,700	–
4	제네바	1955~56	26	3,000	–
5	딜론	1960~61	26	4,000	7%
6	케네디	1964~67	62	30,300	35%
7	도쿄	1973~79	102	250,000	33%
8	우루과이	1986~94	123	263,735	33%

자료 : 김관호, p.378에 게재된 표를 재인용함

46) '양허'(concession)란 각 회원국이 각 제품별로 관세율을 일정수준 이상으로 올리지 않겠다

의 횟수를 더할수록 협상의제가 복잡해지고, 가맹국들 간의 이해관계 역시 다양해졌기 때문인 것으로 보인다.

제1차 제네바라운드에서 5차 딜론라운드까지는 20여 개의 선진국 간에 공산품분야에서의 관세인하협상만이 이루어졌다. 제6차 케네디라운드에서는 개발도상국들이 본격적으로 다자간 협상에 참여하기 시작하였고, 이때는 관세인하협상뿐만 아니라 반덤핑협정이라는 새로운 협정을 만들어내는 등 비관세장벽에 관한 최초의 논의가 있었으며, 관세인하협상에서 관세인하를 제외할 품목을 합의한 후 관세율수준에 관계없이 일정한 비율로 관세를 일괄적으로 인하하는 '일괄인하방식'(across-the-board)이 도입되었다. 제7차 도쿄라운드에서는 관세인하뿐만 아니라 비관세장벽에 대해서도 전반적으로 검토를 하였고, 이를 규제하기 위한 광범위한 협상이 이루어졌다. 그러나 무엇보다도 GATT체제하에서 가장 중요했던 협상은 제8차 우루과이라운드였다.

우루과이라운드는 117개국이 참여한 대규모 협상이었고, 협상기간이나 참여국뿐만 아니라 그 내용에 있어서도 과거의 그 어떤 협상과도 비교되지 않을 정도로 광범위한 분야에서 협상이 이루어졌는데, 그중 특기할 만한 내용들은 다음과 같다.[47)]

첫째, 농산물과 섬유라는 민감한 품목을 협상의 대상에 포함시켰다. 즉 과거 GATT체제 밖에 있었던 이들 품목들을 GATT체제 안으로 끌어들였다. 이에 따라 농산물에 대한 쿼터의 제거와 관세화로 농산물에 대한 시장접근을 개선하였고, 개발도상국들의 선진국으로의 섬유수출에 대하여 수입쿼터를 부과하는

고 약속(committment)하는 것을 말한다. 이렇게 약속된 관세율을 우리는 '양허세율'이라 한다. 양허세율은 타 회원국에게 약속한 최고세율을 의미한다. 따라서 양허세율은 실제 당사국들 간에 적용하는 실행관세율과 반드시 일치하지 않으며, 더 높을 수도 있다.
다자간 무역협상에서 관세인하협상은 실행세율을 놓고 협상하는 것이 아니고, 양허세율을 놓고 협상하는 것이다. 즉 어떤 품목에 대해 양허를 할 것인가 양허한 품목에 대해 양허세율을 얼마나 낮출 것인가를 놓고 협상을 한다. 이와는 달리 지역무역협정에서는 협상대상이 양허세율이 아니고, 실제 적용되는 실행세율이다.

47) 우루과이라운드협상은 관세 및 비관세장벽을 낮춤으로써 많은 분야에서 시장접근을 개선하였고, 공산품에 부과되는 관세는 1/3 이상을 경감시켰다.

다자간 섬유협정(MFA : Multi-Fiber Arrangement)의 점진적인 철폐에 합의하였다.

둘째, 세계교역에서 중요성이 급격히 증대되고 있는 운송, 회계, 정보, 관광, 금융, 보험, 통신, 컨설팅 등과 같은 서비스교역을 협상의 대상에 포함시켰다. 즉 서비스분야를 다루는 협정을 제정하고, 서비스의 교역자유화를 위해 이의 교역장벽을 완화하는 협상을 진행하였고, 이로써 서비스분야에서의 시장접근을 크게 제고하였다.[48]

셋째, 그동안 보호무역수단으로 남용된 사례가 많았던 반덤핑, 보조금협정 등은 원래 원하는 국가들만이 참여하는 복수국가협정으로 만들어졌으나 이를 모든 회원국들이 참여하는 다자간 협정으로 전환하여 이것에 대한 규율을 더욱 강화하였다.

넷째, 이전의 다자간 무역협상에서 다루어지지 않았던 지식재산권보호조치, 외국인투자 등의 새로운 이슈들이 다루어졌다.

다섯째, GATT체제 내에서의 무역분쟁을 해결하기 위한 절차보다 훨씬 투명한 절차를 마련하고, 교차보복을 허용하는 등 무역분쟁의 해결을 위한 신속하고 강력한 제재조치를 마련하였다.

여섯째, WTO가 창설되었으며, 이를 통해 다자주의적 무역질서가 정착될 수 있는 기반이 마련되었다.

이렇듯 우루과이라운드는 다자간 교역체제의 강화와 세계적인 교역자유화의 확대를 통해 세계경제의 블록화와 보호무역주의 추세를 완화시키고, 이를 통하여 세계경제의 성장에 기여할 수 있는 계기를 마련하였다.

48) 미국의 제조업이 비교우위를 상실함에 따라 GATT를 실질적으로 주도해 온 미국은 그들이 비교우위를 가지고 있는 서비스무역의 확대를 통해 만성적인 무역적자를 개선하고자 하였다.

(6) WTO의 특징

상품분야의 일부분만을 다루었던 과거의 GATT와는 달리 WTO에서는 상품, 서비스, 지식재산권 등의 광범위한 분야를 다루고 있다. 상품분야에서도 일부 회원국 간에만 적용되었던 과거의 도쿄라운드협정 9개 중 5개를 다자화하고, GATT체제 밖에 있었던 농산물, 섬유 등을 GATT체제 내에서 협상을 하도록 하였고, 원산지규정, 선적 전 검사, 동식물 위생규정 등 기존의 GATT체제를 보완할 수 있는 규정들을 새로 만들어 상품분야에서의 무역관련제도와 규정을 대폭 개선하였다. 뿐만 아니라 상품분야의 무역규범에 대칭되는 서비스분야의 무역규범이 새로이 제정되어 WTO의 또 하나의 축을 구성하게 되었으며, 지식재산권분야 역시 WTO의 주요한 분야의 하나로 부각되었다.

그리고 WTO는 또한 보다 통일되고 체계를 갖춘 분쟁해결절차를 통해 그 위상이 한층 강화되었다. 과거 GATT체제에서는 상설분쟁기구가 없었기 때문에 국가 간 분쟁이 발생할 시 권고조치에 그치던 것을 실질적으로 분쟁을 해결하기 위하여 일반이사회 산하에 상설기구인 분쟁해결기구(DSB : Dispute Settlement Body)를 신설하였다. 이에 따라 WTO는 모든 회원국에 일률적으로 적용되는 하나의 틀에 따라 회원국 간의 무역분쟁과 마찰을 효과적으로 조정해 나갈 수 있게 되었다.[49] 만약 양국 간에 분쟁이 발생할 경우에는 반드시 분쟁해결기구의 패널에 의하여 조정되도록 하였다.[50] 특히 분쟁해결의 단계별로 그 절차가 보다 명확하고 체계적으로 정의되었고, 분쟁해결에 소요되는 시간이 대폭 축소되었으며, 한 회원국의 찬성만으로도 판정결과가 자동적으로 채택되도록 하

49) 기존의 GATT체제에서는 분쟁해결규정이 GATT협정상의 여러 조항에 분산되어 있었고, 절차상 명확한 기간을 설정하지도 않았다. WTO체제에서는 그러한 규정들을 하나로 통합하는 동시에 그 운영을 일반이사회 산하의 분쟁해결기구로 일원화함으로써 분쟁해결의 일관성을 유지하는 동시에 그의 기능을 대폭 강화하였다. 그러나 트럼프 행정부 출범 이후 미국이 국익을 앞세워 WTO로부터의 탈퇴를 불사하겠다는 압력을 가하면서 이러한 WTO의 분쟁해결 기능을 무시하면서 WTO의 분쟁해결기능이 점차 퇴색되고 있다.

50) 어느 국가도 분쟁해결기구에 의하지 않고서는 협정 위반에 대한 판결을 내릴 수 없으며, 일반적인 무역조치는 더욱 허용되지 않는다.

였고, 분쟁기구의 결정사항이 용이하게 집행될 수 있도록 피해국에서 교차보복의 조치를 취할 수 있게 하였다.

또한 WTO는 그 산하에 무역정책검토기구(Trade Policy Review Body)를 두고 모든 회원국의 전반적인 무역제도에 대한 투명성을 제고하기 위해 모든 회원국의 무역정책을 평가하는 기능을 부여하고 있다. 이와 같은 무역정책검토제도는 WTO 회원국의 무역정책과 관련 제도 및 관행 전반에 대한 이해를 제고하고, 사전적으로 무역분쟁의 발생가능성을 예방하는 역할을 수행함으로써 궁극적으로 WTO를 중심으로 다자간 무역체제를 강화하는 것을 목표로 하고 있다.[51)]

그러나 중국의 무역왜곡정책에 대한 WTO의 통제실패, 만장일치제로 인한 WTO규범의 제·개정에 대한 협상 부진, 분쟁해결기구의 상소기구 위원들이 월권을 일삼고 있다며 결원 보충을 미루고 있는 미국,[52)] 회원국들의 모니터링 기능 악화 등이 불씨가 되어 최근 WTO의 개혁 논의가 본격화되고 있다.

(7) 주요 협정의 내용

WTO에 의해 운영되는 많은 협정들이 있다. 물론 이 중에서 가장 핵심적인 협정은 일반공산품에 대한 관세인하협정이라 할 것이다. 그러나 이는 과거의 다자간 협정에 비해 특별히 다른 것이 없으므로 이하에서는 우리가 새롭게 관심을 가져야 할 몇 가지 중요한 협정들에 대하여 살펴보도록 하자.

가. 농산물협정

농산물교역에 있어서는 수입쿼터와 같은 비관세장벽이 허용되고, 수출보조금의 지급을 가능케 함으로써 GATT체제 내에서의 농산물교역은 많은 문제점

51) 미국과 일본, EU, 캐나다 등 4대 교역국은 2년마다, 교역규모가 5위에서 20위까지의 16개국은 4년마다, 그리고 나머지 국가들은 6년마다 그들의 무역정책을 평가받도록 되어 있다.

52) 미국은 WTO의 만장일치 운영방식을 이용해 상소위원 선임이나 연임을 거부하면서 상소기구를 고사시키는 전략을 펴오고 있다.

을 가지고 있었다. 농산물협정의 목적은 이러한 농산물교역의 문제점들을 해결하고, 이에 대한 정책을 보다 시장지향적으로 만드는 것이었다.

농산물협정은 우루과이라운드협상 결과 출현한 협정으로서 이 협정이 담고 있는 주요 내용은 농산물분야에서의 시장접근의 확대, 농산물가격 지지, 그리고 농가의 소득을 보장하는 농산물 보조금 감축에 관한 것이었다.

우선 농산물분야에서의 시장접근의 확대는 '관세화', '관세인하', '최소시장접근'이라는 방법을 통하여 이루어진다. 관세화란 그동안 농산물분야에 만연했던 수입물량규제를 이들과 비슷한 보호수준에 '상응하는'(equivalent) 관세로 전환하라는 것이다.[53] 다만 당장 관세화하기 어려운 일부 농산물에 대해서는 일정기간 동안 관세화를 유예해 주었다.[54]

관세인하는 공산품과 마찬가지로 농산물의 경우도 관세율을 점진적으로 낮추어 나간다는 것이다.

최소시장접근(minimum market access)이란 수입이 극히 미미한 품목의 경우에는 최소한 수입해야 하는 물량을 정해야 한다는 것이다. 이러한 품목에 대해서는 1986~1988년 기준, 국내소비량의 3% 이상을 최소한 의무적으로 수입해야 하고, 2004년까지 이를 5%까지 확대하도록 하였다.

농산물 보조금 지급은 국내농산물가격을 지원하거나 농산물 생산에 보조금을 부여함으로써 국내의 과잉생산을 초래하여 외국으로부터 농산물의 수입을 줄이거나 수출보조금을 통하여 자국산 농산물을 값싸게 수출하여 세계시장에서 농산물 덤핑을 초래한다.

보조금 감축의 대상은 국내생산보조금과 수출보조금 모두에 해당하는데, 생

53) 이는 농산물의 수입을 규제하고자 할 때 오직 관세를 통해서만 규제하라는 것이다.

54) 우리나라는 당시 개도국으로서 특별대우를 인정받아 20년 동안 쌀의 관세화를 유예받아 최소시장접근에 입각하여 국내소비량의 일정비율만 의무적으로 수입해 왔다. 그러나 2015년 1월부터 쌀 관세화의 유예가 종료되어 외국으로부터의 쌀수입에 대하여 기존의 의무수입물량에 대해서는 5%의 관세를 부과하고, 그 이상 추가되는 수입물량에 대해서는 513%의 수입관세를 부과하고 있다. 그러나 우리나라는 미국의 압력에 의해 2019년 10월 25일 WTO 개도국 지위를 포기하면서 농산물에 대한 수입관세를 낮추고, 농업에 대한 보조금을 폐지하여야 함으로써 우리나라 농업에 대한 타격이 불가피할 것으로 보인다.

산보조금의 경우 생산을 직접 장려하는 보조금과 생산에 직접 영향이 없는 것으로 인정되는 보조금으로 구분하여 전자의 경우에 한해 의무적으로 감축을 하여야 한다. 그러나 연구개발, 병충해 구제, 기간시설, 농가소득 직접 보조, 농업구조개선과 관련된 보조금은 허용된다.

나. 서비스협정

서비스는 은행, 보험, 운송, 컨설팅, 정보통신, 여행, 회계, 법률 등 그 형태가 대단히 다양하다. 그리고 세계산출량의 2/3, 세계고용의 1/3, 세계교역의 20%를 차지하며, 세계경제에서 가장 빠르게 성장하고 있는 분야이기도 하다.

1980년대 이후 서비스교역이 상품교역보다 급속히 성장하였음에도 불구하고 우루과이라운드협상이 타결되기까지 서비스교역에 상응하는 국제적인 규범은 제대로 정립되지 않았다.[55)]

'서비스교역에 관한 일반협정'(GATS : General Agreement on Trade in Services)에서는 세계적으로 거래되는 모든 서비스를 포함한다. 서비스거래에 대해서는 상품의 경우와 마찬가지로 최혜국대우와 내국민대우의 의무가 부여된다. GATS하에서 최혜국대우원칙은 어느 한 나라가 어떤 분야에서 외국 경쟁자를 허용하면 그 분야에서 동등한 기회가 다른 회원국들에게도 주어져야 한다는 것이다. 정확히 말하면 서비스거래의 경우 최혜국대우는 의무사항이지만, 내국민대우는 의무사항이 아니고 각국의 양허사항이다. 예를 들어 미국은행과 영국은행이 우리나라에 들어와 영업을 하고 있을 때 최혜국대우원칙에 의거, 미국은행보다 영국은행에 대해 더 심한 규제를 하는 등 이들 간에 차별을 해서는 안 된다. 그러나 우리나라의 은행보다 이들 외국은행에 대하여 더 심한 규제를 하는 것은 허용되어 내국민대우원칙이 의무적으로 적용되는 것은 아니다. 그러나 이때 이들 외국은행들에 적용되는 규제의 최고수준은 정해야 한다. 이를 우리는 은행분야에 있어 양허했다고 말하며, 각국은 양허한 수준

55) 우루과이라운드협상을 통해서 비로소 서비스교역을 규정하는 다자간 규범이 처음으로 도입되었다.

이상으로 규제를 해서는 안 된다.[56]

다. 반덤핑협정

덤핑은 수출국 기업이 통상적으로 자국시장 내에서 거래되는 가격보다 낮은 가격으로 다른 나라에 상품을 수출하는 행위를 말하는데, 이는 공정한 경쟁이라는 WTO규범에 위배되는 조치다. 이에 대해 피해국인 수입국 정부가 반덤핑조치(anti-dumping agreement)를 취하는 것은 문제가 되지 않는다. 그러나 이러한 반덤핑조치가 혹시라도 국내산업의 보호수단으로 이용되지 않도록 반덤핑조치의 사용을 규제하는 내용을 담고 있는 것이 반덤핑협정이다.

동 협정에 따르면 수입국 정부가 수입품에 대해 추가적인 관세를 부과하는 반덤핑조치를 발동하기 위해서는 다음과 같은 조건을 밝힐 것을 규정하고 있다. 우선 수입국 정부는 수출가격과 국내가격과의 차이를 산정하는 등 해당 수출기업의 덤핑 사실을 객관적으로 입증하여야 한다. 그리고 이러한 수출이 자국산업에 실질적으로 피해를 주고 있음을 입증하여야 한다. 한편 제소를 당한 국가 입장에서는 그것이 부당한 덤핑이라고 판단되는 경우 이 협정에 근거하여 제소를 한 국가를 WTO에 제소할 수 있다.

라. 보조금 및 상계관세협정

앞에서도 언급한 바와 같이 보조금은 WTO의 교역원칙인 공정한 경쟁의 정신을 위반하는 것으로 보고 WTO에서는 이를 규제하고 있다. 그러나 정부의 민간부문에 대한 모든 보조금이 다 규제되는 것은 아니다. 수출목표의 달성, 수입품 대신에 국내생산품 사용을 촉진할 목적으로 주어지는 보조금은 국제무역을 왜곡시켜 교역상대국들에게 큰 피해를 줄 가능성이 크므로 금지된다. 그러나 특정성이 없는 보조금[57]이나 특정성이 있더라도 산업연구, 기초개발활동, 낙후지역개발지원, 환경보조금 등과 같은 경우는 허용된다.

56) 김관호, p.387 참조

57) 특정산업에만 주어지는 보조금을 특정성이 있는 보조금이라 하며, 이는 금지된다.

금지된 보조금을 부여하는 경우 상대국은 보조금 지급에 상응하는 보복조치를 취할 수 있다. 예컨대 수출보조금에 의해 피해를 입은 국가가 해당 기업의 수출에 대하여 더 높은 관세를 부과할 수 있다. 이를 '상계관세'(countervailing duties)라 한다. 그러나 반덤핑협정의 경우와 마찬가지로 상계관세의 부과가 수입을 억제하기 위한 보호무역수단으로 사용되지 않도록 WTO에서는 이의 발동절차를 규제하고 있다.

마. 세이프가드협정

특정상품의 수입이 급격히 증가하여 수입국의 국내산업이 피해를 입거나 피해를 입을 우려가 있는 경우, 이에 대해 관세를 부과하거나 긴급하게 수입을 제한하는 조치를 취하여 해당 품목의 수입을 일시적으로 제한할 수 있는데, 우리는 이를 '긴급수입제한조치' 혹은 '세이프가드조치'(safeguard)라 한다. 수입국이 세이프가드조치를 발동하기 위해서는 수입의 급격한 증가로 인하여 국내산업이 심각한 피해를 보고 있음을 입증할 수 있어야 한다. 이렇듯 세이프가드조치는 덤핑이나 보조금 지급과 같은 수출업자의 불공정행위여부와 관계없이 수입으로 인해 국내산업에 심각한 피해가 발생할 때 긴급히 발동되는 것이므로 WTO규정상 매우 엄격한 제약하에 시행될 수 있어 상대적으로 활용빈도가 낮다.

바. 무역관련 지식재산권

지식재산이란 상업적으로 사용되는 발명, 저작물, 예술작품, 심벌, 이름, 이미지, 디자인과 같은 정신적인 창작물이라 할 수 있으며, 이에 대해 통제권을 부여하는 법적 장치를 '지식재산권'(intellectual property rights)이라 한다. 지식재산권은 그것을 창조한 자에게 그것으로부터 독점적인 이윤을 얻을 수 있도록 '특허권'(patents), '저작권'(copyrights), '상표권'(trademarks), '실용신안'(utilities), '영업비밀'(industrial secrets) 등을 통하여 보호하고 이를 통하여 기술혁신과 기술이전을 촉진한다.

최근 기술의 중요성이 높아지고, 복제비용이 점차 낮아지면서 새로운 기술을 보호하기 위한 지식재산권제도의 개편이 필요해짐에 따라 세계적으로 지식재산권에 대한 논의가 강화되고 있다.[58] 아울러 지식재산권이 무역에서 차지하는 비중과 중요도가 높아짐에 따라 지식재산권의 보호 및 이행 정도의 국가 간 차이로 인하여 이에 대한 분쟁이 자주 제기되어 왔다. 그러나 그동안 국제협약에 의한 지식재산권보호는 그 보호수준이 미흡하고, GATT 다자간 규범 내에서 다루어지지 않아 주요 논쟁거리가 되어 왔으며, 이에 대해 미국을 중심으로 하는 선진국들이 지식재산권의 보호를 강력히 요구함으로써 결국 이것이 우루과이라운드의 다자간 협상의 의제로 채택됨으로써 WTO의 다자간 무역체제에서 지식재산권에 대한 다자간 규범이 처음으로 도입되었다.

우루과이라운드에서 타결된 '무역관련 지식재산권에 관한 협정'(TRIPs : Agreement on Trade-related Intellectual Property Rights)은 지식재산권보호에 대한 국가 간 격차를 좁히는 국제적인 규정으로 도입되었으며, 주요 목표는 지식재산권의 국제무역상의 왜곡과 장애를 완화하는 것이다.

TRIPs협정은 내국민대우와 최혜국대우를 기본원칙으로[59] 하여 저작권 및 저작인접권, 특허, 상표, 산업디자인, 지리적 표시, 반도체칩회로설계, 영업비밀 등 8개 분야에 대한 보호 범위와 기간 및 시행절차, 그리고 분쟁해결 등에 대한 규정을 포함하고 있다.

TRIPs협정은 지금까지의 지식재산권에 관한 협정 중 가장 포괄적인 협정으로 지식재산권과 관련된 모든 조약의 대부분의 규정을 도입하는 '기존협약 플러스방식'(existing agreement-plus approach)을 취하고 있다.

58) 지식재산권을 위한 세계적인 기구로는 1967년 유엔산하에 창설된 세계지식재산권기구(WIPO : World Intellectual Property Organization)가 있다. 동 기구는 산업재산권의 국제적 보호와 협력을 위한 국제기구로서 1970년에 발효되었고, 1974년에 유엔의 전문기구가 되었으며, 각 국가들 간의 특허법상의 차이를 해소하고, 세계 특허법의 통일을 위한 작업을 추진하는 등 지식재산권에 대해 중추적인 역할을 수행하고 있다. 우리나라는 1979년에 동 기구에 정식으로 가입하였다.

59) TRIPs협정에서도 무차별원칙이 기본적으로 적용되나 개발도상국에게는 그들의 사정을 감안하여 상대적으로 긴 시간을 허용하고 있다.

(8) 도하개발아젠다(DDA)협상

WTO의 출범으로 다자주의적 무역질서가 강화될 수 있는 기반이 마련되었음에도 불구하고 아직 해결되지 않고 있는 여러 무역의 현안문제들이 남아 있다. 이에 따라 다자주의적 국제통상환경을 공고히 하기 위해 추가적인 시장개방, WTO규범의 제정 및 개정 등을 대상으로 하는 새로운 협상라운드의 필요성이 제기되었다. 이에 2001년 11월 카타르 도하에서 열렸던 제4차 WTO 각료회의에서 WTO 출범 이후 최초로 다자간 무역협상을 진행하기로 결정하였고, 이에 따라 2002년 1월부터 다자간무역협상이 개시되었다.[60] 이 협상의 공식명칭은 '도하개발아젠다'(DDA : Doha Development Agenda)협상이라 한다. 이 협상의 명칭을 이렇게 정한 것은 WTO 내에서의 개도국의 영향력이 그만큼 신장되었다는 것을 반영하여 이번 다자간 무역협상에서는 개도국의 경제개발 문제에 특히 중점을 두겠다는 것이다.

DDA 무역협상은 특정분야만을 다룬다면 각국 간 이익과 손실의 균형을 맞추기가 어렵기 때문에 회원국들이 관심을 가지고 있는 모든 분야를 망라하여 과거 어느 다자간 무역협상보다 폭넓은 의제를 다루고 있다. 이에 따라 DDA 협상에서는 농산물 및 서비스시장의 추가 개방,[61] 비 농산물분야의 시장개방, 반덤핑협정과 보조금협정 등 기존 무역규범의 개정과 같은 친숙한 의제뿐만 아니라 환경관련 규범, 무역과 투자, 무역과 경쟁정책, 정부조달의 투명성, 무역원활화와 같은 새로운 통상이슈들이 다루어진다.

또한 DDA협상에서는 무역 차원에서 개도국의 경제개발을 지원하는 방법도 중요한 주제로 논의되고 있다. 개도국들은 과거의 GATT나 현재의 WTO로 대표되는 다자간 무역체제가 선진국에만 유리하게 되어 있어 개도국의 경제발전

---

60) 이는 WTO체제 내에서는 첫 번째 다자간 무역협상이고, GATT 시절과 연계하면 제9차 다자간 무역협상이 된다.

61) 농산물과 서비스분야는 우루과이라운드 당시 논의되었으나 시간 부족으로 타결을 보지 못하고 2000년부터 추가적인 자유화협상을 개시하기로 합의한 '기설정 의제'(built-in-agenda)이다.

을 가로막고 있다고 주장하면서 DDA협상에서는 이를 시정해야 한다고 주장하고 있다. WTO 회원국들은 개도국들의 이러한 주장을 수용하여 우루과이라운드협상 결과를 이행하는 과정에서 나타난 문제점들을 개선하고, 개도국에 대한 우대조치를 강화하며, 기술협력사업을 확대하는 방안을 DDA협상에서 논의하고 있다. 이처럼 DDA협상은 시장개방문제와 함께 다수의 무역규범관련 문제를 다루고 있으며, 개도국의 경제발전지원에 초점을 두고 있다는 점이 과거의 다자간 무역협상과 구별되는 중요한 특징이라 하겠다.

DDA협상은 회원국들 간에 첨예한 의견대립으로 협상이 중단되는 실패를 거치면서 2010년까지 타결을 보기 위하여 노력하였으나 농산물에 대한 수출국과 수입국 간의 첨예한 대립, 공산품 및 서비스시장 개방에 대한 선진국과 개도국 간의 첨예한 대립으로 협상이 중단되었다. 그러나 2013년 12월 인도네시아 발리에서 개최된 제9차 WTO 각료회의에서 무역원활화, 농업보조금 감소, 최빈개도국 지원증가 등 3개 분야를 담은 '발리패캐지'가 극적으로 타결되었다. 이는 그동안 WTO가 견지해 왔던 WTO협상은 모든 국가가 모든 사항에 합의하여야 타결된다는 '일괄타결방식'(single undertaking)62)을 포기하고, 일부분야만 조기에 타결을 본 것이다. '발리패캐지' 중 가장 핵심적인 것은 무역원활화협정인데, 이를 통해 앞으로 통관절차 개선과 비관세장벽의 철폐를 통해 무역비용을 줄일 수 있을 것으로 보인다.

62) 이러한 의사결정방식이 시대착오적이라는 점에 대부분의 회원국이 동의하고 있음에도 불구하고 아직도 이 방식을 고수하고 있다. 따라서 WTO협상의 성공여부는 결국 여러 국가가 얼마나 성의를 가지고 협상에 임하느냐에 달려 있다 하겠다.

5 유엔무역개발회의(UNCTAD)

(1) 개요

UNCTAD(UN Conference on Trade and Development)는 개도국에 의하여 주도되고 있는 기구로서 '원조보다는 무역'이라는 기치 아래 선진국과 개발도상국 간의 교역을 증진시키고, 그들 간의 확대되어 가고 있는 경제력 격차를 해소하기 위하여 1964년 제19차 유엔총회에서 유엔 직속기구로 설립되었다. 2019년 9월 현재 UNCTAD의 회원국은 194개국이고, 본부는 스위스 제네바에 있으며, 4년에 한 번 총회가 열린다.

UNCTAD의 주요 역할은 회원국의 경제개발을 촉진하고, 무역을 증대시키고자 노력하고, 그리고 다자간 무역규범을 협상하고 채택하는 것이다.

UNCTAD의 설립에는 선진국 중심으로 이루어지는 세계무역질서에 대한 개도국의 불만이 반영됐다고 볼 수 있다. 특히 1차 상품을 수출하는 개도국들은 GATT체제하에서 선진국들이 자국농업에 대한 보호무역조치를 광범위하게 실시함으로써 상대적으로 피해를 보고 있다는 인식을 가지고 있었다.[63] 즉 이들 국가들은 GATT에 의해 주도되는 세계무역질서가 개도국들의 무역과 수출을 증대시키는 데 별로 도움을 주지 못하고, 오직 선진공업국들의 무역확대에만 도움을 주고 있다는 비판을 제기하였다. 이러한 인식하에 개발도상국의 이해를 반영하기 위하여 만든 기구가 UNCTAD이다.

UNCTAD에서 논의대상이 되는 것은 비단 무역의 문제에만 국한되지 않고, 투자를 비롯하여 개도국의 경제개발과 관련된 모든 이슈들이 다루어진다. 따라서 UNCTAD의 최대 관심사항은 개도국의 세계경제 참여가 어떻게 하면

63) UNCTAD의 초대 사무총장인 프레비시(R. Prebisch)는 선진국과 저개발국이 자유무역을 하게 되면 저개발국은 저성장산업인 1차 산업에 특화하게 되고, 그 결과 교역조건이 계속 불리해지므로 저개발국은 자유무역을 추진해서는 안 되며, 수입규제를 통한 국내유치산업을 육성하거나 수입대체형 경제발전정책을 추진해야 한다고 주장하였다.

개도국의 경제개발에 보다 도움이 되는 방향으로 이루어질 수 있을 것인가라는 것이다. 이러한 차원에서 UNCTAD는 지속가능한 개발과 균등한 경제성장을 위한 투자정책과 파트너십을 촉진하기 위하여 '세계투자포럼'(World Investment Forum)을 매 2년마다 정기적으로 개최하고 있다.

한편 1964년 UNCTAD 첫 번째 회의에서 77개의 개발도상국이 세계무역체제의 개혁을 요구하는 공동선언에 서명함으로써 유엔 내의 개발도상국연합체인 'G77'(Group of Seventy seven)[64]이라는 기구가 설립되었다.

(2) 주요 기구

가. 총회

이는 UNCTAD의 최고의사결정기구로서 무역확대 및 개도국의 경제개발에 관한 유엔 차원의 최고위급회의이며, 각국의 각료가 매 4년에 1번씩 만나 회의를 개최한다.

나. 무역개발이사회(TDB)

무역개발이사회(TDB : Trade and Development Board)는 UNCTAD의 상설기관이며 매 4년마다 열리는 총회가 개최되는 사이에 총회결과의 이행을 검토하는 중간검토회의를 개최한다. 매년 1회 열리는 연례회의가 있고 이외에도 집행회의, 특별회의가 열린다.

다. 상설위원회

이에는 무역위원회, 투자위원회, 기업위원회의 3개의 위원회가 있으며, 1년에 1회 개최한다.

---

64) 그동안 여러 나라들이 가입과 탈퇴를 반복하면서 가맹국이 꾸준히 늘어 현재 가맹국은 131개국이다.

라. 사무국

사무국은 각 기구의 활동을 행정적으로 지원하며, 의사결정권은 갖고 있지 않다.

(3) 일반특혜관세제도(GSP)

UNCTAD의 가장 특이할 만한 일은 일반특혜관세제도(GSP : Generalized System of Preferences) 를 도입하여 시행하고 있다는 점이다. 이는 개도국의 수출을 증대시키고, 이를 통해 개도국의 공업화를 촉진시키기 위하여 선진국들이 개도국들로부터 수입하는 제품에 대하여 최혜국대우 관세율보다 낮은 관세율을 부과하거나 혹은 관세를 면제하는 등의 특혜를 일방적으로 부여하는 제도를 말한다. 동 제도는 1968년 인도 뉴델리에서 개최된 제2차 UNCTAD 총회에서 처음으로 채택되었고, 1971년 7월 1일 GATT에서 인정되어 실시됨으로써 세계적으로 공식적인 특혜관세제도로 자리 잡게 되었다. 여기서 '일반적'이라 함은 기존의 특혜가 몇몇 국가에 국한된 것인 데 반해, 일반특혜관세제도는 범세계적으로 적용된다는 사실을 의미하는 것이다.

GATT체제하에서 추진된 관세인하협상은 주로 선진공업국에서 생산한 공산품을 대상으로 하는 반면, 개발도상국들이 주로 비교우위를 가지고 있는 품목이라 할 수 있는 농산물, 섬유 그리고 많은 노동집약적인 상품들은 이에서 제외되어 개발도상국의 선진국에 대한 공산품수출은 부진할 수밖에 없었다. 이에 따라 선진공업국들은 개도국들의 선진국시장에의 접근도를 높여 개도국들의 공산품수출을 증대시키기 위하여 일반특혜관세제도를 도입하게 되었다.

일반특혜관세제도는 선진국들에게 개도국들에 대하여 관세상의 특혜를 주라고 강요하는 것은 아니며, 개도국에 공여하는 이러한 특혜를 GATT의 다른 회원국들에게도 똑같이 공여해야 한다는 최혜국대우의 의무로부터 유예를 받는다는 것이다. 그리고 개도국에 부여한 특혜에 대해서는 일방적으로 공여하며, 그 대가를 상대방 개도국에 요구하지 않는다.

현재 대부분의 OECD 국가들은 개도국에 대하여 일반특혜관세를 공여하고 있으며, 일반특혜관세를 공여하는 나라들은 특혜관세대상 품목을 매년 정하고 있다.

일반특혜관세제도대상 품목을 정하는 방법에는 특혜관세대상이 되는 품목리스트를 제시하는 경우와 특혜관세대상에서 제외되는 품목리스트를 제시하는 경우가 있다. 전자를 '포지티브 리스트'(positive list)라 하고, 후자를 '네거티브 리스트'(negative list)라 한다.

우리나라는 과거 공업화과정에서 미국과 EU 국가들로부터 일반특혜관세의 혜택을 받아 수출을 늘려 왔다. 그러나 우리나라의 공업화가 크게 진전됨에 따라 1989년 미국의 일반특혜관세제도 수혜대상국에서 제외되었고, 1998년에는 EU의 일반특혜제도 수혜대상국에서도 제외되었다. 2010년부터는 오히려 우리나라가 최소 150개국의 개발도상국에 대하여 일반특혜관세제도의 특혜를 부여하고 있다.[65)]

그동안 일반특혜관세제도는 수출증대를 통한 개도국의 공업화에 일정부분 기여해 왔다고 할 수 있다. 그러나 선진공업국들이 자국의 산업을 보호하고, 자국의 실업의 증대를 방지하기 위해 때때로 선진국시장에 진입할 수 있는 상품의 수량을 제한하고, 몇몇 제조업부문의 경우에는 아예 협정대상에서 제외시켜 개도국의 수출증대를 위한 조치로서는 근본적으로 한계점을 가지고 있다.

65) 이로써 우리나라는 GSP 수혜국에서 GSP 공여국으로 그 위치가 바뀐 세계 최초의 나라가 되었다.

6 기타 주요 국제경제기구

(1) G20(Group of 20)

가. 설립배경

세계경제를 이끌어 나가고 있는 주요 선진국들은 WTO, IMF, OECD, IBRD 등과 같은 국제경제기구가 있음에도 불구하고, 세계경제의 주요 현안이 있을 때마다 그들 간의 협의를 통해 공동보조를 취하고자 그룹을 지어 별도의 모임을 가져오고 있다. 그중 대표적인 것이 1973년 10월 제1차 석유파동 이후 세계경제가 어려움을 겪자 이에 대한 공동의 대응방안을 논의하기 위해 모였던 서방 7개국 정상회의 G7[66]이다. 그러나 1997년 아시아 외환위기 이후 선진국만의 공동노력만으로는 세계적인 경제위기의 탈출이 어렵다는 것을 인식하게 되었고,[67] 아울러 국제금융시장의 안정을 논의하고, 선진국과 신흥개도국 간의 협조체제를 구축할 수 있는 협의체의 필요성이 대두되면서 1999년 9월, IMF 연차총회 당시 개최된 G7 재무장관회의에서 G7 국가와 주요 신흥시장 국가들이 참여하는 G20의 창설에 합의하였다. 이에 1999년 12월 독일 베를린에서 처음으로 주요 선진국 및 신흥국들의 재무장관 및 중앙은행 총재들이 모여 제1차 재무장관회의를 개최함으로써 G20이 정식으로 출범하였다. 이후 G20은 매년 정기적으로 회원국의 재무장관들과 중앙은행 총재들이 회의를 주도해 오다

66) 제1차 오일쇼크에 따른 세계경기불황을 타개하기 위해 1975년 프랑스 랑부예에서 미국, 일본, 구서독, 영국, 이탈리아, 프랑스 등 선진 6개국 정상들이 회합을 가지면서 G7회의(당시는 G6)가 시작되었다. 1976년에 캐나다가 가입하여 G7이 되었고, 이어 1999년에 러시아가 참여함으로써 G8으로 확장되었다. 그러나 2014년 3월 러시아가 우크라이나의 크림반도를 병합함에 따라 러시아는 제명되어 G7으로 환원되었다. 매년 한 차례씩 각국 대통령이나 총리가 참가하는 정상회담이 열리고 있으며, 이와는 별도로 이들 국가들의 재무장관과 중앙은행 총재가 매년 2~3회씩 정례적으로 모여 세계경제의 향방과 정책 협조에 관한 의견을 교환하고 있다.

67) 아시아 외환위기 이전까지만 하더라도 범세계적 현안문제들은 서방선진국 모임인 G7회의에서 주로 논의되었다.

가 2008년 11월 글로벌 금융위기 발생 이후 글로벌 금융위기 극복을 위한 선진국과 신흥국 간의 공조의 필요성이 제고되면서 정상급 회의로 격상되어 2008년 11월 미국 워싱턴 D.C.에서 제1차 G20 정상회의가 처음 개최되었다.

나. 의의

G20의 설립 목적은 세계경제에 있어 국가 간에 경제 및 금융정책 현안에 관하여 대화를 확대하고, 세계경제의 지속가능한 성장과 안정에 관련된 주요 이슈들을 논의하고, 회원국 간 협력을 증대하는 데 있다.

G20은 2018년 현재 전체 GDP규모가 73조 6,015억 달러로서 세계 전체 GDP의 86.3%, 교역규모는 세계교역규모의 80% 이상, 세계인구의 63.3%를 차지하는 세계최대규모의 최상위경제협의체이며, 기존의 G7 7개국과 각 대륙을 대표하는 12개 신흥개도국, 그리고 EU(의장국)로 구성되어 있다. 그리고 참가기구로는 IMF, IBRD, 유럽중앙은행(ECB), 국제통화금융위원회(IMFC) 등이 있다.

20개국을 선정함에 있어서는 세계경제에서 차지하는 비중이 높은 국가들이 우선적으로 고려되었는데, 지역의 대표성과 경제발전 정도도 고려하여 개발도

표 7-3 G20 정상회의 개최년도 및 개최지

개최 횟수	개최년도	개최지	개최 횟수	개최년도	개최지
1	2008년 11월	워싱턴 D.C.	8	2013년 9월	상트페테르부르크
2	2009년 4월	런던	9	2014년 11월	브리즈번
3	2009년 9월	피츠버그[68]	10	2015년 11월	안탈리아
4	2010년 6월	토론토	11	2016년 9월	항조우
5	2010년 11월	서울	12	2017년 7월	함부르크
6	2011년 11월	칸[69]	13	2018년 11월	부에노스아이레스
7	2012년 6월	로스카보스	14	2019년 6월	오사카

68) 이때 G20의 제도화에 대한 합의가 이루어짐으로써 G20이 글로벌 경제거버넌스의 최고협의체로 규정되었다.

69) 2011년부터는 G20 정상회담이 1년에 1회, 연례적으로 개최되고 있다.

상국과 각 대륙을 대표하는 국가 등을 포함시키고 있다. 12개 신흥개도국은 한국, BRICS의 5개국, 아르헨티나, 호주, 인도네시아, 멕시코, 사우디아라비아, 터키다.

G20은 전 세계 최상위포럼으로서 국제사회에 필요한 규칙을 단계적으로 제정·확충해 나가고 있으며, 세계경제를 안정적으로 운영하는 데 필요한 제도적 인프라를 구축해 나가고 있다. 그동안 G20 정상회의는 2008년 11월 워싱턴 D.C.에서 처음 개최되어 2010년 11월 서울에서 5차 회의, 2019년 6월 일본의 오사카에서 14차 회의가 열렸고, 2020년에 사우디아라비아에서 15차 정상회담이 열릴 예정이다. 한편 재무장관 및 중앙은행 총재회의는 연 1회 개최되는데, 중앙은행 총재는 국제금융시장 안정을 위한 통화정책의 담당자로 참가하고 있다. 그리고 차관급(deputies)회의는 통상 연 2회 개최되고 있다.

[표 7-4]는 G20 회원 국가들을 보여주고 있다.

표 7-4 G20 국가

분류	국가 수	국가명
G7	7	미국, 일본, 영국, 프랑스, 독일, 캐나다, 이탈리아
아시아·대양주	4	한국, 중국, 인도, 인도네시아, 호주
중남미	3	아르헨티나, 브라질, 멕시코
유럽	4	러시아, 터키, EU의장국(집행위 + 상임위)[70]
아프리카, 중동	2	남아공, 사우디아라비아

다. G20 운영방식

G20은 별도의 사무국을 가지고 있지 않으며, 의장국이 1년의 임기 동안 사무국 역할을 담당한다. 의장국의 선정은 그룹별 순환방식에 따라 5개로 나누어진 그룹 내에서 우선 선정한 후 2차 차상급자(deputy)회의에서 최종결정하고, 재무장관 및 중앙은행 총재회의에서 공식적으로 발표한다. G20 운영은 의

70) EU 회원국 중에서 임기 6개월씩 순번제로 맡는다.

표 7-5 그룹별 G20

1그룹	2그룹	3그룹	4그룹	5그룹
호주	인도	아르헨티나	프랑스	중국
캐나다	러시아	브라질	독일	인도네시아
사우디	남아공	멕시코	이탈리아	일본
미국	터키		영국	대한민국

장국 단독으로 하는 것이 아니라 전임 · 현임 · 후임 의장국 3국 운영체제(troika방식)로 운영된다. 즉 G20 의장국은 1년 동안의 임기를 수행하는 것 외에 의장국 수임연도 전 · 후 1년씩 3국 운영체제의 일원으로 의장국의 자문단 역할을 수행한다. 전임 · 후임 의장국은 회의 의제 및 발표자, 토론자 선정, 공동선언문 작성, 스터디그룹활동 등과 관련하여 별도 회의에 참석하는 등 의장국과 긴밀히 협의하며, 각종 회의 시 의장국과 함께 공동의장국으로서의 역할을 수행한다.

라. 문제점

G20은 다음과 같은 몇 가지 구조적인 문제점을 가지고 있다.

첫째, G20 회의에 매번 초청 국가나 국제기구대표들을 포함해 25개국 이상의 적지 않은 정상들이 참여하고 있어 이들 간에 합의를 끌어내기가 구조적으로 쉽지 않다.

둘째, G20 구조상 미국, EU, 중국은 G20에서 그들의 경제력에 부합하는 영향력을 행사할 수 없다. 따라서 이들은 구조적으로 G20을 새로운 세계경제의 지배구조(governance)로 발전시켜야 할 동기나 유인을 가지고 있지 않다.

셋째, G20 회원국이기도 한 G7과 BRICS가 G20와는 별개의 행동을 전개하고 있어, G20의 역할에 대해 제약을 가져올 가능성이 점차 증대되고 있다.

넷째, G7은 경제문제뿐만 아니라 안보 등 다양한 주제들을 다룬다. 이에 비해 G20은 글로벌 금융위기 이후 이를 극복하기 위한 방안을 논의하기 위해 만들어진 기구이므로 경제문제로 이슈가 국한되어 있으며, 또한 이에 따른 결정을 강제할 수단을 갖고 있지 못하다.

다섯째, 상설사무국이 없어 상설지배기구로서의 제도화가 전혀 안 되어 있다.

(2) 아시아태평양경제협력체(APEC)

가. 의의

APEC(Asia-Pacific Economic Cooperation)은 아시아·태평양지역의 공동체 달성을 장기적인 비전으로 하면서 1989년에 설립되었다. APEC은 회원국들의 자발적 협력을 바탕으로 회원국 간 경제적, 사회적, 문화적 이질성을 극복하고, 지속적인 경제성장에 기여함으로써 회원국 주민들의 복리후생증진을 도모하고, 궁극적으로는 아시아·태평양 공동체 수립의 토대를 마련하는 것을 목적으로 하고 있다.

APEC은 2019년 현재, 아시아·태평양지역의 21개국이 참여하고 있다. 2018년 현재 인구는 29억 3,267만 명으로 전 세계인구의 38.4%, GDP규모는 51조 3,453억 달러로서 전 세계 GDP의 60.2%, 교역규모는 23조 5,893억 달러로 세계 전체 교역액의 47.7%를 차지하고 있는 세계최대의 지역경제협력체이며, 본부는 싱가포르에 있다.

APEC은 역내국들이 가지고 있는 다양성을 인정하는 토대 위에서 협력을 추구하고 있으며, 이를 위해 '전원합의제'(consensus)에 의한 의사결정방식을 따르고 있으며, '비구속적'(non-binding)인 이행을 원칙으로 함으로써 회원국의 자발적 참여 또는 이행을 중시하고 있다.

나. 설립배경

환태평양지역에 있는 국가들은 경제발전단계가 상이하고, 인종과 문화, 역사적 측면에서 이질성이 대단히 큼에도 불구하고, 1960년대 중반 이후 미국, 일본, 호주를 중심으로 환태평양지역을 하나로 묶는 경제협력체를 결성하고자 하는 시도가 꾸준히 전개되었다.

1980년대 말 동·서 간의 냉전이 종식됨에 따라 정치적 이해관계보다는 경제적 이해관계를 중시하는 방향으로 세계질서가 재편되고, 세계적으로 지역주의가 확대되는 가운데 이러한 변화의 흐름에 대응하기 위한 움직임이 동아시아지역에서도 제기되었다. 초기에는 환태평양지역 국가들 간의 경제협력을 위한 민간기구들의 한계를 극복하고, 보다 실질적인 역내 경제협력을 도모하기 위해 정부 간 경제협력기구를 구성해야 한다는 필요성이 제기되면서 1989년 11월 호주 캔버라에서 우리나라를 포함한 12개국의 각료들이 모여 첫 회의를 하면서 APEC이 탄생하게 되었다. 이후 이질적인 국가들로 구성되어 있는 이 지역을 하나로 묶어 하나의 아시아·태평양공동체로 나아가기 위해서는 보다 높은 차원의 논의가 필요하다는 점이 제기되어 1993년부터는 정상회의로 격상되었다.

이렇듯 환태평양지역에 있어서 경제협력체를 결성하려는 이유는 역내 국가 간의 상호의존관계 및 경쟁관계가 심화됨에 따라 그들 간의 긴장과 갈등을 사전에 조정해야 할 필요성이 증대되었고, 여타 지역에서 지역주의가 고조됨에 따라 경제적인 측면에서 이에 공동으로 대응할 필요성이 제고되었고, 국제정치적인 관점에서도 환태평양지역 국가들의 정치적 결속을 강화하려는 미국의 이해와 일치하였기 때문이라고 볼 수 있다.

다. 회원국 현황

1989년 11월 출범 당시 APEC의 회원은 한국, 미국, 일본, 호주, 뉴질랜드, 캐나다, 아세안 6국(말레이시아, 인도네시아, 태국, 싱가포르, 필리핀, 브루나이)의 12개국이었다. 이후 1991년 중국, 홍콩, 대만이, 1993년 멕시코, 파푸아뉴기니, 1994년 칠레, 1998년 러시아, 베트남, 페루가 각각 가입하여 2019년 10월 현재 회원국은 21개에 달하고 있다.

1997년에 열린 APEC 정상회의에서 2007년까지 신규 회원국 가입을 잠정적으로 중단하기로 결정하였고, 2007년 정상회의에서 다시 이를 2010년까지 추가 연장하기로 결정하였으며, 이후에도 추가적으로 신규 회원국을 받지 않고 있다.

APEC 참가자격은 주권 국가(country)가 아니라 경제체(economy)로서 국가라는 명칭의 사용이나 국기게양이 허용되지 않고 있다. 이에 따라 대만과 홍콩은 각각 Chinese Taipei, Hong Kong, China로 표기되고 있다.

[표 7-6]에서는 APEC 회원국들의 현황을 보여주고 있다.

표 7-6 APEC 회원국 현황 및 회원국의 정상회담 개최년도

회원국	정상회담 개최년도	회원국	정상회담 개최년도	회원국	정상회담 개최년도
호주	1989, 2007	뉴질랜드	1999	중국	2001, 2014
브루나이	2000	필리핀	1996, 2015	멕시코	2002
캐나다	1997	싱가포르	1990, 2009	파푸아뉴기니	2018
인도네시아	1994, 2013	태국	1992, 2003	칠레	2004, 2016, 2019
일본	1995, 2010	미국	1993, 2011	페루	2008
대한민국	1991, 2005	대만		러시아	2012
말레이시아	1998	홍콩		베트남	2006, 2017

라. 활동

APEC은 회원국 간 경제적·사회적·문화적 이질성을 극복하고, 역내 국가들의 지속적인 경제성장에 기여함으로써 궁극적으로는 아시아·태평양지역 경제공동체를 달성하려 한다.

1994년 APEC 정상회의에서는 아시아·태평양지역 공동체 비전 달성을 위한 이행프로세스로서 '보고르'(Bogor) 목표를 채택하였으며, 이에 따라 선진국은 2010년, 개도국은 2020년을 시한으로 무역 및 투자자유화를 달성하기로 하였다. 이에 APEC 회원국들은 1997년 1월부터 자유화조치에 착수하여 선진국은 2010년, 개도국은 2020년까지 각각 자국의 시장개방을 완료한다는 일정에 합의하였다.

이처럼 APEC은 역내의 안정과 번영을 위해 역내 및 세계경제의 도전에 공동으로 대응하고, 역내 국가 간 재화 · 용역 · 자본의 이동이 촉진될 수 있도록 무역 · 투자의 장애요인을 제거하는 일 등을 추진하고 있다. 이에 따라 APEC은 '무역 · 투자자유화 및 원활화'(TILF : Trade and Investment Liberalization and Facilitation), '경제기술협력'(ECOTECH : Economic and Technological Cooperation), '비즈니스 원활화'(Business Facilitation)를 3대 협력 축으로 설정하고, 회원국들의 협력프로그램들을 추진하고 있다. 특히 APEC은 설립 초기부터 무역원활화에 많은 노력을 기울여 왔는데, 이는 APEC이 WTO처럼 무역자유화를 위한 협상기구가 아니어서 무역원활화를 통하여 역내 상품 및 서비스의 흐름을 확대하려 했기 때문이라 할 수 있다.

그러나 APEC이 역내 무역 및 투자자유화를 위한 협력을 지속하고 있음에도 불구하고 이것이 회원국의 자발성에 기초한 '비구속성'의 원칙에 의거해 추진됨으로써 실질적으로는 전혀 성과를 거두지 못하고 있는 실정이다. 현재 APEC은 비즈니스 원활화(BF : Business Facilitation)분야에 좀 더 중점을 두고 활동을 전개해 나가고 있다.

아시아인프라투자은행(AIIB)

AIIB(Asian Infrastructure Investment Bank)는 2014년 11월 중국, 인도, 싱가포르 등 21개국 대표가 모여 발족, 1,000억 달러를 조성하여 아시아개발도상국들에 대한 사회간접자본 확충에 필요한 자금을 대출해 주는 것을 목적으로 하는 다자개발은행이며, 2016년 1월 16일 신흥국은 물론이고, 영국, 독일 등 유럽선진국을 포함한 57개국이 참여한 가운데 상하이에서 공식적으로 출범하였다.

중국이 AIIB를 설립하면서 내세우는 명분은 아시아지역에서 각종 인프라를 건설하는 데 필요한 자금수요에 비하여 세계은행, 아시아개발은행(ADB : Asia Development Bank)이 제공할 수 있는 자금의 공급이 상당히 부족하다는 것이다. AIIB의 또 다른 이면에는 미국과 일본이 주도하고 있는 세계은행과 아시아개발은행을 견제하겠다는 중국의 정치적 의도로 받아들여지고 있다. 그동안 미국, 일본 등 선진국이 주도적으로 운영해 왔던 다자간 개발은행은 선진국들이 운영과 의사결정을 독점적으로 주도해 왔기 때문에 신흥개도국들의 요구가 정책결정에 반영되기 어렵다는 불만이 제기되어 왔다. 또한 기존의 ADB가 아시아 개발도상국과 신흥국의 산업 인프라 시설 투자 요구를 충분히 만족시키지 못하였다는 측면과 각국의 인프라 개발수요에 비하여 기존의 다자간 개발은행이 조달할 수 있는 자금력의 한계가 있다는 점 때문에 새롭게 창설되는 AIIB의 기대가 점점 높아지고 있다. 이에 반해 AIIB의 설립에 대하여 미국이 반대하는 이유는 동 기구가 중국의 세계 진출전략을 뒷받침하는 도구로 사용될 가능성이 크다고 보기 때문이다.

한편 중국은 AIIB와는 별도로 브릭스 회원국들과 함께 신개발은행(NDB : New Development Bank)을 설립하고, 1,000억 달러 규모의 '긴급위기대응기금'(CRA : Contingent Reserve Arrangement)도 설립할 계획이다. 이에 따라 신개발은행과 긴급위기대응기금은 앞으로 미국이 주도하고 있는 세계은행과 IMF를 각각 견제하기 위한 국제금융기구로서의 역할을 수행할 것으로 보인다.

CHAPTER 08

세계화와 지역경제통합

세계화와 지역경제통합

오늘날 세계교역질서는 세계화[1] 혹은 '다자주의'(multilateralism)와 '지역주의'(regionalism)라는 두 개의 큰 흐름에 의해 규정되고 있다. 다자주의는 제2차 세계대전 이후에 GATT와 WTO를 중심으로 전개되어 오고 있으며, 지역주의는 1950년대 서유럽 일부 국가를 중심으로 시작되어 한때 지역주의에 반대해 왔던 미국이 1980년대 후반부터 다자주의에서 지역주의로 정책기조를 바꾸면서 1990년대 들어서는 지역주의가 전 세계적으로 급격히 확산되고 있다.

특히 1997년 아시아 국가들의 외환위기를 계기로 그동안 지역경제통합[2]을 외면해 왔던 한국, 중국, 일본 등 동북아지역의 국가들도 FTA를 적극적으로 추진하고 있다. 더욱이 최근에는 DDA협상이 지지부진한 가운데 2015년 10월 환태평양경제동반자협정(TPP)이 타결되면서[3] 이를 계기로 '역내포괄적경제동반자협정(RCEP)', 아시아태평양자유무역지대(FTAAP), 환대서양무역투자동반자협정(TTIP) 등 몇몇 '빅 FTA'의 설립에 관한 논의가 활발히 제기되고 있어 다자주의보다는 지역주의가 세계교역질서를 주도하고 있는 모습을 보이고 있으며, 앞으로도 지역주의의 흐름은 전 세계적으로 더욱 확산되고 심화될 것으로 보인다.

본장에서는 우선 지역주의 혹은 지역경제통합에 대한 이론적인 측면들을 개

1) 여기서 말하는 세계화란 세계의 대부분의 국가를 대상으로 전개되는 자유무역의 흐름을 말한다. 이에 대해 다자주의라는 말은 지역주의의 범위를 넘어서 WTO를 중심으로 전개되고 있는 상당히 많은 국가들 간에 이루어지는 무역자유화를 의미한다 하겠다. 그러나 본장에서는 세계화와 다자주의라는 용어를 거의 같은 의미로 사용한다.

2) 본장에서는 지역주의라는 용어와 지역경제통합이라는 용어가 같은 의미로 사용되고 있다.

3) 2017년 1월 미국이 TPP에서 탈퇴하였으나 2018년 12월 일본 주도하에 나머지 11개국이 CPTPP를 정식 출범시켰다.

략적으로 살펴보고, 이어 현실세계에서 전개되고 있는 대표적인 지역경제통합체에 대해 살펴보고, 마지막으로 세계화 혹은 다자주의와 지역주의 간의 상호관계에 대하여 알아보도록 하자.

1 지역경제통합의 정의

지역경제통합이란 국가 간의 상품 및 서비스교역, 요소이동 등의 교류에 가하여지고 있는 인위적인 모든 장벽을 점진적으로 인하 혹은 제거함으로써[4] 두 개 이상의 복수국가들이 동일 경제단위화되어 가는 과정을 말한다. 이는 역내국가들 간에는 자유무역을 하는 반면, 역외 국가들에 대해서는 보호무역을 하는 자유무역과 보호무역이 혼합된 제한적인 자유무역의 성격을 가지고 있다.

세계화 혹은 다자주의는 무역 및 자본자유화로 인한 국가 간의 상호의존도의 심화가 세계의 대부분의 국가들을 대상으로 이루어지는 것임에 반해, 지역경제통합 혹은 지역주의는 일부 특정 지역들을 대상으로 이루어지는 현상을 말한다 하겠다.

선진국과 개도국처럼 경제발전단계가 다른 국가 간의 경제통합 혹은 경제관계가 수직적 보완관계에 있는 국가 간의 경제통합을 '수직적 통합'(vertical integration)이라 하며, 반면 발전단계가 유사한 국가들 간에 이루어지는 경제통합을 '수평적 통합'(horizontal integration)이라 한다.

경제통합은 모든 산업을 대상으로 이루어질 수도 있고, 석탄, 철강, 자동차 등과 같이 특정 산업만을 대상으로 이루어질 수도 있다. 전자의 경우를 '전면적 통합', 후자의 경우를 '부문별 통합'[5]이라 한다.

4) 다자주의체제하에서의 관세인하협상은 양허세율을 대상으로 하기 때문에 양허세율 인하가 반드시 실행세율의 인하를 의미하지는 않으므로 단기적으로는 무역자유화 혜택을 누릴 수 없다. 그러나 지역무역협정에서는 실행세율이 협상대상이므로 단기적으로도 관세인하의 실제적인 효과를 누릴 수 있다.

한편 경제통합은 국가의 전체 지역을 대상으로 하여 이루어지는 것이 일반적이지만 경우에 따라서는 국가의 일부 지역만을 대상으로 하여 이루어질 수도 있는데, 이를 '국지적 통합'이라고 한다.[6]

2 지역경제통합의 형태

지역경제통합은 그 발전단계에 따라 다음과 같은 다섯 가지 형태로 나누어 볼 수 있다. 물론 현실세계에 존재하는 지역무역협정은 이렇게 명확히 구분되어 나타나는 것은 아니고, 이러한 특성들이 혼재되어 있는 것이 일반적이라 하겠다.

(1) 자유무역지역

자유무역지역(FTA : Free Trade Area)은 자유무역협정을 체결하여 회원국들 간의 교역에 대해서는 관세를 부과하지 않고,[7] 비회원국에 대해서는 회원국 각자가 독자적으로 관세율을 부과한다.

자유무역지역의 경우에는 비회원국들이 관세율이 높은 역내 국가로 상품을 직접 수출하지 않고, 관세율이 낮은 역내 회원국을 거쳐 관세율이 높은 국가로 우회 수출함으로써 높은 관세율을 부과하는 회원국에서의 관세의 수입제한효과를 무력화시키는 소위 '무역굴절'(trade deflection)현상이 발생할 수 있다. 따라서 이를 막기 위하여 자유무역협정을 체결한 회원국들 간에는 '원산지규

5) 1951년에 서독, 프랑스, 이탈리아, 베네룩스 3국 간에 결성된 유럽석탄철강공동체(ECSC : European Coal and Steel Community)가 이에 해당하는 대표적인 경우라 하겠다.

6) 싱가포르, 말레이시아의 조호르바루, 인도네시아의 바탐섬 간에 이루어진 지역경제통합이 이에 해당하는 구체적 사례라 할 수 있다.

7) 관세철폐의 이행기간은 발효 후 즉시, 5년 후, 10년 후, 15년 후이다. 심지어 농산물과 같이 각국의 민감한 분야는 관세철폐의 예외품목으로 정하기도 한다.

정'(rules of origin)을 정하여 해당 상품의 원산지가 어딘지 그리고 수입의 궁극적인 행선지가 어딘지를 확인하여 원산지[8]가 회원국으로 인정된 상품에 한하여 특혜관세를 부여한다.

지역경제통합의 유형 중 자유무역협정의 비중이 90% 이상일 정도로[9] 압도적으로 많은데, 그 이유는 자유무역협정에서는 회원국들은 재량권을 가지고 독립적인 무역정책과 독자적인 경제정책을 사용할 수 있는 이점이 있기 때문이다.

과거에는 FTA가 회원국 간 배타적 특혜무역을 추진한다는 사실에 근거하여 폐쇄적인 무역정책으로 간주되었으나 오히려 최근에는 FTA가 각국의 개방적 통상정책으로 받아들여지고 있다. 그 이유로는 과거의 FTA는 수입관세의 철폐가 주된 내용이었으나 1990년대 이후에 체결된 FTA협정들에서는 관세뿐만 아니라 서비스 및 투자, 지식재산권, 반덤핑 및 보조금 등과 같은 진일보 발전된 통상규범들이 협정에 포함되어 있어 국내제도개혁과 개방정책을 적극적으로 추구하는 정책으로 인식되고 있기 때문이다.

한편 내용이 각기 다른 FTA를 여러 나라와 다발적으로 체결하는 경우 FTA마다 서로 다른 원산지규정, 통관절차, 표준 등을 적용함으로써 FTA를 활용하려는 국내수출입기업들의 행정비용을 높이고, 혼란을 초래하는 등 오히려 이를 활용하고자 하는 국내기업들에게 부담이 될 수도 있다. 이러한 상황이 마치 스파게티 국수발처럼 서로 얽혀 대단히 복잡하다 하여 이를 '스파게티보울(sphagetti bowl effect)효과'라 한다.

현실세계에서 자유무역지역에 해당하는 대표적인 사례로는 북미자유무역협정(NAFTA), 아세안자유무역협정(AFTA) 등을 꼽을 수 있다.

8) 오늘날과 같이 가치사슬(value chain)이 전 세계적으로 확산되고 있는 세계화시대에는 제품의 100%를 오직 한 나라에서 생산하는 경우는 드물다. 따라서 상품가액의 일정비율(예를 들면 60%) 이상이 회원국에서 생산된 경우에 해당국의 원산지로 인정하고 있다.

9) 자유무역협정의 50% 이상은 양자 간 협정이다.

(2) 관세동맹

관세동맹(CU : Customs Union)은 가맹국들이 역외국에 대하여 각각 독자적인 관세율을 적용하는 자유무역지역에서 한 걸음 더 나가 가맹국들이 비가맹국에 대해 공동의 관세율을 부과하는 지역경제통합의 형태다. 이렇듯 가맹국들이 역외국에 대해 공동관세율을 적용하게 되면 자유무역지역에서 발생되는 무역굴절현상의 문제는 자동적으로 해결된다. 그러나 어떤 상품에 어느 정도의 관세를 공동으로 부과할 것인지에 대해서는 회원국들마다 이해관계가 서로 다르기 때문에 공동관세율수준에 대한 합의를 이끌어 내기가 쉽지 않다. 그리고 관세동맹은 자유무역지역보다 회원국들의 주권이 제약을 받게 되므로 회원국들 간의 상호 협력과 행정적 과제를 해결하기 위한 중앙집권적인 기구를 필요로 한다.

관세동맹의 구체적인 실제사례로는 1940년대에 결성된 그리고 나중에 EC에 흡수된 베네룩스 3국 간의 관세동맹, 그리고 남미공동시장(MERCOSUR)[10]을 들 수 있다.

(3) 공동시장

공동시장(common market)은 관세동맹의 단계에서 한 걸음 더 나아가 회원국들 간 상품의 자유로운 이동뿐만 아니라 노동 · 자본 등 생산요소의 회원국들 간의 자유로운 이동을 보장하는 지역경제통합체다. 이에 따라 공동시장에서는 회원국들 간에 자본의 자유로운 이동은 말할 것도 없고, 회원국들의 노동자들 역시 역내국 어디든 취업이 가능하다. 이에 해당하는 구체적인 실제사례로는 1961년에 중앙아메리카 5개국 간에 결성된 중앙아메리카 공동시장(CACM : Central American Common Market), 1967년에 결성된 유럽공동체(EC

10) MERCOSUR는 역내국들 간의 노동력의 이동을 자유화하고, 주거의 자유를 허용한다는 차원에서 공동시장으로서의 성격을 가지고도 있다.

: European Community) 등을 들 수 있다.

(4) 경제동맹

경제동맹(economic union)은 공동시장에서 진일보 발전하여 공동시장의 성격을 기본적으로 충족시킬 뿐만 아니라 가맹국들 간의 경제전반에 걸친 협정을 체결함으로써 산업, 재정, 금융, 통화, 무역, 외환 등 모든 경제정책을 상호 조정하면서 공동보조를 취하는 경제통합의 형태이다.

공동시장과 같은 형태만으로는 각 가맹국의 상이한 경제정책에 의해 그들이 추구하는 역내 무역자유화에 좋지 않은 영향을 받을 수 있으므로 이러한 문제를 해소하기 위하여 가맹국들 간에 경제정책까지 조화시키고자 하는 경제동맹을 맺게 된다. 이에 부합되는 예를 굳이 현실세계에서 찾아본다면 유로라는 단일통화를 사용하고 있고 단일통화정책을 채택하고 있는 현재의 유로지역(Euro Zone)을 들 수 있을 것이다.

(5) 완전경제통합

완전경제통합(perfect economic integration)은 경제정책의 조정뿐만 아니라 여기서 한발 더 나아가 모든 회원국들의 경제정책의 통일을 추구한다. 이 단계에서는 이를 수행하기 위한 초국가적인 기구가 필요하게 되며, 경제적인 측면에서 뿐만 아니라 아울러 정치적 · 사회적 측면에서도 통합을 추진함으로써 실질적으로 하나의 국가가 된다고 볼 수 있다. 따라서 완전경제통합의 경우 공동의 중앙은행 및 공동의 통화를 가지며, 재정적으로도 통합을 하게 되는 등 경제적인 통합뿐만 아니라 정치 · 외교, 사회, 문화적으로도 실제적인 통합이 이루어진다. 이에 상응하는 예를 굳이 현실세계에서 찾는다면 50개 주로 구성된 미합중국, 소위 미국을 들 수 있을 것이다.

3 지역경제통합의 효과

본절에서는 지역경제통합의 경제적 효과를 알아보고자 한다. 지역경제통합은 역내국 간의 자유무역을 통해 자원의 효율적인 배분을 가능케 하는 긍정적인 효과가 발생하는 한편, 역외국에 대해서는 보호무역을 함으로써 자원의 효율적인 배분을 저해하는 부정적인 효과가 발생하기도 한다. 이에 따라 지역경제통합은 가맹국의 후생수준을 증가시킬 수도 있고, 감소시킬 수도 있는 양면을 가지고 있다.

(1) 지역경제통합의 정태적 효과[11)]

가. 무역창출

지역경제통합을 하게 되면 동일한 상품을 보다 저렴하게 생산하는 다른 회원국으로부터 수입하여 소비함으로써 회원국들 간에 자원의 효율적인 배분이 이루어지고, 이를 통해 국내소비자들의 후생이 증대되는 긍정적인 효과를 주는데, 우리는 이를 '무역창출(trade creation)효과'라 한다.

이에 대한 이해를 돕기 위해 아래와 같은 구체적인 예를 통해 무역창출효과란 어떠한 것이며, 또 그것이 어떻게 당사국에 긍정적인 영향을 미치는지에 대해 알아보도록 하자.[12)]

우리나라와 독일, 일본에서 동일한 카메라를 대당 각각 120달러, 80달러, 64달러에 생산한다고 하자. 그리고 우리나라에서 독일과 지역경제통합을 맺기 전 카메라를 수입할 때 100%의 수입관세를 부과한다고 하자. 이에 따라 독일,

11) J. Viner는 관세동맹의 경제적 효과를 무역창출효과와 무역전환효과로 나누어 설명하고 있다.

12) 본문의 예에서는 생산 측면은 무시하고, 오직 소비 측면만 고려하고 있다. 즉 관세를 철폐하면 값싼 수입품의 소비증대로 인해 국내소비자들이 이익을 볼 수 있을 뿐만 아니라 비효율적인 국내생산을 줄임으로써 자원을 그만큼 효율적으로 활용할 수 있게 된다.

일본 어느 나라로부터 수입을 하든지 수입카메라의 가격이 국내산 카메라의 가격보다 비싸 우리나라에서는 그 어느 나라에서도 카메라를 수입하지 않고 국내에서 대당 120달러에 직접 생산하여 소비할 것이다. 그러나 우리나라와 독일이 지역경제통합을 하여 일본으로부터 수입하는 카메라에 대해서는 100%의 관세를 부과하는 반면, 독일산 카메라에 대해서는 수입관세를 부과하지 않게 되면 우리나라의 카메라 수입상은 국내보다 싸게 생산하는 독일로부터 대당 80달러에 카메라를 수입하여 이를 국내소비자에게 판매하게 될 것이다. 물론 이 과정에서 우리나라에서는 더 이상 카메라를 생산하지 않게 될 것이다.[13] 그 결과로서 우리나라의 소비자들은 지역경제통합을 맺기 전 국내산 카메라를 대당 120달러를 주고 소비했었는데, 독일과 지역경제통합을 맺어 독일산 카메라를 대당 80달러에 수입하여 소비한다. 이로써 국내소비자들은 대당 40달러만큼의 이익을 보게 될 것이며, 국내소비자들의 후생수준은 그만큼 증대될 것이다.

나. 무역전환

무역전환(trade diversion)이란 기존의 역외국으로부터 낮은 가격으로 수입을 하여 소비하던 상태에서 역내국과 역외국 간에 차별적인 관세가 부과됨으로써 저렴한 역외국의 제품이 비싼 역내국의 제품으로 수입이 전환되어 해당 국가에서의 자원의 비효율적인 배분을 초래하여 그 나라의 사회적 후생을 감소시키는 현상을 말한다.

이의 이해를 돕기 위해 위에서 언급된 예를 들어 설명해 보도록 하자. 지역경제통합을 맺기 전 우리나라, 독일, 일본에서 카메라를 각각 대당 120달러, 80달러, 64달러에 생산하고 있었고, 우리나라에서 독일, 일본으로부터의 카메라를 수입할 때 50%의 수입관세를 부과하고 있었다 하자. 지역경제통합을 맺

13) 우리나라에서는 카메라를 더 이상 생산하지는 않겠지만 경제통합 전 카메라 생산에 투입되었던 자원을 우리나라가 비교우위를 가지고 있는 다른 제품 생산에 투입하여 그 상품의 생산을 확대하여 수출하게 될 것이다.

기 전 우리나라의 카메라 수입업자는 세계에서 카메라를 가장 싸게 만드는 일본으로부터 대당 64달러에 카메라를 수입하여 50%의 수입관세 32달러를 우리나라 정부에 납부하고, 대당 96달러에 우리나라 소비자들에게 판매하였다. 이러한 상태에서 우리나라가 독일과 지역경제통합을 체결하여 독일산 카메라에 대해 수입관세를 부과하지 않게 되면 우리나라 수입업자는 독일로부터 카메라를 대당 80달러에 수입할 수 있어 관세를 부담하면서까지 일본으로부터 카메라를 수입하지는 않을 것이다. 이에 따라 우리나라의 소비자들은 카메라를 대당 96달러에 일본으로부터 구입하다가 지역경제통합으로 인해 80달러에 독일로부터 구입을 하게 됨으로써 16달러만큼의 이득을 보게 될 것이다. 그러나 우리나라 관세당국은 지역경제통합 전 수입업자로부터 징수하던 32달러의 관세수입을 포기하게 되므로 우리나라 전체로 볼 때는 관세수입 감소분 32달러에서 소비자들의 이득의 증대분 16달러를 뺀 16달러의 손해를 보게 된다. 우리는 이를 무역전환효과라 할 수 있을 것이다.

지역경제통합으로 인해 무역전환효과와 무역창출효과가 모두 발생한다고 할 때 지역경제통합이 궁극적으로 당사국의 사회적 후생을 증대시키려면 지역경제통합으로 인해 발생하는 무역전환효과의 크기보다는 무역창출효과의 크기가 커야 할 것이다.

(2) 지역경제통합의 동태적 효과

가. 규모에 대한 경제

지역경제통합으로 인해 회원국들 간에 시장이 서로 개방됨에 따라 역내 시장의 규모가 확대되고, 이로 인해 기업들의 생산규모가 확대됨으로써 제품의 단위당 평균생산비용이 하락하는 '규모의 경제'(economies of scale)가 실현될 수 있다.

EU 국가들의 경우 각 개별 국가들 하나하나의 국내시장규모는 작지만 그들 간의 경제통합을 통하여 역내 시장의 규모가 크게 확대됨으로써 규모의 경제를 실현할 수 있게 되었다. 이에 따라 EU 국가들의 기업들이 미국기업이나 일본기업과 같은 역외 기업들에 대하여 가격경쟁력을 가질 수 있게 되었다.

나. 경쟁의 심화

무역의 규제는 국내시장에서 국내기업의 독점을 조성하여 자원의 비효율적인 배분을 초래하고, 가격을 높임으로써 사회적 후생을 감소시킨다. 그러나 지역경제통합을 통해 국내시장이 개방되면 그동안 보호를 받고 있던 국내기업들이 역내국의 다른 기업들과 치열한 경쟁을 하게 될 것이며, 국내기업들은 이 과정에서 살아남기 위하여 기술개발과 기술혁신을 추진하여 생산의 효율을 증대시키고, 제품의 질을 개선시킬 것이다.

다. 투자의 증대

지역경제통합을 하게 되면 역내국에 외국인직접투자가 늘어난다. 외국인직접투자가 늘어나는 이유는 지역경제통합을 함으로써 역내 국가들의 전체적인 시장규모가 확대되므로 이를 적극적으로 활용하기 위해 역내국 시장에 직접 진출하는 것이 바람직하기 때문이다. 우선 역내국 기업과 경쟁관계에 있는 역외국 기업들은 역내국 시장에 직접 수출하는 경우 차별적으로 수입관세를 부담하여야 하므로 역내국에 대한 직접투자를 통해 이러한 관세장벽을 회피하고자 할 것이다. 그리고 역내국 기업들도 하나로 통합된 역내 시장에서 역내 기업 간에 치열한 경쟁 속에서 생존하기 위하여 생산비용을 감소시키고, 새로운 제품개발과 기술혁신을 위한 투자를 증대시키고자 역내국에 직접투자를 늘리고자 할 것이다.

한편 경우에 따라서는 외국인직접투자를 유치하고자 하는 국가의 정부가 외국의 투자자들에게 자국의 시장을 개방하고, 그들에 대한 친화적 정책을 사용한다는 것을 확신시키기 위하여 역으로 지역경제통합을 하기도 한다. 과거 NAFTA의 출범으로 인해 많은 역외 기업들이 직접투자의 형태로 멕시코에 진출한 사례가 이에 해당하는 대표적인 경우라 할 수 있을 것이다.

(3) 기타

비경제적인 효과로서 지역경제통합을 통해 가맹국들 간에 정치적 결속이 보다 강화되고, 이들 지역의 국제사회에서의 위상이나 교섭력이 제고될 수 있다. 아울러 지역경제통합을 통하여 국내구성원들 간의 이해가 복잡하게 얽혀 지지부진한 상태에 있는 국내의 경제구조개혁을 촉진할 수 있는 동력이 될 수도 있다.

4 지역경제통합의 실제

앞서 언급한 바와 같이 지역주의는 1950년대 서유럽에서 시작되었고, 지역주의에 반대해 왔던 미국이 1980년대 후반부터 다자주의에서 지역주의로 정책기조를 바꾸면서 1990년대 들어서 지역주의가 전 세계적으로 확산되게 되었으며, 최근에는 더욱 많은 국가들이 참여하는 빅 FTA에 대한 논의가 본격적으로 제기되고 있는 실정이다. 본절에서는 대표적인 몇 개의 지역경제통합을 선별하여 구체적인 내용을 알아보도록 하자.

(1) 유럽연합(EU)

유럽 국가들은 20세기 들어 두 차례의 전쟁을 겪었고, 이로 인해 제2차 세계대전 이후에는 세계경제의 주도권을 미국과 일본에 넘겨 주게 되었다. 이로써 유럽 국가들은 그들 간의 전쟁을 억제하고,[14] 세계경제에서의 주도권을 되찾기 위해 그들 간의 경제통합이 필요하다는 사실을 절감하게 됨으로써 경제통합을 위한 노력을 꾸준히 전개해 왔다. 그 결과 1951년 프랑스, 독일, 이탈리아, 베네룩스 3국의 6개국 간에 유럽석탄철강공동체(ECSC : European Coal

---

14) 이런 의미에서 유럽 국가들의 경제통합은 제1, 2차 세계대전의 주범인 독일을 견제하기 위한 정치적 목적이 강하다고 볼 수 있다.

and Steel Community)를 결성하면서 유럽 국가들 간의 경제통합을 본격적으로 추진하기 시작하였다.

1957년에는 로마조약(Treaty of Rome)에 의하여 부문별 통합체인 유럽석탄철강공동체 및 유럽원자력공동체(Euratom)가 통합되어 관세동맹의 성격을 갖는 전면적 경제통합체인 유럽경제공동체(EEC : European Economic Community)로 발전하게 되었고, 1967년에는 EEC가 유럽공동체(EC : European Community)로 확대 · 개편되었다.

이렇듯 EC는 1960~70년대에 걸쳐 관세동맹을 실현하였고, 1979년 3월 통화통합의 기초로서 유럽통화제도(EMS : European Monetary System)를 창설하는 성과를 거두었다. 1986년에는 단일유럽법(SEA : Single European Act)을 제정하게 되는데, 이는 역내 국가들 간의 모든 교역장벽을 제거하여 유럽단일시장을 출범시킨다는 것이었다. 1993년 11월에는 이를 토대로 유럽경제통화동맹(EMU : European Economic and Monetary Union)과 유럽정치동맹(EPU : European Political Union)을 포함하는 유럽연합(EU : European Union)을 결성한다는 내용의 유럽연합조약, 일명 '마스트리히트조약'(Maastricht Treaty)을 체결하였다.

EU의 출범 당시에는 회원국이 기존의 12개 EC 회원국이었으나, 1996년 1월 1일 오스트리아, 스웨덴 및 핀란드의 가입으로 회원국이 15개국으로 늘어났고, 2004년 5월 1일에는 중 · 동구권의 10개국들이 가입하여 회원국이 25개로 확대되었으며, 이어 2007년 1월 1일 루마니아, 불가리아가 가입하고, 2013년에는 크로아티아가 가입함으로써 회원국이 28개로 확대되었다.[15)]

한편 서유럽 국가들의 과거 식민지 국가들을 포함하여 EU와 직 · 간접적으로 밀접한 관련을 맺고 있는 주변국들도 EU의 경제권으로 흡수되면서 EU 경제권은 외연적으로 크게 확대되고 있다.[16)]

---

15) 2016년 6월 영국이 EU로부터의 탈퇴를 결정하였으며, 일련의 절차를 걸쳐 실제 탈퇴할 경우 EU는 27개국이 될 것이다.

16) 로마조약과 EU조약에 따르면 모든 유럽 국가는 EU의 회원국이 될 수 있다. EU에 가입하기를 희망하는 국가는 EU이사회에 가입을 신청하여야 하며, EU이사회는 EU집행위원회와 협

| 표 8-1 | EU의 경제지표(2018년)

국가	인구 (천 명)	면적 (천 km²)	GDP (억 달러)	1인당 GDP (달러)	상품수출 (억 달러)	상품수입 (억 달러)
오스트리아	8,752	83.9	4,573	52,257	1,848	1,937
벨기에	11,499	30.5	5,325	46,310	4,667	4,501
불가리아	7,037	111.0	648	9,214	331	379
크로아티아	4,165	56.6	606	14,557	174	282
키프로스	861	9.3	244	28,311	50	108
체코	10,625	78.9	2,419	22,763	2,023	1,847
덴마크	5,754	43.1	3,515	61,086	1,091	1,026
에스토니아	1,307	45.2	295	22,581	170	191
핀란드	5,543	338.4	2,747	49,556	758	786
프랑스	67,539	549.1	27,817	41,187	5,819	6,725
독일	82,293	357.2	39,947	48,542	15,606	12,857
그리스	11,142	132.0	2,185	19,609	395	638
헝가리	9,689	93.0	1,556	16,064	1,258	1,217
아일랜드	4,804	70.3	3,725	77,548	1,649	1,076
이탈리아	59,291	301.3	20,716	34,940	5,466	5,008
라트비아	1,910	64.5	349	18,062	161	197
리투아니아	2,876	65.3	532	18,504	333	365
룩셈부르크	590	2.6	685	115,986	163	240
몰타	432	0.3	143	33,142	30	63
네덜란드	17,084	41.5	9,135	53,472	7,238	6,447
폴란드	38,105	312.7	5,860	15,378	2,606	2,665
포르투갈	10,291	92.2	2,120	20,597	685	886
루마니아	19,581	238.4	2,404	12,275	797	978
슬로바키아	5,452	49.0	1,065	19,535	943	939
슬로베니아	2,081	20.3	542	26,041	442	423
스페인	46,397	505.6	14,250	30,713	3,452	3,880
스웨덴	9,983	447.4	5,514	55,240	1,659	1,702
영국	66,824	243.6	28,168	42,152	4,869	6,740
총계	511,926	4,383.2	187,085	36,545	64,683	64,109

주 : 국내총생산 및 1인당 국내총생산은 시장환율로 환산된 경상치임
각국의 면적은 2013년 수치임
자료 : UNCTAD

의를 하고, EU의회의 다수결에 의한 동의를 거쳐 만장일치로 가입여부를 결정하게 된다.

EU는 서유럽 국가와 중·동부 유럽 국가로 나누어지는데, 서유럽 국가들은 경제발전이 이루어진 선진경제로서 1인당 소득수준이 높아 구매력이 크고, 기술수준이 높은 반면, 중·동부 유럽 국가들은 경제가 상대적으로 낙후되어 있고, 저렴한 노동력을 가지고 있다. 2000년대에 들어서 기존 회원국인 서유럽 국가들보다 상대적으로 낙후된 동유럽 국가들이 EU에 대거 가입함으로써 동유럽 국가들의 저렴한 노동력이 서유럽 국가들로 유입되면서 서유럽 국가들의 미숙련노동자들은 실업난을 겪고 있는 반면, 동유럽 국가들은 자국의 우수한 인재들이 서유럽 국가들로 빠져나가는 두뇌유출(brain drain)의 문제를 겪고 있다.

[표 8-1]에서 보면 2018년 현재, EU 28개국의 국내총생산규모는 18조 7,8085억 달러, 인구는 5억 1,193만 명, 1인당 GDP는 36,545달러, 상품수출 6조 4,683달러, 상품수입 6조 4,109억 달러를 기록하고 있다. 28개국 중 독일의 국내총생산규모가 3조 9,947억 달러로서 가장 크고, 상품수출규모 역시 독일이 1조 5,606억 달러로 가장 높다. 1인당 GDP는 룩셈부르크가 115,986달러로 가장 높고, 불가리아가 9,214달러로 가장 낮은 수준을 보이고 있다.

(2) 미국·멕시코·캐나다협정(USMCA)

1988년 미국과 캐나다 간 자유무역협정의 체결을 시작으로, 1990년 미국과 멕시코 간의 자유무역협상이 개시되고, 1991년부터 동 협상에 캐나다가 참여하면서 이들 3국 간의 북미자유무역지역에 대한 협상이 진행되어 1994년 1월 1일 북미자유무역협정(NAFTA : North America Free Trade Agreement)이 공식적으로 출범하였다.

제2차 세계대전 후 막강한 경제력으로 세계경제의 성장을 주도해 왔던 미국은 1970년대 이후 일본과 서유럽 국가들의 급속한 발전으로 인해 상대적으로 국제경쟁력이 저하되면서 큰 폭의 경상수지적자를 기록하게 되었고, 동시에 월남전 참전으로 인한 막대한 군사비 지출과 사회복지프로그램 이행을 위한 재정지출의 증대로 인해 재정적자가 크게 확대되는 등 국내외 경쟁여건이 크게 악화되었다. 이에 반해 서유럽 국가들을 중심으로 지역경제통합이 공고해지고, 일본이 세계 제2의 경제대국으로 급부상하면서 미국경제의 위상은 크게 저하되었다. 이러한 상황에서 미국은 대내외 경제적 어려움을 타개하기 위한 돌파구이자 서유럽지역의 경제공동체 달성에 대한 대응책으로 그리고 일본 및 동아시아 국가들을 비롯한 대미 무역흑자국들의 북미시장 공략을 견제하기 위한 자구적인 노력의 일환으로 캐나다와 멕시코가 참가하는 NAFTA를 적극적으로 추진하게 되었다.[17)]

NAFTA는 미국의 탁월한 기술력 및 자본력, 캐나다의 풍부한 자원, 멕시코의 저렴한 노동력을 서로 결합하여 북미경제권의 국제경쟁력을 강화하고자 하는데 이들 세 나라 간의 이해가 서로 일치하였다 할 수 있다. 즉 멕시코는 경제발전에 있어 미국의 거대한 시장을 배경으로 하는 것이 필수적이라고 생각하였고, 미국 입장에서는 멕시코로부터의 불법이민을 막기 위해서 무엇보다도 멕시코의 정치적 안정이 우선되어야 했다. 그리고 멕시코가 가지고 있는 저렴하고 풍부한 노동력을 이용하는 것이 미국기업의 경쟁력을 유지하는 데 도움이 된다고 생각하였고, 캐나다 입장에서는 북미지역에서의 미국의 독점적인 지배력을 견제하는 데 도움이 될 것이라고 보았기 때문이었다.

NAFTA에서는 EU와는 달리 역내 노동력의 자유로운 이동을 보장하지 않는다. 그리고 경제적·정치적 통일을 위해 회원국들이 가지고 있는 정치적 주권을 포기한 EU와는 달리 NAFTA 회원국들은 각자의 주권을 유지하면서 회원국 각자가 독자적인 무역정책, 외교, 국방정책을 추진하고 있다.

그러나 2017년 미국의 트럼프 행정부가 들어서면서 미국이 멕시코와 캐나다와의 무역불균형의 시정을 요구하게 되었고, 이들 2국가들과 각각 양자 간 자유무역협정의 재협상을 추진하면서 2018년 10월에는 기존의 NAFTA보다 낮은 수준의 자유무역협정인 USMCA(US-Mexico-Cananda Agreement)를 타결하였다.[18)] 이는 트럼프 행정부 출범 이후 타결된 첫 다자간 무역 재협정[19)]으로 앞

17) 이런 의미에서 NAFTA의 결성은 EU와는 달리 경제적 목적이 우선이었다고 볼 수 있다.

으로 미국이 추진할 국제통상질서의 재편방향을 제시해 주고 있다 할 수 있다.[20]

2018년 현재 USMCA는 회원국 전체 GDP규모가 23조 5,320억 달러로서 세계 전체 GDP의 27.6%를 차지하고 있는 세계최대의 지역경제통합체다.

한편 미국을 중심으로 쿠바를 제외한 미주 대륙 34개국을 대상으로 하는 미주자유무역지대(FTAA : Free Trade Area of America)의 결성이 추진되고 있는데, 브라질을 비롯한 일부 중남미 국가들의 반대로 별다른 진전이 이루어지지 못하고 있으나 만약 미주자유무역지대가 출범하는 경우 미주대륙은 거대한 하나의 시장으로 통합될 것이다.

표 8-2 USMCA의 경제지표(2018년)

국가	인구 (천 명)	면적 (천 km^2)	GDP (억 달러)	1인당 GDP	상품수출 (억 달러)	상품수입 (억 달러)
미국	330,531	9,831.5	206,003	62,325	16,660	26,124
캐나다	36,954	9,984.7	17,084	46,231	4,506	4,706
멕시코	130,759	1,964.4	12,234	9,356	4,507	4,765
합계	498,244	21,780.6	235,320	47,230	25,673	35,595

주 : 국내총생산, 1인당 국내총생산은 시장환율로 환산된 경상치임
각국의 면적은 2013년 수치임
자료 : UNCTAD

(3) 아세안(ASEAN)

ASEAN(Association of South-East Asian Nations)은 동남아시아를 대표하는 국제기구로서 회원국 간 경제 · 사회 · 문화 · 기술면에서의 상호 협력을 도모

18) 2019년 12월 10일 멕시코에서 3국 간에 USMCA에 대한 최종적인 서명이 이루어졌다.
19) 이 협정에서 주목할 만한 사실은 협정참여국이 '시장경제지위'를 얻지 못한 나라와 FTA를 체결할 경우 동 협정을 무효화할 수 있도록 한 것인데, 이때 비시장경제 국가는 중국이며, 미국이 이를 통해 중국을 고립시키겠다는 의도를 반영한 것이라 하겠다.
20) 2019년 1월 1일 한국과 미국 간의 FTA 재협정이 공식 발효되었다.

하는 것을 목적으로 1967년에 설립되었으며, [표 8-3]에서 보는 바와 같이 2018년 현재 회원국 전체 인구는 6억 5,431만 명, GDP규모는 2조 9,502억 달러이며, 교역규모는 3조 5천억 달러를 상회하고 있다.

| 표 8-3 | 아세안 국가별 주요 경제지표(2018년)

국가	인구 (만 명)	면적 (천 km^2)	경상GDP (억 달러)	1인당 GDP (시장환율)	상품수출 (억 달러)	상품수입 (억 달러)
브루나이	43	5.3	141	32,418	66	42
캄보디아	1,624	181.0	244	1,502	140	188
인도네시아	26,680	1,811.6	10,418	3,905	1,802	1,887
라오스	696	236.8	182	2,611	53	62
말레이시아	3,204	330.1	3,543	11,056	2,475	2,176
미얀마	5,386	676.5	700	1,300	166	193
필리핀	10,657	300.1	3,308	3,106	675	1,193
싱가포르	579	0.7	3,473	59,964	4,130	3,709
태국	6,918	514.0	5,049	7,298	2,530	2,482
베트남	9,649	330.4	2,445	2,534	2,427	2,355
아세안 계	65,431	4,386.5	29,502	4,509	14,462	14,287

주: 국내총생산, 1인당 국내총생산은 시장환율로 환산된 경상치임
라오스와 미얀마는 2013년 자료임
각국의 면적은 2013년 수치임
자료: UNCTAD, IBRD

ASEAN은 초기에는 느슨한 선언적 성격으로 출발하였으나 점차적으로 결속력이 강한 지역협력기구의 성격으로 발전해 왔다.

ASEAN은 초기에는 인도네시아, 태국, 필리핀, 말레이시아, 싱가포르 5개국이 미국의 후원을 받아 그 당시 공산국가인 베트남으로 인한 공산화를 막기 위한 정치적 동기에서 결성되었다. 그러나 베트남과의 이념적 갈등이 줄어들자 아세안은 브루나이, 베트남, 캄보디아, 라오스, 미얀마를 회원국으로 받아들여 현재의 10개 회원국체제를 갖추게 되었다. 이에 따라 아세안 국가들 간의 협력의 중심이 과거 국가의 안전과 같은 정치적 · 군사적 측면에서 상호 간 교

역을 통한 단일시장의 형성으로 움직이게 되었다. 이와 같은 아세안의 역사적 발전 추이는 [표 8-4]에 정리되어 있다.

| 표 8-4 | 아세안의 역사적 발전 추이

연도	주요 내용
1967	ASEAN 창립, 인도네시아, 싱가포르, 말레이시아, 필리핀, 태국
1993	AFTA 창설
1984	브루나이 가입
1995	베트남 가입
1997	라오스, 미얀마 가입
1999	캄보디아 가입, 아세안 10개국체제 완료
2008	아세안헌장 발효
2015	AEC 출범

ASEAN은 그동안 역내 교역실적이 미비하였으나 최근 이들 국가들의 주요 수출시장인 유럽과 북미지역에서 경제블럭화(bloc)가 가속화되고, 동구권 및 중남미지역이 ASEAN을 대체하는 새로운 투자지역으로 급부상함에 따라 위기감을 갖게 되었다. 이에 대해 ASEAN 국가들은 그 대응책으로 역내 경제통합에 대한 노력을 전개하여 1993년 1월 1일 동남아 10개국이 참여하는 역내 자유무역협정인 '아세안자유무역지대'(AFTA : ASEAN Free Trade Area)를 창설하게 되었다.

아세안자유무역지대(AFTA)는 아세안 국가들 간의 무역거래에 대한 관세 및 비관세장벽을 점진적으로 인하 또는 철폐함으로써 역내 무역을 자유화하고, 역내 외국인직접투자를 촉진하며, 이를 통해 자원의 효율적 배분, 규모의 경제 실현, 경쟁력 향상 및 지속적 경제발전을 이룩하고자 한다.

한편 ASEAN은 우리나라21)를 비롯하여 미국, 일본, 중국, 러시아, 호주, EU 등 10개의 역외국과의 협의 채널을 구축하고, 이들 역외 국가들과도 긴밀한 협

21) 한국과 아세안 간에는 2009년 자유무역협정이 체결되었고, 2010년 이후에는 이것이 전략적 동반자관계로 승격되었다. 우리나라는 연례적으로 한·아세안 정상회의와 한·아세안 외교장관회의 등을 개최하고 있는 등 아세안과의 정기적인 협의 채널을 갖고 있다.

력관계를 유지하고 있다. 특히 한국, 중국, 일본과는 ASEAN+3, ASEAN+1 등의 형태로 이들 3국가와의 긴밀한 경제협력을 추진하고 있다.

아세안경제공동체(AEC : ASEAN Economic Community)

아세안경제공동체는 2015년 12월 31일 ASEAN 10개국에 의해 공식 출범한 경제공동체다. 아세안공동체(ASEAN Community)는 아시아판 EU라 할 수 있는 것으로 이는 '정치·안보 공동체', '경제공동체', '사회·문화 공동체' 3대 축으로 구성되는데, 이 중 가장 핵심적이고 가시적인 성과를 내고 있는 것이 단일시장을 목표로 하는 아세안경제공동체로서 가장 먼저 출범하였다.

아세안경제공동체에서는 상품, 서비스, 투자에 대한 역내 교역장벽을 철폐해 단일시장을 구축하기로 하였고, 나아가 자본, 전문인력 등의 자유로운 역내 이동을 보장하기로 하였다. 아세안경제공동체는 이를 위해 4대 중장기 목표와 5대 원칙을 설정하고 있다. 4대 중장기 목표는 단일시장 및 단일생산기지의 구축, 경쟁력이 높은 지역경제통합, 역내국 간 소득격차 해소를 통한 균형적 경제발전, FTA를 통한 아세안 국가들의 세계경제와의 통합이다.[22] 이 중 비중이 가장 큰 것은 상품, 서비스, 투자, 자본, 숙련노동의 자유로운 이동을 포함하는 단일시장과 단일생산기지의 구축이다. 그리고 5대 원칙은 상품, 서비스, 투자, 노동력, 자본의 자유로운 이동을 의미한다.

단일시장의 기본적인 취지는 회원국별로 복잡하고 다양한 제도를 통합·표준화하는 것이다. 그러나 아세안경제공동체가 기존의 지역경제통합체와는 다소 상이한 경제통합을 추진하고 있기 때문에 아세안경제공동체의 출범이 곧 바로 단일시장의 완성을 뜻하는 것은 아니다.

아세안경제공동체는 개별 국가의 주권과 독립성을 유지하는 느슨한 형태의 통합을 지향하고 아울러 EU처럼 초국가 간 기구[23]가 아닌 정부 간 기구를 지향하고 있는데, 이를 반영한 것이 바로 '아세안방식'(ASEAN Way)이라는 독특한 의사결정구조다. 아세안방식은 강제가 아니라 회원국 간 상호 이해와 협의를 통해 합의에 도달하고자 한다.

아세안경제공동체는 주로 역내 관세장벽 완화에 중점을 두고 있는 개발도상국들

22) 이는 아세안의 FTA정책을 담고 있다. 역내국 간 자유로운 교역과 투자유치를 위한 규제, 장벽 제거를 목적으로 하지만 10개 회원국들 간의 경제력 격차를 고려하여 EU와는 달리 '느슨한 형태'의 지역경제통합을 지향하고, 유로존과 같은 단일통화를 도입할 계획은 없다.

23) EU는 주권을 초국가기구인 EU이사회에 이양하고, EU법이 국내법보다 상위에 위치해 EU 차원의 결정을 개별 회원국이 수용하는 구조다.

로 이루어진 수평적 통합체이지만 역내 국가 간에 경제력 격차가 크고,[24] 언어와 화, 종교, 정치체제 및 외교의 측면에서 이질성이 크고, 역내 교역의 규모도 아세안 전체 교역액의 24% 정도에 불과할 정도로 상당히 낮아 앞으로 그들 간의 경제통합이 쉽지만은 않을 것으로 보인다.[25] 그러나 역내 간 산업협력이 강화된다면 이러한 이질적 경제구조는 오히려 효율적인 역내 분업체제를 구축하는 데 도움이 될 수 있으며, 저렴한 노동력, 풍부한 자원을 갖춘 이들 지역에 대한 외국인 투자를 증대시킴으로써 역내 경제를 활성화시킬 수 있을 것이다.

현재 아세안경제공동체를 통해 가장 큰 진전을 보이고 있는 분야는 상품관세 철폐인데, 상품을 제외한 서비스, 자본, 전문인력 이동 등에 대한 장벽은 앞으로 지속적으로 해결해 나가야 할 것이다.

아세안경제공동체는 역내 단일시장을 구축하여 중국, 인도와 경쟁구도를 형성함으로써 아시아지역 내에서 중국과 인도의 어디에도 치우치지 않고 균형을 찾아나가는 균형추 역할을 할 것으로 기대된다.

(4) 남미공동시장(MERCOSUR, 메르코수르)

중남미 국가들은 높은 경제발전을 이루고, 그들 지역에서의 미국의 정치적 · 경제적 영향력을 완화시키기 위해 그들 간의 경제를 통합하고자 하는 노력을 꾸준히 전개해 왔다. 특히 중남미 국가들은 유럽 국가들의 경제통합에 자극받아 1960년대부터 경제통합을 위한 논의를 활발히 진행하였다. 그러나 그들의 내부적인 경제상황이 안정적이지 못하였고, 각국이 채택한 수입대체를 통한 경제발전전략이 그다지 성공적이지 못하였으며, 정치적으로도 회원국들 간의 불신과 독재정치로 인하여 경제협력에 관한 뚜렷한 성과를 얻어내지 못하였다.

1990년대 들어 중남미 국가들의 정치적 민주화가 이루어지고, 시장지향적인

---

24) 역내 국가 중 1인당 소득이 가장 높은 싱가포르의 1인당 GDP는 2018년 기준으로 5만 9,964달러로서 가장 낮은 미얀마의 1,300달러에 비해 46배나 되고, 인도네시아의 인구는 2억 6,680만 명인 데 반해, 브루나이의 인구는 43만 명에 불과하다.

25) 이러한 관점에서 무엇보다도 저개발 국가인 캄보디아, 미얀마, 라오스 등의 경제개발이 시급하다.

경제개혁이 성공적으로 이루어짐에 따라 각국에서 경제성장 촉진 및 국제경쟁력의 강화, 역내국에 대한 투자증대 등을 위한 상호 보완적인 산업협력체제 구축의 필요성이 대두되어 그들 간의 경제통합의 움직임이 다시 활기를 띠게 되었다. 이 과정에서 1991년 3월 26일 아르헨티나, 브라질, 우루과이, 파라과이, 남미 4개국이 '아순시온조약(Treaty of Asuncion)'을 통해 역내 관세 철폐 및 대외공동관세 설정에 합의하여 1995년 1월 1일 MERCOSUR가 출범하게 되었다. MERCOSUR는 2019년 9월 현재 회원국으로는 브라질, 아르헨티나, 우루과이, 파라과이 4개국[26)]이 있으며, 2018년 현재 인구는 2억 6,592만 명, GDP는 2조 4,756억 달러의 규모이다.[27)] 칠레, 볼리비아, 페루, 콜롬비아, 에콰도르의 5개국은 준 회원국의 자격으로, 그리고 멕시코는 옵서버의 자격으로 동 기구에 참여하고 있다.

MERCOSUR는 경제규모면에서 볼 때 남미지역에서는 가장 크고, 가장 유망한 지역경제통합체이기는 하지만 EU나 NAFTA에 비해 역내국 간 교역의존도가 낮고, 초국가적인 기구가 없이 각국 정부가 통합의 운영주체라는 구조적인 문제를 가지고 있다. 더욱이 브라질과 아르헨티나 간의 거시경제 및 통화정책의 불협화음이 존재하고, 브라질의 경제규모가 MERCOSUR 전체 경제규모의 70%를 차지할 정도로 비중이 워낙 커, 그들 간의 경제통합이 원활하게 진전되기를 기대하기는 어려운 실정이다. 더욱이 브라질이 자신들의 행동의 제약을 받게 되는 초국가적 기구의 결성에 반대하면서 지역경제통합체보다 다자간 협정에 더욱 큰 관심을 가지고 있어 MERCOSUR의 미래 전망은 결코 밝지만은 않은 것으로 평가되고 있다.

한편 2019년 6월 28일에는 20년 만에 EU와 메르코수르 간에 FTA 체결에 합의하였으며, 향후 10년에 걸쳐 품목별로 관세가 점진적으로 인하될 것이며, 궁극적으로는 모든 수출입품목에 무관세를 적용하게 될 것으로 보인다.[28)]

26) 베네수엘라도 2012년에 가입하였지만 독재정치로 민주주의를 훼손시켰다는 이유로 2017년 나머지 4개국들이 베네수엘라의 회원자격을 정지시켰다.

27) 남미 인구의 70%, 국내총생산의 80%를 차지하고 있다.

28) 이에 따라 메르코수르 회원국의 쇠고기 등 농축산물의 유럽수출이 늘어나는 한편, EU회원

| 표 8-5 | MERCOSUR의 개요(2018년)

국가	인구 (천 명)	면적 (천 km^2)	GDP (10억 달러)	1인당 GNI(달러)	상품수출 (억 달러)	상품수입 (억 달러)
브라질	210,868	8,515.8	1,870.0	8,868	2,398.9	1,885.6
아르헨티나	44,689	2,780.4	514.3	11,510	616.2	654.4
파라과이	6,897	406.8	31.4	4,546	90.5	133.3
우루과이	3,470	176.2	59.9	17,251	75.0	88.9
합계	265,924	11,879.2	2,475.6	9,309.3	3,180.6	2,762.2

주: GDP는 시장환율로 환산된 경상국민소득을 나타냄
수출입은 상품 및 서비스의 수출입을 나타냄
면적은 2013년 수치임
자료: UNCTAD

한편 [표 8-6]에서는 2018년 현재 앞서 언급된 세계의 각 지역을 대표하는 지역경제통합체라 할 수 있는 EU, USMCA, ASEAN, MERCOSUR의 전체적인 개황을 몇 가지 주요 경제지표들을 중심으로 비교하고 있다.

| 표 8-6 | 주요 경제통합체의 주요 경제지표 비교(2018년)

구분	EU	USMCA	ASEAN	MERCOSUR
회원국 수	28개국	3개국	10개국	4개국
인구규모	5억 1,193만 명	4억 9,824만 명	6억 5,431만 명	2억 6,592만 명
경제규모 (경상GDP)	18조 7,085억 달러	23조 5,320억 달러	2조 9,502억 달러	2조 4,756억 달러
교역규모 (수출+수입)	12조 8,792억 달러	6조 1,268억 달러	2조 8,749억 달러	5,943억 달러

주: 교역규모는 상품수출과 상품수입을 합한 금액임
자료: UNCTAD

국의 자동차, 의약품 등의 수출이 늘어날 것으로 기대된다.

(5) 빅 FTA

가. 포괄적 · 점진적 환태평양경제동반자협정(CPTPP)

환태평양경제동반자협정(TPP : Trans-Pacific Strategic Economic Partnership)은 CPTPP의 모태다. TPP는 아시아 · 태평양지역의 경제통합을 목표로 아시아 · 태평양지역의 12개국[29]이 참여하는 다자간 자유무역협정이다.

이는 2005년 뉴질랜드, 싱가포르, 칠레, 브루나이의 4개국으로 구성된 P4 협정으로 출범, 초기에는 세인들의 별다른 관심을 끌지 못하다 2008년 미국이 이에 참여함으로써 세인들의 주목을 받기 시작하여 2015년 10월 5일에 협상이 타결되어 회원국들의 비준을 앞두고 있었다. 그러나 2017년 1월 자국우선주의를 표방하는 미국의 트럼프 행정부가 들어서면서 미국이 TPP에서 탈퇴하여 결국 TPP 설립은 무산되고, 2018년 12월 30일 일본 주도하에 미국을 제외한 나머지 11개국이 이미 타결된 TPP를 모태로 '포괄적 · 점진적 환태평양경제동반자협정(CPTPP : Comprehensive and Progressive for Trans-Pacific Partnership)'이라는 새로운 이름의 다자간 자유무역협정을 출범시켰다.

CPTPP 참가국들의 전체 GDP규모는 2018년을 기준으로 11조 397억 달러로 전 세계에서 차지하는 비중이 12.9%, 무역규모는 7조 1,500달러로 전 세계교역의 14.5%, 인구는 5억 993만 명으로 전 세계인구의 6.7%를 차지하고 있는 비교적 규모가 큰 FTA다.

CPTPP는 농업을 포함해 무역자유화에 원칙적으로 예외를 두지 않는다. 회원국들은 앞으로 30년에 걸쳐 전체 교역품목의 95~100%에 대해 관세를 완전히 철폐하기로 하고, 지식재산권과 전자상거래와 관련한 통일된 제도를 마련하기로 하였다. 아울러 CPTPP는 노동, 환경, 국유기업, 투자규제 등 기존의 무역협정에는 없는 새로운 무역의제도 포함하고 있다.

CPTPP 11개국 간에는 서로가 생산한 부품 · 소재 등 중간재를 사용해 최종

29) 12개국은 미국, 일본, 캐나다, 호주, 뉴질랜드, 싱가포르, 멕시코, 칠레, 브루나이, 베트남, 페루, 말레이시아를 말한다.

제품을 만들 경우 중간재의 원산지를 자국산으로 인정해 주는 '누적원산지 인정'제도가 도입되었다.

누적원산지 인정제도란 CPTPP 가입 11개국이 제품을 역내국에 수출할 때 관세를 면제받기 위해서는 생산한 제품의 원재료 중 일정비율 이상을 역내국에서 조달해야 한다는 것이다. 예를 들면 일본이 자동차를 호주에 수출할 때 CPTPP 조약에 따라 관세를 면제받기 위해서는 차 한 대를 만드는 데 들어가는 부품의 55% 이상을 CPTPP 가입국 내에서 조달해야 한다는 것이다. 한편 CPTPP는 상당히 많은 국가들을 포함함으로써 FTA마다 원산지 결정기준이 다르기 때문에 행정비용이 늘어나는 기존의 FTA가 갖는 단점을 비교적 손쉽게 극복할 수 있게 해줄 수 있을 것으로 보인다.

원래 TPP는 미국이 포함된 세계최대규모의 다자간 자유무역협정으로서 미국의 아시아 중시정책(Pivot to Asia)의 일환으로 추진되었다. CPTPP가 출범함에 따라 미국이 국내투자 및 수출확대, 물가안정을 위해 다시 재가입할 것을 검토하고 있으며, 만약 이것이 성사될 경우 세계최대규모의 다자간 자유무역협정인 TPP가 탄생하게 될 것이다.

나. 역내포괄적경제동반자협정(RCEP)

2012년 11월 18일~20일 캄보디아 프놈펜에서 열린 동아시아 역내국 간 정상회의 및 장관회의에서 아세안 10개국에 한국, 중국, 일본, 호주, 인도, 뉴질랜드의 6개국이 추가된 ASEAN+6가 참여하는 역내포괄적경제동반자협정(RCEP : Regional Comprehensive Economic Partnership) 협상의 개시 선언이 공식적으로 이루어졌다.

2018년 현재 RCEP에 참여하는 16개국의 총GDP규모는 27조 5,487억 달러로 전 세계 GDP의 32.3%에 달하며, 총교역규모는 13조 9,272억 달러로 전 세계교역규모의 28.2%를 차지하고 있으며, 인구는 36억 3,128만 명으로서 전 세계인구의 47.6%를 차지하고 있다.

RCEP은 중국과 일본의 적극적인 지지하에 ASEAN이 주도하고 있다. 중국은 이를 통해 미국의 동아시아지역에서의 영향력을 견제하여 자국 중심의 동아시아 경제통합을 도모하려 하고 있고, 우리나라와 일본은 폭넓고 수준 높은 자유화를 목표로 하고 있다. 이와는 달리 ASEAN은 이를 '아세안 중심'(ASEAN Centrality)[30]으로 이끌어 나가려 한다.

RCEP은 중국이 제안한 동아시아자유무역지역(EAFTA : East Asia Free Trade Area), 일본이 제안한 CEPEA(Comprehensive Economic Partnership in East Asia), ASEAN+6 등을 중심으로 한 동아시아지역의 경제통합에 대한 주도권 경쟁 속에서 이에 대한 대응책으로 ASEAN이 중심이 되어 추진되었다.

그러나 개방수준과 추진 동력 면에서 RCEP가 CPTPP에 크게 뒤지고 있는 실정이다. 더욱이 RCEP 회원국에 CLMV(캄보디아, 라오스, 미얀마, 베트남) 국가와 같은 가난한 나라가 많다 보니 상당한 예외를 인정할 수밖에 없는 구조적 약점을 갖고 있다. 이에 더해 RCEP는 자국시장의 보호를 우선하는 인도, 중국과 높은 수준의 무역자유화를 추구하는 일본, 호주 간에 상당한 간극이 존재하고 있어 이들 국가들 간에 관세 철폐 범위 등을 놓고 의견 차를 좁히지 못하고 있는 실정이다.

CPTPP에 가입하지 않은 우리나라 입장에서는 RCEP이 CPTPP에 조기 가입하지 못한 것에 대한 대응책이 될 수도 있겠지만 RCEP는 개발도상국들의 참여 비중이 높기 때문에 기본적으로 개방수준이 낮을 것으로 보여 그 실효성은 그다지 크지 않을 것으로 예상된다.[31]

다. 환대서양무역투자동반자협정(TTIP)

환대서양무역투자동반자협정(TTIP : Transatlantic Trade and Investment Part-

30) 아세안 중심이란 동아시아지역협력체 구축에 있어 아세안이 중심적 역할을 수행해야 한다는 아세안 회원국의 핵심적 관심 사항 중 하나이며, 동아시아지역협력체 운용에 모든 아세안 회원국이 참가하고, 아세안 의장국이 동아시아지역협력체 의장국을 겸임하면서 의제 선정의 우선권을 확보해 자신들 중심의 지역협력구도를 만들어 가겠다는 의미다.

31) 그러나 RCEP 회원국들의 인구규모는 전 세계인구의 절반을 차지하고 있어 그 잠재력은 크다고 할 수 있다.

nership)는 세계경제규모 1위인 EU와 미국 간의 FTA로 2013년부터 협상이 진행되고 있다. TTIP는 2018년 현재 GDP규모, 39조 3,088억 달러, 인구는 8억 4,246만 명에 이르는 거대 FTA로 만약 이것이 성사될 경우 세계 GDP의 거의 절반, 세계무역의 1/3을 차지하게 될 것으로 보인다.

TTIP는 관세를 낮추고 비관세장벽을 제거하는 데 주력해 온 과거의 자유무역협정과는 달리 기후변화대책, 규제 단일화, 노동력의 자유로운 이동, 반부패공조, 정치적인 협력까지 광범위하게 다루는 포괄적인 협정으로서 새로운 성격의 자유무역협정의 출현을 의미한다 할 수 있다. 그러나 미국이 TPP를 탈퇴하면서 이에 대한 논의는 현재 중단된 상태에 있다.

라. 아시아태평양자유무역지대(FTAAP)

FTAAP는 21개 APEC 회원국들을 중심으로 추진되고 있는 FTA로서 미국, 일본, 우리나라와 중국이 이에 모두 포함되어 있다.

FTAAP는 중국이 주도하여 추진하고 있는 빅 FTA 중 하나이며, 2014년 11월 베이징에서 열린 아시아태평양경제협력체(APEC) 정상회의에서 FTAAP 구상의 로드맵을 마련해 회원국들의 동의를 얻어냈다. FTAAP가 단기간에 타결되기는 어렵겠지만 만약 타결된다면 이는 세계최대 자유무역협정이 될 것으로 보인다. 아울러 FTAAP가 타결되면 인류 역사상 가장 큰 교역망이 형성될 것이고, APEC 21개국 사이에 발효되어 있는 90여 개에 이르는 양자 간 혹은 복수국 간의 FTA로 인한 복잡한 원산지 규정을 한꺼번에 해결할 수 있게 될 것이다. RCEP와 CPTPP는 궁극적으로 FTAAP를 지향하는데, FTAAP는 APEC 21개국이 가입한 협정이어서 CPTPP나 RCEP보다 파급력이 더 크다 할 수 있을 것이다.

마. 빅 FTA의 전망

앞으로 세계 GDP의 80%를 차지하는 TPP, RCEP, FTAAP, TTIP의 빅 FTA가 출범하게 되면 세계통상질서는 이러한 거대 경제블록을 중심으로 급속히 재편될 것으로 보이며 이러한 거대 경제블록이 실제로 형성될 경우 다음과 같은 효과를 기대해 볼 수 있다.

첫째, 국가 간의 교역이 증대되고, 이로 인해 경제성장이 촉진될 것이다.

둘째, WTO의 위상이 약화되고, 세계는 단일한 경제체제에서 여러 개의 거대 경제블록이 경쟁하는 시대로 접어들 것으로 예상된다.

셋째, 빅 FTA 간 경쟁심화로 선진국과 신흥국 혹은 신흥국 간에 복잡하고 해결하기 어려운 무역마찰이 일상화될 것으로 예상된다.

넷째, 회원국들이 여러 거대 FTA에 중층적으로 가입함으로써 원산지규정, 통관절차 등에서 혼란이 초래될 수 있다.

끝으로 미국과 EU 간의 TTIP협상, 미국과 일본 간의 TPP협상, 일본과 EU 간의 FTA가 체결될 경우 선진국 중심의 새로운 글로벌 규범(norm)이 제기될 수도 있을 것으로 보인다.

바. 우리나라의 FTA 체결 현황

우리나라는 1990년대 까지만 해도 다자간 무역협상에 큰 비중을 두고 자유무역을 추진해 왔다. 이는 다자간 무역협상이 비교적 국력이 약한 국가가 강대국과 비교적 평등한 조건에서 협상을 할 수 있는 무대였기 때문이다. 그러나 다자주의를 선도하던 미국이 1990년 이후 지역주의로 선회하면서 세계적인 무역질서의 흐름이 지역주의로 기울면서 우리나라도 지역주의 흐름에 편승할 수 밖에 없었고, 이에 우리나라는 2004년 4월 1일 칠레와 최초로 FTA를 체결하였고, 이후 동시다발적으로 가능한 많은 국가들과 FTA를 체결하고자 노력하고 있다.

이렇듯 우리나라는 FTA를 활용하여 안정적으로 해외시장을 확보하고, 수출경쟁력을 유지하고, 경제시스템을 선진화하고, 경제체질을 강화하고자 적극적으로 FTA를 활용하고 있다. 그 결과 비록 짧은 기간이지만 거대 경제권인 미국, EU, 중국과 모두 FTA를 체결한 국가로 변신, 이제는 칠레에 이어 경제영토의 크기가 세계 제2위인 나라가 되었다. 2004년 4월 이후 그동안 우리나라가 여러 나라와 추진해 온 FTA 현황은 [표 8-7]과 같다.

표 8-7 우리나라의 FTA 체결 현황

기체결	협상 중
(발효) 칠레 FTA, 싱가포르 FTA, EFTA FTA, ASEAN FTA, 인도 CEPA, EU FTA, 페루 FTA, 미국 FTA, 터키 FTA, 호주 FTA, 캐나다 FTA, 중국 FTA, 뉴질랜드 FTA, 베트남 FTA, 콜롬비아 FTA, 중미 FTA	(협상 중) 한중일 FTA, RCEP, 에콰도르 SECA, MERCOSUR, 필리핀, 러시아, 말레이시아
(서명) 영국 (타결) 이스라엘, 인도네시아 CEPA,	(협상재개·개시 여건조성) GCC, 멕시코, EAEU

주: 여기서 중미는 파나마, 니카라과, 온두라스, 코스타리카, 엘살바도르의 5개국을 가리킨다.
자료: 산업통상자원부 홈페이지

5 지역경제통합과 세계화

(1) 지역경제통합관련 규범

지역경제통합은 역내국과 역외국을 차별함으로써 WTO의 가장 핵심적인 교역원칙인 최혜국대우원칙을 위반하고 있다. 그러나 WTO에서는 지역경제통합이 체결된 이후 비가맹국에 대한 보호수준이 지역경제통합을 체결하기 전에 비해 높지 않는 한 이를 최혜국대우원칙의 예외사항으로 인정하고 있다. WTO는 이러한 예외의 정당성을 GATT 제24조,[32] 서비스무역에 관한 일반협정(GATS) 제5조,[33] 그리고 1979년 도쿄라운드에서 합의된 허용조항(enabling clause)[34]에 근거를 두고 있으며, 각 지역무역협정들은 이들 세 가지 조항 중

32) GATT 제1조는 무차별성을 원칙으로 하여 모든 WTO 회원국들에 대해 조건 없이 MFN 지위를 부여할 것을 규정하고 있으나, 다른 한편으로는 동 협정 제24조를 통해 본질적으로 차별적일 수밖에 없는 일부 회원국들 간의 자유무역지역이나 관세동맹을 허용하고 있다.

33) GATS 제2조에서 기본적으로는 서비스무역에 있어 모든 WTO 회원국들에게 최혜국대우 지위를 부여하는 것을 원칙으로 규정하고 있으나, 동 5조를 통해 특정 국가들 간 특혜적 서비스무역협정을 허용하는 예외규정을 두고 있다.

34) 허용조항은 개발도상국들이 처한 경제적 어려움을 감안하여 그들이 무역을 통해 경제성장

하나에 근거하여 협정을 체결한 즉시 WTO의 해당 기구에 통보해야 할 의무를 갖는다.

GATT 제24조에 의거한 협정은 상품무역이사회(CTG : Committee on Trade in Goods)에, GATS 제5조에 의거한 협정은 서비스무역이사회(CTS : Committee on Trade in Services)에, 그리고 허용조항에 의거한 개발도상국들 간의 협정은 무역개발위원회(CTD : Committee on Trade and Development)에 통보하고, 각 이사회로부터 그것이 다자간 규범에 합치되는지의 여부를 검토받게 된다. 이외에도 WTO에서는 개도국에 대한 일반특혜관세를 부여하는 경우에도 최혜국대우원칙 적용의 예외사항으로 인정하고 있다.

(2) 지역주의와 다자주의

WTO가 지향하는 목표는 범세계적인 자유무역, 즉 다자주의라 할 수 있다. 지역경제통합, 즉 지역주의는 역내국 간에는 무역장벽을 철폐함으로써 자유무역의 성격을 갖는 반면, 역외국에 대해서는 무역장벽을 부과함으로써 보호무역이라는 이중적인 성격을 갖는다. 따라서 지역주의가 갖는 자유무역의 성격은 다자주의와 서로 보완적이지만 보호무역의 성격은 다자주의와 상충되는 측면을 갖게 된다.

다자주의를 표방하는 세계화시대에 이렇듯 지역주의가 공존하는 이유는 두 가지 측면이 있다 할 수 있다. 우선 지역주의가 보완적이고 단계적인 차원에서 다자주의로 원활하게 이행할 수 있게 해준다는 측면이 있다는 것이고, 둘째, 세계화로 인해 국가 간 무역경쟁이 보다 치열해지고 국제금융체제가 보다 불안정해지는 상황에서 개별 국가가 이와 같은 세계화의 도전과 위기에 대처하기에는 역부족이어서 이에 효과적으로 대처하기 위하여 이해를 같이 하는 몇

을 도모함으로써 장차 GATT 회원국으로서의 보다 완전한 의무를 수행할 수 있도록 만들어졌다. 이를 위해 허용조항은 GATT 제1조에서 제시되고 있는 최혜국대우원칙의 예외를 인정하여 개도국 수출품에 대해 선진국들이 일방적으로 특혜관세를 적용하는 것을 허용하고 있다.

몇 국가들 간의 지역주의가 확대되고 있다는 것이다.

이러한 관점에서 지역주의와 다자주의 간에는 다음과 같은 상충적인 측면과 상통적인 측면의 양면이 있다.

가. 상충성(stumbling block)

지역주의는 다자주의의 진행을 방해하는 걸림돌이 될 수 있다. 이러한 관점은 지역주의를 용인하면 세계경제에 상호 경쟁적인 경제블록이 형성되고, 이들 간의 차별이 심화되어 결과적으로는 세계경제는 다자주의와는 거리가 먼 지역분할이 발생하게 된다는 것이다.[35] 즉 지역경제통합을 통해 규모의 경제를 충분히 실현할 수 있다면 당사국들은 범세계적 자유무역을 통하여 얻을 수 있는 추가적인 이득이 거의 없으므로 다자주의적인 무역자유화의 노력을 하려하지 않을 것이다. 또한 각국이 지역경제통합을 추진하다 보면 범세계적인 다자간 협정이 오히려 방해요인이 되어 다자간 협정이 지체될 수도 있을 것이다.

나. 상통성(building block)

한편 지역경제통합은 다자주의의 발전을 위한 디딤돌이 될 수도 있다. 현실적으로 경제수준이 다르고, 이해관계가 다른 많은 국가들 간에 동시적으로 자유무역을 추진하는 것은 적지 않은 어려움이 있다. 이에 따라 다자주의의 진행속도가 느려질 수밖에 없어 보다 높은 수준의 자유화에 대해 이해를 같이 하는 국가들끼리 먼저 자유화를 추진하는 것이 다자주의가 더욱 발전된 단계로 진행하는 데 도움을 줄 수 있을 것이다. 즉 지역경제통합을 궁극적으로 다자주의의 완만한 진행이 갖는 약점을 보완하고, 다자주의의 완성을 향해 나가는 하나의 단계로 본다는 것이다. 또한 지역경제통합이 서로 경쟁하게 되면 다른 경제블록에 대한 차별관세로 인해 무역분쟁이 발생할 수 있는데, 이를 해결하기 위

---

35) 무역전환효과에 의해 역내에서 수출기회를 확보하게 된 수출업자들은 자유무역협정이 범세계적 자유무역으로 확대·발전할 경우에 수출기회를 상실할 수 있으므로 자유무역협정이 다자주의로 확대·발전하는 것을 반대할 수도 있다.

해서는 오히려 WTO와 같은 다자주의를 관장하는 범세계적인 기구의 역할이 더욱 필요해질 수 있다는 것이다.

다. 지역주의와 다자주의 간의 상호관계의 전망

지역무역협정이 무역전쟁을 초래하는 차별적인 무역블럭으로 진행할 것인지 아니면 세계적으로 자유무역을 촉진하는 방향으로 발전해 나갈 것인지는 앞으로 시간을 두고 좀 더 지켜보아야 할 것이다. 낙관적인 측면에서는 지역주의가 시간이 흐름에 따라 추가적으로 많은 국가들이 합류함으로써 WTO를 보완하는 세계적인 자유무역으로 발전한다고 보는 반면, 부정적인 측면에서는 한 지역에서의 지역무역협정이 다른 지역의 지역무역협정에 대해 경쟁적이고, 보다 보호주의적인 색채를 띰으로써 서로 간의 보복조치를 통해 세계적인 차원에서의 무역자유화를 저해하게 된다고 보는 것이다.

최근에 전개되고 있는 이들 간의 추이를 살펴볼 때 다자주의가 비교적 안정적으로 정착되어 가는 중에도 지역주의는 더욱 심화되고 확대되어 가는 모습을 보이고 있다. 이러한 추세는 앞으로도 지속될 것으로 보이며, 궁극적으로는 지역주의의 범위가 확대되면서 결국 다자주의에 보완적인 역할을 할 것으로 기대된다.

브렉시트(Brexit)

브렉시트는 Britain와 Exit의 합성어로 영국의 EU로부터의 탈퇴를 뜻하는 말이다. 1975년에도 영국에서 EEC를 탈퇴하려는 국민투표가 있었고, 반대 약 67%로 잔류가 결정된 바 있다. 영국은 1979년 1월 1일 EU의 전신인 EC에 가입하였고, 1992년에는 독일의 고금리로 인한 경제침체를 견디기 어려워 ERM체제에서 탈퇴하기도 하였다. 2008년 미국에서 발발한 금융위기 이후 EU 재정위기국에 대한 재정지원으로 영국이 부담하는 EU 재정분담금이 늘어나고, 유럽연합이 인도적 차원에서 난민들을 보호하고 받아들이도록 하고 있어 일자리문제와 범죄문제에 부담을 느끼지 않을 수 없었고, 아울러 EU 정부의 과도한 규제로 영국 내에서 EU에 대한 회의론이 확산되었다.

2016년 6월 23일 치러진 국민투표에서 브렉시트를 찬성하는 투표자 수가 51.9%에 달해 EU 잔류를 원하는 48.1%를 물리치고 브렉시트가 가결되어 2017년 3월 EU로부터 공식 탈퇴를 선언하였다. 영국이 EU를 탈퇴하기 위해서는 EU의 헌법이라고 할 수 있는 리스본조약 50조에 따라 영국 정부가 EU집행위원회에 탈퇴의사를 공식 통지하고, EU 회원국들과 탈퇴협상을 진행하여야 한다.

브렉시트는 EU와의 통합에 회의적인 사람들(유로회의주의자)에 의하여 지지되는 반면 EU를 찬성하는 사람들(유로연방주의자)에 의해서는 지지되고 있다. 영국 내에서도 집권연정을 이끌고 있는 여당인 보수당은 잔류파와 탈퇴파가 팽팽히 맞서고 있고, 야당인 노동당에서는 EU의 잔류를 지지하고 있고, 자유민주당과 스코틀랜드 국민당은 재투표를 주장하는 등 EU와의 협상과정에서 난맥상을 보이고 있다. 이에 따라 그동안 브렉시트 합의안을 영국 하원이 세 번 부결시키고, EU 정부와의 협상시한은 세 번 연기되어 최종시한이 2019년 10월 31일까지 연장되었으며, 2020년 1월 31일에 브렉시트를 단행하였다. 이어 2020년 12월 31일까지 전환기를 두고 EU와 협상을 타결하기로 하였다. 만약 이때까지 협상이 타결되지 않을 경우 아무 협상 없이 EU를 탈퇴하는 '노딜 브렉시트'(No Deal Brexit)가 이루어지게 될 것이다.

브렉시트가 실제 실현될 경우 유럽경제와 세계경제에 미칠 영향은 대단히 클 것으로 보인다. 영국은 독일 다음으로 EU에 분담금을 많이 내고 있고, 런던은 유럽의 국제금융의 허브 역할을 하고 있다. 따라서 브렉시트로 인해 유럽경제는 물론 세계경제에 큰 충격을 줄 수 있고, 많은 주민들이 브렉시트를 반대하는 북아일랜드, 지브롤터, 스코틀랜드가 영연방으로부터 독립하고, 덴마크, 네덜란드, 핀란드, 이탈리아 등 다른 EU 국가들의 EU 탈퇴의 도미노현상이 발생할 가능성도 없지 않다 하겠다.

CHAPTER 09

국제통화제도

1. 금본위제도(Gold Standard, 1870~1914)
2. 혼란기
3. 금환본위제도(Gold Exchange Standard, 1944~1971)
4. 변동환율제도로의 이행(1973~)
5. 기축통화전쟁

CHAPTER 09

국제통화제도

국제통화제도(International Monetary System)란 국제결제가 이루어지는 방식, 그리고 이에 관련된 여러 국제적인 제도, 규칙, 조직 등을 말한다. 국제통화제도는 각국의 국제수지불균형을 원활히 조정해 주고, 세계경제에 국제유동성을 충분히 공급해 주고, 환율을 안정시킴으로써 국제무역을 확대시키고, 국가 간 자본이동이 원활하게 이루어질 수 있도록 한다.

국제통화제도는 역사적으로 세계경제의 구조변화와 각국 간 이해의 대립, 그리고 각국의 경제력 및 정치적 영향력의 성쇠에 따라 그 목적과 기능을 달리하면서 크게 변화해 왔는데, 그동안 국제통화제도는 제1차 세계대전 이전의 금본위제도, 제1, 2차 세계대전 간의 혼란기, 제2차 세계대전 이후 IMF를 중심으로 전개되었던 금환본위제도 등을 거쳐 1973년 이후에는 현재의 변동환율제도로 변모해 왔다.

1 금본위제도(Gold Standard, 1870~1914)

(1) 개요

금본위제도란 각국 정부는 자국통화의 가치를 금의 일정량으로 표시하고,[1)] 자국의 지폐나 예금통화 등을 아무런 제한 없이 금으로 교환해 주며, 금화의 자유로운 주조를 허용하며, 국가 간의 금의 자유로운 유출입을 보장해 주는 통

1) 이를 금평가(gold parity)라 한다.

화제도다.

금본위제가 채택되기 전에는 일부 국가에서는 은본위제를 채택하였고,[2] 대부분의 서구열강들은 금과 은을 동시에 사용하는 복본위제도를 채택하였다. 결국 은이 금에게 기축통화의 지위를 넘겨 주게 된 이유는, 1819년 그 당시 최대 강대국이었던 영국이 금본위제를 공식적으로 채택한 것을 시작으로 그 당시 주요 강대국들인 미국이 1834년, 독일이 1871년, 프랑스가 1876년에 각각 금본위제를 채택함에[3] 따라 은본위제가 무력하게 되었고, 무엇보다도 근원적으로는 은이 금보다 공급량이 대단히 많기 때문이었다. 이렇듯 19세기 후반 주요 서구 열강 국가들이 금본위제도를 채택함에 따라 1870년대 이후의 국제통화제도는 금본위제가 중심이 되었다.

국제금본위제도하에서 국제유동성의 역할을 한 것은 금이었으며, 국제금본위제도가 채택된 시기에 국제거래의 증가가 금의 적절한 생산증가에 의해 뒷받침됨으로써 동 기간 중 세계경제에서 국제유동성의 부족에 따른 문제는 크게 발생하지 않았다.

국제금본위제가 가장 잘 작동했던 시기는 제1차 세계화 물결의 기간인 1870~1914년 동안이었다. 이 기간 동안 상품무역을 비롯하여 경제적 교류가 각국간에 활발히 이루어졌고, 물가는 안정된 '황금기'(golden age)를 이루었다. 그 이유로는 제1차 세계화가 진행되면서 세계경제가 급속히 확대되었으며, 그 당시 유일한 국제통화인 영국파운드의 가치가 안정적으로 유지되었기 때문이었다.

(2) 금본위제도의 고정환율제도

국제금본위제도가 시행되었던 시기에 영국 1파운드는 금 113.0016그레인(grain), 미국 1달러화는 금 23.22그레인으로 평가되었다. 따라서 이들 통화의

2) 중국은 1900년대 초반까지만 해도 은본위제를 채택하였다.

3) 그 외 여러 나라들은 1880년대와 1890년대에 들어 금본위제를 채택하였다.

금평가비율에 의해 미국의 1달러는 0.205파운드 혹은 1파운드는 4.87달러로 평가되었다. 우리는 이를 '주조평가'(mint parity)라 하는데, 국제금본위제하에서의 실제 파운드에 대한 달러표시 환율은 주조평가를 중심으로 1파운드에 해당하는 금의 수송비를 가산한 '금수출점'(gold export point)과 금의 수송비를 뺀 '금수입점'(gold import point) 사이에서 정해진다. 왜냐하면 외환시장에서 달러표시 파운드환율이 금수출점을 상회하면 파운드 대신 1파운드 가치에 상응하는 금을 통해 결제하고자 할 것이며, 이로써 영국으로의 금의 수출이 이루어져 달러표시 파운드환율의 상승이 억제됨으로써 금수출점을 상회할 수 없게 되고, 이와는 달리 달러표시 파운드환율이 금수입점을 하회하면 파운드를 받는 대신 1파운드 가치에 상응하는 금으로 결제를 받으려고 함으로써 미국으로의 금의 수입이 이루어져 달러표시 파운드환율의 하락이 억제되어 금수입점을 하회할 수 없게 되기 때문이다.

1파운드 가치에 상응하는 금의 평균수송비는 대단히 작다 할 수 있으므로 금수출점과 금수입점에 의해 형성되는 파운드에 대한 달러표시 환율의 상한선과 하한선의 차이는 크지 않으므로 국제금본위제하에서의 형성되는 환율제도는 전형적인 고정환율제도라 할 수 있을 것이다.

(3) 가격 · 정화 유출입기구

국제금본위제도가 갖는 가장 특징적인 현상이라고 할 수 있는 점은 '가격 · 정화 유출입기구'(price-specie flow mechanism)라는 국제수지의 자동조절기능이다. 이는 1752년 흄(D. Hume)에 의해 제기되었으며, 이때 정화라 함은 당시 본위화폐의 기능을 담당한 금과 같은 귀금속을 의미한다.

가격 · 정화 유출입기구는 국제수지 흑자국(적자국)의 경우 금의 국내(해외)로의 유입(출)이 이루어지며, 이로써 국내통화량이 늘어나고(줄어들고),[4] 국내물가가 상승(하락)하게 된다.[5] 국내물가가 상승(하락)함에 따라 수출이 줄어

4) 금본위제도하에서 한 나라의 통화 공급은 그 나라가 보유하고 있는 금의 크기에 비례한다.

들고(늘어나고) 수입은 늘어나(줄어들어) 국제수지흑자(적자)가 자동적으로 조정된다는 것이다. 과거 국제금본위제도하에서 이와 같은 국제수지 자동조절 기능이 비교적 원활하게 작동했던 이유는 임금을 포함하여 물가가 지금보다 훨씬 신축적으로 변화하였고, 무엇보다도 각국이 국내균형보다는 국제수지균형에 중점을 두었기 때문이었다.[6)]

그러나 국제금본위제도는 20세기로 접어들면서 세계적으로 경제성장 및 무역확대에 비해 금의 공급량이 절대적으로 부족해지고, 미국의 국제수지흑자가 일방적으로 지속됨에 따라 금이 미국에 편재됨으로써 그 근간이 흔들리기 시작하였다.

2 혼란기

제1차 세계대전으로 인해 서유럽 국가들은 전쟁비용을 조달하기 위해 불환지폐를 무분별하게 발행하였고, 이로 인해 이들 나라들은 극심한 인플레이션을 겪게 되었다. 외환시장도 혼란을 거듭함에 따라 서유럽 국가들은 금의 자유로운 유출입과 금에 대한 태환을 중지하면서 결국은 금본위제도를 포기하고, 변동환율제도를 채택하게 되었다. 그러나 제1차 세계대전 이후 피폐해진 세계경제를 회복시키기 위해서는 무엇보다도 각국의 통화가치의 안정이 필요하였으며, 이를 위해서는 세계 각국이 금본위제로 복귀하는 것이 바람직하다고 인식되어 각국은 금본위제로 복귀하게 되었다. 그러나 제1차 세계대전을 거치면서 각국 간의 물가수준의 차이가 크게 확대되었기에 이들 국가들이 제1차 세계대전이 발생하기 전의 환율수준으로 복귀하기에는 적지 않은 문제가 따랐다.

5) 국내통화량이 변화하면 그만큼 국내지출이 변하므로 이에 따라 국내물가가 변화하게 된다.

6) 그러나 그 당시 영국은 국제수지조정을 가격·정화 유출입기구보다는 의도적으로 이자율을 올려 단기자본을 유입함으로써 국제수지적자를 조정하였다.

1919년에는 미국이 금본위제로의 복귀를 선언하였고 1925년에는 영국을 위시하여 프랑스, 이탈리아 같은 주요 국가들이 금본위제로 복귀하였다. 특히 영국은 전쟁기간 동안 국내물가가 크게 올랐음에도 불구하고 금본위제로 복귀하면서 파운드의 금평가를 제1차 세계대전 전의 수준으로 정함으로써 파운드가 고평가됨으로써 막대한 국제수지적자가 발생하게 되었다. 이에 따라 영국 정부는 국제수지적자를 줄이기 위하여 긴축정책을 사용하게 되었고, 이로써 영국은 높은 금리와 높은 실업률을 감수할 수밖에 없었다. 더욱이 1929년 10월 미국에서 대공황이 발생하면서 대부분의 유럽 국가들도 극심한 경기침체에 빠지게 되었고, 고평가된 파운드에 대한 환투기공격으로 인해 영국의 금 보유량이 크게 줄어들자 결국 영국은 이를 견디지 못하고, 1931년에 다시 금본위제도를 포기하고, 파운드의 평가절하를 단행하게 되었다.

이어 미국도 1933년에 금본위제를 포기하고, 1936년에는 대부분의 서구 열강들이 금본위제도를 포기함으로써 제2차 세계대전 전까지 일부 국가는 변동환율제를 채택하고, 또 다른 일부 국가들은 통제된 외환관리를 택하는 등 세계적으로 무질서한 형태로 환율제도를 운용하게 되었고, 이로써 국제통화제도는 극심한 혼란상태에 빠지게 되었다. 이 과정에서 각국은 자국의 산업을 보호하기 위하여 '경쟁적인 평가절하(competitive devaluation)'를 실시하는 한편, 고율의 관세[7]를 통한 보호무역조치를 실시함으로써 외환시장의 혼란은 더욱 가중되고, 세계교역은 더욱 크게 위축되었다.[8]

---

7) 1930년, 스무트-홀리법에 의해 미국의 평균수입관세율이 60%에 달한 바 있었는데, 이것이 그 당시의 대표적인 보호무역조치라 하겠다.

8) 이와 같이 각국이 자국의 수출을 늘리기 위해 경쟁적으로 평가절하를 함으로써 상대방 국가의 수입은 늘어나고, 수출은 줄어들게 해 상대방 국가에 피해를 주게 되는데, 우리는 이를 이웃을 가난하게 만드는 정책, 소위 '근린궁핍화정책'(beggar thy neighbor policy)이라 한다.

3 금환본위제도(Gold Exchange Standard, 1944~1971)

(1) 개요

제2차 세계대전이 종료될 무렵인 1944년 그동안 세계경제를 혼란에 빠뜨린 각국 간의 경쟁적인 평가절하를 억제하여 환율을 안정시키고, 한껏 고조된 보호무역주의를 지양하여 자유무역을 촉진하기 위해 미국의 브레튼우즈(Bretton Woods)에서 연합국 44개국 대표들이 모여 제2차 세계대전 이후의 새로운 세계경제질서를 이끌어 나갈 브레튼우즈체제를 출범시켰다.

브레튼우즈체제하에서의 국제통화제도는 미달러를 기축통화로 하는[9] 금환본위제도와 '조정가능한 고정환율제도'(adjustable peg system)를 근간으로 하였다.

그 당시 막강한 경제력으로 다량의 금을 보유하고 있던 미국은 다른 나라들이 보유하고 있는 달러에 대해 금과의 자유로운 태환을 보장하였고, 각국은 금과의 자유로운 태환을 전제로 달러화를 보유하게 되었다. 이 당시 1달러의 가치는 순금 0.888671g 혹은 1온스[10]당 35달러로 고정되었다. 그리고 각 회원국들은 자국통화와 미달러 간에 '평가환율'(par value)을 정하고,[11] 아울러 각 회원국들은 평가환율을 중심으로 상하 1%의 범위 내에서 외환시장개입을 통하여 환율을 안정적으로 유지하도록 하였다. 즉 각국의 대미환율이 평가환율을 중심으로 1%를 상회하려는 경우에는 해당국의 외환당국이 달러의 매도를 통하여 그 상승세를 억제하고, 반대로 각국의 대미환율이 평가환율을 중심으로

9) 영국을 대표하는 케인즈(J.M. Keynes)는 '방코르'(bancor)라는 국제통화를 창출하는 안을 제시한 반면, 미국을 대표하는 화이트(L.D. White)는 미국달러화를 국제통화로 사용할 것을 주장하였는데, 결국 미국의 화이트 안이 채택되어 미국의 달러가 공식적으로 제2차 세계대전 이후의 기축통화로서 위치를 차지하게 되었다.

10) 이때 온스는 트로이온스(troy ounce)를 의미하며, 31.1035g에 해당한다. 한편 일반적인 금의 무게 단위인 파인온스(fine ounce)는 28.3495g이다.

11) 각국의 통화는 금과의 태환이 가능한 달러에 대해 일정한 수준의 평가환율을 정함으로써 회원국 통화와 금 간에는 간접적으로 연계를 갖게 되었다.

1%를 하회하려는 경우에는 해당국의 외환당국이 달러의 매입을 통하여 그 하락세를 억제하도록 하였다. 다만 국제수지불균형이 일시적인 요인이 아니고 '기초적인'(fundamental) 요인에 의해 발생할 경우에는 해당 국가가 IMF와의 협의하에 평가환율 자체를 10% 범위까지 변동시킬 수 있도록 하였다. 이러한 의미에서 브레튼우즈체제하에서의 환율제도를 우리는 '조정가능한 고정환율제도'(adjustable peg system)라 부른다.[12)]

(2) 브레튼우즈체제의 전개과정

IMF 창설 초기 서유럽 국가들은 외환보유고를 충분히 가지고 있지 않아 그들 통화를 달러나 금으로 자유롭게 교환해 줄 수 없었다. 이에 따라 미국은 그들이 외환보유고로서 달러를 축적할 수 있도록 그들에게 달러를 공급해 주었는데, 이는 주로 이들 국가들에 대한 미국의 국제수지적자를 통해서 이루어졌다.

제2차 세계대전 직후에는 주로 미국에 의한 원조나 국방비 지출에 의하여 서유럽 국가들에게 달러화가 공급되었는데, 그 대표적인 정책이 1948년에서 1952년 사이에 서유럽 국가들의 경제부흥을 위한 자금을 공여하기 위해 미국이 시행한 '마샬플랜'(Marshall Plan)이었다.

1950년대 중반부터는 미국의 민간부문의 해외투자를 통해 유동성이 서유럽 국가로 충분히 공급되기 시작하였다. 이로써 서유럽 국가들 정부는 대외결제수단으로 달러를 사용할 수 있게 되었고, 나아가 외환시장개입을 위한 준비통화로 달러를 보유하게 되었다. 그 당시 이들 국가들은 금과의 태환이 보장되는 한 기꺼이 달러를 보유하려고 하였는데, 이는 브레튼우즈체제의 안정성이 궁

12) 그러나 브레튼우즈체제하에서 실제 평가절하나 평가절상은 자주 일어나지 않았다. 경상수지적자가 심했던 영국은 파운드화를 1967년에 단 한 번 평가절하하였으며, 프랑스도 프랑화를 1957년과 1969년에 두 차례 평가절하하였다. 한편 경상수지흑자를 기록하였던 구서독은 1961년과 1969년에 두 차례 마르크를 절상하였으나 경상수지흑자를 기록하였던 일본은 단 한 번도 엔화를 절상하지 않았다.

극적으로 미국 정부가 다른 나라들이 보유하고 있는 달러를 얼마나 자유롭게 금으로 바꾸어 줄 수 있는지에 대한 의지와 능력에 의존함을 의미하는 것이라 하겠다.

브레튼우즈체제 시행 초기 미국경제의 강건함으로 인해 금환본위제도는 원활하게 작동하였다. 그러나 1960년대에 들어 미국이 월남전에 개입함에 따라 천문학적인 전비지출이 발생하게 되었고, 또한 '위대한 사회'(the Great Society)와 같은 미국 국내의 사회적 프로그램을 구현하기 위한 재정지출이 급격히 늘어나기 시작하였다. 이에 따라 국제금융시장에 달러화가 넘쳐나면서 브레튼우즈체제의 안정성이 흔들리기 시작하였으며, 이러한 과정에서 달러화에 대한 신뢰는 점차적으로 떨어지게 되었다. 이에 일부 국가들은 미국에 대해 그들이 보유한 달러화의 금태환을 요구하였고, 또 일부 국가들은 런던의 금시장을 통해 달러화를 금으로 교환하였다. 아울러 민간부문에 의한 달러화와 금과의 투기적 거래가[13] 빈번하게 발생함에 따라 미국으로부터 금의 유출이 급격히 늘어나 국제통화질서의 근간이 흔들리기 시작하였다.

이와 같은 통화위기를 해결하기 위해 IMF는 1969년 특별인출권을 창출해 유동성을 공급하고, 국가 간 협력을 통한 '금풀제'(gold pool)와 '금이중가격제'(two tiered system)를 실시해 달러화의 국제신뢰도를 회복하려고 노력하였다.

금풀제는 1961년 런던의 금시장에서 투기를 목적으로 이루어지는 금거래를 막기 위해 미국과 서유럽 국가들의 중앙은행들이 도입한 제도로서 금가격을 1온스당 35달러로 유지하기 위하여 이들이 집단적으로 금시장에 개입한 조치다. 그러나 그 효과가 미미하고 금투기는 지속됨으로써[14] 결국 그들은 금풀제를 포기할 수밖에 없었다.

---

13) 달러화의 금에 대한 가치가 떨어질 경우 달러화를 보유하고 있는 다른 나라 입장에서는 그만큼 자산가치의 손실이 발생하므로 금에 대한 투기적 수요가 발생하게 된다.

14) 그 당시 미국이 보유하고 있는 금은 한정되어 있었기 때문에 미국의 국제수지적자로 인해 미달러에 대한 금의 가치는 오르면 올랐지 내려갈 수가 없었다. 이는 금에 대한 달러화 가치의 변화방향이 일방적이었기 때문에 금이 손쉽게 투기대상이 될 수 있었다는 것을 의미한다.

금이중가격제는 금투기에 따른 국제통화위기를 극복하기 위해 1968년 3월에 도입된 제도로 선진국 중앙은행들 간의 금거래에는 종전과 같이 1온스당 35달러의 공정가격을 적용하고, 일반민간거래에는 런던자유금시장에서 금에 대한 수요와 공급에 의하여 그 가격이 자유롭게 결정되도록 하여 금의 투기를 진정시키려 하였다. 그러나 이러한 조치들에도 불구하고 근본적으로 문제가 해결되지 않자 결국 미국은 1971년 8월 달러의 금과의 태환을 중지하고, 수입품에 대해서는 10%의 과징금을 부과하는 '닉슨독트린'(Nixon Doctrine)을 발표하였다. 이로써 브레튼우즈체제의 중요한 한 축인 금환본위제도가 무너짐으로써 실질적으로 브레튼우즈체제는 붕괴되었다.

한편 이러한 닉슨독트린에도 불구하고 서독마르크의 가치는 계속 오르고 달러가치는 계속 떨어질 것으로 예상한 환투기는 지속되어, 1971년 12월 환율의 재정비를 통해 미국의 국제수지적자를 해소하고, 국제통화제도를 안정시키기 위하여 미국을 비롯한 선진 주요국들 간에 '스미소니언협정'(Smithsonian Agreement)이 맺어졌다.

동 협정의 핵심적인 내용은 환율의 신축성을 부여하기 위해 '와이더밴드'(wider band)를 채택하여 각국 통화의 대미환율의 변동폭을 기존의 상하 1.0%에서 상하 2.25%로 확대하였고, 금값을 1온스당 35달러에서 38달러로 인상하여 달러의 가치를 절하하였다. 그러나 스미소니언협정은 브레튼우즈체제가 가지고 있는 문제점을 근본적으로 해결한 것이 아니었고, 국제통화제도의 불안을 진정시키기 위한 잠정적인 협정에 불과하였기 때문에 주요 선진국들의 국제수지불균형은 근본적으로 개선되지 않고 더욱 확대되어 갔다. 이 과정에서 프랑스, 구서독, 이탈리아, 벨기에, 네덜란드, 룩셈부르크의 EC 6개국들은 1972년 3월 '스네이크체제'(snake system)를 채택하여 회원국들의 외환시장개입을 통해 역내국 통화 간 환율의 변동폭을 역외 통화인 달러화에 대한 변동폭인 상하 2.25%보다 작은 상하 1.125% 범위 내에서 안정적으로 유지하고자 하였다.

이러한 조치에도 불구하고 1972년 6월 영국이 파운드에 대한 환투기 공격을 이겨내지 못하고, 결국 스미소니언체제를 이탈하여 변동환율제도를 채택하였고, 투기자본이 마르크화와 엔화에 대해 투기매입을 지속함으로써 달러화가치는 계속 하락하여 미달러화는 1973년 2월 금 1온스당 38달러에서 42.22달러로 다시 평가절하하였다. 그러나 달러화의 가치가 절하될 것으로[15] 예상한 환투기가 지속적으로 발생함에 따라 외환시장에서의 혼란이 극도에 달했다. 결국 1973년 3월 EC의 6개 회원국들은 달러에 대한 평가환율을 더 이상 유지하지 않고, 달러에 대하여 그들의 통화가치를 공동으로 변동시키는 '공동변동환율제도'(joint floating system)를 채택하게 되었다. 이와 같이 주요 선진국들이 변동환율제도로 이행해 감에 따라 브레튼우즈체제의 또 하나의 축이었던 고정환율제도는 종말을 고하게 되었다.

(3) 브레튼우즈체제의 구조적 문제점

브레튼우즈체제는 출범 당시부터 다음과 같은 몇 가지 구조적인 문제점을 가지고 있었다. 첫째, 브레튼우즈체제에서는 국제유동성의 공급은 미국의 국제수지적자를 통하여 이루어지는데, 달러의 공급이 지나치게 많으면 국제유동성이 풍부해지기는 하겠지만 달러에 대한 신뢰도가 저하되어 다른 나라들이 달러를 보유하려 하지 않을 것이고, 반대로 달러 공급이 너무 적으면 달러에 대한 신뢰도는 높아지겠지만 국제적으로 유동성이 부족해져 세계교역과 투자가 위축된다. 이에 따라 브레튼우즈체제에서는 구조적으로 소위 '국제유동성 딜레마'(International Liquidity Dilemma) 혹은 '트리핀 딜레마'(Triffin's Dilemma) 현상에 직면하게 된다. 둘째, 각국의 경제성장률과 물가상승률이 각각 다른 상황에서 각국이 환율을 일정하게 유지하려는 과정에서 각국 간의 국제수지불균

---

15) 미국은 새롭게 정해진 환율수준을 유지하기 위해 통화 공급을 긴축적으로 운용하기보다는 국내경기가 침체되는 것을 우려하여 통화 공급을 느슨하게 운용하였고, 구서독도 자국에서 인플레이션이 발생하는 것을 우려하여 연방은행이 달러가치를 지지하기 위해 마르크를 매도하고 달러를 매입하는 외환시장개입을 회피함으로써 마르크화의 가치가 오르고 달러화의 가치가 절하될 것이라는 예상이 환투기자들에게 만연하였다.

형의 폭이 더욱 확대됨으로써 그들 통화 간의 고정환율제도를 유지하기가 어려웠다.[16] 셋째, 브레튼우즈체제하에서 구조적인 국제수지불균형은 환율의 변경을 통하여 조정되어야 하는데, 각국은 국제수지균형보다는 대내균형을 우선시하여 환율의 변경을 적시에 하지 않고 국제수지적자가 한참 지속되어 누구나 환율의 변화방향에 대한 예상이 확실한 시점에 이르러서야 환율의 변화를 허용하였다.[17] 이로써 환투기가 성행하게 됨으로써 국제수지불균형을 시정하기 위한 메커니즘이 제대로 작동할 수 없었고, 아울러 국가 간에 대규모의 불안정적인 자본이동이 발생하게 되었다.

이렇듯 브레튼우즈체제하에서 주요 선진국들이 국제수지균형보다 고정환율제도를 유지하면서 국내경기안정을 중시하는 정책을 추진한 결과 그들 간의 국제수지불균형이 근본적으로 시정되지 않고 지속됨으로써 결국 주요 선진국들은 달러화에 대한 고정환율제도를 포기할 수밖에 없었다. 즉 국제수지 흑자국들의 경우에는 외환보유고가 증가하면 통화량증대로 인한 물가상승을 허용해야 했으나 물가가 오르지 않도록 국내여신을 감소시킴으로써 국제수지의 자동적인 조절기능이 차단되었다. 이와는 대조적으로 국제수지적자를 경험하고 있던 미국도 이를 줄이기 위해서는 국내경기의 침체를 감내해야 했으나 이를 회피하려 함으로써 미국의 국제수지적자는 장기간 지속될 수밖에 없었다. 이로써 미국의 경상수지적자 누적으로 달러가치는 불안정해질 수밖에 없었고, 결국 이것이 브레튼우즈체제를 붕괴시키는 결정적 요인이 되었다.

16) 예를 들어 1973년 10월 1차 오일쇼크가 발생했을 때, 그것이 각국 경제에 미친 충격은 각각 달랐고, 이에 대응하는 각국 정부의 정책도 상이하였다. 그 결과 국가 간의 인플레이션율의 차이가 커져 이러한 상황에서 회원국들 간의 고정환율제도를 유지하는 것은 결코 쉬운 일이 아니었다.

17) 이 경우 한쪽 방향으로 환투기(one way betting)가 이루어져 이로 인한 환율의 변동성은 더욱 확대될 수밖에 없었다.

4 변동환율제도로의 이행(1973~)

(1) 킹스턴체제

1973년 3월 주요 선진국들이 고정환율제를 포기하고, 변동환율제를 채택함에 따라 미국, 구서독, 영국, 프랑스 및 일본의 선진 5개국은 1975년 정상회담을 개최하여 변동환율제를 공식화하였다. 1976년 1월에는 자메이카의 킹스턴(Kingston)에서 개최된 IMF 총회에서 회원국들은 변동환율제를 공식적으로 인정하고, 회원국들이 각자 그들에게 적합한 환율제도를 선택할 수 있는 재량권을 가질 수 있게 함으로써 국제통화제도는 과거의 브레튼우즈체제에서 새로운 킹스턴체제로 넘어가게 되었다. 킹스턴체제의 가장 핵심적인 내용은 다음과 같다.

첫째, IMF 회원국들에게 그들의 경제여건에 적합한 환율제도를 독자적으로 선택할 수 있는 재량권을 부여함으로써 오늘날 대부분의 선진국들이 채택하고 있는 변동환율제도를 공식적으로 인정하였다.[18)]

둘째, 금의 공정가치기능을 폐지함으로써 국제통화체제 내에서 가치척도로서의 금의 역할은 사라지게 되었다.

셋째, SDR의 국제통화로서의 기능과 위상을 강화하기 위하여 그 사용 범위를 크게 확대하였다. 즉 SDR의 적절한 규모를 창출하고, 효율적으로 관리함으로써 국제유동성 부족문제를 해결하고 달러와 같은 특정 통화에 과도하게 의존하는 데서 발생하는 국제통화의 신뢰도(confidence)문제를 해결하고자 하였다.

넷째, 킹스턴체제에서는 회원국의 국제수지불균형문제를 국제통화체제의 안정을 저해하는 가장 큰 요인 중의 하나로 보았으며, 이에 킹스턴체제는 IMF의 국제수지조정 지원기능을 확대하기 위하여 IMF 신용규모를 크게 확대하였으며, 이용조건 또한 완화하였다.

18) IMF 회원국 85% 이상의 동의가 있으면 조정가능한 고정환율제도로의 복귀도 가능하도록 하였다.

(2) 변동환율제하에서의 환율의 행태

변동환율제하에서는 환율은 기본적으로 외환시장에서의 수요와 공급에 의하여 자유롭게 결정된다. 그러나 현실세계에서는 어떤 나라의 통화당국도 환율의 변화를 전적으로 시장에 맡기지 않으며, 환율의 과도한 변동을 방지하기 위해 외환당국이 제한적이고 비주기적으로 외환시장에 개입을 하는 관리변동환율제도(managed floating system)를 채택하고 있다.

변동환율제도를 채택한 이후 주요 국가 간 환율은 1980년대 중반까지는 각국의 기초경제여건과 크게 괴리가 이루어지지 않고, 안정적으로 유지되었다. 이는 그 당시 각국 외환당국의 적극적인 외환시장개입과 환율안정을 위한 주요국들 간의 정책협조, 그리고 국가 간 자본이동에 대한 규제에 기인하는 것으로 알려지고 있다. 그러나 1980년대에 들어 미국, 일본, 구서독 등이 자국통화의 가치가 자유롭게 변동하는 것을 허용하고, 국가 간 자본자유화로 인해 각국 간 금융시장의 통합이 촉진됨으로써 환율의 불안정성은 크게 확대되었다.

이때 변동환율제를 채택한 대부분 국가들의 외환시장에서는 환율이 '과도하게 변동하고'(volatility), '균형환율수준으로부터 장기간 이탈하는'(misalignment) 행태를 경험하게 되었다. 전자는 외환시장에서의 개별 통화에 대한 수급의 불균형에 기인하는 것으로 단기적인 관점에서 환율이 과도하게 변동하여 불확실성을 초래함으로써 국제투자와 무역을 저해하는 문제점을 야기하였다. 후자는 큰 폭의 거시불균형, 경상수지불균형을 보전하기 위한 국제적 자본흐름에 의하여 발생하는데, 환율이 정상적인 균형수준으로부터 상당기간 이탈함으로써 대외거래의 장기적인 계획을 어렵게[19] 만들고, 국제경쟁력을 왜곡시킴으로써 전자의 경우보다 국민경제에 더욱 커다란 피해를 주게 된다. 특히 자국통화의 가치가 지나치게 높게 유지되고 있는 국가의 경우 그로 인해 자국산업의 국제

19) 금융시장 역시 이러한 환율의 장기적인 이탈현상에 대해 환위험을 회피할 수 있는 적절한 수단을 제공해 주지 못하여 부득이하게 환위험에 노출되어 장기적인 투자가 억제된다.

경쟁력이 크게 약화됨으로써 해당 국가에서는 보호무역을 수행하고자 하는 내부적인 정치적 압력이 고조되는 경향을 가지게 된다.

(3) 정책공조와 환율안정

1980년대 초 미국의 레이건 행정부는 국내물가를 안정시키기 위해 긴축적 통화정책을 사용하는 한편, 경기부양을 위해서는 세금을 낮추고 군사비를 증대하는 확장적 재정정책을 채택하였다. 그 결과 경기부양과 물가안정이라는 대내경제목표는 달성하였지만 엄청난 재정수지적자를 기록하게 되었다. 그리고 미국의 금리가 인상됨에 따라 해외로부터 미국으로의 자본유입이 늘어나 이것이 미국이 막대한 무역수지적자를 기록하고 있었음에도 불구하고 달러가치를 올리게 되는 방향으로 작용하였고, 이는 다시 미국의 무역수지적자를 더욱 악화시키는 방향으로 작용하였다. 이에 따라 미국은 막대한 무역수지적자 문제를 해결하여야 했고, 이를 위해서는 달러가치를 절하시켜야 한다고 생각하였다.

한편 지속적으로 대미흑자를 기록하고 있던 일본, 구서독 등과 같은 나라들도 미국과의 무역마찰이 증대될 것을 우려하여 미달러가치의 절하가 필요하다는 생각을 공유하게 되었다. 이에 1985년 9월 미국, 구서독, 일본, 프랑스, 영국 등 선진 5개국(G5 : Group of Five)의 재무장관들이 뉴욕의 플라자호텔에서 회의를 열고, '플라자협정'(Plaza Accord)을 발표하기에 이르렀다.

플라자협정의 주요 내용은 미달러의 가치를 절하시키기 위하여 G5 국가들의 중앙은행들이 외환시장에 동시에 개입하여 그들이 보유하고 있는 달러를 매각하는 것이었다. 이와 같은 이들 국가들의 외환시장에의 공동개입으로[20] 1987년 초 달러가치는 급격히 하락하여 최고치에 비해 40%가 절하되었다.

사실 각국이 외환시장에 공동으로 개입을 한다 하더라도 그 개입규모는 외

20) 일본, 영국, 구서독, 프랑스 4개국이 고평가된 달러가치를 절하시키기 위해 총 18억 달러를 동원하여 15개월 동안 외환시장개입을 꾸준히 하였다.

환시장에서의 외환거래규모에 비하면 상대적으로 작다. 그럼에도 불구하고 플라자협정이 성공할 수 있었던 이유는 동 협정이 외환시장에 적극적이고 효과적인 개입이 있을 것이라는 신호를 투자가들에게 확실히 전달하였기 때문이다. 그러나 이러한 미달러의 지속적인 평가절하에도 불구하고 미국의 경상수지적자는 개선되지 않았으며, 이에 미국 정부는 자국의 수출확대를 통해 국제수지를 개선시키기 위하여 경상수지 흑자국인 일본과 구서독 등에 대해 팽창적인 수요관리정책을 시행해 줄 것을 종용하였다. 이에 대해 구서독과 일본은 인플레이션을 우려하여 이러한 팽창수요관리정책을 받아들이지 않으면서 오히려 미국이 과도한 지출을 줄여 경상수지를 개선시켜야 한다고 주장하는 등, 특히 미국과 일본 간의 무역수지불균형을 둘러싼 갈등이 크게 심화되었다.

한편 계속되는 미국의 경상수지적자로 달러가치는 계속 하락하였으며, 이에 1987년 2월 선진 6개국(G5+캐나다)의 재무장관과 중앙은행장들은 파리의 루브르박물관에 모여 환율안정을 위한 '루브르합의'(Louvre Accord)를 체결하였다. 이를 통하여 이들 선진국들은 달러화와 여타 통화 간의 비공식적인 '목표환율대'(target zone)를 정하고, 외환시장개입을 통해 동 환율대 안에서 환율을 안정시키자는 데 합의하였다. 그러나 이러한 목표환율대는 미국의 경상수지적자가 지속적으로 누적됨에 따라 지켜지지 못하였고, 일본엔화와 구서독마르크화의 가치는 계속 절상되었다. 이에 따라 이들 국가들은 환율을 안정시키기 위해 외환시장에 직접 개입하기보다는 재정정책과 금융정책을 조화롭게 사용하는 것이 오히려 보다 효율적이라고 인식하게 되었다. 이렇듯 플라자협정 이후 국제통화제도는 심각한 환율불안정에 대비한 선진국 간 정책의 공조체제에 의해 비교적 안정적으로 유지될 수 있었다.

루브르합의 이후에는 각국은 그들의 통화가치를 안정적으로 유지하기 위해 자주 외환시장개입을 하였으며, 따라서 이 당시에 이들 국가들에서 실제적으로 시행된 환율제도는 통화당국의 외환시장개입이 없는 '자유로운 변동환율제도'(clean floating system)가 아닌 통화당국의 외환시장개입이 있는 관리변동환율제도(managed floating system)였다.

(4) 국제금융위기와 국제금융체제의 불안

1990년대 들어와서도 달러, 엔, 마르크 등 주요 국제통화들 간의 환율이 때때로 불안한 모습을 보이기는 했지만 각국은 1980년대만큼 외환시장에 개입을 하지는 않았다. 이는 외환시장개입이 근본적으로 환율을 안정시키는 데 한계를 가지고 있었고, 또한 국제자본이동규모가 확대됨에 따라 실제 외환시장개입이 더욱 어려워졌기 때문이었다. 그럼에도 불구하고 1995년에는 달러화가치가 사상 최저치를 기록하자 일본엔화나 독일마르크화에 대해 달러화가치를 올리기 위하여 이들 국가들은 공동으로 외환시장에 개입을 하기도 하였다.[21]

1990년대 들어 국제금융체제의 불안은 주요 국제통화들 간의 환율불안정보다는 여러 지역에서 발생한 일련의 외환위기나 금융위기에서 비롯되었다. 각국의 금융시장이 통합되고, 국가 간 자본이동이 자유로워지면서 대내적인 경제여건과 대외적인 경제여건 간의 괴리가 발생하면서 국제적인 투기자들은 이를 기회로 급격하게 자본을 이동시키고, 이 과정에서 세계 도처에서 외환·금융위기가 발생하게 되었고, 또한 이것이 인접국에 전염되는 현상이 빈번하게 나타나기 시작하였다.

1992년 유럽통화체제(ERM)의 위기, 1994년 멕시코의 외채위기, 1997년 아시아 일부 국가들의 외환위기, 1998년 러시아의 외환위기, 1999년 브라질 외환위기, 2002년 아르헨티나 금융위기, 2008년 미국에서 발발하여 전 세계적으로 파급된 글로벌 금융위기, 2010년 유럽발 재정위기 등이 그 구체적인 사례라 할 수 있다.

21) 이들 국가들의 외환시장에의 공동개입을 통하여 달러의 가치를 절하한 1985년의 플라자협정에 빗대어 이를 '역플라자협정'이라고도 한다.

5 기축통화전쟁

(1) 개요

'기축통화'(key currency)란 국제결제나 국제금융거래에서 중심이 되는 통화를 지칭하며, 국제적으로 회계의 단위, 교환의 매개수단, 가치저장수단으로서의 일반적인 화폐의 기능을 수행할 뿐만 아니라 다른 화폐의 가치를 결정하는 기준이 되기도 한다.

과거 금본위시대에서는 금이 기축통화로서의 역할을 수행하였으며, 19세기 중반 이후에는 국제금융의 중심지로서 영국이 가진 강력한 경제력을 바탕으로 영국파운드화가 기축통화로서의 역할을 수행하였다. 그러나 제1차, 2차 세계대전을 치루면서 영국경제가 쇠락하고, 미국이 세계경제를 주도하면서 제2차 세계대전 이후로부터 현재에 이르기까지는 미국달러가 기축통화로서의 독보적인 역할을 수행하고 있다.

한편 특정 국가의 통화는 일반적으로 다음과 같은 세 가지 단계를 거쳐 궁극적으로 기축통화가 된다. 첫째 단계에서는 국제결제수단으로서 국제거래 시 표시통화 또는 거래의 지불수단으로 사용되며, 둘째 단계에서는 외국에서 국제채권 등과 같은 금융자산의 표시통화로 사용되고, 마지막 단계로는 각국 중앙은행의 준비통화로 보유된다.

많은 국가들이 어떤 특정국 통화를 기축통화로 이용할수록 국제무역이나 국제금융거래에서 나타나는 환율변동의 위험이 완화되고, 비용이 감소됨으로써 더욱 많은 나라들이 해당 통화를 기축통화로 사용하고자 하는 유인이 발생하게 되는데, 우리는 이를 '네트워크 외부효과'라 하며, 특정국 통화의 기축통화로의 선택과정에서 이러한 효과가 강력하게 작동한다.[22)]

현재 대외거래에서 비교적 국제적으로 많이 사용되고 있는 통화는 미국달

---

22) 이러한 외부효과 때문에 기축통화가 기존에 널리 사용되고 있는 미달러화나 유로화로 대외거래가 더욱 집중되어 사용되는 경향을 갖게 된다.

러, 유로, 영국파운드, 일본엔, 중국위안, 스위스프랑, 캐나다달러 등이다. 특히 이들 통화 중에서도 현재 미국달러화, 유로화가 세계적으로 기축통화로서의 역할을 수행하고 있다 할 수 있다.

(2) 기축통화의 조건

특정 국가의 통화가 기축통화가 되기 위해서는 세계경제에서 해당 통화에 대한 수요와 공급의 기반이 확고하게 정착되어 전 세계적으로 광범위하게 사용되어야 할 것이다. 이를 위해서는 다음과 같은 몇 가지 조건들이 충족되어야 한다.

첫째, 무엇보다도 해당 국가의 경제규모 및 교역규모가 커야 할 것이다. 그래야만 해당국 통화에 대한 수요가 확대될 수 있고, 아울러 거래규모가 커질수록 규모의 경제가 작용하여 거래비용이 절감되므로 외환시장에서 저렴하게 거래될 수 있을 것이다.

둘째, 환율의 지나친 변동이나 인플레이션의 위험이 없이 화폐가치가 안정적으로 유지되어야 한다. 그래야만 그 나라 통화가 국제결제수단으로서, 투자수단으로서 그리고 준비통화로서 사용자들의 신뢰를 얻을 수 있을 것이다.

셋째, 해당 통화가 대외거래 사용에 대해 법적, 제도적 규제 없이 자유롭게 교환될 수 있어야 모든 국제거래에서 폭넓게 사용될 수 있을 것이다.

넷째, 기축통화국의 국내금융시장이 발달되어야 할 것이다. 왜냐하면 기축통화는 다양한 형태로 보유되므로 이를 뒷받침할 수 있는 다양한 금융상품들이 투자자들에게 원활하게 제공되어야 하며, 해당 국가의 금융시장의 유동성이 풍부해 환금성이 보장되어야 하기 때문이다.

다섯째, 기축통화국은 정치적으로 안정되어 대내외적인 정치적인 위험으로부터 자유로워야 할 것이다. 심지어는 해당 통화국의 군사력이 강대하여 해당 국가의 존립에 대한 의구심이 제기되지 말아야 할 것이다.

여섯째, 해당국 외환시장에서 환율의 결정이 시장친화적이고 투명하게 이루어져야 할 것이다. 그래야 해당국 통화에 대한 보유자들의 신뢰가 공고해질 수 있을 것이다.

(3) 기축통화의 역사[23)]

세계 최초의 국제통화는 기원전 6세기에 아테네에서 사용되었던 은화인 '드라크마'(Drachma)라고 알려져 있다. 드라크마는 고대 그리스가 500여 년간 지중해 해상무역을 주도하면서 국제통화로서의 위상을 누렸다. 이어 기원전 1세기에 로마제국의 금화인 '아우레우스'(Aureus)와 은화인 '데나리온'(Denarius)이 국제통화의 지위를 물려받았으며, 이후 4세기 콘스탄티누스 대제 때 주조된 '솔리두스'(Solidus) 금화가 국제통화 역할을 수행하면서 유럽지역에서 1천 년 이상 유통되었다. 13~15세기에는 당시 이탈리아의 도시국가이면서 국제무역의 중심지였던 제네바의 금화인 '제노인'(Genoin)과 피렌체의 금화인 '플로린'(Florin), 그리고 베네치아의 금화인 '두카트'(Ducat)가 국제통화로 사용되었다. 1492년 신대륙이 발견된 이후에는 스페인의 은화인 '실버에잇'(Silver Eight)이 유럽, 아메리카, 아시아에서 국제통화로 유통되었으며, 17~18세기에는 새로운 국제무역의 주역으로 떠오른 네덜란드의 '굴덴'(Gulden)이 국제무역에서 광범위하게 사용되었다. 이후 영국이 해상무역의 주도권을 쥐면서, 1819년 금본위제도를 채택하고 있던 영국의 스털링 파운드화가 기축통화가 되었다.

그러나 제1차, 제2차 세계대전[24)]을 겪으면서 대규모 경상수지적자와 재정수지적자로 인해 영국의 경제적 지위가 크게 쇠퇴하고, 파운드화에 대한 신뢰가 크게 약화되어 영국파운드화의 기축통화로서의 지위는 급속히 하락하였다. 이에 반해 19세기 말 미국이 2차 산업혁명을 주도하면서 미국의 경제규모가 급속히 확대되고,[25)] 미국이 세계교역을 주도하면서 미국의 달러화가 기축통화

23) 이 부분의 내용은 홍익희의 '환율전쟁이야기'를 많이 참조하였다.
24) 1919년에 영국은 파운드의 금태환을 중지하였다.
25) 1870년에 미국의 국민소득은 영국의 소득과 비슷했고, 제1차 세계대전 직전에는 이미 미국의 소득이 영국의 소득에 2배에 달하였다.

로서 급부상하게 되었다. 이로써 제1차 세계대전과 제2차 세계대전 사이에는 달러화와 파운드화가 함께 기축통화로 사용되었으나 제2차 세계대전 이후에는 미국이 막대한 금을 축적함으로써 미국 주도하에 설립된 브레튼우즈체제하에서 미달러가 기축통화로서의 독보적인 지위를 점하게 되었다.[26)]

그러나 1960년대 중반 이후 미국이 막대한 재정적자와 무역수지적자를 기록하면서 국제금융시장에서 미달러의 위상이 크게 흔들리기 시작하면서 1980년대에는 그 당시 높은 경제성장률과 막대한 경상수지흑자를 시현하고 있던 일본의 엔이나 구서독의 마르크가 달러의 대안으로 제시되기도 하였으나 큰 위협이 되지는 못하였다.

1999년에는 EU 11개 국가에 형성된 단일통화인 유로화가 출범하면서 유로화가 달러에 대한 강력한 경쟁자로 부상하여 이후 기축통화로서 유로화의 지위가 크게 제고되기도 하였으나, 2010년 그리스, 포르투갈, 아일랜드, 이탈리아 같은 일부 유럽 국가들의 재정위기와 최근 영국의 '브렉시트'(Brexit) 결정으로 인해 유로화의 위상이 더욱 크게 흔들리고 있는 실정이다.

한편 중국이 1978년 이후 개혁 및 개방을 통해 경제규모가 급속히 확대되고, 2000년대 들어 중국 정부가 위안화의 국제화를 위해 많은 노력을 전개하면서 위안화의 세계경제에서의 지위가 급속히 제고되고는 있지만 기축통화로서 미달러화를 대체하기에는 아직 요원한 실정이다.

최근 국제통화제도는 과거 달러의 독주체제에서 달러화에 유로화, 위안화 등이 도전하는 점차 다극화된 통화체제로 전환되고 있다. 그러나 세계외환거래의 85%가 미달러로 이루어지고, 전 세계에서 발행되는 해외채권 가운데 50% 이상이 달러표시 채권이고, 그리고 각국의 중앙은행들이 외환보유액의 60% 이상을 달러표시 자산의 형태로 운용하고 있는 등 미달러는 여전히 기축통화로서의 독보적인 지위를 놓치 않고 있는 실정이다.

26) 국가 간 무역, 금융 및 자본거래가 존재하는 개방경제하에서 어느 특정 통화가 국제적으로 사용된다는 사실은 그 통화가 다수 통화 간의 경쟁을 거쳐 국제거래에 선택되었음을 의미하는 것이라 하겠다.

(4) 기축통화로서의 달러의 특권

기축통화로서 미국달러는 다른 나라 통화가 누리지 못하는 여러 가지 특권(privilege)을 가지고 있다.[27]

첫째, 미국은 중앙은행인 연방준비제도(Fed)가 인쇄기로 달러를 찍어내기만 하면 되므로 미국에서는 지속적으로 무역수지적자가 발생해도 큰 문제가 되지 않으며, 이에 외환위기에 대비해 외환보유액을 보유해야 할 필요도 줄어든다. 따라서 미국은 다른 나라들이 달러를 보유하려 하는 한 큰 비용을 들이지 않고 달러화를 자유롭게 발행하여 국제수지적자를 보전할 수 있어[28] 자국의 경제성장이나 거시경제안정을 위해 독립적으로 정책을 시행할 수 있는 특권을 가지고 있다. 이에 반해 다른 나라들은 국제수지적자가 지속되면 외환보유고는 바닥이 날 것이고, 이를 막기 위해서는 반드시 국제수지적자를 해소하여야 한다.

둘째, 미국과 같이 기축통화국이 아닌 나라들은 해외의 금융자산이나 실물자산을 구입하고자 할 경우 반드시 대외거래를 통하여 얻어진 기축통화로 그 대금을 결제하여야 할 것이나 미국은 저렴한 달러지폐의 인쇄비용만으로 외화나 해외의 실물자산을 취득할 수 있는 '시뇨리지'(seigniorage)를 누리고 있다. 따라서 미국은 다른 나라들이 달러를 보유하는 만큼 이자를 지불하지 않고 다른 나라로부터 자금을 빌려 쓴다.[29]

27) 물론 기축통화국으로서 미국이 특권만 가지고 있는 것은 아니다. 미국의 통화당국은 외국에서 보유되고 있는 달러만큼 유통되는 자국통화의 공급량을 통제할 수 없으므로 통화신용정책의 독립성이 그만큼 제약을 받게 된다.

28) 미국이 달러화 채권이나 달러화를 자유롭게 발행하지 못하면 미국도 다른 나라와 마찬가지로 외환위기로부터 자유롭지 못할 것이다.

29) 화폐주조차익(시뇨리지)은 화폐발행액에서 화폐발행비용을 공제한 것으로 원래 금본위제나 은본위제와 같은 금속본위제도를 채택하고 있는 경우에는 해당 국가가 금속화폐를 주조할 때 국가가 받는 주조수수료 혹은 주조과정에서 남기는 금속의 중량을 말한다. 그러나 지폐의 경우에는 이에 대하여 다양한 견해가 제시되고 있다. 첫째, 증가한 본원통화가 주조차익이라는 견해다. 둘째, 본원통화증가에 더해서 물가상승에 의해 기존의 본원통화 부채의 실질가치가 하락할 부분을 포함시켜야 한다는 견해다. 셋째, 본원통화 공급과 관련된 실질이자의 경감분만이 진정한 주조차익이라는 견해다. 세 번째 견해에 따르면 외국에 공급된 달러가 궁극적으로 미국이 지는 대외부채라 할 때, 미국은 달러를 외국에 공급함으로써 외국

셋째, 다른 나라 중앙은행들의 미국국채의 매수로 인해 미국국채의 가격을 높게 유지할 수 있다. 이로 인해 미국은 낮은 금리를 유지할 수 있어 다른 선진국들보다 높은 경제성장률을 기록할 수 있다.

넷째, 미국의 경성권력(hard power)[30] 역시 강화된다. 다른 나라들이 달러를 사용함에 따라 이들과 미국 사이에 비대칭적인 통화의존관계가 형성됨으로써 미국은 다른 나라의 영향으로부터 보다 자유로울 수 있는 반면, 대외정책을 수행할 때는 다른 나라에 대해 효과적으로 영향력을 행사할 수 있다.

다섯째, 달러는 미국의 국제적인 정치적, 경제적 지위를 상징하는 강력한 수단이 되어 미국의 연성권력(soft power)[31]의 주요 요소로서 작용하고 있다.

(5) 기축통화의 미래 전망

가. 달러화

미국이 세계최대 채무국으로 전락하고, 막대한 경상수지적자로 인해 기축통화로서의 달러의 위상이 과거에 비해 크게 저하되고는 있으나 그렇다고 현재 달러를 대체할 만한 기축통화가 등장하고 있지도 않은 실정이다. 역설적이지만 2008년 미국에서 발생한 글로벌 금융위기를 통해 미국의 달러는 오히려 세계의 안전통화로서 그 위상이 강화되었으며, 2002년 출범 이후 한동안 달러의 강력한 경쟁통화로 각광받았던 유로화는, 2010년 남유럽 국가들의 재정위기, 영국의 EU로부터의 탈퇴 결정 등으로 인해 유로체제의 취약성이 크게 노정됨으로써 오히려 그 위상이 크게 약화되고 있는 실정이다. 중국의 위안화도 국제통화가 되기 위하여 SDR에의 편입, 주요 지역에서의 역외 위안화시장의 개설, 그리

으로부터 이자를 지불하지 않고 자금을 빌리는 것과 같은 이득을 누리고 있다 할 수 있을 것이다.

30) 이는 군사력이나 경제력 등을 기반으로 한 나라가 타국에 영향력을 행사할 수 있는 능력을 말한다.

31) 이는 믿음 또는 인식체계를 기반으로 한 나라가 타국에 영향력을 미칠 수 있는 능력을 말한다.

고 제한적이기는 하지만 자본자유화 등 다양한 노력을 전개하고는 있으나 아직은 국제통화로서 초보적인 단계에서 벗어나지 못하고 있는 실정이다.

2017년 트럼프 행정부가 들어선 이후 미국의 보호무역주의가 강화되고, 여러 국가들과의 국제분쟁으로 인한 제3국에 대한 금융제재 등으로 신뢰를 잃어가고 있어 달러의 미래가 불투명해지고 있다. 그러나 최근 인공지능(AI), 바이오, 로봇, 전기자동차, 3D프린터, 신재생에너지 등을 중심으로 전개되고 있는 제4차 산업혁명의 초기적인 흐름 속에서 미국경제의 산업경쟁력이 다시 부활하고 있는 모습을 보이고 있어 달러 중심의 기축통화체제는 오히려 앞으로도 상당기간 지속될 수 있을 것으로 보인다.

그리고 화폐사용에 있어서의 네트워크효과를 감안할 때 세계통화체제에서 달러의 역할이 계속 유지되는 한, 전 세계의 GDP 및 무역에서 미국이 차지하는 비중이 감소하더라도 기축통화로서의 달러의 역할이 지속되는 '관성'(inertia)은 상당기간 유지될 수 있을 것으로 보인다. 더욱이 인구고령화 속도가 빨라 소비가 줄어들고 저축이 늘어나는 경향이 있는 유럽, 일본, 중국에 비해 미국은 높은 출산율, 적극적인 이민정책 등으로 고령화 속도가 늦어 유럽, 일본, 중국의 저축이 투자기회가 많은 미국으로 유입될 수밖에 없어 달러의 기축통화로서의 지위는 더욱 한동안 훼손되지 않을 것으로 보인다.

나. 유로화

1999년 1월 1일 EU의 11개 국가들을 중심으로 그들 간의 통화통합을 목표로 하는 EMU(European Economic and Monetary Union)체제가 출범하였으며, 그 결과로서 단일통화인 유로화가 탄생하게 되었다. 이 이후 유로화를 사용하는 유로지역(Euro Land)의 국가들은 역내 교역 및 투자증대, 자본비용의 하락 등으로 높은 경제성장률을 시현하게 되었고, 그로 인해 유로화의 가치 역시 꾸준히 상승하였다.

유로화가 국제거래에서 어느 정도의 비중을 가지고 사용되고, 기축통화로서의 위상을 어느 정도 공고히 할 것인가는 유로지역 회원국들의 경제력과 역내

금융시장의 발전 정도, 그리고 궁극적으로는 유로화가치의 안정성에 달려 있다 하겠다. 이러한 관점에서 유로화는 유로지역의 경제규모가 크고, 역내 금융시장이 발달되어 있고, 그 가치가 안정적으로 유지됨으로써 나름대로 달러화에 대한 유력한 경쟁통화로 그동안 사용규모가 꾸준히 증대되어 왔다. 그러나 2008년 글로벌 금융위기가 발생한 이후 그로 인한 유럽 전체의 경기침체와 이로 인한 남유럽 국가들의 재정위기로 인하여 유로존의 지속가능성에 대한 불신이 고조됨으로써 유로화에 대한 미래가 상당히 불투명해지고 있는 실정이다. 물론 유로지역의 회원국들이 이러한 위기를 극복하고, 유로화의 위상을 제고시키기 위한 다양한 노력을 지속적으로 하고는 있지만 다음과 같은 몇 가지 구조적인 문제점들로 인해 유로화의 미래를 장밋빛으로 바라보기는 어려울 듯싶다.

첫째, 유로지역 국가들은 미국처럼 경상수지적자를 통해 세계금융시장에 유동성을 지속적으로 공급할 수 있는 의지와 능력을 갖추고 있다고 보기 어려워 유로화가 기축통화로서의 달러화의 지위에 도전하기는 어려울 것으로 보인다.

둘째, 유로화는 정부가 없는 통화라는 본질적인 문제를 가지고 있다. EMU 회원국들 간에 통화통합이 이루어져 유로화가 만들어지기는 하였지만 그들 간에 재정통합은 아직 이루어지지 않고 있다. 일부 회원국들의 과도한 재정적자로 인하여 재정위기가 발생하였는데, 유로지역 국가들 간의 재정통합 및 정치통합이 이루어지지 않아 재정위기가 쉽게 해결되지 않고 있다. 이러한 점에서 유로화가 지속적으로 사용되고, 그 위상이 꾸준히 제고되기 위해서는 궁극적으로 EMU 국가들 간의 재정통합과 정치통합이 이루어져야 할 것이나 각국의 정치적 주권과 경제적 이해관계가 복잡하게 얽혀 있어 이것 또한 쉽지 않을 것으로 보인다.

셋째, 유로화는 단일국가의 통화가 아니어서 가입국들의 정치 · 경제적 배경이 다양하므로 달러와 같은 단일국가의 통화와 같이 앞으로 계속 존속할 수 있을지 확신하기 어렵다.

넷째, 영국이 유로지역에 불참하고 있고, 2016년 6월에는 EU로부터의 탈퇴를 결정함으로써 유로화가 달러와 경쟁할 수 있을 만큼 강력한 기축통화가 되기에는 한계가 있다고 판단된다.

다. 위안화

중국은 1978년 개혁 · 개방 이후 장기간 고도성장을 시현함으로써 2010년 이후 일본을 제치고 세계 제2위의 경제대국으로 부상하였고, 무역규모는 세계 제1위이고, 그리고 세계에서 가장 많은 3조 달러를 상회하는 외환보유고를 보유하고 있다. 이러한 중국의 실물경제의 힘을 바탕으로 전 세계에서 위안화에 대한 결제수요가 점차적으로 확대되고,[32] 국제금융시장에서 위안화표시 채권 비중이 늘어나 위안화의 국제통화로서의 지위가 점차 높아지고 있는 가운데 위안화의 기축통화로서의 역할에 대한 가능성도 조심스럽게 점쳐지고 있다.

일반적으로 한 나라의 통화가 결제통화 – 투자통화 – 준비통화로 이어지는 세 단계를 거쳐 국제화되어 간다 할 때, 현재의 중국의 경제력 및 그 성장잠재력에 비추어 볼 때, 위안화는 국제화의 첫 번째 단계에 해당하는 결제통화로서의 지위를 빠르게 확보해 나가고 있다. 그러나 투자통화, 준비통화로의 발전 과정은 국내금융시장의 미성숙, 시장친화적이지 못한 환율결정체제, 자본거래에 대한 각종 규제 등과 같은 중국경제의 여러 구조적인 문제들로 인해 결코 쉽지 않은 여정이 될 것으로 보인다.

위안화는 2016년 10월에 SDR에 편입이 되어 국제통화로서의 지위를 공식 확보하게 되었고, 이에 따라 우선은 중국과의 교역비중이 큰 국가들을 중심으로 달러의 결제비중을 줄이고, 위안화 결제비중을 높여 갈 것으로 보인다. 그리고 점차적으로 투자통화로서의 지위를 확보하여 외국의 위안화표시 금융자산에 대한 투자가 자유롭게 이루어짐으로써 위안화에 대한 수요기반이 공고해질 것이고, 궁극적으로는 각국 중앙은행에서 준비통화로서 위안화를 보유함에 따라 위안화표시 국채수요도 크게 확대됨으로써 위안화의 기축통화로서의 역할이 점차적으로 자리 잡아갈 것으로 보인다.

물론 앞으로 위안화가 기축통화로서의 지위에 도달하게 되면 글로벌한 통화 패권을 놓고 미국과 중국 간에 치열한 기축통화전쟁이 전개될 것으로 보인다.

32) 무엇보다도 그동안 달러를 사용해 온 아시아 국가들의 위안화 사용이 크게 늘어날 것으로 보인다.

그러나 이러한 위안화의 기축통화로의 지위는 중국의 경제규모가 크게 확대된다고 자동적으로 얻어지는 것은 아닐 것이다.[33] 중국 정부가 위안화의 태환성을 보장하고, 국내금융시장을 발전시키고, 자본시장을 개방하고, 외환시장에서의 환율결정의 자율성과 투명성을 보장하는 등의 획기적인 조치들을 취하여 위안화가 국제적으로 교환의 매개수단과 가치의 저장수단으로서 인정받을 때 기축통화로서의 지위를 얻게 될 것이다.

라. SDR

만약 SDR이 기축통화로 활용될 수 있다면 기축통화를 발행하는 특정국의 통화남발이나 재정적자로 인해 국제통화체제에 미칠 수 있는 부정적 영향을 최소화시킬 수 있을 것이다. 그러나 현실적으로 SDR은 IMF 회원국 중앙은행간 공적거래 그리고 일부 국제기구에 의해서만 사용되고 있는데, SDR이 기축통화가 되기 위해서는 무엇보다도 SDR이 민간부문의 무역 및 국제금융거래에 폭넓게 사용되어야 하고, 아울러 SDR로 표시된 금융자산이 국제적으로 거래되는 시장이 발달되어 있어야 하나 당장 국제금융시장에서 이런 여건들이 갖추어지기를 기대하기는 힘들다.

그 이유는 SDR이 기축통화로 사용될 때 무엇보다도 미국이 대외불균형을 쉽게 보전할 수 없어 반대할 것이고, SDR 기축통화체제하에서는 IMF가 최종대부자로서 SDR의 공급을 담당하게 될 것인데, 이 경우 IMF는 세계의 중앙은행이 되어야 할 것이므로 이에 대해 세계 각국의 중앙은행이 반대할 가능성이 크기 때문이다. 그리고 SDR의 과도한 창출은 세계적인 인플레이션을 초래할 우려가 있어 현실적으로 SDR이 기축통화로서의 역할을 기대하기에는 한계가 있다. 이러한 관점에서 국제적 합의에 의하여 특정 국가의 통화가 아닌 SDR과 같은 초국가적인 기축통화를 만든다는 구상은 가까운 시일 내에 실현될 가능성이 극히 낮아 보인다.

33) 미국의 경제규모가 1870년 이후 이미 영국을 추월했음에도 불구하고 달러화가 영국의 파운드화를 제치고 제1의 기축통화로서의 지위를 갖게 된 시점은 그로부터 70여 년이 지난 제2차 세계대전 직후라는 사실을 상기할 필요가 있다.

마. 종합평가

미국으로부터 발생한 글로벌 금융위기를 계기로 통해 달러를 중심으로 하는 기축통화체제가 앞으로도 과연 지속가능한지에 대해서는 의구심이 꾸준히 제기되고 있다. 더욱이 글로벌 금융위기 이후 미국의 경기부양을 위한 양적완화 정책으로 달러가치가 하락함에 따라 달러화에 대한 신인도가 떨어져 기축통화로서의 달러의 지위는 크게 흔들리고 있는 실정이다.

미국은 앞으로 글로벌경제가 필요로 하는 안전자산과 유동자산을 더 이상 공급하지 못할 수도 있다. 이러한 경우 결국 위안화나 유로화가 자연스럽게 달러화의 지위를 일부 대체하게 될 수도 있을 것이다. 그러나 출범 초기 순항하던 유로화는 2010년 그리스를 비롯한 일부 유럽지역이 재정위기를 겪음에 따라 기축통화로서의 위상이 크게 하락하고 있고, 위안화 역시 국내금융시장이 낙후되고, 외환거래 및 자본거래에 대한 규제가 많아 조만간 기축통화로서의 지위를 확보하기는 어려울 것으로 보인다.

미국의 저명한 국제금융학자인 아이켄그린(Barry Eichengreen)은 유로화, SDR, 위안화가 유동성이 높고 방대한 규모의 국내금융시장을 가지고 있는 달러를 조기에 대체할 가능성은 희박하다고 보고 있다. 더욱이 미국은 달러화가 기축통화의 역할을 수행함으로써 많은 특권을 향유하고 있어 미국은 기축통화로서의 특권을 결코 포기하지 않으려 할 것이다. 이런 관점에서 아이켄그린은 글로벌 금융위기로 향후 달러화의 지위가 다소 낮아질 수는 있으나 세계의 기축통화로서의 중심적인 지위는 계속 유지될 수 있을 것으로 보고 있다. 다만 유로화는 유럽지역에서, 위안화는 아시아지역에서 지역통화로서의 역할이 더욱 확대되는 형태로 변모할 것으로 보고 있다.

앞으로 국제통화제도는 미달러가 주도하는 가운데 다수의 기축통화가 공존하는 다극통화체제로 전개될 것으로 보인다. 즉 달러화가 여전히 지속적으로 우위를 유지하는 가운데 유로화가 글로벌 기축통화의 일부분을 담당하고, 위안화가 아시아를 중심으로 하는 지역통화로서의 위상을 강화하고, 그리고 GCC(Gulf Cooperation Council)[34]와 같은 일부 지역에서는 지역공동통화가 창설되어 그들 지역에서 부분적으로 사용되는 과정에서 달러 수요의 일부를 대체할 것으로 보인다. 이러한 측면에서 볼 때 기축통화로서의 달러화의 지위는 장기적으로 서서히 낮아질 것으로 예상된다.[35)]

IMF의 환율제도 분류

IMF는 각국이 실질적으로 어떻게 환율제도를 운용하고 있는가에 따라 환율제도를 크게는 경직적 고정환율제도(hard pegs), 유연한 고정환율제도(soft pegs), 변동환율제도(floating regimes), 기타 관리환율제도(other managed arrangements)의 네 가지 유형으로 나누고, 보다 세부적으로는 열 가지의 환율제도로 분류하고 있다.

경직적 고정환율제도에는 개별적인 법정통화가 없는 제도(no separate legal tender)와 통화위원회(currency board)제도로 나누어진다. 개별적으로 법정통화가 없는 제도는 어떤 국가 내에 통용되는 법정통화가 자국통화가 아닌 경우를 말하는데, 유로화를 사용하는 유로존(Euro Zone)이나 미국달러를 법정통화로 사용하는 달러화(dollarization)지역이 여기에 해당한다. 통화위원회제도는 외국통화에 대한 자국통화의 교환비율을 일정하게 정해 놓고 외국통화의 유출입규모에 따라 자국통화의 발행액을 비례적으로 정하는 제도다.

유연한 고정환율제도는 전통적 고정환율제도(conventional peg), 목표환율대제도(pegged within horizontal band), 크롤링고정환율제도(crawling peg), 안정화제도(stabilized arrangement), 크롤링환율대제도(crawling－like arrangement)의 다섯 가지로 구분된다. 전통적 고정환율제도는 자국통화의 가치를 특정 통화에 고정시키거나 혹은 통화바스켓에 대해 고정시키는 제도를 말한다. 목표환율대제도는 사전에 기준환율을 정해놓고 일정 범위 내에서만 환율이 변동할 수 있도록 허용하고, 그 한도를 벗어날 때는 외환시장개입을 통하여 환율수준을 일정 범위 내에서 유지하고자 하는 환율제도다. 크롤링고정환율제도란 고정된 기준환율을 물가상승률의 격차 등을 고려해 일정 간격으로 정기적으로 소폭으로 환율을 조정하는 제도다. 안정화제도는 여러 정책을 통해 6개월 이상 환율이 2% 범위 내에 머물러 있는 제도다. 크롤링환율대제도는 앞서 언급한 목표환율대제도와 크롤링고정환율제가 혼합된 형태로서 목표

34) 1981년 5월 25일 바레인, 쿠웨이트, 오만, 카타르, 사우디아라비아, 아랍에미리트 6개국에 결성된 공동시장이며, 역내 단일통화의 구축을 목표로 하고 있다.

35) 최근 페이스북(Facebook)에서 추진하고 있는 리브라(Libra), 국제금융시장에서 위안화의 영향력을 높이기 위해 중국에서 추진하고 있는 디지털위안화 등 가상화폐가 달러화의 위상을 위협할 정도로 부상할 수 있다. 이에 디지털 기축통화 자리를 놓고 미국과 중국 간에 통화패권다툼이 전개될 수도 있다.

환율대 자체를 조금씩 조정하는 제도다.

변동환율제도는 환율이 시장에서 자유롭게 결정되는 제도인데, 그 운영방식에 따라 단순변동환율제도와 자유변동환율제도로 나누어진다. 단순변동환율제도는 환율이 기본적으로 외환시장에서 자유롭게 결정되나 필요에 따라 외환당국이 외환시장에 개입하여 환율을 안정시키면서 점진적인 변동을 허용하는 제도이다. 이에 반해 자유변동환율제도는 외환당국의 외환시장에의 개입 없이 외환의 수요와 공급에 의해 자유롭게 환율이 결정되는 제도다.

기타 관리환율제도는 위에 언급한 어느 기준에도 맞지 않는 환율제도를 나타낸다. 한편 아래의 표는 각국이 채택하고 있는 환율제도의 현황을 나타내고 있다.

표 9-1 각국의 환율제도(2017년 4월 현재)

구분	환율제도	채택국가
경직적 고정 (hard peg)	개별적 법적 통화가 없는 제도 (no separate legal tender)	에콰도르, 엘살바도르, 파나마, 코소보 등 13개국
	통화위원제도 (currency board)	ECCU, 보스니아, 불가리아, 홍콩, 브루나이 등 11개국
유연한 고정 (soft peg)	전통적 고정환율제도 (conventional peg)	바레인, 요르단, 덴마크, 모로코, 사우디아라비아 등 43개국
	목표환율대제도 (pegged within horizontal band)	통가 1개국
	크롤링고정환율제도 (crawling peg)	온두라스, 보츠와나, 니카라과 3개국
	크롤링환율대제도 (crawl-like arrangement)	이란, 에티오피아, 스리랑카, 우즈베키스탄 등 10개국
	안정화된 제도 (stabilized arrangement)	앙골라, 크로아티아, 싱가포르, 베트남, 중국, 체코 등 24개국
변동	단순변동환율제도 (floating)	대한민국, 브라질, 태국, 인도네시아, 남아공화국, 인도, 몽골, 헝가리 등 38개국
	자유변동환율제도 (free floating)	미국, 일본, 영국, 호주, 캐나다, 폴란드, 멕시코, 칠레, EMU 등 31개국
기타	기타 관리환율제도 (other managed arrangement)	알제리, 이란, 싱가포르, 스위스, 말레이시아, 러시아, 미얀마, 예멘 등 24개국
합계		총 192개국

자료 : 김인준 · 이영섭, pp.68-70 참조

CHAPTER 10

통화통합과 유로화의 출범

1. 통화통합
2. 유로화의 출범

CHAPTER 10

통화통합과 유로화의 출범

통화통합이란 여러 나라의 통화가 하나의 통화로 단일화되는 과정이라 하겠다. 국가 간의 통화통합은 일반적인 경제통합과는 구분되는 수준 높은 경제통합의 형태라 할 수 있는데, 통화통합이 이루어지는 이유는 궁극적으로 통화통합을 통해 얻어지는 이득이 통화통합으로 인해 발생하는 비용보다 크기 때문일 것이다. 아울러 통화통합이 성공적으로 이루어지기 위해서는 통화통합으로 인해 각 회원국에 귀속되는 이득이 비용보다 커야 할 것이다.

이하에서는 통화통합에 관한 의미를 간단히 살펴보고, 통화통합의 실제사례라 할 수 있는 유럽경제통화동맹에 대하여 알아보도록 하자.

1 통화통합

(1) 통화통합의 개요

통화통합이란 여러 나라의 통화가 하나의 통화로 단일화되는 것이라 하겠다. 통화통합에는 이에 따른 편익(benefit)과 비용(cost)이 발생하게 된다. 많은 국가들이 통화통합에 대해 참여하게 되는 이유는 통화통합 이후 얻을 수 있는 편익을 기대하기 때문일 것이다. 그러나 통화통합으로 얻게 되는 편익과 비용은 이에 참여하는 각 회원국마다 다르게 나타나게 될 뿐만 아니라 통화통합으로 인한 편익을 각 회원국들에게 공평하게 배분하는 것이 어렵고, 통합으로 인한 비용 또한 무시할 수 없어 통화통합을 이루는 데 이러한 요인들이 장애요인이 되고 있어 현실세계에서 통화통합이 성공한 사례를 발견하기가 쉽지 않다. 더욱이 통화통합을 달성하는 것이 모든 회원국에 있어 편익이 비용보다 커서 경제적으로 이득이 된다 할지라도 실제로 모든 회원국으로부터 통화통합에 대한 동의를 얻어내지 못할 수도 있다. 왜냐하면 통화통합을 통해 자국이 얻게 되는 절대적인 이득의 크기도 중요하지만 타국과 비교한 상대적인 이득의 크기도 고려되어야 하기 때문이다.

경제적 측면에서 통화통합으로부터 얻어지는 이득이 아무리 크다 하더라도 통화통합은 자국통화를 포기하고, 자국의 통화정책의 자율성이 상실되는 등 국가주권의 일정부분을 초국가적 공동체에 위양하는 것을 의미한다. 따라서 정치적 · 국민정서상의 이유로 통화통합에 실제로 참여하지 않는 국가들도 있다.

(2) 통화통합의 편익과 비용

가. 편익

통화통합을 했을 때 기대되는 편익은 다음과 같다.

첫째, 통화통합을 통해 단일통화를 사용하게 되면 역내 거래에 있어 환율변동으로 인한 환위험이 제거되고, 외환거래비용이 절감되어 역내국 간에 교역과 자본이동이 크게 촉진될 수 있을 것이다.

둘째, 역내 시장에서의 기업들 간 경쟁이 제고되어 역내 기업들의 효율성이 증대될 것이고, 이로써 경제성장이 촉진될 것이다.

셋째, 세계시장에서 단일화된 통화의 사용 범위가 확대되고, 그 수요가 증가하게 되면 해당 통화의 발행으로부터 얻어지는 화폐발행 주조차익(seigniorage)은 증대된다.

넷째, 외환위기와 같은 비상사태에 대비해 회원국들의 중앙은행들이 보유해야 하는 외환보유고의 필요성이 크게 줄어들어 이에 따른 기회비용을 절감할 수 있다.[1]

다섯째, 단일통화의 도입으로 역내 시장에서 동일한 통화로 상품 및 서비스 가격을 표기함에 따라 투명성이 제고되어 역내 지역 간 상품, 서비스 등의 가격 차이가 사라지게 되고, 이로써 회원국들의 소비자들에게 이득을 주고, 이에 따라 역내 교역이 증가할 수 있을 것이다.

여섯째, 통화 통합을 이룬 지역의 국가들은 단일통화를 사용함으로써 역내국 간 환율을 고정시켜 역외 투기세력에 의한 환투기공격으로 인해 발생할 수 있는 금융위기를 효과적으로 차단할 수 있고, 그로 인한 경제적 손실을 방지할 수 있다.

일곱째, 개별 국가 차원에서는 세계경제에서의 발언권이 미미하지만 통화통합에 참여하여 회원국들과 공동으로 같은 목소리를 냄으로써 세계경제에서의 통화통합지역 국가들의 발언권과 영향력은 크게 강화될 수 있다.

나. 비용

통화통합의 비용은 통화통합으로 인해 각 회원국들이 자국의 형편에 맞게 대내외균형을 달성하기 위한 통화정책 및 환율정책을 독립적으로 사용할 수 없다는 것이다. 즉 회원국들이 상이한 경제적 충격으로 인해 서로 상이한 정책적 대응이 요구될 경우 독립적인 통화정책이나 환율정책으로 인한 대외불균형의 조정을 기대할 수 없다. 이에 따라 통화통합으로 인해 회원국들이 치러야 하는 비용은 클 수밖에 없다.[2] 그리고 경기상황이 국가마다 달라 환율정책과 금리정책에 대한 각국의 요구가 서로 다른 경우에는 거시경제정책을 둘러싸고 회원국들 간에 정치적 갈등이 커진다.

한편 회원국들은 자국중앙은행의 권한을 통합중앙은행에 위양함으로써 회

1) 외환보유고는 유동성을 확보하기 위해 단기적으로 미국국채와 같은 수익성이 낮은 자산에 운용하게 되므로 이를 보다 수익성이 높은 자산에 운용함으로써 얻을 수 있는 수익을 포기하여야 한다.

2) 물론 이와는 반대로 통화통합에 참여하는 국가들이 서로 유사한 경기변동의 주기를 보일 경우 각국의 독립적인 통화정책 또는 환율정책의 필요성이 줄어들기 때문에 통화통합에 따른 비용은 그만큼 줄어들 것이다.

원국의 중앙은행이 자국의 시중은행에 대하여 더 이상 최종대부자 역할을 담당할 수 없으며, 회원국 정부는 자국의 중앙은행으로부터 차입을 통하여 재원을 마련할 수 없다. 그리고 독자적인 화폐를 사용하였을 때 얻을 수 있는 화폐발행주조차익을 포기하여야 한다는 비용을 부담하게 된다.

최근 전개되고 있는 유로지역의 재정위기를 통해 볼 수 있는 바와 같이 회원국들 간의 재정통합이 이루어지지 않은 상태에서 회원국 각국이 방만하게 재정정책을 운용하는 경우 그 부담을 모든 회원국들이 나누어 분담하게 됨으로써 결국은 모든 회원국들이 재정정책을 방만하게 운용하고자 하는 도덕적 해이에 빠지는 경우가 발생할 수 있다.[3)]

2 유로화의 출범

(1) 개요

1999년 1월 1일 EU의 11개 회원국이 참여하는 유럽경제통화동맹(EMU : European Economic and Monetary Union)[4)]이 출범함으로써 '유로'(Euro)라는 단일통화가 이 세상에 탄생되었다.

2018년 현재 유로지역의 GDP규모는 13조 6,395억 달러로 전 세계 GDP의 16.0%를 차지하고 있고, 인구는 3억 4,016만 명으로서 세계인구의 4.4%, 그리고 교역규모는 12조 6,162억 달러로 세계교역액의 25.5%의 비중을 차지하고 있다.

3) 유로지역의 일부 국가들이 확장적인 재정정책을 집행함으로써 이들 국가들의 정부부채가 감당하기 어려울 정도로 커져 결국 그리스를 비롯한 몇몇 국가들이 채무불이행의 위기에 직면하게 되었다. 통화통합을 유지하기 위해서는 결국 건전한 재정을 유지하고 있는 국가들이 이를 대신 막아줄 수밖에 없는데, 이는 결국 건전한 정부재정을 유지하여야 한다는 EMU의 원칙을 깨뜨리게 되어 이것이 유로화의 지속적인 존립을 위협하는 커다란 장애요인이 되고 있다.

4) EMU의 근간은 역내 자본시장의 개방, 유럽중앙은행(ECB)의 창설, 유로화의 창출이다.

유로화의 탄생은 1952년 서유럽 6개국을 중심으로 유럽석탄철강공동체(ECSC : European Coal and Steel Community)가 결성된 이후 약 50년 만에 서유럽 일부 지역에서의 통화통합이 완성된다는 것을 의미하며, 이는 앞으로 유럽 전체의 사회 · 정치적 통합을 촉진하는 촉매제 역할을 할 것이라는 점에서 큰 의의를 가진다.

1960년대 말까지 서유럽 국가들 간에는 통화통합에 대한 논의보다는 일반적인 경제통합에 관한 논의가 주로 이루어졌다. EU 국가들 간의 환율불안정은 고도로 개방되어 있고, 역내국 간의 교역의존도가 높은 그들에게 대단히 높은 비용을 초래하게 되어 무엇보다도 역내국 간의 환율을 안정시키는 것이 중요하다는 공감대가 일찍부터 그들 간에 형성되어 왔다. 1970년대 말 이후 그들은 역내국들 간에 경제적 동질성을 높이고, 역내국 간 환율을 안정시키기 위하여 스네이크체제(snake system)와 유럽통화제도(EMS : European Monetary System)와 같은 정형화되고 제도화된 환율협력을 추진해 왔다. 이에 1999년 1월 1일 EU 11개 회원국들 간의 합의에 의해 통화통합을 주 내용으로 하는 EMU체제가 출범하게 되었다.[5)]

EMU 출범 당시 EU의 15개 회원국 중에서 영국, 스웨덴, 덴마크, 그리스의 4개국을 제외한 11개국만이 유로지역(Euro Zone)에 참여하였으며,[6)] 2001년에는 EMU 가입조건을 충족시킨 그리스가 뒤늦게 가입하였다. 이어 2007년 슬로베니아, 2008년 키프로스와 말타, 2009년 슬로바키아, 2011년 에스토니아, 2014년 라트비아, 2015년 리투아니아가 추가로 가입함으로써 2019년 12월 현재 EMU 회원국들은 총 19개국에 달하고 있다.

유럽경제통화동맹은 유럽 국가들 간에 '하나의 유럽'(One Europe)을 실현하자는 정치가들의 정치적인 이상에서 추진되었다. 이에 유로화라는 단일통화를 도입하려는 시도는 그 자체가 궁극적인 목적이라기보다는 유럽이 정치적으로

5) 이때 1유로당 1.17달러로 출발하였다.

6) 유로존에 가입하기 위해서는 가입 전 2년 동안 환율조정기구(ERM : Exchange Rate Mechanism)에 가입해서 유로화에 대한 자국통화표시 환율을 일정 범위 내에서 안정시켜야 한다.

하나가 되기 위한 중간적인 과정이라 할 수 있을 것이다.

EMU가 출범한 이후 EMU 가맹국들은 금리, 물가, 환율의 안정을 이루고, 견고한 경제성장을 실현함으로써 유로화는 한때 달러화를 대체할 수 있는 강력한 기축통화의 후보로 꼽히기도 하였다. 그러나 2010년 그리스, 포르투갈, 이탈리아, 스페인, 아일랜드 등 몇몇 유로지역 회원국들의 과다한 재정적자 및 국가부채로 인해 유로지역의 재정위기가 발생한 이후 재정통합이 이루어지 않은 상태에서 통화통합을 이루어 낸 유로지역의 구조적인 문제가 노정됨으로써 최근에는 유로화의 국제금융시장에서의 위상이 크게 저하되고 있는 모습을 보이고 있다.

[표 10-1]은 유로화에 관련된 환율제도를 채택하고 있는 나라들을 보여주고 있다. [표 10-1]에 따르면 EU 국가가 아니면서 독자적으로 자국통화를 사용하지 않고, 유로화를 자국통화로 사용하고 있는 나라가 6개국, ERM Ⅱ를 채택하고 있는 덴마크, 유로화에 대하여 자국통화의 가치를 페그(peg)시키고 있는 나라들은 22개국에 달하는데, 이에는 통화위원회제도, 유로화에 자국통화의 가치를 고정시키는 환율제도,7) 유로화에 대한 페그제도를 채택하고 있는 나라들

표 10-1 자국통화의 가치가 유로화에 연계된 국가

통화제도	국가
유로화의 국내통화화	코소보, 몬테네그로, 바티칸, 모나코, 산마리노, 안도라
ERM Ⅱ 통화위원회제도	불가리아, 보스니아 헤르체고비나
ERM Ⅱ	덴마크
고정환율제	서아프리카경제통화동맹(WAEMU)
유로화 페그 또는 관리 변동환율제도	루마니아, 크로아티아, 마케도니아, 세르비아
통화바스켓 연동제 (유로화 비중)	세이셸(59%), 러시아(45%), 싱가포르, 쿠웨이트, 아제르바이잔(30%), 리비아, 시리아, 보츠와나, 알제리, 모로코, 튀니지, 피지, 사모아, 통가, 바누아투

주: WAEMU는 베냉, 코트디부아르, 말리, 니제르, 세네갈, 토고 등 15개국으로 구성되어 있다.

7) 과거 유럽의 식민지 국가들로서 프랑스프랑과 구서독의 마르크에 페그시키는 제도를 시행했던 아프리카 국가들이 이 제도를 시행하고 있다.

이 있다. 그리고 유로화가 포함된 복합통화바스켓에 페그시키는 환율제도를 채택하고 있는 국가들도 여럿 있다.

(2) 유럽통화통합의 전개과정

유럽경제통화동맹은 1969년에 구성된 베르너위원회의 제안에서 비롯되었다 할 수 있다. 1971년에 채택된 '베르너보고서'*(Werner Report)*에는 1980년까지 일부 유럽 국가들 간 통화동맹을 달성하는 내용을 포함하고 있었다. 그러나 1973년 1차 오일쇼크로 인해 발생한 인플레이션에 대응하기 위한 유럽 각국의 독자적인 경제정책의 집행으로 인해 이는 소기의 목적을 달성하지 못하였다.

1971년 8월 미국 정부가 금태환 중지를 선언한 이후 국제통화제도가 더욱 불안정해지자 유럽 국가들은 역내 국가들 간 환율안정의 필요성을 인식하고, 1972년 바젤협정을 통해 스미소니언체제 내에서의 역내국 간 환율을 안정시키는 일종의 역내국 간 공동고정환율제라 할 수 있는 스네이크체제를 출범시켰다. 1973년 3월에는 주요 선진국들이 변동환율제도를 채택하는 과정에서 유럽 국가들은 역내국들 간의 환율은 안정시키면서 미달러화에 대해서는 집단적인 변동을 허용하는 공동변동환율제도를 채택하였다. 그러나 동 제도하에서 회원국들 간에 거시경제정책 협조가 원활하게 이루어지지 않아 결국 스네이크체제는 붕괴되었다. 이어 1979년에는 회원국 통화 간 기준환율을 정하고, 일정 범위 내에서 환율변동을 허용하는 유럽통화제도가 설립되었다. 유럽통화제도는 자본자유화와 통독으로 인해 독일이 수행한 고금리 여파로 1990년대 초 역내국들이 경제적 어려움에 봉착하게 되어, 1992년 영국이 ERM을 탈퇴하고, 1993년에는 프랑스가 프랑화를 평가절하한 이후 환율변동폭이 대폭 상향 조정됨으로써 사실상 붕괴된 것과 마찬가지 상황에 놓이게 되었다. 그러나 EU 회원국들은 오히려 이러한 위기를 단일통화 도입을 위한 기회로 활용하기로 결정하고, 1991년에 마스트리히트조약(Maastricht Treaty)을 체결하여 드디어 1999년

1월 1일부터 단일통화인 유로화를 도입하였고, 2002년 3월 1일부터는 실물유로를 실제 사용하면서 오늘에 이르고 있다.

가. 스네이크체제

유럽통화통합에 대한 논의는 이미 1957년, 로마조약(Treaty of Rome)에서 시작되었다. 이때 설립된 유럽경제공동체(EEC : European Economic Community)는 역내 국가들 간 공동시장의 창설을 목표로 한 것이었는데, 특히 역내의 공동의 농산물시장 창설을 통한 역내 곡물가격안정을 위하여 역내 통화들 사이의 안정적인 환율을 유지시킬 수 있는 기구를 필요로 하였다. 그러나 그 당시의 브레튼우즈체제하에서 역내 통화들 간의 환율은 고정되어 있었기 때문에 환율안정을 위한 논의는 1969년 8월 프랑스프랑화가 12.5% 평가절하되면서 본격적으로 제기되었다. 이에 유럽경제공동체는 1969년 12월 헤이그에서 개최된 유럽이사회에서 유럽통화통합의 구상에 기본적으로 합의하였다.

동 합의에 따라 당시 룩셈부르크의 재무장관이었던 피에르 베르너는 1970년 10월 유럽통화통합의 단계적 실현을 위한 보고서를 EC이사회에 제출하였다. 이는 EC의 통화통합을 달성하기 위한 최초의 시도로 1980년까지 역내국 간 자본이동의 자유화, 유럽중앙은행제도의 도입, 단일통화의 창출 등을 통하여 3단계에 걸쳐 경제통합을 완성하고, 공동의 통화정책을 실시하도록 되어 있었다.

그러나 1971년 8월 미국 닉슨 대통령의 달러화 금태환 정지조치로 브레튼우즈체제가 붕괴되어 기존의 국제통화질서는 크게 흔들리게 되었고, 오일쇼크에 따른 인플레이션과 환율의 급격한 변동에 대응한 각국의 독자정책 사용으로 각 가맹국의 대 달러환율의 변동폭이 크게 확대되어 유럽은 단일통화지역의 형성보다는 역내 환율안정을 위한 협력을 강화하는 방향으로 우회하게 되었다.

이로써 1972년 4월 벨기에, 룩셈부르크, 프랑스, 이탈리아, 네덜란드 및 구서독 등 6개 EC 회원국들은 바젤협정을 통해 역내 통화 간 환율을 안정시키기 위하여, 일명 스네이크체제(snake system)라고 하는 공동고정환율제도를 채택하게 되었다. 이는 공동의 대미환율변동폭은 그 당시의 국제통화체제인 스미소니언체제를 따라 상하 각각 2.25%로 제한하고, 역내 통화 사이의 환율변동폭은 좀 더 엄격하게 제한하여 상하 1.125%로 제한함으로써 역내 통화 간 환율의 안정을 도모하고자 하였다. 이 당시 역내 통화 간의 환율의 변화 양태가 상하 2.25%의 제한된 범위 내에서 뱀처럼 꿈틀거리는 모습을 보인다 하여 우리는 이러한 환율제도를 '터널 속의 스네이크체제'(snake in the tunnel)라 하였다.[8)]

그러나 1973년 3월 스미소니언체제가 붕괴된 이후 주요 선진국들이 변동환율제도를 채택함에 따라 EC 회원국들은 역내 환율은 안정적으로 유지하면서 달러화에 대해서는 공동으로 자유롭게 변화시키는 공동변동환율제도(joint floating system)를 채택하게 되었다. 동 환율제도하에서는 미달러화와 같은 역외 통화에 대하여는 변동폭의 제한 없이 공동으로 환율을 변동시키고, 역내 통화들 간에는 상하 1.125%의 변동폭을 유지함으로써[9)] 미달러화가치의 급격한 변동으로부터 역내 통화를 보호하고, 역내 통화들 간의 환율을 안정시키고자 하였다. 이러한 환율제도를 일명, '터널 밖의 스네이크체제'(snake without tunnel)라고 하였다.

그러나 동 체제는 1973년 10월 1차 석유파동 이후 회원국들의 국제수지가 악화되고, 경기침체와 인플레이션이 만연됨에 따라 역내 통화 간의 환율이 불안정해짐에 따라 영국, 아일랜드, 이탈리아 등 일부 회원국들이 동 체제를 이탈함으로써 소규모의 공동변동환율제도가 되어 그 역할과 기능이 크게 축소되었다.

8) 집단적으로 EC 통화 간의 상하 1.125%의 범위 내에서 변동하는 모습을 뱀이라 하고, 스미소니언체제하에서 허용된 달러에 대한 상하 2.25% 환율변동 범위를 터널이라 할 때, 상하 2.25%에 도달할 때마다 외환시장에서 달러의 매매를 통하여 대미환율을 안정적으로 유지하고자 한 제도인데, 역내 환율의 변화 양상이 마치 터널 속에 있는 뱀이 움직이는 모습과 유사하다 해서 붙여진 이름이다.

9) 역내국 통화 간의 환율변동폭이 상하 1.125%의 한계를 벗어나는 경우에는 해당 통화를 발행한 중앙은행이 외환시장에 개입하고, 이에 필요한 재원은 회원국 간의 단기신용공여협정과 유럽통화기금으로 충당하였다.

나. 유럽통화제도(EMS)

스네이크체제가 유명무실해짐에 따라 EC는 그들 간에 보다 실효성 있고, 강력한 환율안정화 장치가 필요하다는 데 인식을 같이 하고, 이를 바탕으로 공동변동환율제도를 확대 · 개편하여, 1979년 3월 당시 EC 9개 회원국을 중심으로 그들 간의 역내 환율의 안정을 위한 유럽통화제도를 발족시켰다. 유럽통화제도(EMS : European Monetary System)는 역내국 통화가치의 안정과 회원국 간 경제력 격차의 해소를 목표로 출범하였으며, 1979~1998년 기간 동안 운영되었다.

유럽통화제도의 주요한 특성으로는 공동통화인 유럽통화단위(ECU : European Currency Unit)를 창출하고, 환율조정메커니즘(ERM : Exchange Rate Mechanism)을 도입하여 역내 통화 간 환율을 안정적으로 유지하는 것이었다.

유럽통화제도는 회원국들 간의 통화정책의 조정과 적극적인 외환시장개입을 통하여 미달러화와 같은 역외 통화의 가치변동으로부터 역내 통화들을 보호하고, 역내 통화 간의 환율을 안정시킴으로써 역내 경제의 균형적 발전을 도모하는 데 목표를 두고 있었다. 그리고 궁극적으로는 EC 내의 통화를 단일화하고, 경제통합을 실현함으로써 유럽경제를 활성화시키고, 그들의 국제적 위상을 높이고자 하였다.

고정환율제도의 일종인 유럽통화제도가 설립되었을 때 유럽통화제도는 투기적 자본으로 인해 오래 지속되기 어려울 것으로 예상되기도 하였으나 회원국들 사이의 적절한 정책협조와 신속한 환율조정을 통하여 비교적 상당기간 안정적으로 유지되었다. 그러나 1992년 9월 유럽경제 및 통화통합 추진을 위한 마스트리히트조약의 비준과정에서 통화통합에 대한 반대 분위기가 확산되었고, 독일에서는 통독에 따른 재정지출규모가 확대됨에 따라 발생한 물가상승 압력을 해소하기 위하여 고금리정책을 취하였다. 이로 인해 독일 마르크화가 강세가 되어 영국과 이탈리아는 자국통화의 가치를 안정적으로 유지하기 위해 자국의 금리를 인상하여야 했으나 고금리가 자국경기에 미칠 수 있는 부담이 컸고, 또한 이들 통화에 대한 국제적 투기자본의 투매로 인해 이들 나라들은 결국 ERM을 탈퇴하고, 변동환율제도를 채택하게 되었다. 이어 1993년 프랑스프랑화가 평가절하된 이후 환율변동폭이 상하 15%로 대폭 확대되어 ERM을 안정적으로 유지하기 어려워짐에 따라 ERM은 사실상의 변동환율제도로 전환되어 유럽통화제도는 사실상 붕괴된 것과 마찬가지의 상황에 놓이게 되었다.

① 유럽통화단위(ECU)

유럽통화단위(ECU : European Currency Unit)는 궁극적으로 유럽 국가들의 단일통화의 창출을 목표로 만들어진 것으로서 결국 이는 1999년에 유로로 발전하게 되었다.

유럽통화단위는 유럽공동체(EC : European Community) 9개 역내 통화로 구성된 통화바스켓으로서 구성국 통화의 가중평균값[10]으로 그 가치를 정하였다. 유럽통화단위는 회원국 통화의 중심환율을 표시하는 가치척도로서 기능을 수행하며, 그리고 회원국 정부 간 및 EC 기구 간 거래의 공식적인 계산단위 및 중앙은행의 개입통화, 결제수단, 신용공여제도의 표시통화로서의 기능을 수행하였다.

② 환율조정메커니즘(ERM)

ERM(Exchange Rate Mechanism)은 유럽통화제도에 참여하는 회원국들이 채택한 환율제도로서 각 회원국들은 먼저 ECU와 자국통화 간의 '중심환율'(central rate)을 정하고, 이를 기준으로 각 회원국 통화 간 기준환율을 정하여, 이 기준환율을 중심으로 상하 2.25% 변동폭 이내에서, 이탈리아의 리라화와 같은 약세통화의 경우에는 변동폭을 좀 더 확대하여 상하 6% 변동폭 내에서 제한적으로 변동하도록 하였다. 만약 회원국 간의 환율이 이러한 변동폭의 범위를 벗어나 변동하게 되면 해당 통화국의 중앙은행은 의무적으로 외환시장에 무제한 개입하여야 하며,[11] 아울러 회원국 간의 통화정책을 상호 조정하도록

10) 각 통화별 가중치는 각국의 GDP수준, EC 내 무역규모 등을 고려하여 결정되었다.
11) 브레튼우즈체제에서는 약세통화국만이 외환시장에 개입해야 할 의무가 있었으나 이와는 달

하였다. 또한 기준환율은 회원국 간 기초경제력의 차이로 인해 역내 국가 간 거시불균형이 크게 확대되는 불가피한 경우에만 변경할 수 있도록 함으로써 역내 통화 간 환율안정에 역점을 두었다. 즉 유럽통화제도에서는 조정가능한 고정환율제도를 채택하였으며, 달러화에 대해서는 공동으로 환율을 변동시키도록 설계되었다.

다. 유럽경제통화동맹(EMU)

1980년대 들어 EU 국가들은 EU지역의 경기침체가 장기화되고, EU 개별 국가들의 미국이나 일본, 아시아 신흥 국가들에 대한 경제력 열세가 EU지역의 시장이 분할된 데서 비롯된다고 보았다. 그리고 EU 국가들의 실물부문에서의 경제력에 비해 국제금융시장에서 EU 국가들의 통화의 위상이 낮다고[12] 판단하여 이를 해결하기 위한 대안으로서 EU 국가들 간의 단일시장을 완성하고자 하는 광범위한 논의가 제기되었다. 이에 1986년에 유럽 국가들 간 '단일유럽의정서'(Single European Act)가 체결되어 1992년 말까지 그들 간에 적용되는 각종 무역장벽을 제거하여 역내국 간 상품, 서비스 및 노동, 자본의 자유로운 이동을 가능케 하는 유럽단일시장을 창출하고, 점진적인 유럽통화동맹을 실현하기로 하였다.

그러나 단일시장을 완성하고, 자본이동을 자유화하는 과정에서 기존의 ERM체제를 유지하기 위해서는 회원국들의 통화정책의 자율성에 대한 침해가 불가피하다[13]는 점이 제기되었다. 이에 따라 통화통합이 기존의 EMS체제로는 한계가 있다는 인식을 하게 되면서 이미 1970년에 베르너보고서에서 제시된 통

리 ERM체제에서는 약세통화국과 강세통화국 모두 외환시장에 개입할 의무가 있었다.

12) 세계경제에서 유로지역(Euro Zone)이 차지하는 비중은 세계GDP의 20.5%로 미국과 거의 같고, 수출규모는 세계의 15%(역내 거래 제외)로 13%인 미국과 비슷한 수준을 유지하고 있다. 그러나 세계외환거래의 50%가 달러로 이루어지고 있는 데 반해, EU 회원국 통화표시 외환거래는 30%에 불과하다. 외환보유고의 경우에도 달러화의 비중은 55%에 달하고 있는 데 반해, EU국 통화의 비중은 25%에 불과하다.

13) 이는 환율의 안정, 통화정책의 독립성, 자본이동의 자유화를 동시에 달성할 수 없다는 '개방경제의 불가능한 삼위일체'(impossible trinity)를 의미한다.

화통합에 대한 논의가 재개되면서, 1989년 4월 그 실현계획으로 '들로르보고서'*(Delors Report)*가 제시되었다. 이 보고서를 바탕으로 1991년 12월 네덜란드의 마스트리히트에서 단일통화의 창출과 단일통화정책을 주요 내용으로 하는 단계별 통화통합 추진계획이 합의되고, 1993년 11월에 이것이 정식 발효됨으로써 EMU를 1990년부터 1999년까지 3단계로 나누어 추진하게 되었다.[14)]

이와 같이 탄생한 EMU(European Economic and Monetary Union)는 1990년 7월부터 1단계, 1994년 1월부터 2단계를 거쳐 1999년 1월 최종단계인 3단계에 걸쳐 추진되어 1999년 1월 1일을 기하여 EU의 11개국이 참여하는 EMU가 출범하게 되었다. 이어 2002년 3월부터는 실물 유로가 실제로 사용됨으로써 통화통합이 일단락되었다.

EU가 이와 같이 단일통화를 채택하게 된 것은 다음과 같은 경제적 · 정치적 요인이 복합적으로 작용하였다고 볼 수 있다.

첫째, 단일통화를 도입함으로써 EMS에서처럼 서로 다른 통화를 사용함에 따라 발생하는 환전비용과 환위험을 원천적으로 제거함으로써 역내 무역과 자본이동의 활성화를 통해 회원국들의 경제성장을 촉진할 수 있다.

둘째, EMS하에서는 각국의 통화정책이 실질적으로 구서독의 중앙은행인 연방은행(Bundes Bank)의 통화정책에 의해 영향을 많이 받았다. 그러나 EMU의 유럽중앙은행제도(ESCB)하에서는 각국이 독일과 동등한 입장에서 통화정책을 조율할 수 있는 기회를 가질 수 있게 되었다.

셋째, EMS에서처럼 조정가능한 고정환율제하에서는 역내에서 자본이동이 자유롭게 이루어지는 한 역내 통화가 환투기에 취약할 수밖에 없었다. 그러나 단일통화를 도입하여 역내국 간 환율을 고정시킴으로써 환투기 공격으로 인한 통화위기와 그로 인해 발생할 수 있는 경제적 손실을 막을 수 있다.

넷째, 단일통화 도입은 유럽 국가들 간에 경제통합 – 통화통합 – 정치통합

14) 유럽정치동맹(EPU : European Political Union)과 유럽경제통화동맹의 구체적인 추진계획을 주요 내용으로 하는 마스트리히트조약은 경제수렴조건을 충족시킨 국가가 2개국을 넘으면 이들 국가만으로 EMU를 결성하여 1999년 1월부터 출범하는 것으로 하고 통화통합을 추진하였다.

으로 나아가는 연결고리 역할을 하여, 궁극적으로는 미국과 같은 단일 국가인 '유럽합중국'(United States of Europe)의 건설을 촉진할 수 있다. 또한 단일통화 도입을 통해 유럽 국가들의 단합을 대외적으로 과시할 수 있어, 유럽의 정치적 안정을 도모할 수 있다.

① 유럽중앙은행제도(ESCB)

EMU의 제도적 장치 중 가장 핵심적인 것으로는 유럽중앙은행제도를 들 수 있다. 유럽중앙은행제도(ESCB : European System of Central Bank)는 유로지역(Euro Zone)의 단일통화정책을 수립하는 기구로 유럽중앙은행(ECB : European Central Bank)과 EU 회원국들의 중앙은행들로 구성된다.

유럽중앙은행은 EU의 주요 경제정책을 결정하고, 회원국 중앙은행들은 유럽중앙은행이 결정한 범위 내에서 세부적인 실천을 담당하는 역할을 수행하게 된다. 회원국 정부뿐만 아니라 EU 정부는 유럽중앙은행의 의사결정 및 업무수행과 관련하여 어떠한 영향력도 행사할 수 없다는 점에서 유럽중앙은행은 완전히 독립된 금융정책을 수행할 수 있도록 보장받고 있다. 따라서 유럽중앙은행 및 회원국 중앙은행들은 EU 기구 및 회원국 정부에 대해 대출해 줄 수 없으며, 회원국 정부 발행 채권도 직접 매입할 수 없다. 이러한 측면에서 유럽중앙은행은 일반적으로 개별 국가의 중앙은행이 가지고 있는 최종대부자(lender of the last resort)로서의 기능을 갖고 있지 않다.

② ERM Ⅱ

EMU가 출범하면서 EMU 참가국들과 EMU 미 참가국들 간에 경제적 여건은 커다란 차이를 보이게 되고, 통화통합의 3단계에서 배제되는 국가들이 환율변동에 따라 겪게 될 혼란이 클 것으로 예상되었다. 따라서 EMU 참가국들과 EMU 미 참가국들 간의 환율안정을 도모하고, 미 참가국들이 추후 통화통합에 쉽게 참여할 수 있도록 미 참가국 통화와 유로화 간의 기준환율 및 환율변동폭을 일정수준 이내로 제한할 필요가 제기되었다. 이에 1996년 기존의 ERM을 수

정한 새로운 환율체제인 ERMⅡ가 출범하였다.[15)]

그 구체적인 내용으로는 환율변동폭을 기준환율의 상하 15%까지 허용해 환율변동에 상당한 유연성을 부여하였다. 한편 기존의 ERM에서는 환율이 변동폭의 임계치에 이를 경우 중앙은행이 강력히 외환시장에 개입하도록 하였으나 ERMⅡ에서는 유럽중앙은행의 물가안정목표의 기조와 상충될 경우에는 외환시장개입의 중단이 가능토록 하였다. 그리고 경제여건 변화에 따라 기준환율을 재조정해야 할 필요가 있는 경우 그것의 신속한 조정을 허용하였다. 따라서 ERMⅡ는 EMU의 제3단계에의 참여를 원하는 국가를 위한 일시적 장치로서 기존의 ERM에 비해 탄력적이고, 유연한 정책운용이 가능하도록 한 것이 특징이라 하겠다.

③ 경제수렴조건

통화통합이 성공하기 위해서는 참가국들의 경제구조가 가급적 동질적이어야 한다. 만약 그렇지 않은 경우 통화통합에 참가한 각국이 서로 다른 통화정책 및 환율정책을 요구하게 되고, 이로 인해 통화정책과 관련된 회원국 간 정치적 갈등이 커져 통화통합의 존립을 어렵게 한다.

따라서 통화통합이 성공적으로 이루어지기 위해서는 국가 간 경기구조의 차이로 인한 상호 간 갈등의 발생가능성이 적어야 하며, 설령 갈등이 발생하더라도 그것을 보다 쉽게 해결할 수 있어야 한다. 이러한 의미에서 EMU에서는 통화통합에 참여하는 회원국들이 지켜야 하는 이자율, 물가수준, 재정적자, 정부부채에 대하여 다음과 같은 조건들을 구체적으로 제시하였다.

첫째, 재정적자는 국내총생산의 3% 이내이어야 하고, 정부부채의 누적규모는 GDP의 60% 이내에서 유지되어야 한다. 둘째, 물가는 최근 1년간 소비자물가 상승률이 역내에서 가장 낮은 3개국의 평균물가상승률보다 1.5%포인트를 초과할 수 없다. 셋째, 장기명목금리(장기정부채금리 기준)도 역내의 최저치를

15) 현재 덴마크가 유일하게 ERMⅡ에 참여하고 있으며, 덴마크크로네(Krone)와 유로화 간의 환율변동폭은 중심환율의 상하 2.25%로 제한하고 있다.

기록한 3개국 평균장기금리수준의 2% 포인트를 초과할 수 없다. 넷째, 평균환율은 자국통화와 다른 회원국 통화 간의 시장환율이 ERM의 환율변동폭인 상하 2.25%를 2년 이상 초과하지 말아야 한다.

④ 안정성장협약(SGP)

SGP(Stability and Growth Pact)는 각국의 건전한 재정정책을 위한 유로지역의 역내국 간 협약으로서 각 회원국들이 국가부채는 GDP의 60% 이하, 재정적자는 GDP의 3% 이하로 유지할 것이 요구되고 있다. 불경기가 발생할 경우 팽창적 재정정책을 사용할 수는 있으나 3% 이하의 가이드라인은 유지되어야 한다.

각국의 재정정책에 대해서는 비교적 자율성을 부여하면서 다만 재정적 규율을 어기는 국가에 대해서는 상당한 벌금을 부과하도록 되어 있으나 실제로는 시행되지 않고 있는 실정이다.

표 10-2 유럽의 통화통합과정

연도	주요 내용
1957	ECSC 6개국은 로마조약에 근거하여 역내 관세철폐, 역외 공통관세부과 등을 주 내용으로 하는 EEC 발족
1972	공동고정환율제라 할 수 있는 스네이크체제 도입
1973	공동변동환율제도 도입
1979	EMS 창설
1986	EC 12개국은 단일시장, 경제통화동맹, 가중다수결제를 주 내용으로 하는 단일유럽의정서 채택
1992~1993	ERM 위기
1993	EC 12개 회원국 간의 마스트리히트조약 발효
1995	Euro 명칭 채택
1996	안정 및 성장에 관한 협약, ERM Ⅱ 합의
1999	단일통화 유로화 출범
2002	실물유로 사용

[표 10-2]는 앞서 언급된 1957년 로마조약을 체결한 이후부터 2002년 실물 유로가 사용되기까지의 유로화가 탄생되는 역사적인 전개과정을 간략히 보여주고 있다.

(3) 국제금융시장에서의 유로화

EMU는 출범한 이후 유로지역 내에 거대한 단일시장을 형성하고, 금리, 물가, 환율을 안정시킴으로써 역내국들 간의 교역 및 투자를 증대시켜 유로지역 국가들의 경제성장을 촉진하여 유로지역 국가들의 10년 동안의 번영을 이끌어오는 데 크게 기여해 왔다. 아울러 환투기와 같은 외부충격을 완화시켜 유로화가 국제금융시장에서 안전통화로서 자리매김함으로써 국제결제통화, 국제채권시장에서의 표시통화 및 각국 중앙은행의 준비통화로서의 위상이 크게 제고되었다.

유로화는 창출 당시부터 독일마르크의 지위를 물려받아 국제금융시장에서 달러 다음의 제2의 통화로 급부상하였다. 이에 유로화는 국제금융시장에 있어 국제결제통화, 국제투자통화, 준비자산통화로서의 역할에 있어서도 광범위한 영향을 미치고 있다.

우선 EU 회원국과 밀접한 경제관계를 유지하고 있는 국가들인 중 · 동유럽, 지중해 연안 국가 및 아프리카의 프랑스권 개도국들과의 거래에서 유로화가 중요한 국제결제통화로서의 지위를 갖게 되었다.

또한 유로지역 내 금융시장의 통합으로 역내 자본시장의 규모가 확대되고, 유동성이 높아지면서 유로화표시 금융자산시장의 규모가 크게 확대되어 유로화를 기준으로 발행하는 채권의 발행규모는 [표 10-3]에서 보는 바와 같이 이미 미국달러화표시 채권의 발행규모를 상회하고 있다. 그리고 많은 나라들이 중앙은행이 보유하고 있는 외환보유고의 일부를 미달러에서 유로화로 대체함으로써 최근까지 미달러가 수행하고 있는 기축통화로서의 역할을 유로화가 상당부분 대체해 오고 있다.

[표 10-3]에서는 국제금융시장에서의 자산의 형태에 따른 주요 통화별 거래 비중을 보여주고 있다. 외환거래에서 유로화표시 거래의 비중은 2001년도 37.9%에서 2019년 32.0%로 소폭 하락하였으며, 세계외환보유액에서 유로화가 차지하는 비중은 유로화 출범 시 17.9%에서 2015년 말에는 20.5%로 확대되었다. 한편 유로화표시 국제채 발행 실적의 비중은 2009년 말 현재 47.5%를 차지하여 달러표시 비중 36.2%를 상회하고 있다.

표 10-3 주요 통화별 국제금융시장 거래비중 (기말 잔액, %)

구분	세계외환보유액		국제채 발행		세계외환시장 일거래	
	1999년	2019년	1999년	2009년	2001년	2019년
달러화	71.0	60.9	48.3	36.2	89.9	88.0
유로화	17.9	20.5	28.5	47.5	37.9	32.0
엔화	6.4	5.7	9.7	2.7	20.8	17.0
파운드화	2.9	4.6	7.7	8.2	16.5	13.0
위안화	0.0	2.0	–	0.1	0.0	4.0
전체규모(조 달러)	1.4	11.8	5.1	26.1	1.5	6.6

주: 외환거래비중은 이중적으로 계산을 함으로써 그 합이 200%임

자료: IMF, BIS

(4) 유로화의 미래

유로지역의 경제규모가 미국의 경제규모만큼 커 유로화가 출범한 이후 유로화가 미달러에 필적할 만한 기축통화로서의 위상이 증대될 것으로 기대된 바 있다. 물론 이의 실현여부는 유로지역이 궁극적으로 하나의 경제권으로서 충분한 동질성을 확보할 수 있느냐에 달려 있다 하겠다.

유로화는 1999년 1월 1일 출범 이후 2005년까지는 달러에 대해 그 가치가 지속적으로 절하되어 기축통화로서의 역할이 크게 부각되지 못하였는데, 이는 단일경제권으로서 유로지역 경제에 대한 신뢰가 충분히 형성되지 못하였기 때문이었다. 그러나 이후 단일통화로서의 유로의 역할이 정착될 것이라는 인식이 확산되고, 세계경제에서 차지하는 미국경제의 비중이 낮아짐에 따라 유로

화가치가 상대적으로 상승세를 나타냈다. 또한 유로화의 국제결제의 비중이 점차 높아지고, 투자 및 준비통화로서의 역할이 증대되면서 유로화가치는 급속히 상승하여 달러화에 대응할 수 있는 기축통화로서의 위상이 크게 제고될 수 있을 것으로 기대되었다. 더욱이 2008년 미국의 과도한 부채와 무역수지적자, 재정적자로 인해 미국에서 글로벌 금융위기가 발생함에 따라 달러에 대한 신뢰가 저하되어 기축통화를 다변화하기 위해 유로화의 역할을 증대시켜야 한다는 주장이 제기되기도 하였다. 그러나 2010년 그리스를 비롯한 일부 남유럽 국가들의 막대한 재정적자와 이들 국가들의 부도에 대한 우려가 세계적으로 확대되면서 유로화에 대한 신뢰가 안정적으로 유지되지 못함에 따라 그러한 기대에 부응하지 못하게 되었다.

유로지역의 재정위기는 무엇보다도 그들 간의 재정통합과 정치통합이 제대로 갖추어지지 않은 상태에서 글로벌 금융위기와 같은 외부충격으로 인해 유로지역의 근본적인 한계가 노정된 것이라 할 수 있다.

유로지역은 이러한 구조적 모순에서 발생된 재정위기를 근본적으로 대처하기보다는 유동성공급 차원에서 매우 단기적으로 접근하는 방식을 채택하였다. 그리고 회원국 간 정치적 합의과정에 대한 효율적인 장치가 마련되어 있지 않아 이에 대한 대응이 제대로 이루어지지 않았으며, 그 과정에서 시장의 불확실성이 확대되고, 정책에 대한 신뢰가 약화되어 그 위기가 증폭되었다.

유로지역의 재정위기는 현재 근본적인 문제해결이 이루어지지 않고 있다. 따라서 유로지역이 가지고 있는 구조적인 문제점들이 근본적으로 해결되지 않는 한 언제라도 이들 지역에서 경제위기가 재발할 가능성은 상존하고 있다. 이러한 관점에서 앞으로도 유로지역이 지속으로 유지되기 위해서는 회원국들 간의 거시경제불균형을 효과적으로 해결할 수 있는 방안을 얼마나 신속히 제도화하느냐에 달려 있다 하겠다.

표 10-4 세계 각 지역의 통화협력의 사례

명칭	성립 시기	가맹국	공동통화	환율제도
서아프리카 경제통화동맹 (WAEMU : West Africa Economic and Monetary Union)	1994년	프랑스의 식민지였던 서아프리카의 8개국 (베냉, 부르키나파소, 코트디부아르, 기니비사우, 말리, 니제르, 세네갈, 토고)	CFA프랑	프랑스프랑화에 페그시키다가 1999년 1월 이후에는 유로화에 페그
중앙아프리카 경제통화동맹 (CAEMU : Central Africa Economic and Monetary Union)	1964년 창설된 중부아프리카관세경제동맹(UDEAC)이 1994년 해체되고 그 대신 설립	카메룬, 중앙아프리카공화국, 콩고, 가봉, 차드, 적도기니 등 6개국	CFA프랑	프랑스프랑화에 페그시키다가 1999년 이후 유로화에 페그
공동통화지역 (CMA : Common Monetory Area) (일명 rand zone)	1986년	남아프리카공화국, 스와질란드, 레소토, 나미비아	각국 통화가 존속하는 가운데 남아프리카공화국 통화인 랜드(rand)를 공동 이용	각국은 랜드에 페그(통화위원회제), 랜드는 역외 통화에 대해 자유변동
동카리브해 통화동맹 (ECCU : Eastern Caribbean Currency Union)	1981년 동카리브해국가기구(Organization of the East Caribbean States) 창설, 1983년 단일중앙은행인 동카리브해중앙은행(Eastern Caribbean Central Bank) 설립	카리브해의 8개 소국(앵귈라, 앤티카바부다, 도미니카, 그레나다, 몬트세랫, 세인트키츠네비스, 세인트루시아, 세인트빈센트그레나딘)	동카리브달러 (Eastern Caribbean doller)	미달러화에 페그
유럽통화동맹 (EMU : European Monetary Union)	1999년	EU 소속 12개국(벨기에, 독일, 스페인, 프랑스, 아일랜드, 이탈리아, 룩셈부르크, 네덜란드, 오스트리아, 포르투갈, 핀란드, 그리스) 동구권 10개국으로 확대 예정	유로(euro)	역외 통화에 대해 자유변동

자료 : 한국은행(www.bok.or.kr)

불가능한 삼위일체(Impossible Trinity)

이는 안정적인 환율, 독립적인 통화정책, 자유로운 자본이동의 개방경제의 세 가지 목표를 동시적으로 달성하는 것이 불가능하다는 정리다. 따라서 이 세 가지 목표 중에서 적어도 어느 하나는 포기하여야만 한다. 이들 세 가지 목표 중에서 두 가지 목표를 선택하고, 나머지 한 가지를 포기하는 경우는 아래 그림에서 보는 바와 같이 세 가지 경우가 있다. 우선 환율의 안정, 즉 고정환율제를 채택하고 자본자유화를 추진하면서 통화정책의 독립성은 포기하는 경우, 둘째, 고정환율제를 채택하고 통화정책의 독립성을 유지하면서 자본이동의 자유화를 포기하는 경우, 셋째, 통화정책의 독립성은 유지하면서 자본이동 자유화를 추진하고 고정환율제를 포기하는 경우가 있다.

그림 10-1 | 불가능한 삼위일체

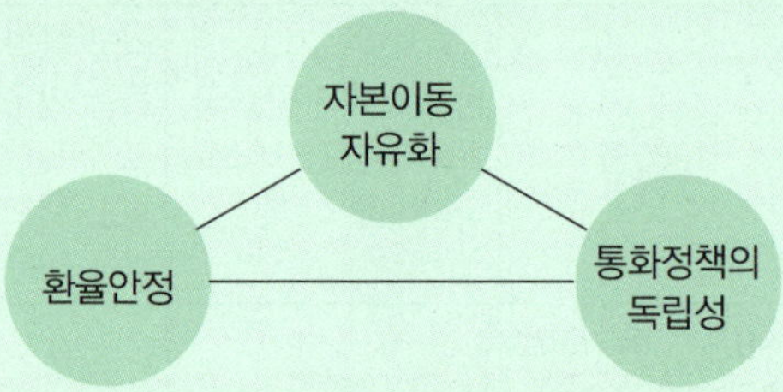

불가능한 삼위일체에 부합되는 경우는 과거의 역사적인 통화제도의 경험에서 확인해 볼 수 있다. 첫 번째에 해당하는 경우는 국제금본위제도를 채택했던 시기를 들 수 있는데, 이 시기에 환율은 고정환율제도로서 안정되었고, 자본이동은 자유로웠지만 경기변동에 대한 독립적인 통화정책을 수행할 수 없었다. 두 번째에 해당하는 경우는 브레튼우즈체제를 채택했던 시기를 들 수 있는데, 이 시기에는 고정환율제도를 채택함으로써 환율은 안정되었고, 통화정책의 독립성을 확보하기 위하여 자본이동을 통제하였던 시기라 할 수 있다. 세 번째에 해당하는 경우는 1973년 이후 변동환율제도를 채택했던 시기를 들 수 있는데, 이 시기에는 환율의 안정은 포기한 반면 자본이동이 자유로운 상태에서 통화정책의 독립성을 가질 수 있었다.

불가능한 삼위일체 정리는 정책당국에 매우 중요한 정책적인 함의를 제시해 준다. 만일 이러한 정리가 타당하다면 정책당국자는 세 가지 중 어느 것 하나를 포기하여야 할 것이고, 따라서 셋 중 어떤 한 가지를 포기하여야만 할 것인가를 선택하여야 할 것이다. 만약 이 정리가 타당하지 않다면 정책당국자는 이러한 선택의 딜레마에는 빠지지 않을 것이며, 그만큼 정책결정이 용이해질 것이다.

CHAPTER 11

환경과 세계경제

1. 환경의 세계화
2. 환경문제 협의 추이
3. 기후변화
4. 환경과 무역
5. 환경과 경제성장

CHAPTER 11

환경과 세계경제

환경문제는 과거에는 한 국가에만 한정된 문제였다. 그러나 오늘날 환경문제는 더 이상 한 국가만의 문제가 아닌 많은 국가들이 서로 협력하여 해결하여야 할 세계적인 문제로 확대되었다.

환경문제의 대표적인 것으로는 기후변화, 생물다양성 파괴, 열대우림 남벌, 오존층 파괴 등이 있는데, 이하에서는 이 중 인류 생존의 가장 핵심적인 이슈라 할 수 있는 기후변화에 대하여 주로 살펴보도록 하자.

1 환경의 세계화

과거의 환경문제는 환경오염이 발생하는 국가에 국한된 것이었다. 그러나 전 세계적으로 경제개발이 급속히 이루어짐에 따라 열대우림 남벌, 오존층 파괴,[1] 생물다양성 파괴,[2] 기후변화 등 전 세계 모든 국가에 영향을 미치는 지구환경문제가 크게 제기되어 1980년대 이후에는 지구환경문제가 전 세계적으로 주목을 받게 되었다.

이러한 환경문제를 해소하기 위한 국제적 노력으로서 각종 국제환경협약이 체결되어 세계적으로 다양한 대응방안이 논의되고 있다. 국제환경협약이 포함하고 있는 대표적인 내용으로는 환경문제를 야기하는 오염물질의 사용 억제,

1) 지구온난화에 대한 인식과 관심이 제기되기 전에 산성비와 오존층 파괴에 대한 논의가 먼저 있어 왔다.

2) 이는 지구상의 생물종이 급격히 감소되고 생태계 파괴가 이루어지는 현상을 말한다.

제품에 대한 무역규제조치, 개도국에 대한 재정 · 기술지원 등을 들 수 있다. 또한 WTO를 중심으로 무역과 환경을 연계하여 환경문제를 이유로 무역을 제한하는 조치를 도입하려는 움직임도 제기되고 있다.

지구환경문제 중에서 환경적 · 경제적으로 파급효과가 가장 클 것으로 예상되는 것은 기후변화문제이다. 기후변화문제를 해소하기 위한 노력의 일환으로 그동안 다양한 정책수단이 모색되어 왔다. 어떠한 정책수단을 동원하든지 최종적인 목표는 화석연료로부터 발생하는 온실가스를 줄이는 것이다. 온실가스를 줄인다는 것은 궁극적으로 화석연료의 사용량을 줄여야 한다는 것이다.[3)]

2 환경문제 협의 추이

(1) 개요

1972년에 스웨덴 스톡홀름에서 개최된 유엔인간환경회의 일명, '스톡홀름회의'는 지구환경문제를 국제적으로 논의한 최초의 유엔환경회의로서 환경에 대한 세계적인 국가 간 협력의 시작이라 할 수 있겠다.

선진국들은 국가 간 경계를 넘어서는 환경문제를 적절히 다루기 위해서는 다자적인 노력이 필수적이라는 사실을 인정하면서, 1972년 스톡홀름회의에서 논의되는 이슈를 다루기 위한 제도적 틀이라 할 수 있는 유엔환경계획(UNEP : United Nations Environment Programme)을 유엔 내에 지구환경을 보호하기 위한 목적으로 설치하였다.

1985년 3월 UNEP의 주도하에 오존층을 위한 '빈(Wien)협약'이 맺어졌고, 1987년 9월에는 오존층을 파괴하는 물질에 관한 '몬트리올의정서'(Montreal

3) 지구온난화가 화석연료의 과다한 사용에 의한 이산화탄소 배출에 기인하는 것이 아니라 태양이 뜨거워지거나 차가워지는 것에 의해 지구의 온도가 오르기도 하고 내리기도 한다는 주장도 있다.

Protocol)가, 1992년 5월에는 생물다양성협약이 채택되었다.

기후변화를 막기 위한 국제적인 공조는 이미 1990년대부터 본격적으로 이루어졌는데, 1992년, 유엔 주도의 '기후변화협약'이 채택됨으로써 본격화되었고, 1997년에는 온실가스를 많이 배출한 선진국을 중심으로 강제적인 온실가스 감축 목표치를 설정한 '교토의정서'(Kyoto Protocol)가 채택되면서 더욱 강화되었다. 2015년에는 파리협정이 맺어져 신기후체제하에서 모든 국가들이 온실가스를 감축할 것을 결의하였다.

(2) 기후변화

지구의 표면온도의 상승으로 발생하는 기후변화문제는 지구환경 및 생태계 등에 광범위한 피해를 끼치면서 국제사회에서의 핵심적인 이슈가 되고 있다.

기후변화의 발생원인은 일반적으로 자연적 요인과 인위적 요인으로 나누어 볼 수 있는데, 특히 인위적 요인과 관련해서는 인간의 경제활동에 의해서 발생하는 온실가스의 배출이 대표적이라 할 수 있다. 이에 따라 온실가스 배출규제를 위한 국제적 논의가 본격적으로 이루어져, 1992년 6월 브라질 리우데자네이루에서 유엔인간환경회의 20주년을 기념하여 지구환경문제를 논의하기 위하여 세계 185개국 대표단과 114개국 정상 및 정부 수반들이 참석하여 유엔환경개발회의(UNCED : United Nations Conference on Environment and Development)를 개최하였다. 이때 범세계적 규범체제라 할 수 있는 유엔기후변화협약(UNFCCC : United Nations Framework Convention on Climate Change)[4]이 채택되어 선진국과 개도국이 '공동의 그러나 차별화된 책임에 따라'(common but differentiated responsibility) 각국의 능력에 맞게 이산화탄소를 비롯한 각종 온실가스를 감축할 것을 약속하였다.

4) 이는 생물다양성협약과 함께 브라질 리우회의에서 채택되어 1994년 3월 21일에 발효되었다. 이를 일명 '리우환경협약'이라고도 한다.

1997년 12월 일본 교토에서 열린 UNFCCC 제3차 당사국 총회에서는 교토의정서가 맺어져 탄소세부과와 이산화탄소 배출권거래에 대한 논의가 본격화되었으며, 2015년 12월에는 파리협정이 체결되어 교토의정서를 획기적으로 발전시킨 신기후체제가 출범하게 되었다.

(3) 생물다양성협약

생물다양성은 생물다양성협약(Convention on Biological Diversity) 제2조에 따르면 "육상, 해상 및 그 밖의 수생생태계 및 생태학적 복합체(Ecological Complexes)를 포함하는 모든 자원으로부터의 생물 간의 변이성을 말하며, 종들 간 또는 종과 그 생태계 사이의 다양성을 포함한다."라고 정의되고 있다.

생물다양성은 지구상 생물종(species)의 다양성, 생물이 서식하는 생태계(ecosystem)의 다양성, 생물이 지닌 유전자(gene)의 다양성을 말한다.

생물다양성협약은 개발과 오염 등으로 인해 발생하는 지구상에 생존하고 있는 생물의 멸종을 막기 위해, 1992년 브라질 리우에서 열린 국제연합환경개발회의(UNCED : United Nations Conference on Environment and Development)에서 채택된 동식물 및 천연자원의 보조협약이다. 이는 생물다양성의 보전, 생물자원의 지속가능한 이용, 생물자원을 이용하여 얻어지는 이익을 공정하고, 공평하게 분배할 것을 목적으로 한다.

특히 생물다양성을 풍부하게 보유하고 있는 개발도상국들은 그들이 보유한 생물자원으로 인한 이득을 선진국이 대부분 가져가는 것을 비판하면서 생물다양성에 대한 주권적 권리 및 의무설정의 필요성을 제기하고 있다.

(4) 오존층 파괴

오존층은 지상에서부터 높이 24~32km 사이에 오존이 밀집된 층을 말한다. 오존층은 태양에서 지구로 오는 자외선을 흡수한다. 자외선은 가시광선보다 짧은 10~400나노미터의 파장으로 사람의 눈에는 보이지 않지만 이것에 과도하게 노출될 경우 피부암을 일으키거나 화상을 입히므로 생물에게 치명적이다. 오존층이 태양에서 방출되어 지구에 도달하는 자외선의 대부분을 성층권에서 흡수해 주기 때문에 지구생물체를 보호하는 중요한 역할을 하고 있다. 그러므로 오존층의 파괴는 대기권의 자외선 복사량을 증가시켜 인간과 생태계에 큰 피해를 주게 된다.

오존을 인위적으로 분해하는 물질이 대기 중으로 배출되어 성층권까지 올라가서 오존층의 일부를 파괴하면 '오존홀'이라는 커다란 구멍을 만들 수 있다. 그 뚫린 구멍을 통해 대량의 자외선이 직접 지표면까지 도달하면 생명체에는 치명적 위험이 된다. 오존층을 파괴하는 것은 소위 '프레온가스'라 불리는 염화불화탄소CFC 때문이다. 선진국들은 오존층 파괴문제를 해소하기 위하여 1985년 3월 빈협약을 체결하고, 1987년 9월에는 몬트리올의정서를 체결하여 오존층 파괴물질의 생산과 사용을 규제하였고, 의정서 가입국들은 비가입국들과 오존층 파괴물질을 교역할 수 없도록 하였다. 또한 이러한 물질을 사용하였지만 실제로 이러한 물질들을 포함하고 있지 않은 제품에 대해서도 일정 유예기간 후에는 비가입국과의 교역을 금지할 수 있는 여지를 남겨놓고 있다.

(5) 삼림 남벌

산지전용 및 산림 황폐화에 의한 온실가스 배출량이 전체 온실가스 배출량의 약 11%를 차지한다. 이 수치는 전 세계 운송부분에서 배출하는 온실가스 배출량보다 많은 양이며, 에너지부문을 제외한 전 부문 중 가장 많은 수치이다. 이런 이유로 유엔기후변화협약의 당사국들은 기후변화의 문제를 완화시키기 위한 조치의 일환으로 개발도상국에서의 산지전용 및 산림 황폐화의 방지를 통해 탄소 배출을 줄이기 위한 접근방법을 개발하였다.

가장 각광을 받을 분야는 바로 REDD+(Redecing Emissions from Deforestation and Degradation)다. REDD+란 주로 열대림을 보유한 개발도상국의 산림 황폐화를 막아 온실가스 배출량을 줄이거나 삼림을 보호하고 복원해 온실가스 흡수량을 늘리는 활동에 선진국이 재정을 지원하는 새로운 삼림보존체제를 말한다. 이로써 개발도상국의 삼림 남벌을 막고 토지황폐화의 방지를 통해 탄소 축적량을 증대시켜 탄소 배출권을 확보할 수 있는 사업이다. 이때 지원국에게도 이산화탄소 감축 실적을 부여한다. 이와 같이 REDD+를 실행함으로써 대상국들은 자국 내의 생물다양성을 보존할 수 있으며, 전 세계적인 기후변화 대응활동에 참여할 수 있다.

3 기후변화

(1) 개요

대부분의 인간활동이 기후변화(climate change)를 발생시키고 있다는 증거가 있지만 인간활동이 얼마만큼 기후변화에 영향을 미치는지에 대해서는 계속 논쟁 중에 있다.

지구의 표면온도 상승 등으로 발생하는 기후변화는 인간생활 전반에 광범위한 피해[5]를 주면서 국제사회에서 환경문제의 가장 핵심적인 이슈가 되고 있다.

이러한 기후변화로 인하여 발생하는 피해는 특정 지역에 국한되지 않고, 전지구적으로 자연재해, 기상이변, 물 부족 등 자연적 · 생태적 변화를 발생시키고, 인간생활에 광범위한 영향을 미치면서 세계경제의 지속가능한 발전[6]을 어

---

5) 세계적인 환경기관들의 보고서에 따르면 지구의 평균기온이 2℃ 정도 상승할 경우 생물종의 약 20~30%가 멸종되고, 저위도지역의 작물수확량 감소로 기아의 위험이 증가하게 되며, 4℃ 상승 시에는 세계인구의 20% 정도가 물 부족에 시달리게 되는 등 기후변화에 의한 폐해가 인류의 생존을 위협할 수 있음을 경고하고 있다.

6) '지속가능발전'이란 현재 세대의 필요를 충족시키기 위하여 미래 세대가 사용할 경제, 사회, 환경 등의 자원을 낭비하거나 여건을 저하시키지 않고, 상이한 세대 간에 조화롭게 균형을 이룸으로써 경제성장과 환경보전이 균형을 이루는 발전을 의미한다.

렵게 만들 가능성이 크다.

기후변화의 발생원인은 일반적으로 자연적 요인과 인위적 요인으로 나누어진다. 자연적 요인으로는 태양활동의 변화, 화산분화, 기후시스템[7] 구성요소 간의 상호작용 등을 들 수 있으며, 인위적 요인으로는 인간의 화석연료[8]의 과다사용에 따른 온실가스의 배출이 대표적인 경우라 할 수 있을 것이다.

(2) 지구온난화

지구온난화(global warming)는 이산화탄소 과다 배출로 인해 기온이 상승하여 극지방의 빙산이 녹고, 해수면을 올려 해안지역이 범람하고, 파괴적인 폭풍우를 유발하고, 농작물 생산이 급격히 줄어들고, 가뭄이 늘어나고, 더 나아가서는 식물과 동물의 멸종을 가져오는 재앙을 초래할 수 있다.

지구온난화는 대기 중에 있는 어떠한 가스가 지표로부터 방출되는 적외선을 흡수하여 지구 전체의 평균온도가 상승하는 현상[9]으로 이에 직접적인 영향을 주는 가스를 일반적으로 '온실가스'라 한다.

온실가스는 기후변화의 주범으로 적외선 복사열을 흡수하거나 재방출하여 온실효과를 일으키는 대기 중의 기체로서 이에는 이산화탄소(CO_2), 메탄(CH_4), 아산화질소(NO_2), 수소불화탄소(HFCs), 과불화탄소(PFCs), 육불화황(SF_6) 등이 있고, 이 중 이산화탄소가 전체 온실가스 배출량 중 60% 이상을 차지하고, 온난화에 대한 기여도도 이산화탄소가 약 55%를 차지하여 가장 높다.[10] 만약 지구온난화를 그대로 방치한다면 지구 평균기온 상승에 따른 기상재해의 증가 등으로 막대한 경제적 손실은 물론 장기적으로는 지구를 파멸시킬 수 있는 가

7) 기후시스템은 대기권, 수권, 빙권, 지권, 생물권 등으로 구성된다.
8) 지각에 파묻힌 동식물의 유해가 오랜 세월에 걸쳐 화석화하여 만들어진 연료로서 이에는 석유, 석탄 등이 있으며, 이들 화석연료가 연소될 때 발생하는 이산화탄소는 전체 온실가스 배출량의 60% 이상을 차지한다.
9) 이를 '온실효과'라 한다.
10) 이에 따라 지구온난화와 관련해서는 이산화탄소 배출량규제에 초점이 맞춰져 있다.

능성도 있다.[11)]

지구온난화문제는 자연환경에 미치는 영향뿐만 아니라 산업이나 경제에 미치는 영향 역시 크다. 각국들의 온실가스 감축계획의 이행이 구체화되면서 온실가스를 감축하는 비용이 크게 증가하고 있어 기존 산업계의 구조가 저탄소형 구조로 옮겨갈 것으로 예상되며, 이에 따라 앞으로 저탄소형 기술 및 산업과 관련된 거대한 시장이 새롭게 만들어질 것으로 보인다. 이러한 관점에서 기후변화는 장기적으로 이에 관련된 산업발전에 긍정적인 영향을 미칠 수 있을 것으로 보인다.

(3) 기후변화가 경제에 미치는 영향

기후변화에 대응하기 위해 온실가스를 인위적으로 감축하는 경우 이에 대한 비용부담으로 단기적으로는 경제적 손실이 발생하겠지만 기후변화에 대한 대응을 통해 그 비용은 줄어들게 되고, 각국의 성장잠재력이 훼손되는 것을 방지함으로써 장기적으로는 피해를 최소화할 수 있을 것이다. 더욱이 기후변화에 대한 대응 및 규제는 장기적으로 새로운 산업과 일자리를 창출할 수 있는 기회를 제공해 줄 수 있을 것으로 보인다.

기후변화의 주된 요인인 이산화탄소 배출에 대한 국제적인 규제가 강화되면서 각국은 이산화탄소 배출을 줄이려는 노력과 함께 기존의 화석연료를 대체할 환경친화적인 에너지개발도 적극 추진하고 있다. 이러한 각국의 기후변화에 대한 대응 노력으로 새로운 기술 및 산업이 새롭게 창출되고 있는데, 이를 선점하기 위한 각국 간의 경쟁이 앞으로 치열해질 것으로 보인다. 이와 같이 기후변화문제는 지구환경을 보전한다는 차원에서 출발하였으나 많은 나라들의 경제적 이해관계가 서로 맞물리면서 이제는 세계적으로 핵심적인 경제문제로 확대되고 있다.

---

11) 온실가스와는 별도로 삼림 남벌, 도시화, 그리고 농업활동 또한 기후변화에 영향을 미치는 요인들이다.

(4) 온실가스 배출규제 논의

기후변화를 유발하는 온실가스의 배출규제에 대한 국제적 논의는 1992년 유엔에 의해 '기후변화협약'이 채택된 이후 본격화되었으며, 1997년 12월 일본 교토에서 열린 제3차 유엔기후변화협약 당사국 총회[12]에서 그동안 온실가스를 많이 배출한 선진국들을 중심으로 강제적인 온실가스 감축 목표치를 설정한 교토의정서가 채택되면서 더욱 강화되었다. 교토의정서에서는 다양한 온실가스 감축수단 중에서 '탄소세부과와 배출권거래'가 중점적으로 다루어졌다.

탄소세는 석유, 석탄 등 화석연료에 함유된 탄소성분을 과세표준으로 삼아 화석연료 생산 및 이용에 부과되는 조세를 통하여 각국의 화석연료 사용을 억제하는 한편, 화석연료를 대체하는 에너지개발을 촉진함으로써 각국의 이산화탄소 배출을 억제할 수 있게 되었다.[13]

탄소배출권은 각국의 온실가스 감축 목표를 총량단위로 정해 탄소배출권 시장에서의 거래를 통하여 달성할 수 있도록 하였다. 즉 온실가스 의무 감축 대상국이 감축 목표를 이행하지 못하였을 때는 다른 나라(기업)로부터 배출권을 구입하고, 감축 목표를 초과달성했을 때에는 다른 나라에 배출권을 판매하여 수익을 얻도록 하자는 것이다. 이에 따라 기업들은 자체적인 노력에 의한 온실가스 감축뿐만 아니라 탄소배출권시장에서 배출권의 거래를 통하여 온실가스 감축 목표를 달성할 수 있게 되었다.[14] 이러한 배출권거래는 교토의정서의 핵심내용으로 배출권은 배출권거래소 및 장외시장 등에서 현물 및 선도, 선물, 옵션 등의 형태로 거래되고 있으며, 배출권의 가격은 배출권

12) 이는 유엔기후변화협약의 최고의사결정기구로서 매년 세계 각국의 환경분야의 장관급 인사들이 모여 온실가스 감축, 기후변화 적응 등을 논의하는 회의체를 말한다.

13) 탄소세 도입은 에너지가격 인상, 기업의 비용부담증가 등으로 핀란드, 스웨덴, 덴마크 등 일부 국가에서만 시행 중이다.

14) 시카고기후거래소(Chicago Climate Exchange)의 설립은 시장접근방법을 통해 온실가스를 줄이고자 하는 첫 번째 시도라 할 수 있을 것이다.

할당량, 국제에너지가격 등에 따른 배출권시장에서의 수요와 공급에 의해 결정된다.

(5) 기후변화협약 추이

가. 유엔기후변화협약 추이

앞서 언급한 바와 같이 세계적으로 기후변화에 대한 대응이 본격화한 것은 1992년 6월 브라질 리우에서 열린 유엔환경개발회의에서 166개국 서명으로 기후변화협약이 채택되면서부터이다.

1995년 독일 베를린에서 제1차 유엔기후변화협약 당사국 총회가 열린 이후 기후변화에 대한 주요 협상을 위해 유엔기후변화협약 당사국 총회(COP3 : Conference of the Parties)가 매년 열리고 있으며, 가장 최근에는 2019년 12월 스페인 마드리드에서 열린 바 있다.[15)]

이 중 우리의 주목을 끄는 당사국 총회는 일본 교토에서 열린 3차 당사국 총회와 프랑스 파리에서 열린 21차 당사국 총회다. 전자는 환경의 세계화에 대한 인식이 반영된 세계적 환경협의로서 세계적으로 온실가스의 배출을 줄이는 것을 주 목적으로 하고 있으며, 후자는 교토의정서가 종료되는 2020년 이후를 대체할 신기후체제를 결정하였다.

이하에서는 교토의정서가 채택된 이후 전개되었던 몇 가지 주목할 만한 유엔기후변화협약 당사국 총회에 대해 간단히 알아보도록 하고, 이 중 가장 중요하다고 판단되는 교토의정서와 파리협정에 대해서는 별도로 다루도록 한다.

2007년 제13차 당사국 총회(COP13, 발리)에서는 교토의정서 1차 공약기간의 종료에 대비하여 교토의정서에 불참한 선진국과 개도국까지 참여시키는 2012년 이후(Post-2012)체제를 2009년 제15차 당사국 총회(COP15, 코펜하겐)

15) 원래 유엔기후변화협약 제25차 당사국 총회는 칠레의 산티아고에서 열릴 예정이었으나 칠레의 내부 정치적 문제로 개최를 포기함에 따라 무산될 위기에 처했으나 극적으로 스페인이 장소를 제공함에 따라 마드리드에서 열리게 되었다.

에서 출범시키기로 합의하였다. 그러나 온실가스 감축 목표나 개도국에 대한 재정지원과 같은 쟁점들에 대하여 선진국과 개도국들 간의 의견이 좁혀지지 않음에 따라 코펜하겐에서 열린 제15차 당사국 총회에서의 Post-2012체제 출범계획은 무산되고 말았다. 한편 국제사회는 과도기적 조치로서 선진국들과 개도국들이 2020년까지 자발적으로 온실가스 감축 약속을 이행하기로 하는 '칸쿤합의'(Cancun Agreement)를 2010년 제16차 당사국 총회(COP16, 칸쿤)에서 이끌어 냈다. 칸쿤합의에서는 REDD프로그램하에 개도국에 탄소배출과 삼림 남벌을 줄이기 위한 자금을 공여하기로 결정하였다.

2011년 더반 총회(COP17)에서는 교토의정서체제에서 전 세계 이산화탄소 배출량 1, 2위를 기록하고 있는 중국과 미국이 이에 참여하지 않으면서 실효성 있는 기후변화대응체제로서 한계에 봉착함에 따라 이를 극복하기 위하여 미국과 중국을 비롯한 선진국과 개도국이 모두 참여하는 포괄적 감축체제협상의 출범에 합의하는 '더반플랫폼'이 도출되어 2015년 12월 당사국 총회까지 신기후체제를 도입하고, 2020년부터 이를 발효한다는 로드맵을 내놓았다.

2012년 제18차 당사국 총회(COP18, 도하)에서는 당사국들은 교토의정서의 제2차 공약기간을 2013년부터 2020년으로 설정하는 '도하개정안'(Doha Amendment)을 채택하였다. 그러나 기존의 교토의정서 불참국인 미국 외에도 일본, 러시아, 캐나다, 뉴질랜드 등이 제2차 공약기간에 불참을 선언하면서, 참여국 전체의 배출량은 전 세계 배출량의 15%에 불과하게 되었다.

2013년 폴란드 바르샤바에서 개최된 제19차 당사국 총회에서는 2020년 이후의 기후변화 대응을 위한 기여방안과 관련하여 교토의정서의 상향식 방식 대신에 당사국들이 각국의 상황을 고려하여 국가별 기여방안(INDC : Intended Nationally Determined Contributions)을 자체적으로 결정하여 제출하기로 합의하였다.

[표 11-1]에서는 이와 같이 기후변화와 관련하여 그동안 진행되어 온 몇 가지 주요한 기후변화협약들에 대하여 요약·정리해 놓고 있다.

표 11-1 국가 간 주요 기후변화협약 체결 현황

연도	협약	주요 내용
1992	리우유엔환경개발회의	기후변화에 관한 국가협약 마련(UNFCCC)
1997	교토의정서 채택	37개국 선진국과 EU 온실가스 배출감소협약
2001	마라케시합의문 채택	교토의정서 구체적 이행방안 마련
2005	교토의정서 발효	선진국을 대상으로 온실가스 감축 1차 의무공약 기간 마련(2008~2012년)
2007	발리로드맵	개발도상국도 2012년 이후 온실가스 감축에 참여
2009	코펜하겐회의	지구 평균기온 상승을 2°C로 제한하는 공동목표 확인, 교토의정서 2차 공약기간 설정
2011	더반플랫폼	2020년 이후부터 모든 당사국들이 온실가스 감축 참여 합의, 녹색기후기금 설립
2013	바르샤바	2020년 이후 국가별 기여방안(INDC) 2015년까지 제출 합의
2015	파리협정	신기후체제에 대한 협상 타결 및 합의문 채택

나. 교토의정서

1997년 일본 교토에서 열린 유엔기후변화협약 3차 당사국 총회에서 교토의정서를 채택하였다. 교토의정서(Kyoto Protocol)는 기후변화의 주범으로 여섯 가지 온실가스[16]를 정의하고, 화석연료의 연소로 인해 발생하는 온실가스의 배출규모를 줄이는 데 목적을 두고 있다.

교토의정서에서 선진국에만 국한하여 온실가스 감축의무를 부과하였던 이유는 그 당시의 기후변화의 문제가 그동안의 선진국의 경제발전에 의해 주로 발생하여 궁극적으로 선진국에 책임이 있다고 판단했기 때문이다.

교토의정서에서는 기후변화협약 당사국들을 선진국그룹인 부속서1 국가와 개발도상국그룹인 비부속서1 국가로 구분하고, 온실가스 배출의 역사적 책임에 근거하여 '공동의 그러나 차별화된 책임' 등 기후변화 대응의 기본원칙을 채택하였다.

16) 이는 이산화탄소, 메탄, 아산화질소, 수소불화탄소, 과불화탄소, 육불화황을 말한다.

부속서1 국가는 협약 채택 당시 OECD, 시장경제체제 전환국가들인 동유럽 국가들 및 유럽공동체(EEC) 국가들이며, 부속서2 국가는 그중 OECD와 EEC 국가들만을 포함한다. 우리나라를 포함한 비부속서1(non-Annex 1) 국가들은 감축의무를 부담하지 않는 개도국으로 분류되었다.

따라서 차별화된 책임원칙에 따라 부속서1에 포함된 37개국(Annex Ⅰ)에 대해 1차 공약기간인 2008~2012년 동안 온실가스의 배출규모를 1990년 수준 대비 평균 5.2%를 감축하는 의무를 부과하였다. 그리고 부속서1에 포함되지 않은 개도국에 대해서는 온실가스 감축과 기후변화 적응에 관한 보고, 계획수립 및 이행과 같은 일반적인 조치를 요구하였다. 한편 부속서 2(Annex Ⅱ)에 포함된 24개 선진국에 대해서는 개도국의 기후변화에 대한 적응과 온실가스 감축을 위한 재정과 기술을 지원하는 의무를 규정하였다. 따라서 교토의정서 가입국의 국가나 기업들은 두 가지 대책 중 하나를 도입해야 한다. 온실가스 배출량을 직접적으로 줄이거나 목표수준 이하로 온실가스 배출을 줄인 국가나 기업으로부터 온실가스를 추가 배출할 수 있는 상계권을 구입해야 한다.[17)]

교토의정서는 OECD 가입국 등 주요 선진국들의 온실가스 배출의 감축의무를 강제한 최초의 협약이라는 점에서 의미가 있으나 처음부터 중국 등 주요 개발도상국들이 온실가스 감축 대상국에서 제외되었고 미국마저 교토의정서에의 불참을 선언[18)]하는 바람에 근본적인 한계가 있을 수밖에 없었다. 이에 선진국들은 제2차 공약기간인 2013~2020년부터는 개발도상국도 온실가스 감축에 함께 참여하여야 한다고 주장하였다. 이에 대해 개도국들은 온실가스 배출의 역사적인 책임은 선진국들에게 있으므로 기후변화에 대한 대응을 핑계로

17) 탄소 배출량을 줄이는 또 다른 방법은 미국이 지지하고 있는 것으로 주로 삼림을 통하여 탄소 배출을 줄이자는 것이다. 그러나 그 효과의 실효성에 대해서는 많은 논란이 제기되고 있다.

18) 미국은 1998년 교토의정서에 가입하였지만 의무적으로 규제할 경우 자국의 경제성장을 저해하여 고용에 문제가 발생할 것을 우려하여 2001년에 이를 철회하였다. 그러한 결정을 한 배경에는 미국은 저탄소기술을 통해 문제를 해결할 수 있다고 믿었고, 그리고 이산화탄소를 상당부분 배출하는 중국, 인도 같은 개발도상국들이 의정서에 가입하지 않았기 때문이었다.

개도국들에게 배출의무를 부과하여 절대빈곤에서 벗어나고자 하는 개도국들의 경제발전을 막아서는 안 된다고 주장하면서 이에 반대하였다.

한편 온실가스 감축 목표가 구체적으로 정해짐에 따라 온실가스를 효율적으로 감축하고, 개도국들의 지속가능한 발전을 지원할 수 있기 위해 교토의정서에서는 청정개발체제(CDM : Clean Development Mechanism),[19] 배출권거래제(ETS : Emission Trading Scheme) 및 공동이행제도(JI : Joint Implementation)[20]을 도입하였는데, 이를 '교토메커니즘'이라 한다.

다. 파리협정

2015년 12월 파리에서 열린 유엔기후변화협약 21차 당사국 총회에서 출범한[21] 신기후체제는 2020년에 종료되는 교토의정서를 대체하여 2020년 이후 적용할 새로운 기후변화협약으로서 2020년 이후부터는 선진국, 개도국 구분 없이 모든 국가들이 온실가스 감축의무를 부담하게 된다.

신기후체제의 핵심은 기존의 선진국 중심의 온실가스 감축 노력에서 벗어나 2020년부터는 선진국과 개도국 모두가 온실가스 감축의무를 부담하자는 것이다. 이의 일환으로 모든 당사국들은 2015년까지 신기후체제에 기여할 목표, 즉 각국이 감당할 온실가스 감축량에 대해 국가별 자발적 온실가스 감축 목표(INDC)를 유엔에 제출하기로 약속하였다.

신기후체제 논의의 배경에는 전 세계 이산화탄소 배출량 1, 2위를 기록하고 있는 중국과 미국이 참여하지 않는 기존의 교토의정서체제하에서는 기후변화에 실효성 있게 대처할 수 없다는 인식이 깔려 있었다. 이를 극복하기 위하여 2011년 더반 당사국 총회에서 미국과 중국을 비롯한 선진국과 개도국 모두가

19) 이는 온실가스 의무 감축대상국인 선진국이 비의무국인 개발도상국 내에서 온실가스 감축 산업에 투자하여 감축실적을 올릴 경우, 그 감축분을 선진국의 추가 배출권으로 인정받도록 해준 제도다. 이를 통해 선진국에게는 온실가스 감축비용의 감소를, 개발도상국에게는 재정 및 기술지원을 제공해 준다.

20) 이는 어느 한 선진국이 다른 선진국에 투자하여 온실가스의 감축실적이 있을 때, 이를 투자국의 온실가스 감축분으로 인정해 주는 제도다.

21) 2016년 11월 4일에 정식 발효되었다.

참여하는 신기후체제를 만들기로 합의하였고,22) 2012년부터 이에 대해 협의해 왔다. 그 이후 3년간 기후변화협상은 2020년 이후의 신기후체제, 이른바 포스트 2020체제의 설립을 위한 협상트랙과 2020년 이전 기후변화 대응행동 강화를 위한 협상트랙으로 구분하여 진행되어 왔다.

신기후체제의 제반 규범을 정하고 있는 파리협정(Paris Agreement)은 구기후체제의 상징인 교토의정서와 근본적으로 차이가 있을 수밖에 없다.

교토의정서는 온실가스 감축에 초점을 맞추고 있지만 파리협정은 감축, 적응, 재정, 기술, 역량 배양, 투명성의 6대 쟁점을 포괄하고 있다. 교토의정서의 적용대상이 37개 선진국에 국한된 데 반해, 파리협정은 196개 당사국 모두에 적용되는 보편적 협약이다. 따라서 감축대상국이 전 세계 배출량의 100%에 근접한 것은 파리협정이 의무 감축대상국의 온실가스 배출량이 전 세계 온실가스 배출량의 약 24%에 불과한 교토의정서에 비해 진일보 발전했다 할 수 있다.

두 기후변화협약은 감축 목표 설정방식에서도 차이를 보이고 있는데, 교토의정서는 줄여야 할 온실가스 배출량을 정한 후 그 부담을 국가별로 배분하는 하향식 접근방식이었지만 파리협정에서는 개별 국가가 스스로 결정한 자발적 국가기여(INDCs)23)에 기초해 상향식 접근방식으로 결정하도록 하였다.24)

파리협정에는 2100년까지 산업화 이전 대비 지구 평균기온 상승폭을 2°C25) 훨씬 아래로 유지하며, 궁극적으로는 1.5°C까지 제한할 수 있도록 노력한다는

22) 신기후체제 논의가 진전될 수 있었던 것은 세계최대 온실가스 배출국인 미국과 중국이 온실가스 감축에 합의를 이루었기 때문이었다. 양국은 2014년 11월 베이징에서 열린 정상회담에서 온실가스 감축에 대한 합의를 이끌어 내었다. 그러나 미국의 트럼프 행정부가 들어선 이후 전통적으로 미국의 석유 메이저의 이익을 대변해 온 공화당의 기존 노선에 따라 미국은 2017년 6월 파리기후변화협약을 탈퇴하였다.

23) 우리나라도 2030년까지 온실가스 배출전망치(BAU : Business As Usual) 대비 37%의 감축목표를 제출하였다.

24) 이런 측면에서 파리협정은 느슨한 형태라 할 수 있으며, 파리협정의 이행 메커니즘이 동료 간 압력(peer pressure)에 의존하고 있다는 점에서 구속력이 약하다.

25) 정부 간 기후변화협의체(IPCC)에 따르면 지구 평균기온이 2℃ 이상 상승하면 극심한 기후변화가 발생한다고 한다.

목표가 제시되고 있다.

한편 신기후체제에서는 매 5년마다 감축 목표를 주기적으로 갱신하여 유엔에 자발적으로 제출하도록 하는 불가역적인 '톱니메커니즘'(ratchet mechanism)[26]을 채택하고 있다.

[표 11-2]에서는 앞서 언급한 교토의정서와 파리협정 간의 차이를 요약 · 정리하고 있다.

표 11-2 교토의정서와 파리협정의 차이

구분	교토의정서	파리협정
범위	온실가스 감축에 초점	감축을 포함한 포괄적 대응(감축, 적응, 재정 지원, 기술이전, 역량 강화, 투명성)
감축 대상 국가	37개 선진국 및 유럽연합(미국, 일본, 캐나다, 러시아, 뉴질랜드 불참 혹은 탈퇴)	196개 선진국과 개도국(미국, 중국, 인도 등 온실가스 다배출 국가 모두 포함)
감축 목표	1990년 대비 평균 5.2% 감축	산업화 이전 대비 지구 평균기온 상승을 2도보다 낮은 수준으로 유지(1.5도로 제한하기 위해 노력)
감축 목표 설정 방식	하향식(top-down)	상향식(bottom-up)
적용 시기	1차 공약기간 : 2008~2012년 2차 공약기간 : 2013~2020년	2020년 이후 발표 예상

26) 앞으로 파리협정을 이행해 가면서 국별 감축 목표를 점차로 상향 조정해야 하며, 일단 약속한 목표치에서는 후퇴가 허용되지 않는다.

4 환경과 무역

전 세계적으로 환경문제의 심각성에 대한 인식이 확산됨에 따라 특히 선진국에서 환경보전을 명분으로 다양한 무역제한조치가 시행되고 있다. 현재 환경문제와 관련하여 많은 관심이 집중되고 있는 것이 일명 '그린라운드'(Green Round)다. 그린라운드는 WTO에서 전개되고 있는 협상으로 무역과 환경을 연계하여 필요하다면 국제통상규범을 개정하기 위한 협상이다.

그린라운드가 제기되고 있는 이유는 환경을 보호하기 위한 많은 조치들이 대개의 경우 무역을 제한하게 되므로 이제는 환경문제가 단지 환경문제로만 한정되는 것이 아니고 경제적인 문제로 전환되고 있기 때문이다. 그린라운드에서는 특히 생산방식의 환경친화도에 따른 무역규제가 핵심적인 이슈로 논의되고 있는데, 이는 동일한 제품이라도 정해진 환경친화도에 미치지 못하는 생산방식을 통하여 생산된 제품에 대한 수입을 규제하는 것이 국제무역에서 허용될 수 있느냐는 것이다.

현재 이러한 형태의 무역조치는 WTO체제하에서 허용되지 않고 있는데, 만약 그린라운드를 통하여 이러한 조치들이 허용된다면 선진국에 비하여 환경친화적이지 못한 생산방식을 사용하고 있는 많은 개도국들은 수출에 치명적인 타격을 받게 될 것으로 보인다. 이러한 무역제한조치가 시행될 수 있는 대표적인 조치로서는 직접적인 수입제한조치, 환경마크제도, 화석연료에 대한 에너지세 등을 들 수 있다. 한 국가가 지구환경문제를 해소한다는 이유로 이러한 조치들을 시행할 경우, 이는 전 세계 모든 나라의 공유재산인 지구환경을 보전한다는 대의명분과 당위성을 지니게 될 것이므로 이러한 조치들은 WTO체제하에서 허용될 가능성이 크다 할 수 있다.

5 환경과 경제성장

경제성장과 환경보전은 서로 상충적인가? 이에 대한 대답은 어느 정도의 시간을 두고 경제성장과 환경보전을 평가하느냐에 달려 있다 하겠다. 단기적으로는 경제성장과 환경보전은 서로 상충적인 관계에 있다. 즉 일정한 시점에서 경제개발을 위해서는 환경오염을 감수하여야 한다. 문제는 환경오염을 계속 발생시키는 경제개발이 과연 지속가능하냐는 점이다. 왜냐하면 현재 시점에서 환경을 도외시한 경제개발을 추진하는 것이 미래 세대의 경제성장 잠재력을 훼손하는 결과를 초래할 수 있기 때문이다.

우리가 살고 있는 현재 시점뿐만 아니라 우리의 후손이 살게 될 미래까지 감안하여 경제성장과 환경보전을 고려하여야 한다는 개념이 소위 '지속가능한 개발'(sustainable development)이다.27) 앞으로 미래 세대가 직면하게 될 상황까지 감안할 경우 경제개발과 환경보전은 더 이상 양자택일의 문제가 될 수 없다. 한 나라의 경제성장이 지속될 수 있기 위해서는 환경보전을 함께 고려해야 하며, 따라서 경제성장과 환경보전에 대하여 이들을 함께 고려하여야 하는 통합적인 의사결정이 필요하다. 그리고 환경문제를 해소하기 위하여 도입되는 각종 조치에 대해서도 장기적인 관점에서 그 효과가 평가되어야 한다. 이러한 관점에서 단기적으로 부정적인 효과를 최소화하면서 장기적으로 긍정적인 효과를 극대화할 수 있는 방안이 모색되어야 할 것이다.

[그림 11-1]은 환경 쿠츠네츠곡선을 보여주고 있다. 이 그림에 따르면 경제성장 초기에는 1인당 소득이 증가함에 따라 한 나라의 환경이 악화되지만 1인당 소득이 일정수준 이상이 되면 소득이 증가함에 따라 환경이 점차 개선된다는 것이다. 즉 개도국의 경제발전 초기에는 공업화가 진행됨에 따라 환경이 악

27) 경제개발과 환경보전의 통합을 지향하는 '지속가능한 개발'(sustainable development)이라는 개념은 1987년, 유엔의 '환경과 개발에 관한 세계위원회'가 발간한 '*Our Common Futures*'라는 보고서를 통하여 제시된 바 있다. 이 개념에 따르면 지속가능한 개발이란 "미래 세대가 경제적 · 환경적으로 필요로 한 것들을 희생시키지 않으면서 현재 세대가 필요로 하는 것들을 충족시키는 개발"로 정의된다.

화되지만 경제발전단계가 일정수준에 도달하면 산업구조나 생산방식이 좀 더 환경친화적으로 바뀌어 가면서 환경이 개선된다는 것이다.

물론 지역이나 환경오염물질의 종류에 따라 그 전환점이 되는 1인당 소득의 크기가 다르게 나타날 것이나[28] 환경 쿠츠네츠곡선은 각국에서 소득이 증가하여 일정수준에 이르면 사람들은 보다 쾌적한 환경이 경제적인 풍요로움 못지않게 삶의 질을 개선하는 데 중요하게 생각한다는 것을 보여주는 것이라 하겠다.

로마클럽은 1968년에 결성되어 1972년 '성장의 한계'(*The Limits to Growth*)라는 보고서를 통하여 무분별한 경제성장의 문제점을 지적하였는데, 지속가능한 성장을 위해서는 과거 많은 국가들이 채택하였던 무분별한 성장일변도의 정책에서 탈피하여 자원, 환경 등 미래성장을 규정하는 여러 요인들을 고려하여 지속가능한 성장을 지향하는 방향으로 정책전환이 필요하다는 점을 처음으로 지적하였다.

그림 11-1 | 환경 쿠츠네츠곡선

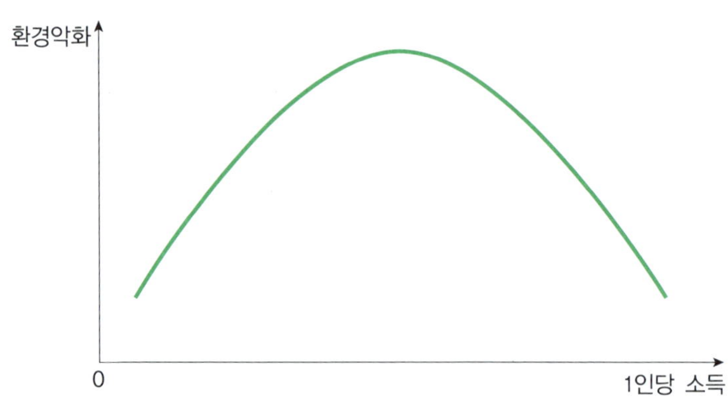

28) 산업구조의 변화가 환경개선에 영향을 미치기도 한다. 경제가 성장함에 따라 농업에서 제조업 중심으로 산업구조가 바꾸면서 환경오염이 증가한다. 그런데 이후 경제가 더욱 성장하면서 제조업에서 서비스업으로 산업구조가 바뀌고, 또 제조업 중에서도 공해 발생이 낮은 제품 생산으로 산업구조가 바뀌면서 환경이 개선된다.

녹색기후기금(GCF : Green Climate Fund)

2010년 멕시코 칸쿤에서 개최된 제16차 당사국 총회(COP16)에서 국제사회는 개도국의 기후변화에 대한 적응능력을 높이고 온실가스 감축을 지원하기 위해 녹색기후기금을 설립하기로 합의하였다.

이는 유엔산하 국제금융기구로 국제기후재원의 상당부분을 담당하며 유엔기후협상에 개도국 참여를 유도하는 역할을 수행하고 있다. 자본금규모면에서 IMF, 세계은행에 이어 제3위의 규모다. 우리나라는 2011년 더반 당사국 총회(COP17)에서 녹색기후기금 사무국을 유치할 것을 공식적으로 표명하였으며, 치열한 유치전 끝에 2012년 10월 녹색기후기금 사무국을 인천 송도에 유치하는 데 성공하였다. 이후 우리 정부는 녹색기후기금과 본부협정을 체결하는 등 사무국의 조기운영 개시를 지원하고, 녹색기후기금이 개도국의 기후변화 적응 및 온실가스 감축행동에 실질적으로 도움을 줄 수 있도록 적극적인 노력을 기울여 왔다.

2017년 4월 현재 녹색기후기금은 우리나라를 포함한 29개국으로부터 자금공여를 받아 약 103억 달러 규모의 재원을 확보해 놓고 있으며, 35건의 사업에 대해 14.8억 달러의 자금지원을 승인하였다.

CHAPTER 12

자원 및 에너지

CHAPTER 12

자원 및 에너지

세계인구가 꾸준히 증가하고, 중국과 인도와 같은 신흥국들이 높은 경제성장률을 시현하는 과정에서 세계적으로 자원 및 에너지에 대한 수요가 급속히 증가하였으며, 이 과정에서 천연자원의 가격이 오르고, 고갈의 가능성이 제기되면서 자원 및 에너지원을 지속적으로 그리고 안정적으로 확보하는 것이 세계경제의 중요한 과제가 되고 있다.

특히 우리가 살고 있는 이 시대는 석유에 대한 의존도가 대단히 높아 석유가 조만간 고갈될 것으로 보는 일부 비관론이 제기되면서 석유와 같은 전통적인 화석연료로는 더 이상 세계경제를 이끌어 나갈 수 없다는 위기의식이 크게 고조되고 있다. 이에 따라 대체 에너지원으로서 여러 가지 대안들이 제시되고 있다.

이하에서는 세계경제에서 이슈가 되고 있는 몇 가지 주요한 자원의 면모에 대하여 개략적으로 살펴보고, 아울러 화석연료를 대체할 수 있는 새로운 에너지원에 대하여 논의하도록 한다. 마지막으로는 자원 및 에너지에 관련한 환경문제에 대해서도 간략히 다루도록 한다.

1 자원

(1) 금

금은 원소기호 Au,[1] 녹는점 1,064.18℃, 밀도는 금속 중 최고수준인 19.3g/cm³, 그리고 대표적인 특성으로는 변하지 않는다는 점이다. 원소인 금은 덩어리형태로 광석에서 발견되며, 지각에 소량 존재한다. 금이 원소란 사실은 순금은 언제, 어디서나 규격화된 등급과 품질이 존재한다는 뜻이다. 금은 녹여도 화학적 구성성분이나 무게는 전혀 변하지 않으며, 단단하면서도 가단성이 있어 동전이나 덩어리로도 만들 수 있다. 늘어나는 성질과 펴지는 성질이 금속 중에서 가장 뛰어나 1g의 금을 늘리면 3,000m의 금실을 뽑을 수 있으며, 압착하면 1만분의 1mm까지 얇게 금박을 만들 수 있다. 그리고 금은 밀이나 옥수수처럼 공급 충격을 일으킬 수 있는 가뭄이나 풍작에도 영향을 받지 않으며, 석유나 천연가스처럼 소비되는 것도 아니고 태워 없어지는 것도 아니다.

금은 산업용으로 사용되는 비율이 10%[2] 정도에 지나지 않고, 공급을 쉽게 늘릴 수 없어 공급 물량의 40% 정도가 재활용 금으로 충당되고 있어 다른 원자재에 비해 공급 충격의 효과는 작은 반면, 수요의 변화에 의해서는 영향을 많이 받는다.

철, 구리 등과 같은 일반금속을 금으로 변화시키고자 하는 연금술은 BC 1,000년경부터 인류가 끈질기게 추구해 온 꿈이었다. 연금술의 목표는 보통의 금속을 금과 같은 귀금속으로 바꾸는 것이자 인간에게 영원한 젊음과 장수를 가져다주는 영약을 만드는 것이었다. 연금술을 연구하는 과정에서 사람들은 광석에서 금속을 추출하는 방법, 금속가공, 제련과 정제, 화약생산, 잉크, 염색, 페인트, 화장품, 가죽무두질, 도자기와 유리 생산 등 수많은 기술적 진보와 화학, 물리학, 의학의 발전을 부수적으로 이루어 내었다.

1) Au는 라틴어의 '빛나는 새벽'(aurum)이라는 말에서 유래되었다.
2) 금의 약 50%는 장신구로, 40%는 투자용으로 사용되고 있다.

금은 보관하기 편리하고, 복제가 불가능한 데다 품질이 균일하고, 깨지거나 훼손되지 않고, 매장량도 너무 많지도 희귀하지도 않고, 석유와 달리 매장지역도 비교적 상대적으로 넓게 퍼져 있고, 불에 달구어 모양을 바꿀 수 있기 때문에 쉽게 동전이나 금괴로 만들 수 있으며, 무게와 순도로 가치를 정하기 쉽다.[3] 그래서 금은 전 세계적으로 5,000년 이상 전부터 화폐로 사용되어 왔다. 기원전 6세기에는 소아시아 중심부에 있는 리디아 왕국의 크로이소스 왕이 세계 최초로 금화를 만들어 사용하였다고 하며, 1819년에는 영국에서 금본위제를 공식적으로 채택하면서 금은 화폐역사의 전면에 등장하였다. 비록 지금은 국제적으로 금을 공식적인 화폐로 인정하고 있지는 않지만 아직도 세계 각국의 중앙은행들은 외환보유고의 일정부분을 금으로 보유하고 있다.

금은 투자자들이 안전자산으로 여기는 대표적인 것이며, 달러가치의 하락을 헤지할 수 있는 대표적 상품이다. 이에 달러화가치가 오르면 금가격은 내리고, 달러화가치가 하락하면 금가격은 오른다.

전 세계의 금 생산량은 연간 2,200~2,500t에 불과하고, 역사상 세계 전체적으로 채굴된 금 생산량도 약 17만여 톤에 불과한 것으로 알려져 있다.[4] 이는 약 54억 온스에 해당하는 무게이며, 금값을 온스당 1,200달러로 환산하면 금액 기준으로는 6조 5,000억 달러에 달한다.

(2) 석유

가. 개요

오늘날 세계경제와 산업에서는 석유로 대표되는 화석원료를 핵심적인 동력원으로 하고 있다. 연간 교역규모의 제품별 순위를 볼 때 석유제품은 연간 교역규모가 기계, 전자에 이어 세 번째로 약 2.3조 달러에 달하며, 현재 전 세계 하루 석유 소비량은 8,500만 배럴이다.

3) 석유와 같은 상품은 등급이 매우 다양하기 때문에 화폐로 사용하기에는 부적합하다.
4) 이는 가로, 세로, 높이 20m인 공간에 해당하는 크기라 한다.

옛날 사람들은 석유의 용도를 확실히 알지 못해 조명용 연료로 조금씩 사용하거나 혹은 약품으로 복용하기도 하였다. 원래 조명용 연료로는 고래기름이 가장 많이 사용되었고, 그 외에도 식물성유지, 송진추출유 등이 사용되었다. 그러나 이들의 공급이 수요를 따르지 못하여 고래기름값이 폭등하였고, 식물성유지는 품질이 낮았으며, 송진추출유는 가격이 저렴하기는 하였지만 폭발력이 강하여 폭발사고가 자주 일어났기 때문에 값비싼 고래기름을 대체할 수 있는 연료를 필요로 하였다.

지금과 같은 석유의 용도가 정해진 것은 비교적 최근의 일이다. 석유가 본격적으로 등장하던 19세기 중반 그때까지 알려진 석유의 용도는 거의 전부가 등유였으며, 중유와 휘발유는 그 사용처를 제대로 알지 못해 어디에 버릴지 고심할 정도였다.

1859년 미국 펜실베이니아주에서 '에드윈 드레이크'(Edwin Laurentine Drake)라는 사람이 석유 시추에 성공하면서 '페트롤리엄', 즉 '돌기름'(petroleum, rock oil)을 뽑아내기 시작하였고, 이 이후로부터 석유의 다양한 용도가 세상에 알려지면서 오늘날의 현대문명을 이루는 데 대단히 중요한 자원으로 자리 잡기 시작하였다. 석유가 고래기름을 대체하면서 에너지로서의 가능성이 확인되었고, 영국 해군은 석탄처럼 연기가 나지 않아 적에게 발각될 위험성이 줄어들고, 나아가 석탄을 사용할 때보다 배 자체의 무게나 연료를 유지하는 데 드는 인력도 크게 줄일 수 있었기 때문에 석탄을 대신하여 석유를 선박의 대체연료로 사용하였다. 1883년에는 독일의 '다임러'(Gottlieb Daimler)에 의해 휘발유로 움직이는 내연기관이 발명됨으로써 석유산업은 또 다른 새로운 국면을 맞이하게 되었다.

원유는 정제과정을 거쳐 휘발유, 경유, 등유, 나프타 등으로 분류되는데, 이 중 나프타는 화학 처리과정을 거치면서 합성수지(플라스틱), 합성섬유, 합성고무 등으로 변하게 된다. 이들은 다시 플라스틱가공업, 섬유산업, 고무산업, 화장품산업, 의약산업을 통하여 수많은 관련 제품들이 만들어져 소비자들에게 공급된다.

석유는 정치 · 외교 · 군사적으로 각국 간의 분쟁과 갈등을 초래하기도 하고, 석유대금을 어떤 통화로 결제할 것인가도 기축통화 전쟁과 관련해서 중요한 이해관계가 되고 있다. 1971년 8월 닉슨 독트린을 통해 미국달러화의 금과의 태환이 중지되었음에도 불구하고, 미국과 사우디아라비아 간의 밀약으로 세계적으로 원유결제대금으로 달러화가 사용됨으로써 미국달러화가 국제금융시장에서 지속적으로 기축통화로서의 지위를 유지하고 있다.

나. 세계 3대 유종

세계적으로 생산되는 원유의 종류는 160종이 넘는다. 수억 년 동안 퇴적된 유기물에서 원유가 만들어지는데,[5] 이때 유기물이 제각기 다르기 때문에 그 결과물인 원유의 종류도 황 함량 등에서 차이가 나고 있다. 원유의 품질은 '황 함량'과 'API도'[6]라는 두 가지 기준에 의해 결정되는데, 황[7] 함량이 적을수록, 그리고 API도가 높을수록 품질이 좋은 원유다. 보통 고품질의 원유라고 하면 황 함량이 1% 이하로 낮으면서 API도가 34도 이상인 '저유황 경질유'를 말한다.

유종이 다양하다는 것은 유종의 질에 따라 가격이 달라진다는 사실을 의미한다. 금융거래를 위해 표준화된 대표적인 유종이 '서부텍사스산 중질유'(WTI : West Texas Intermediate), 영국의 북해산 '브렌트유'(Brentt oil), 아랍에미리트의 '두바이유'(Dubai oil)이며, 이들이 국제원유가격의 기준이 되고 있다. 이들이 대표적인 세계 3대 유종으로 선정된 이유는 이들의 생산량이 많고, 특정 생산자가 생산을 독점하지 않아 가격형성이 투명하기 때문이다.

---

5) 석유가 생성되어 축적되는 데에는 수억 년이 걸리는 데 비해, 대부분의 석유는 근래 백년 동안에 채굴되어 소비되고 있다.

6) 이는 미국석유협회(API : American Petroleum Institute)가 제정한 석유의 비중을 표시하는 방식으로 15.6°C의 물에 대한 같은 온도의 석유의 질량비를 나타내는 것인데, API도가 높을수록 가볍다는 뜻이다. 15.6°C의 물을 API 10도로 할 때, API도가 30도 이하면 중질유, 34도 이상이면 경질유로 분류한다.

7) 황은 정제과정에서 기구의 부식을 가져오고, 배기가스 속에 섞여 대기오염을 일으키는 일종의 불순물이다.

서부텍사스 중질유는 미국 서부텍사스에서 생산되는 경질유[8]로 황 함량이 가장 적고, API가 높아 탈황 처리할 때 비용이 적게 들며, 현재 전 세계의 상품 선물 중에서 가장 많은 거래량을 기록하고 있다. 또한 3대 유종 중에서도 국제 유가를 선도하는 가격지표로 가장 많이 활용되고 있으며, 미국 원유시장의 벤치마크가격지수이기도 하다.

브렌트유는 영국 북해산 원유로 유럽 원유시장의 대표적 가격지수이며, 해상운송원유여서 전 세계 모든 곳으로 운송이 가능하기 때문에 가장 광범위한 지역으로 수출되는 유종이며 유럽과 아프리카지역의 국제원유거래의 벤치마크 역할을 하고 있다.

두바이유는 중동지역을 대표하는 기준 유종이며, 앞의 두 유종에 비해 품질이 떨어지고, 유황 함유량도 높아 앞의 두 유종보다 낮은 가격으로 거래되고 있다.

생산량기준으로는 브렌트유를 추종하는 국가가 가장 많으며, 이어 두바이유, 서부텍사스 중질유 순이라 할 수 있다. 그러나 핵심적 벤치마크요인 중 하나인 금융거래량, 즉 원유 선물거래량은 서부텍사스 중질유가 단연 선두다.

미국의 뉴욕상업거래소(NYMEX)에서 거래되는 서부텍사스 중질유나 영국 런던의 국제석유거래소(IPE)에서 거래되는 브렌트유는 주로 선물거래로 이루어지는 반면, 두바이유는 중동지역과 싱가포르에서 현물로 거래되는 것이 특징이다.

다. 세계석유매장량

'매장량'이란 현재 확립된 기술을 바탕으로 불확실성이 없이 상업적으로 생산이 가능한 양이라 하겠는데, 석유의 매장량은 이미 시추된 유정들에서 현존하는 기술로 생산될 수 있는 미래의 가능한 최대 석유생산량으로 정의된다.

확인매장량[9]은 새로운 유전의 발견, 유가와 유전개발비용과 같은 경제조건

8) WTI가 경질원유임에도 중질유라고 불리는 이유는 텍사스 중간지역에서 생산되기 때문이다.

의 변화, 정부 및 환경규제의 변화 또는 생산기술의 발전에 따라 변화한다. 석유의 확인매장량을 생산량으로 나누어 준 것으로 향후 석유를 생산할 수 있는 기간을 우리는 '가채연수'라 한다.

한편 부존도 확인되었고, 생산도 가능하지만 판매의 어려움이나 생산비용 또는 미 확립된 기술로 인하여 경제적으로 생산하기 어려운 양을 '추정매장량'이라 하는데, 이러한 추정매장량은 우리가 흔히 말하는 매장량에는 포함시키지 않는다. 지하 2,100미터에서 4,500미터에 이르는 범위를 '석유생성가능구간'이라 하는데, 4,500미터 이상 들어가면 천연가스는 발견될지 모르지만 석유는 거의 발견되지 않는 것으로 알려져 있다.

최근 미국에서 셰일가스나 셰일오일(shale oil)[10]이 대량으로 개발되면서 미국발 석유혁명이 발생하고 있는데, 미국은 셰일오일을 하루 1,200만 배럴을 생산함으로써 2018년 사우디아라비아를 제치고 미국이 세계 1위의 석유 생산국이 되었으며, 조만간 석유 순수출국이 될 전망이다. 이로 인해 세계의 에너지 구도가 혁명적으로 바뀌고 있다.[11] 특히 셰일오일은 셰일가스와 유사한 채굴기술이 사용되고 있고, 그들 간의 가격차, 용도차 등으로 인해 앞으로 셰일가스의 생산보다는 셰일오일의 생산이 더욱 크게 늘어날 것으로 보인다.[12]

국제에너지기구(IEA)는 기존 전통석유의 매장량을 최대 2.4조 배럴, 오일샌드(oil sand),[13] 셰일오일, 초중질유와 같은 이른바 비전통석유의 매장량을 약 9조 배럴 정도로 예상하고 있다.

9) BP(British Petrol)의 2015년 보고서에 따르면 전 세계 확인매장량은 1조 7,000억 배럴에 달하는 것으로 알려지고 있다.

10) 타이트오일(light tight oil)이라고도 하며, 셰일층에서 수압파쇄법이나 수평시추법 등 셰일가스와 유사한 방법으로 채굴되는 경질유를 말한다.

11) 셰일은 다른 지역과 국가에도 상당량 매장되어 있다. 중국의 비전통적인 가스 매장량은 세계최대규모이다. 그러나 중국은 장비와 경험, 발굴자원(주로 물)이 상대적으로 부족하여 개발이 더딘 실정이다.

12) 이로써 아시아 국가들의 중동에 대한 석유수입의존도는 크게 낮아질 것으로 보인다.

13) 이는 점성이 높은 원유를 함유한 모래나 암석으로서 최근 고유가 및 채굴기술의 발전으로 개발 및 생산이 급격히 늘어나고 있다. 한편 전 세계 오일샌드 매장량의 70%가 캐나다에 있다.

라. 석유분쟁

제1차 석유파동은 1973년 10월 이스라엘과 아랍 국가들 간의 전쟁으로 사우디아라비아 등 아랍산유국들이 석유수출을 중단함으로써 발생하였다. 이로 인해 원유가격이 배럴당 3달러에서 12달러로 대폭 상승하고, 세계경기는 침체되어 세계적으로 스태그플레이션이 발생하였다. 제2차 석유파동은 1979년 이란의 이슬람혁명으로 이란의 석유 수출이 금지됨에 따라 발생하였고, 이로 인해 유가가 배럴당 40달러로 폭등하여 이로 인해 세계경제가 인플레이션과 경기침체에 빠지게 되었다. 1986년에는 북해에서 새로운 유전이 발견됨에 따라 사우디아라비아가 세계석유시장에서의 자국의 점유율이 떨어지는 것을 방지하기 위하여 원유 생산량을 하루 200만 배럴에서 1,000만 배럴로 5배 늘리는 과정에서 발생하였다. 그 결과 유가는 배럴당 10~20달러로 크게 하락하였다. 이 시기에 발생한 저유가는 석유수출수입에 과도하게 의존하는 소련을 붕괴시키는 계기가 되기도 하였고, 또 다른 측면에서는 물류비용을 크게 하락시킴으로써 세계적으로 국가 간 분업을 크게 촉진시킴으로써 세계화를 촉진시키는 요인이 되기도 하였다.

과거 1, 2차 석유파동에서 볼 수 있었던 유가급등은 공급 측면에서의 충격으로 인해 발생하였으나 최근에 전개되고 있는 유가의 폭락은 글로벌 금융위기로 인한 세계경기침체, 과거와는 달리 원유에 대한 선물거래 및 이와 관련한 금융기법의 발전으로 인한 수요 측면에서의 투기적 거래의 대폭적인 감소, 그리고 미국에서의 셰일오일의 공급증대 등으로 인해 발생하고 있다.[14]

석유는 여타 다른 자원에 비해 일부 국가에 지나치게 편중되어 1970년대의 1, 2차 오일쇼크에서 확인할 수 있는 바와 같이 이들 국가들의 정치적 · 경제적 이해관계에 따라 전 세계적으로 위기적인 상황이 수시로 발생하고 있다. 더욱이 전 세계적으로 인구증가와 인류의 삶의 질 향상, 그리고 중국과 인도 등과 같은 인구대국의 고도성장으로 인해 전 세계적으로 에너지 수요가 급속히 증

14) 글로벌 금융위기 발생 직전까지 유가가 급등한 이유도 같은 맥락에서 상당부분 원유에 대한 투기적 수요의 증대에 기인했다고 볼 수 있다.

대되고 있는 데 반해 아직 석유를 대체할 만한 유망한 에너지원들의 개발이 부진하여 석유고갈에 대한 위기의식이 크게 제고되고 있어 이에 대한 획기적인 해결책이 마련되지 않는 한 석유와 관련된 분쟁은 앞으로도 끊임없이 발생할 것으로 보인다.

마. 석유수출국기구(OPEC)

석유수출국기구(OPEC : Organization of Petroleum Exporting Countries)는 1960년 원유시장에서의 강력한 영향력을 행사하기 위해 사우디아라비아, 이란, 이라크, 베네수엘라, 쿠웨이트 5개 석유수출국들이 모여 설립한 기구로 2019년 12월 현재 14개의 회원국이 가입해 있으며, 세계 원유 생산의 44%를 담당하고 있다.

오스트리아 빈에 본부가 있으며, 세계유가를 일정한 목표 범위 내에서 유지하기 위한 각국 원유 생산의 쿼터를 정하기 위해 1년에 여러 차례 협상을 한다.[15] 사우디아라비아가 가장 큰 석유수출국가로서 OPEC 내에서 가장 커다란 영향력을 행사하고 있다.

OPEC은 각 회원국들이 그들에게 주어진 쿼터를 초과하여 생산하고자 하는 유인을 내재적으로 가지고 있어 실제 이를 준수하는 국가는 하나도 없는 불안정한 카르텔이다.[16] 이에 따라 모든 회원국들이 쿼터 이상의 원유를 생산하고 있어 쿼터제 원래의 의의가 크게 상실되어 가끔 세계원유가격이 크게 하락하기도 한다. 더욱이 비회원국인 러시아, 북해, 멕시코에서의 원유 생산이 늘어나면서 세계석유시장에서의 OPEC의 영향력은 과거에 비해 많이 떨어지고 있다.

세계적인 원유 생산은 OPEC 국가들과 비OPEC 국가들이 대략 반반씩 차지하고 있다. OPEC 국가 중에서는 사우디아라비아가 하루에 약 1,000만 배럴,

15) OPEC은 정례회의를 매년 6월, 12월 2차례 실시하고 있다.

16) 회원국들이 감산이나 증산 약속을 어겨도 OPEC은 이를 제재할 실질적인 방법을 가지고 있지 않다.

비OPEC 국가 중에서는 러시아가 하루에 1,000만 배럴 이내로 생산하고 있다. 수입에 있어서는 미국이 하루에 950만 배럴을 수입하는 제1위의 국가이고, 소비 역시 미국이 하루에 1,900만 배럴로 압도적인 1위 국가다. 수출은 사우디가 하루에 800만 배럴로 가장 많고, 러시아가 그 뒤를 잇고 있다.

1970년대부터 OPEC은 전 세계 원유 생산량의 절반 이상을 차지하며 막대한 영향력을 행사해 왔다. 그러나 2000년대 들어 OPEC의 석유패권은 미국과 러시아가 사우디아라비아에 육박하는 수준으로 산유량을 늘리기 시작하면서 흔들리기 시작하였다. 특히 최근 미국에서 전개된 셰일혁명은 OPEC의 국제유가 지배력을 약화시키는 결정적인 역할을 하였다.

한편 OPEC에 대항하여 주요 석유수입국들이 '세계에너지협회'(IEA : International Energy Agency)라는 기구를 만들었다.[17] IEA는 세계시장에서 원유가를 저렴하고 안정적으로 유지하기 위하여 세계시장에서의 원유부족사태에 대항하기 위하여 원유재고량을 일정수준 유지하고자 하는 주요 공업 국가들의 에너지정책들을 조율한다.

(3) 구리

구리는 비철금속의 왕으로서 원소기호는 Cu, 녹는점은 1,083°C, 비중은 20°C에서 8.93이다.

구리광산에서 채굴된 품위가 낮은 원석을 구리정광이라고 하며, 구리정광은 제련작업과 정련작업을 거치면서 고품위의 전기동으로 변신한다. 이후에는 가공을 거쳐 판·봉·관·선 등의 금속제품으로 만들어지며, 이들 완제품들이 제조업과 건설업의 자재로 사용된다. 그리고 건설현장 등에서 수거된 동은 스크랩의 형태로 정련과정을 거쳐 재활용되기도 한다.

구리는 주로 합금으로 쓰이는데, 주석, 아연, 니켈과 섞으면 각각 청동(bronze), 황동(brass), 백동(cupronickel)이 된다.

17) IEA의 원유의 최대수입국은 물론 G7 국가들이다.

구리는 은 다음으로 전기와 열이 잘 통하고 부식되지 않는 성질이 있어 전선, 열교환기, 수도관, 냉·난방용 배관 등에 주로 사용된다. 게다가 집적회로와 인쇄회로기판에도 활용되어 우리가 사용하는 모든 전자기기는 구리 없이는 존재하기가 불가능할 정도다. 그 밖에도 구리는 자동차, 버스, 철도, 선박, 항공우주산업, 탄피 및 탄환, 각종 건축재 등으로 다양하게 사용되어 그야말로 산업금속계의 마당발이라 할 수 있다.[18] 이렇듯 구리는 건설, 인프라 구축, 자동차를 비롯한 대부분의 산업에 광범위하게 사용되는 만큼 세계적인 경기상태를 가장 잘 반영하는 특징을 갖고 있기에 제조업 설비투자가 활발할수록 수요가 늘어나는 특성을 가지고 있다.[19] 이에 구리가격은 미래의 실물경제 및 주가의 향방을 가늠할 수 있는 경기선행지표로서 매우 유용하게 사용되고 있다.[20]

구리는 지구상에 널리 매장되어 있고, 저렴하게 대량 생산할 수 있는 것이 장점이다. 구리의 연간 세계 생산량은 약 1,600만 톤에 달해 금의 연간 세계 생산량이 최대 2,500톤임을 감안할 때 그 규모가 금에 비해 6,400배에 달하고 있다.

수요 측면에서는 중국이 세계구리시장의 40%를 차지함으로써 세계시장을 주도하고 있으며, 공급 측면에서는 남미의 칠레와 페루가 전 세계시장의 42%를 차지함으로써 세계시장을 주도하고 있다.

(4) 니켈

니켈은 금속광택이 나는 은백색 금속으로서 원소기호 Ni, 녹는점 1,455°C, 비중은 25°C에서 8.845이다. 전기전도율은 구리의 14.9%이고, 강한 자성을 가

18) 구리는 인체에는 거의 무해한 반면 살충, 살균, 항균효과가 있어 사람 손을 많이 타는 동전, 문손잡이, 계단 난간 등에 많이 사용된다.
19) 이에 구리를 일명 'Dr. Copper'라고도 한다.
20) 구리가격의 상승은 구리를 필요로 하는 산업이 호황 국면으로 진입한다는 신호다.

지고 있으며, 강도는 철이나 코발트보다 약하지만 공기 중에서 산화물보호피막을 형성하여 산화와 부식에 강하여 철보다 안전하여 구리에 더 가까우며, 이러한 성격으로 인해 니켈은 다양한 용도로 사용되고 있다. 특히 동·크롬·철 합금 등에 가장 많이 사용되고 있고, 도금, 촉매, 농약 등에도 사용되고 있다.

니켈과 구리의 합금인 백동은 동전에 사용되고, 크롬과의 합금인 니크롬선은 저항률이 높기 때문에 열선으로 사용된다. 그리고 수산화니켈은 니켈카드뮴 전지나 니켈·수소 합금전지의 양극으로도 사용되고 있다.

니켈은 대체금속인 니켈선철(페로니켈, Pig Iron)[21]이 있어 니켈가격이 상대적으로 약세다. 신흥국이 수요를 주도하는 구리와 달리 니켈은 전체 용도의 60%에 이르는 물량이 고가 금속인 스테인레스에 사용되고 있어 대부분의 수요처가 선진국이다. 한편 전 세계 니켈광의 90%는 캐나다, 러시아, 뉴칼레도니아에서 생산되고 있다.

(5) 알루미늄

알루미늄은 원소기호 Al, 녹는점 660.4°C, 비중은 20°C에서 2.70이다. 이는 은백색의 가벼운 금속이며, 연성이 좋아 박이나 선으로 가공하기 쉽고, 산화성이 크고, 공기 중에서 산화물보호피막을 만들기 때문에 부식되지 않는 특징을 가지고 있다. 또한 전기와 열의 전도도가 좋으며, 가격이 저렴하여 많이 사용되는 전기도체다. 다른 금속과 만들어진 여러 종류의 경합금은 일상 생활용품에 사용되고 있음은 물론 항공기, 자동차 그 밖의 근대산업에서는 없어서는 안 될 주요 재료로서 널리 사용되고 있다.

보크사이트라는 광물에서 만들어지는 알루미늄이 가장 많이 사용되는 분야는 운송용 장치이며, 그 다음이 건설부문이다.

알루미늄은 주로 자동차 및 항공부품에 사용되기 때문에 자동차 등의 판매

21) 니켈을 15% 함유한 라테라이트 광석을 제련해 만드는데, 정련 니켈보다 순도가 낮은 제품이다.

증가와 알루미늄가격 간에는 밀접한 상관관계가 있다. 앞으로 신흥 국가들을 중심으로 자동차에 대한 수요가 크게 늘어날 것으로 보여 장기적으로는 알루미늄의 가격이 상승할 것으로 보인다.

한편 알루미늄은 보크사이트광석에서 알루미나로 전환한 다음 이를 용융시킨 후 전기분해하여 얻기 때문에 생산과정에 전력이 많이 소요되기 때문에 전력요금이 알루미늄의 가격을 결정짓는 가장 중요한 요인이다.

(6) 리튬

리튬은 알칼리 금속에 속하며, 화학원소로 기호는 Li이다. 고체원소 중에서 가장 가벼우며 물에도 뜬다. 연하고 빛나는 백색금속이며, 화학적으로는 아주 불안정하고 공기 중에서 즉시 산화된다. 공업적으로 합금 및 리튬화합물을 만드는 데 쓰이며, 휴대전화, 노트북PC, 전기자동차 등에 쓰이는 충전식 2차전지의 핵심원료로 '백색황금'이라고도 불린다.

그동안 리튬은 휴대전화, 노트북PC 등 IT기기의 배터리의 핵심원료로 사용되었는데, 최근 미국과 중국에서 전기차 생산이 증대됨에 따라 리튬에 대한 수요가 폭발적으로 크게 늘어나고 있다. 왜냐하면 스마트폰 1대 생산에 소요되는 리튬이 5~7g인 반면, 전기차 1대에 필요한 리튬의 양은 40~80kg으로 전기차 1대 생산에 필요한 리튬이 스마트폰 약 1만 대 생산에 필요한 분량과 맞먹기 때문이다.

앞으로도 세계적으로 전기차에 대한 수요가 크게 확대됨에 따라 리튬에 대한 수요는 더욱 폭발적으로 늘어날 것으로 보이며, 이에 따라 리튬을 확보하기 위한 각국 간의 전쟁이 더욱 치열해질 것으로 보인다.

2 에너지

인류가 처음 사용한 에너지는 재생가능에너지였다. 재생가능에너지의 원천은 땅, 태양, 행성의 중력 등이다. 인류는 수천 년 동안 재생가능에너지를 사용해 오다 1721년 영국의 토마스 뉴커먼(T. Newcomen)이 석탄을 연료로 하는 대기압 증기기관을 발명하면서 에너지원이 화석연료 중심으로 변화하기 시작했다.

최근 들어서는 폭발적인 인구증가와 경제성장으로 인해 전 세계적으로 에너지 소비량이 크게 증대된 반면, 그동안 석유를 대체할 만한 에너지원의 개발은 부진하였다. 이로 인해 에너지자원이 고갈되고, 지구온난화와 같은 심각한 환경문제가 제기됨으로써 이제는 이러한 에너지문제를 해결하는 것이 인류 생존의 커다란 과제가 되고 있다.

(1) 석유의 고갈과 편중

우리가 살고 있는 이 시대의 세계경제와 산업은 석유로 대표되는 화석원료를 가장 핵심적인 동력원으로 하고 있다.

석유의 경우 사우디, 이란, 이라크, UAE, 쿠웨이트, 카타르, 베네수엘라, 러시아 8개국이 전 세계 석유매장량의 75% 이상을 차지하는 등 다른 자원에 비해 일부 국가에 편중, 이들 국가들이 전 세계의 주요 에너지 공급을 장악하고 있어 이들 국가들의 이해관계에 따라 전 세계적인 위기상황이 수시로 재현되고 있다.[22] 더욱이 세계적으로 인구증가와 인류의 삶의 질 향상, 그리고 중국과 인도와 같은 거대한 국가들의 고도성장으로 인해 전 세계적으로 에너지 수요가 급속히 증대되고 있는 반면, 석유를 대체할 만한 여타 에너지원의 개발이 부진하여 세계적으로 석유 고갈에 대한 위기의식이 크게 확대되고 있다. 물론

22) 1970년대에 전 세계가 겪었던 2차례의 석유파동이 그 구체적인 증거라 하겠다.

최근 세계적인 경기침체로 인해 원유수요가 줄어들고 있고, 미국의 세일가스의 개발로 인해 전 세계적으로 원유공급이 늘어나 원유가격이 하락하고 있으나 이러한 현상은 단기적인 것으로 보이며, 앞으로 획기적인 대체에너지가 개발되지 않는 한 장기적으로는 원유가격이 다시 인상할 것으로 보인다. 따라서 과거의 석유파동이 자원의 편중에 의한 공급차질에 의한 것이라면 앞으로 닥쳐올 에너지 위기는 유한자원인 석유의 고갈로부터 발생할 가능성이 크다 하겠다.[23)]

(2) 대체에너지의 개발

21세기는 에너지 다원화시대다. 과거 오랜 기간 동안 인류의 주 에너지원은 목재였으며, 이어 석탄이 주 에너지원으로 사용되어 오다가 1950년대부터는 석유가 주 에너지원이 되었다. 탈석유시대가 오기 시작한 것은 고유가와 석유의 과다 사용으로 인한 기후변화 및 자원고갈의 우려, 대체에너지 개발관련 기술의 발전, 각국의 경쟁적인 에너지 개발정책으로 인해 에너지 다원화시대가 열렸기 때문이다.

미국 에너지정보국에서는 2045년 미국의 에너지원 80%가 차세대 에너지원인 태양에너지, 수소전지, 풍력 등으로 대체될 것으로 전망하고 있다. 이러한 관점에서 세계는 이제 대체에너지혁명의 시대에 들어서고 있다고 할 수 있을 것이다.[24)]

가. 석탄

석탄은 석유로 대체되기 전까지 한동안 인류의 가장 중요한 에너지원으로

---

23) 영국 BP사에 따르면 화석연료가 고갈되는 시기가 석유의 경우 40년, 천연가스는 60년, 석탄은 좀 더 길게 남아 있는 것으로 추정되고 있다.

24) 이에 따라 에너지원이 목재에서 석탄으로 바뀌면서 18세기의 산업혁명이 유발되었듯이 21세기에는 대체에너지원의 개발을 중심으로 새로운 에너지혁명 심지어는 이를 중심으로 하는 4차 산업혁명의 시대에 접어들 가능성도 있다고 전망되고 있다.

널리 사용되었다. 석탄은 매장량이 풍부하고,[25] 경제성이 있고,[26] 전 세계적으로 골고루 분포되어 있다는 장점을 가지고 있다. 그러나 석탄은 연소 시 이산화탄소를 배출함으로써 대기오염을 유발하는 치명적인 약점을 가지고 있다. 이러한 문제점을 해결하기 위한 방편의 하나가 석탄을 가스화하는 것이다. 이산화탄소는 탄소와 산소가 반응하여 그 부산물로 생기는 것인데, 산소만 없으면 이산화탄소가 발생하지 않는다. 이에 석탄에 산소를 공급하지 않고 이산화탄소를 공급하고, 스팀을 투입하면 일산화탄소와 수소의 합성가스가 나오게 되며, 이러한 합성가스로 여러 제품을 만들 수 있다. 만약 미래에 이러한 기술이 성공적으로 개발된다면 석탄을 가지고 합성석유를 비롯하여 여러 가지 화학제품을 만들 수 있고, 석탄은 무공해 에너지가 될 수 있을 것이며, 이에 석탄은 석유를 대체할 수 있는 풍부한 에너지원이 될 수도 있을 것이다.

나. 셰일가스

일반적으로 천연가스는 전통적 가스와 비전통적 가스로 분류된다. 가스전과 유전에서 나오는 가스는 전통적 가스라 하며, 퇴적암층인 셰일암에서 나오는 천연가스인 셰일가스(shale gas)는 비전통적 가스라 한다.

셰일가스는 모래와 진흙이 퇴적되어 형성된 암석(shale)층에 존재하는 천연가스를 말한다.[27]

개발가능한 셰일가스 매장량은 천연가스 매장량의 약 40%로 추정되며, 이는 전 세계가 125년간 소비할 수 있는 막대한 양이다.

셰일가스는 주로 중동과 러시아에 매장된 천연가스와는 달리 중국과 미국을 비롯하여 전 세계에 골고루 분포되어 있다. 셰일가스는 2000년대에 들어 고유가에 대한 대응 노력과 혁신적인 채굴기술의 발전으로 경제성을 가진 대체에

25) 석유 대비 매장량이 3배다.

26) 석탄을 가지고 배럴당 50달러 정도의 비용으로 석유로 전환할 수 있다.

27) 전통적인 가스는 셰일층에서 생성된 후 암석의 가스투과도에 따라 오랜 세월 동안 지표면 방향으로 올라온다. 그러나 셰일가스는 셰일층 위에 대리석 등 가스가 통과하기 어려운 암석층이 있어 지속적으로 셰일층에 머물러 있게 된다.

너지로 개발되기 시작하였으며, 최근 미국이 수평시추법, 수압파쇄법 등 혁신적인 채굴기술을 발전시켜 세계 셰일가스 개발과 생산을 주도하고 있다.

한편 셰일가스의 생산 확대는 셰일(타이트)오일의 개발로 이어져 미국 내 원유생산량의 증가에 기여하고 있다. 셰일오일은 근원암인 셰일층에서 원유가 생성된 후 저류암으로 이동하지 못하고 그 안에 갇혀 있는 원유를 말한다.

한편 셰일가스 채굴과정에서 발생하는 토양오염 및 수질오염을 발생시킬 수 있다는 우려감과 셰일가스의 메탄 함유량이 높아 지구온난화를 발생시킬 수 있다는 우려감[28] 등으로 셰일가스 개발에 대한 부정적인 견해가 제기되고 있다.

다. 신재생에너지

신재생에너지는 재생에너지와 신에너지를 합성한 말이다. 재생에너지는 풍력, 태양열, 태양광, 수력, 지열, 바이오매스와 같이 사용 후에도 자연적으로 다시 채워지는 에너지를 말하며, 신에너지는 연료전지, 핵융합과 같은 수소와 산소의 화학반응을 통해 전기를 생산하는 새로운 에너지원을 말한다.

세계적인 자원고갈과 지구온난화문제를 해결하기 위해서는 신재생에너지의 개발이 불가피하다는 인식은 오래 전부터 있어 왔다. 특히 2015년 12월 파리협약의 체결로 기후변화문제가 크게 부각됨에 따라 앞으로 신재생에너지로의 에너지 패러다임의 전환이 가속될 것으로 보인다.

신재생에너지는 자원량이 무한대에 가깝고, 고갈되지 않고, 지속적으로 사용할 수 있는 에너지로서 온실가스를 대량 배출하는 화석연료를 대체할 수 있는 유력한 에너지원으로 크게 부각되고 있다. 그러나 그동안 이들은 기술적인 제약, 경제성 등으로 활성화되어 있지 못하고 있어 재생에너지의 성패는 부존자원에서 비롯된다고 보기보다는 궁극적으로 기술에서 비롯된다고 볼 수 있을 것이다.

28) 수압파쇄법은 기존의 시추방법에 비해 1,000배 이상의 용수가 필요하여, 개발지역의 수자원을 심각하게 고갈시킬 뿐만 아니라 0.5%의 화학첨가물이 지하수를 오염시킬 위험성을 가지고 있으며, 수평시추법과 수압파쇄법의 결합기술은 지반 약화를 초래하여 지진위험을 크게 증가시키고, 채굴 시 메탄가스 누출에 따라 대기를 오염시킬 수 있는 위험이 존재한다.

① 지열

지열은 날씨의 영향을 받지 않는 장점이 있다. 지열을 이용한 전기발전은 두 가지 방식이 있다. 저온열수방식은 지열로 가열된 물을 사용하고, 고온암체 방식은 고온의 암반까지 구멍을 뚫은 뒤 고압으로 물을 주입하여 고온의 수증기를 만들어 전기를 만든다.

지열에너지는 연료의 연소과정 없이 열 또는 전기를 생산하므로 공해가 적다. 그리고 좁은 면적으로도 발전설비를 할 수 있고, 하루 24시간, 날씨나 연료 공급과는 무관하게 작동할 수 있다. 그러나 초기 조사 및 개발과 관련하여 과다한 비용이 소요되고 탐사실패로 인한 개발위험성이 크다는 단점을 가지고 있다.

② 풍력

풍력은 설비가 비교적 간단하고, 설치비용이 비교적 저렴하며, 환경을 파괴하지 않아 생태적으로 우수하다는 장점을 가지고 있다. 그러나 바람의 세기나 방향이 그때그때 변하므로 전력생산의 예측가능성이 떨어지며, 필요할 때는 전력생산이 안 되고, 불필요할 때는 전력이 과도하게 생산되는 등 발전량의 미스매칭이 문제점으로 지적되고 있다. 이러한 문제를 해결하기 위해서는 에너지 저장을 위한 충전기술이 필요한데, 이에는 많은 비용이 소요된다. 따라서 관건은 에너지 저장장치(ESS : Energy Storage System)의 생산비용을 얼마나 빠르게 획기적으로 낮출 수 있느냐에 달려 있다.

한편 풍력발전은 태양광발전보다 저렴하게 전기를 생산할 수 있으나 풍력발전소의 설치장소를 확보하기가 힘들다. 현실적으로 설치가능한 지역으로는 바다가 유력하나 바다에 설치되는 풍력발전소는 높은 파도, 깊은 수심, 강한 바람 등으로 기술적 · 경제적으로 위험성이 크고, 생산비용이 태양광보다 더 크다. 그리고 소금기 때문에 내구성도 떨어지며, 보수비용이 많이 들고, 송전비용도 매우 많이 든다.

③ 바이오매스

바이오매스(biomass)는 재배한 식물이나 미생물 등을 에너지원으로 이용하는 생물체이며, 지구상에서 1년간 생산되는 바이오매스는 전 세계 원유매장량과 맞먹을 정도로 대단히 크다.

바이오에너지의 원료가 되는 바이오매스는 목재와 같은 고체 바이오매스, 작물 및 당류의 발효에 의해 생산된 액체 바이오매스, 메탄가스, 조류에 의한 수소 발생 등의 기체 바이오매스로 나눌 수 있다.

바이오매스자원은 에탄올, 디젤 등과 같은 액체연료나 메탄, 수소 등과 같은 기체연료로 변환해 기존의 석유나 가스의 대체에너지로 사용할 수 있다.

바이오매스는 계속 생성될 수 있으므로 바이오에너지는 재생가능하며, 지구온난화를 완화시킬 수 있는 탄소중립형 에너지다. 또한 열 또는 전기로만 사용 가능한 다른 재생에너지와는 달리 수송용 에너지로도 활용이 가능하다.

바이오매스로부터 만들어지는 수송용 연료는 크게 바이오알코올, 바이오디젤, 해양 바이오연료[29]로 나눌 수 있다. 현재 사용되고 있는 바이오알코올 연료로는 바이오에탄올이 유일하다.

바이오에탄올은 사탕수수 또는 옥수수 등에서 만들어지므로[30] 식량문제 때문에 석유를 대체할 만한 에너지원이라고 보기 힘들다.[31] 또한 바이오에탄올은 열효율이 가솔린에 비해 상당히 낮고, 파이프 수송이 불가능하고, 계절에 따라 자원량이 급격히 변해 공급의 안정성을 확보하기가 어렵다는 문제점을 가지고 있다. 더욱이 바이오에탄올은 주로 녹말 작물을 발효시켜 생산하므로 엄청난 규모의 토지를 필요로 한다. 더욱이 농지보다 더 큰 문제는 무엇보다도 바이오에탄올을 만드는 과정에서 물소비가 엄청나다는 것이다.[32] 결국 바이

29) 해양 바이오연료는 식물성 플랑크톤인 미세조류를 활용하는 기술과 홍조류, 다시마 등 해조류를 활용하는 기술로 나누어진다.

30) 옥수수와 사탕수수가 에탄올의 주원료로 사용되는 이유는 재배환경에 있다. 다른 작물에 비해 이들의 경작환경이 까다롭지 않아 넓은 장소에서 대규모 재배가 가능하다.

31) 곡물을 사용하여 만든 바이오에너지는 농산물의 가격을 상승시킨다.

32) 상품 및 서비스를 생산하고 소비하는 데 얼마나 많은 양의 물이 필요한지를 나타내는 '물발자국'(water footprint)에 의하면 콩에서 1갤런의 바이오 연료를 생산하려면 13,676갤런의

오에너지를 생산하는 데 필요한 곡물을 생산하기 위해 토지를 경작하는 과정에서 초원과 숲을 파괴하게 되며, 이것이 기후에 영향을 미치고, 개간된 토지에 매집된 이산화탄소가 배출되며, 생산과정에서 엄청난 물의 소비와 연소할 때 방출되는 상당량의 이산화탄소를 모두 고려하면 바이오에너지는 오히려 온실가스의 배출량을 증가시키는 효과가 발생할 수 있다.[33] 이러한 문제점들 때문에 환경파괴와 식량과의 경합성이 적은 새로운 생명체로부터 바이오연료를 얻기 위한 연구가 활발히 전개되고 있다.

바이오매스에서 추출한 바이오 연료 등은 에너지자원을 재배·육성해 반복 생산할 수 있는 '재생가능한' 에너지다. 그러나 바이오매스가 보편적인 에너지원이 되기 위해서는 몇 가지 문제를 해결하여야 할 것이다. 산림조성 및 토지확보 등 재생을 위한 에너지 투입이 필요하다. 계절에 따라 자원량이 급변해 공급안정성을 확보하기 어렵다는 난제도 있다. 앞으로 전개될 기후변화협약시대에서 에너지원으로서 바이오매스에 대한 수요는 크게 늘어날 것으로 예상된다. 바이오매스 에너지원을 연소시키더라도 대기에 방출되는 이산화탄소는 바이오매스 육성 시 광합성을 통해 흡수되는 중립적인 에너지로 인식될 가능성이 높다. 바이오매스 에너지자원과 관련된 단점을 보완할 경우 대체 에너지원으로서의 가치가 높다.[34]

④ 태양에너지

태양에너지는 태양열에너지와 태양광에너지로 나누어진다. 태양열에너지는 태양열 집열판을 이용해 열을 에너지로 바꾸는 과정에서 얻어지며, 태양광에너지는 태양전지를 사용하여 태양의 빛을 에너지로 바꾸는 과정에서 얻어진다.[35]

물이 소비된다.

33) 이러한 문제점들을 해결할 수 있는 가능한 대안 중의 하나가 바다에서 대량으로 생산이 가능한 미세조류를 활용하여 바이오 연료를 생산하는 것이다.

34) 한상춘, p.158 참조

35) 태양의 빛에너지에 의해 달궈져 태양열에너지가 얻어지므로 태양열의 효율은 태양광의 효

태양에너지를 사용하기 위해서는 일조시간과 일조량이 중요하다. 태양광의 경우 화석연료에 비해 비교적 편재성이 작지만 여전히 입지문제를 가지고 있고, 태양광에너지 밀도가 낮아 많은 수의 태양전지를 사용해야 하므로 넓은 면적을 필요로 하고, 해가 있는 낮시간에만 발전할 수 있는 등 발전조건이 다소 까다롭다는 단점을 가지고 있다.

태양광에너지는 운송과 석유화학 제조업에 공급되는 원료를 제외한 비운송 부분에서 거의 모든 영역에서 폭넓게 사용될 수 있다. 그리고 태양광을 에너지로 변환시키는 반도체패널기술의 발전과 대규모 생산으로 인한 수확체감의 법칙으로 인해 시장에서의 수요가 확대될수록 생산단가가 크게 낮추어져 조속한 시일 내에 가격경쟁력을 가질 수 있을 것으로 보인다.[36] 이러한 측면에서 차세대 에너지원의 최종승자는 태양광에너지일 가능성이 크다 하겠다.[37]

한편 국제에너지기구(IEA)에 따르면 현재 전력시장의 1%를 차지하는 태양광발전이 2050년에는 단일 에너지원으로는 가장 많은 비중을 차지하게 될 것으로 전망하고 있다.[38]

라. 핵융합

핵은 가장 논란이 많은 에너지원이다. 그럼에도 불구하고 인류는 앞으로도 핵에너지를 포기하지 못할 것으로 보인다. 왜냐하면 핵을 평화적인 목적으로

율에 비해 떨어진다 하겠다.

36) 신재생에너지 발전단가와 화석연료 발전단가가 같아지는 상태를 '그리드패리티'(grid parity)라 한다. 그리드패리티에 도달한 국가가 많아지고, 스마트그리드와 에너지저장장치 등 신재생에너지의 약점을 보완할 시스템들이 발달하면서 폭발적인 성장세가 이루어질 수 있을 것으로 보인다.

37) 태양광에너지의 경우 역시 멀지 않은 미래에 에너지저장방법과 효율을 높이는 기술적인 문제는 거의 해결되겠지만 송전기반시설에 막대한 투자를 하여야 한다는 커다란 과제를 안고 있다.

38) 만약 그렇게 된다 할 때 미래 에너지산업의 변화는 기존의 전기회사에 어떤 영향을 미칠까? 첫째, 전통적인 에너지에 대한 수요는 감소할 것이다. 둘째, 소비자들이 태양광발전을 통해 스스로 전기를 생산하게 되면 전기회사로부터 구매하는 전기의 양이 줄어들 것이다. 셋째, 전기회사는 태양광발전회사뿐만 아니라 태양광발전설비를 갖춘 대기업과 경쟁해야 할 것이다.

만 사용할 수 있다면 핵융합(nuclear fusion)은 인류의 삶 자체를 크게 바꿀 수 있는 기회를 제공해 줄 수 있기 때문이다.

핵융합발전은 수소핵융합과정에서 나오는 열에너지로 전기를 생산하는 방식이다. 우주의 80%를 차지하는 수소를 에너지원으로 하는 무한청정 미래에너지로 불리고 있다.

핵융합은 중수소와 삼중수소를 섭씨 1억도 이상의 초고온에서 융합시켜 더 무거운 원자핵을 만들어 내는 현상을 말한다. 이 과정에서 막대한 에너지가 생성된다. 태양이 빛과 열을 내는 것도 일종의 핵융합반응이다.[39] 1g의 핵융합 반응은 석유 8,000리터에 해당하는 에너지를 만들어 낼 수 있다.

핵융합에너지는 핵분열 원자력발전소와 달리 많은 원료와 냉각수를 필요로 하지 않으므로 핵융합발전소를 바닷가에 지을 필요가 없다. 그리고 이산화탄소와 같은 환경오염물질을 배출하지 않으며, 방사능 폐기물 걱정도 없어 방사능 누출로 인한 위험도 그만큼 작다. 아울러 연료인 수소공급을 중단하면 곧바로 핵융합반응이 멈추기 때문에 폭발위험도 없다. 주원료인 중수소는 바닷물을 전기분해하여 거의 무제한으로 얻을 수 있으며, 삼중수소는 리튬의 핵반응에 의해 만들어지는데, 전 세계적으로 리튬의 매장량이 충분하여 핵융합 연료 고갈에 대한 문제는 전혀 없다. 이러한 요인들이 핵융합기술이 미래에 화석연료 및 원자력을 대체할 수 있는 에너지원으로 4차 산업혁명을 주도할 것으로 보는 가장 큰 이유다.

그러나 핵융합은 근본적으로 상용화가 매우 어렵다는 문제점을 가지고 있다. 핵융합발전을 위해서는 태양표면과 같은 1억도 이상의 고온과 높은 압력을 필요로 한다. 이 상태에서 변형되는 제4의 물질인 '플라즈마'상태를 오랫동안 안전하게 유지하면서 중수소와 삼중수소를 넣을 수 있는 장비를 개발하는 것이 대단히 어렵다. 아울러 핵융합은 핵분열을 이용한 원자폭탄보다 수백 배 강력한 수소폭탄을 만들 수 있는 주요 기술이기 때문에 군사적 용도로 전용될 우려도 무시할 수 없다.

39) 태양과 같은 원리로 이루어지기 때문에 '인공태양'이라고도 한다.

(3) 에너지 소비의 혁신

현재 석유의 50%가 수송용으로 사용되고 있다. 그중 자동차가 가장 큰 비중을 차지하고 있다. 따라서 각국은 석유 소비량을 줄이고, 환경오염을 줄이기 위해 자동차의 내연기관을 개선하여 연비를 올린다든가 배기가스 배출량을 획기적으로 줄이기 위해 많은 노력을 경주하고 있다. 또 다른 한편에서는 자동차의 전기화를 추진하고 있다. 특히 전기자동차의 성공적인 정착은 궁극적으로 2차전지가 핵심적인 요소이므로 무엇보다도 2차전지의 성능을 획기적으로 개선하고, 안전성을 확보하며, 원가를 획기적으로 낮추어야 할 것이다.

이외에도 신재생에너지를 사용함으로써 주택의 에너지 사용량을 획기적으로 줄일 수 있는 에너지 절약형 주택인 그린 홈(green home)을 확대 · 보급하고, 에너지효율이 높고 수명이 긴 반도체 조명기기를 개선하고, 보급하려는 노력도 꾸준히 전개되어야 할 것이다.

앞으로는 새로운 에너지원에 대한 기술을 누가 주도할 것인가와 소비 측면에서의 기술을 누가 주도하는가가 지속적인 성장의 관건이 될 것이다. 따라서 저탄소 녹색성장, 새로운 에너지 공급원의 개발, 에너지 소비 측면에서의 혁신 등이 미래산업을 이끌어 가는 신성장 동력이 될 것으로 보인다.

(4) 환경문제

최근에 제기되고 있는 자원 및 에너지문제는 환경의 문제다. 지금까지는 자원의 사용과 배분에만 관심을 갖고, 자원의 사용 후에 발생하는 환경문제는 소홀히 해왔다. 특히 에너지 과다 사용으로 인한 지구기후의 변화, 즉 지구의 온난화현상은 이제는 한 국가만의 문제가 아니라 지구촌 전체에 심각한 영향을 미치고 있다.[40]

40) 지난 100년 동안 지구의 온도는 0.7도 상승하였다. 만약 3도만 상승한다 하더라도 인류와 지구에 큰 재앙을 가져온다.

지구온난화의 주범은 화석연료 사용에 따른 이산화탄소 등 온실가스인 것으로 알려져 있다. 따라서 오늘날의 자원 및 에너지문제의 핵심은 방대한 자원 및 에너지 사용에 따른 각종 환경오염, 대기오염, 수질오염, 폐기물 및 악취 등에 잘 대처해 나감으로써 환경자원을 효율적이고 깨끗하게 관리하는 데 있다 하겠다.

다양한 용도로 활용되고 있는 옥수수

옥수수는 수천 년 전에 멕시코를 중심으로 중남미 대륙에서 처음 재배되기 시작하였으며, 콜럼버스가 이를 스페인에 전하면서 유럽 및 아시아로 전파되었고, 현재에는 전 세계인이 즐겨먹는 식량자원이 되었다. 옥수수는 세계적으로 가장 널리 분포하는 식용작물 중 하나로 밀 다음으로 경지면적이 넓다.

옥수수는 가장 흔하게는 식용이나 사료용으로 사용되고 있으나 에탄올을 만드는 원료로 사용되기도 한다.

옥수수에서 추출하는 셀룰로오스라는 성분은 약의 겉면을 코팅할 수 있는 재료로 사용되고 있으며, 치약에 들어가는 소르비톨이나 향수에 들어가는 알코올을 만드는 데에도 사용되고 있다. 그 밖에도 친환경 기저귀, 식기, 장난감, 타이어 제조공정 등 다양한 용도에 사용되고 있다.

옥수수의 최대 생산국은 미국이며, 미국에서는 옥수수 전체 생산량 중 16%[41]가 바이오에탄올을 생산하는 데 사용되고 있다.[42] 이와 같이 미국에서 옥수수가 바이오에탄올의 주원료로 사용되고 있는 이유는 다른 자원에 비하여 재배환경이 까다롭지 않아 넓은 장소에서 대규모 재배가 가능할 뿐만 아니라 에너지 다변화정책의 일환으로 원유에 대한 의존도를 낮추고, 친환경에너지로서 기후변화에 대처할 수 있고, 그와 동시에 자국의 잉여농산물에 대한 새로운 수요를 창출하여 농가소득을 올림으로써 농업보조금의 지출을 줄일 수 있기 때문이다.

옥수수는 휘발유의 대체연료라 할 수 있는 바이오에탄올을 만드는 주원료이기 때문에 옥수수가격과 국제유가 간에는 유의적인 상관관계가 존재한다. 즉 유가가 오르면(내리면) 석유의 대체연료인 바이오에탄올의 수요가 늘어날(줄어들) 것이고, 이로 인해 옥수수가격이 상승(하락)할 것이므로 국제유가와 옥수수가격 간에는 정(+)의 상관관계가 존재한다고 볼 수 있다.

41) 2007년 부시 정부에 의해 옥수수 생산량의 40%를 의무적으로 바이오연료로 사용하는 일명 '옥수수법'이 만들어졌으나 셰일가스 등장으로 의무사용량을 16%로 줄였다.

42) 미국의 여러 주에서 환경보호 및 에너지 다변화정책 차원에서 휘발유에 에탄올의 첨가를 법률적으로 의무화하고 있다.

참고문헌

강인수 외, 국제통상론, 제6판, 2014. 3, 박영사

곽태운, 현대 국제금융론, 2010. 8, 박영사

구양미 외, 세계경제공간의 변동, 2014. 8, 시그마프레스

김관호, 세계화와 글로벌 경제, 2003, 박영사

김기수, 국제통화금융체제와 세계경제패권, 2011. 12, 살림

김신행 · 김태기, 국제경제론, 6판, 2016. 2, 법문사

김인준 · 이영섭, 국제금융론, 4판, 2019. 7, 율곡출판사

김태준 외, 국제금융경제, 2013. 8, 다산출판사

김한진 · 김일구 · 김동환, 빅히트, 2019. 11, 페이지2북스

도시마 이쓰오 지음, 김정환 옮김, 황금, 2009. 10, 랜덤하우스

양동휴, 세계화의 역사적 조망, 2012. 3, 서울대학교 출판문화원

______, 유럽의 발흥, 2014, 9, 서울대학교 출판문화원

______, 화폐와 금융의 역사연구, 2015. 10, 해남

왕윤종, 달러패권, 2016, 교보문고

유태원, 원자재전쟁, 2017. 4, 한빛비즈

이석진, 원자재를 알면 글로벌 경제가 보인다, 2012. 10, 한국금융연수원

이하경, 달러 없는 세계, 2019. 10, 바른북스

이효구, 국제금융시장, 2012. 10, 범한서적

정대영, 한국경제대안 찾기, 2015. 12, 창비

정필모, 달러의 역설, 2015, 21세기북스

주철, 대항해시대, 2008. 3, 서울대학교 출판부

최윤식, 2030 대담한 도전, 2016. 1, 지식노마드

한국은행 국제협력실, 국제금융기구가 하는 일, 2005. 3, 한국은행

한상춘, 또 다른 10년이 온다. 2019. 11, 한국경제신문

홍익희, 달러이야기, 한스미디어, 2014

______, 월가이야기, 한스미디어, 2014

______, 환율전쟁이야기, 한스미디어, 2014

Barry Eichengreen, *The European Economy since 1945,* 2007, Princeton University Press

___________, *Globalizing Capital : A History of the International Monetary System,* 2008, Princeton University Press

___________, *Exorbitant Privilege : The Rise and Fall of the Dollar and the Future of International Monetary System*, 2011, Oxford University Press

___________, *Golden Fetters,* Oxford University Press, 1992, 박복영 옮김, 황금족쇄, 2016. 12, 미지북스

Dan Rodrik, *The Globalization Paradox*, 2011, Norton

David N. Balaam and Michael Veseth, *Introduction to International Political Economy,* 4th ed., 2011. 5, Pearson

David S. Landes, *The Wealth and Poverty of Nations*, 1998, 안진환 · 최소영 옮김, 국가의 부와 빈곤, 2009. 12, 한국경제신문

Erich Follah & Alexander Jung, *Der Neue Kalte Krieg,* 2006, 김태희 옮김, 자원전쟁, 2008. 1, 영림카디널

Eswar S. Prasad, *Dollar Trap,* 권성희 옮김, 2015, 청림

Greg Clydesdale, *How Business Changed the World,* 2008, 김유신 옮김, 부의 이동, 2008. 11, 21세기북스

Jared Diamond, *Upheaval,* 2019. 5, 강주헌 옮김, 대변동, 2019. 6, 김영사

Jeffrey Sachs, *Common Wealth*, 이무열 옮김, 붐비는 지구를 위한 경제학, 2009, 21세기북스

__________, *The Price of Civilization*, 김현구 옮김, 문명의 대가, 2011, 21세기북스

__________, *The Age of Sustainable Development,* 홍성완 옮김, 지속가능한 발전의 세계, 2015. 10, 21세기북스

John P. Powelson, *Centuries of Economic Endeavor,* 권기대 옮김, 부와 빈곤의 역사, 2007. 3, 나남출판

Joseph P. Daniels and David D. VanHoose, *Global Economic Issues and Policies,* 2004, Thomson South Western

Joseph Stiglitz, *Globalization and its Discontents*, New York, W. W. Norton, 송철복 옮김, 세계화와 그 불만, 2002, 세종연구원

Joshua S. Goldstein and Jon C. Pevehouse, *International Relations,* 10th ed., 2013, Pearson

Mathew Burrows, *The Future, Declassified : Megatrends That Will Undo the World Unless We Take Action,* 이미숙 옮김, 미래의 역습, 낯선 세상이 온다, 2014, 비즈니스북스

__________, *The Great Degeneration : How Institutions Decay and Economies Die*, Penguin Press, 구세희 옮김, 위대한 퇴보 : 변혁의 시대에 읽는 서양문명의 화두, 2013. 6, 21세기북스

Kevin O'Rourke and J. G. Williamson, "When Did Globalization Begin?", *European Review of Economic History*, 6, April, 2002

Michael P. Todaro and Stephen C. Smith, *Economic Development*, 11th ed., 김중렬 외, 경제발전론, 11판, 2012, 9, 시그마프레스

Niall Ferguson, *The Ascent of Money : A Financial History of the World*, 김선영 옮김, 금융의 지배 : 세계금융사 이야기, 2010. 7, 민음사

Peter L. Bernstein, *The Power of Gold : The History of an Obsession*, 김승욱 옮김, 황금의 지배, 2001. 5, 경영정신

Phlip D. Curtin, *Cross-Cultural Trade in World History*, 1984, 김병순 옮김, 세계무역의 역사, 2007. 7, 도서출판 모티브북

Richard J. Payne, *Global Issues*, 4th ed., 2013, Pearson

Samuel P. Huntington, *The Clash of Civilizations and the Remaking of World Order*, 1996, 이희재 옮김, 문명의 충돌, 1999. 3, 김영사

Spero J. E. and Jeffrey A. Hart, *The Politics of International Economic Relations*, 7th ed., 2010, Wadsworth

Theodore H. Cohn, *Global Political Economy*, 4th ed., 2008, Pearson Longman

Thomas Friedman, *The Lexus and the Olive Tree*, Bantom Books, 장경덕 옮김, 렉서스와 올리브나무, 2009. 3, 21세기북스

Thomas Oatley, *International Political Economy*, 5th ed., 2012, Pearson

Tony Seba, *Clean Disruption of Energy and Transportation*, 박명숙 옮김, 에너지 혁명 2030, 2015, 교보문고

William Engdhal, *A Century of War*, 2004, 서미석 옮김, 20세기 세계사의 진실, 2007, 도서출판 길

World Bank, Globalization, *Growth, and Poverty, World Bank Policy Research Report*, Washington, D.C., 2002

| 주요 Website |

경제협력개발기구 www.oecd.org
국제결제은행 www.bis.org
국제통화기금 www.imf.org
기획재정부 www.moef.go.kr

대외경제정책연구원 www.kiep.go.kr
산업통상자원부 www.motie.go.kr
세계무역기구 www.wto.org
세계은행 www.worldbank.org
LG경제연구원 www.lgeri.com
외교부 www.mofa.go.kr
위키피디아 www.wikipedia.org
유엔무역개발회의 www.unctad.org
한국금융연구원 www.kif.re.kr
한국은행 www.bok.or.kr

찾아보기

| 저자약력 |

임재열

서울대학교 사회과학대학 무역학과
서울대학교 대학원 경제학과
산업연구원
미국 인디애나대학 방문교수
전, 강원대학교 교수
현, 강원대학교 명예교수

세계경제의 이해

2020년 5월 15일 1판 1쇄 발행
2023년 4월 15일 1판 2쇄 발행

저 자 | 임재열
발 행 인 | 이수영
발 행 처 | 도서출판 청람
서울시 마포구 독막로 288(대흥동, 세양상가 109호)
전 화 | 02) 3272 - 2601~2
팩 스 | 02) 3272 - 2603
홈페이지 | http://www.crbooks.co.kr
이 메 일 | crbooks@daum.net
등 록 | 2000년 8월 26일 제6 - 0509호

ISBN 978-89-5972-757-5 93320 [정가 24,000원]